比较教育观察

全球教育的生态转向

彭正梅 沈伟 ◎编

COMPARATIVE EDUCATION OBSERVATIONS:
THE ECOLOGICAL TURN IN GLOBAL EDUCATION

华东师范大学出版社
·上海·

图书在版编目(CIP)数据

比较教育观察:全球教育的生态转向/彭正梅,沈伟编.—上海:华东师范大学出版社,2025.—ISBN 978-7-5760-5697-6

Ⅰ.G649.21

中国国家版本馆 CIP 数据核字第 2025M5G336 号

比较教育观察:全球教育的生态转向

编　　者　彭正梅　沈　伟
项目编辑　彭呈军
特约审读　朱　健
责任校对　张　筝　时东明
装帧设计　郝　钰

出版发行　华东师范大学出版社
社　　址　上海市中山北路3663号　邮编 200062
网　　址　www.ecnupress.com.cn
电　　话　021-60821666　行政传真 021-62572105
客服电话　021-62865537　门市(邮购)电话 021-62869887
地　　址　上海市中山北路3663号华东师范大学校内先锋路口
网　　店　http://hdsdcbs.tmall.com

印　刷　者　上海景条印刷有限公司
开　　本　787毫米×1092毫米　1/16
印　　张　22.5
字　　数　382千字
版　　次　2025年5月第1版
印　　次　2025年5月第1次
书　　号　ISBN 978-7-5760-5697-6
定　　价　92.00元

出版人　王　焰

(如发现本版图书有印订质量问题,请寄回本社客服中心调换或电话021-62865537联系)

目 录

序言：生态危机呼唤全球教育的生态转向

第一部分　生态教育的理论基础

第一章　迈向"生态正义"的新人文教育：论未来教育的范式转型　003
- 一、引言：西方人文主义的基本信条——个人是世界的中心　004
- 二、沉思重新进入教育　006
- 三、把人文主义推向世界万物　008
- 四、审美有助于加深人与万物的关系　011
- 五、以修身来抵达"万物一体"　013
- 六、结论：迈向"生态正义"的新人文教育　015

第二章　生态教育学：《被压迫者教育学》缺失的一章　022
- 一、引言　022
- 二、环保主义者弗莱雷　024
- 三、基础　027
- 四、重新构想缺失的一章　027

  五、对"缺失的一章"的注释　　029
  六、第五章:缺失的一章　　030
  七、人类与地球之间的行星对话　　031
  八、世界和地球的公民　　032
  九、发展　　034
  十、捍卫可持续性　　034
  十一、从科学和技术中学习　　040
  十二、乌托邦式的教育:寻求平衡　　040

第三章　全球公民教育:人类世背景下的寰宇社区教育　　050
  一、前言　　050
  二、可持续发展教育　　052
  三、建立寰宇社区　　053
  四、全球公民教育的原则和观点　　056
  五、展望　　059

第四章　期待其他多重世界,赋我们自身以生机:向比较教育学发出的一份邀请　　064
  一、引言　　064
  二、假想思维实验和"退步"　　067
  三、如果教育是存在于不同世界之间的一个"结缔组织",又如何?　　070
  四、如果教育是关于学习如何期待其他的世界,并与其发生关系,又如何?　　073
  五、如果学习是一种共同成为和共同生成世界的体验,又如何?　　076
  六、重赋我们自身和教育以生机　　078

第五章　生态教育学:回顾与前瞻　　086
  一、"生态教育学"概念之缘起　　086
  二、哲学生态教育学　　089
  三、批判生态教育学　　093
  四、结语　　096

第六章　批判生态教育学的理论源流、品格特质与实践路径　099
一、生态正义教育的愿景与价值诉求　099
二、批判生态教育学产生的多重背景　100
三、批判生态教育学的理论源流与品格特质　104
四、批判生态教育学的实施路径　108
五、批判生态教育学对中国生态文明建设的镜鉴　109

第二部分　国际组织与生态教育

第一章　迈向新的社会契约：重塑未来教育何以成为全球共同议程　115
一、分析框架：多源流理论及其透视政策议程设置的适用性　116
二、问题源流：多重时代危机叠加，致使全球教育发展的现实状况与理想承诺间尚存在显著差距　117
三、政策源流：由未来教育国际委员会所构成的政策共同体，积极参与全球教育议题并建言献策　123
四、政治源流：教科文组织成立75周年以来，始终致力于全球教育治理的历史使命与根本宗旨　127
五、三流交汇：在政策企业家及其政策外溢效应的助力下实现耦合，成功开启未来教育政策之窗　129
六、结语　131

第二章　在人类世危机中构建共同世界教育学
——联合国教科文组织《学会与世界共同生成：为了未来生存的教育》评述　135
一、引言　135
二、人类世下的现代环境教育：理念、依据与共同体的反思　137
三、共同世界教育学：回应人类世的挑战、重塑现代环境教育的一种可能　142
四、余论：共同世界教育学与中国先秦道家哲学　148

第三章　以未来为起点构建新的教育图景
　　——联合国教科文组织《一起重新构想我们的未来》报告的"未来"反思　154
　　一、引言："未来教育"的宣言　154
　　二、联合国教科文的"三大报告"　156
　　三、迈向未来教育之路的"未来"立场　158
　　四、未来教育的图景与留白：未来三角的分析　162
　　五、余论　167

第四章　教育与生态文明：基于经合组织教育功能的视角变迁　170
　　一、导言　170
　　二、分析视角：预期学下的未来素养　171
　　三、经合组织预测视角下的能力变迁　174
　　四、经合组织预期视角下的关键能力与未来建构　180
　　五、教育与生态文明：经合组织的折中路线　182
　　六、结语　186

第五章　巫师与先知：国际环境教育的两种理念、倡议与教学模式的比较　190
　　一、概念透镜：何谓生态保护的先知派与巫师派　191
　　二、两种议程的摆荡：比较联合国教科文组织与经济合作与发展组织的
　　　　环境教育倡议　196
　　三、规训还是赋能：环境教育的两种路径　204
　　四、结论：超越先知与巫师　209

第三部分　生态教育的环球实践

第一章　从项目到结构：作为典范的德国可持续发展教育　219
　　一、德国支持可持续发展教育的国际进程　220
　　二、德国结构化的可持续发展教育国家行动计划　221

  三、德国立法期的可持续发展教育国家报告　　225
  四、德国可持续发展教育的趋势及启示　　231

第二章　美国佛蒙特州 K-12 可持续发展教育初探　　236
  一、佛蒙特州可持续发展教育的目标　　238
  二、佛蒙特州可持续发展教育的组织　　240
  三、佛蒙特州可持续发展教育的特色　　244
  四、结论与反思　　247

第三章　可持续发展教育融入中小学课程：芬兰的经验　　250
  一、引言　　250
  二、可持续性教育的概念内涵　　251
  三、芬兰可持续性教育融入课程的内容与路径　　253
  四、结论与启示　　263

第四章　英格兰"再野化教育"师训课程：教育者的自我反思与行为重建　　268
  一、与狼共舞：野化隐喻引发的教育之思　　269
  二、内心之旅：人类自身的再野化　　271
  三、看向外界：教育实践与环境的再野化　　272
  四、野化的权力、傲慢和偏见　　272

第五章　加拿大枫树岭环境学校：促进生态正义的在地化教育　　274
  一、挖掘在地化教育资源　　275
  二、配备能力相当的"生态教师"　　275
  三、提供灵活多样的课程教学　　277
  四、合力保障教学条件　　278

第六章　日本上越市地球环境学校：在"原始村落"中为学生提供体验式学习　　279
  一、学习内容：贯穿村庄的生活　　280

二、学习路径：提问—体验—回答—再提问　　282

第七章　日本瑞浪市立瑞浪北中学：与自然共生的零能耗学校建筑　　285
　　一、建筑、环境、设备与技术相融合，实现零能耗　　285
　　二、舒适、健康和环保的学习空间　　287
　　三、以"可感化"校园推动学生环境行动　　288

第八章　荷兰学校花园项目：一年四季，双手在土地里　　291
　　一、以照料作物为中心的学科课程　　292
　　二、三方合力打造学校花园　　296

第九章　西班牙马德里：挖掘学校户外空间潜力，重新野化教育环境　　298
　　一、幼儿园里"野化的庭院"　　298
　　二、两百余所中小学建有学校菜园　　299
　　三、马德里学校空间的再野化实践　　300
　　四、链接　　303

第十章　西班牙瑞吉欧学校：生命、探究与环境的交叉地　　307
　　一、瑞吉欧学校的空间布局：垂直发展的生态系统　　308
　　二、瑞吉欧学校的建筑策略：将生态作为方法　　308
　　三、瑞吉欧学校的建筑环境：人与景观互动的集会空间　　309

第十一章　苏格兰凯恩戈姆斯国家公园：三大项目实现人与自然共生共荣　　313
　　一、以课程为依托——"少年护林员"计划　　314
　　二、开发基于当地的教育资源——"文学景观"活动　　315
　　三、联系学校与保护区——约翰·缪尔环境奖励计划　　317

第十二章　论碳中和时代的学生自然责任伦理教育　　319
　　一、碳中和下的发展之困与道德异化　　320

二、碳中和下实施自然责任伦理教育势在必行　　324
　　三、碳中和时代的道德教育图景素描　　329
　　四、结语　　333

第十三章　再野化教育：重新思考人与自然的关系　　336
　　一、从荒野保护到再野化　　337
　　二、再野化教育的外延与内涵　　338
　　三、再野化教育的实践　　339

序 言

生态危机呼唤全球教育的生态转向

当前,人类正处在一个前所未有的地球生态危机时代。然而,教育被认为是解决诸多全球性和地方性挑战的关键。因此,推进教育综合改革,特别是,推动未来教育迈向生态范式转变已成为全球教育界的普遍共识与共同行动。

中国社会的生态文明转向

"生态兴则文明兴,生态衰则文明衰。"党的十八大以来,以习近平同志为核心的党中央深刻地回答了为什么建设生态文明、建设什么样的生态文明、怎样建设生态文明的重大理论和实践问题,并提出了一系列新理念新思想新战略。具体而言,2012年,党的十八大明确指出,要形成中国特色社会主义事业经济建设、政治建设、文化建设、社会建设、生态文明建设"五位一体"的总体布局,并将生态文明建设目标纳入五年计划;2017年,党的十九大将"坚持人与自然和谐共生"确立为新时代坚持和发展中国特色社会主义基本方略的重要内容,将建设美丽中国纳入社会主义现代化强国目标,并将"加快生态文明体制改革,建设美丽中国"写入党章;2022年,党的二十大报告明确指出:"中国式现代化是人与自然和谐共生的现代化。""尊重自然、顺应自然、保护自然,是全面建设社会主义现代化国家的内在要求。必须牢固树立和践行绿水青山就是金山银山的理念,站在人与自然和谐共生的高度谋划发展。"2024年7月,党的二十届三中全会《决定》又聚焦建设美丽中国、促进人与自然和谐共生作为进一步全面深化改革总目标的重要方面,并对深化生态文明体制改革作出系统部署。应该说,当前,我国经济社会发展已进入加快绿色化、低碳化的高质量发展阶段,生态文明建设也已成为中国式现代化发展的重要内容。生态文明是人类文明永恒的主题。

实际上,人与自然和谐共生的生态文明理念自古以来就深深植根于中国的文化基因之中。回顾几千年的历史,人与自然的关系是中国传统文化的一个重要命题,研究人与自然的人不计其数。"天人合一"的理念被广泛认为是中华文明的真正根源,这一概念强调人类只是自然的一部分,天地与人融为一体。"天人合一"作为中华传统文化的核心理念之一,蕴含着人与自然相互影响、密不可分的生态文明观。应该说,"天人合一"思想既是宇宙本体论,也是自然观、世界观,还是价值观、伦理观、治国观、思维方式观、文化观,是人生的最高价值取向,也是中国文化的根本精神,凸显了中国传统思想的特色。中国古人从"天人合一"的角度看待个人、家庭、国家和宇宙,体现在"修身、齐家、治国、平天下"的愿景中。与此相应,在教育领域,也应尊重万物的本性,让万物自由发展,在继承"天人合一"的中国传统生态文化智慧基础上,为重新构想生态文明时代的教育未来范式变革提供新的可能和滋养。

未来的教育应该是什么样子?

从国际层面来看,为保护正在经受日益严峻挑战的地球生态,联合国教科文组织(UNESCO)发布《一起重新构想我们的未来:为教育打造新的社会契约》,这份文件回应了全球面临的环境危机,呼吁未来教育要注重生态关怀,维护生态正义,倡导生态伦理,坚持人与自然和谐共生。从2019至2021年,UNESCO组建的"教育的未来"委员会广纳不同地域和专业的各方专家意见,最终达成建设生态友好型未来教育的共识,这一集体智慧凝聚在《一起重新构想我们的未来》报告中。报告以生态关怀为核心,重新审视并解答了未来教育的目标、内容、方法和场所等关键问题。报告认为,教育的目的应该是汇集众智,提供所需的知识、科学及创新之道,以创建基于社会、经济和生态正义的、全民共享的可持续未来。报告指出,长久以来,全球教育中存在着片面地呼吁人们团结一致,通过对话和行动,共同构建一个社会更包容、经济更公平和生态可持续的未来。

UNESCO总干事奥德蕾说:"我们迫切需要改变方向,因为人类的未来取决于地球的未来。"为此,报告提出了一个新社会契约的构想,旨在重构人与人、人与地球乃至科技之间的关系。"教育的未来"委员会主席萨赫勒-沃克·祖德特别强调,人类只有一个地球,但我们并未充分分享地球的资源,也未以可持续的方式利用这些资源。教育,作为贯穿人类一生的组织教学与学习的方式,自古以来就对人类社会变革产生根本性影响。想要铸就和平、公正和可持续的未来,教育自身的改革势在必行。

要实现未来教育的目标,课程当注重生态学、跨文化及跨学科学习,不仅要培养学生获取知识的能力,更重要的是发展批判、应用和创造知识的能力。课程应从生态学的视角理解人类,以重新平衡人类与地球之间的关系。由于教学内容与目的发生深刻变革,教学法亦应随之而变——教学应围绕合作、协作及团结的核心原则来组织,运用强调同理心和同情心的参与式和协作式教学法,培养学生的智力、社会情感能力和道德能力。

以生态为本的未来教育,将生态圈视为学习场所,将自然、人造与虚拟学习场所融为一体,使教育回归自然怀抱。要实现人与自然的和谐共生,必须拓展对学习场所的传统认知,把繁忙的城市街道、宁静的乡村小径、蜿蜒的江河、广袤的湖海、峻峭的山脉、辽阔的原野,乃至任何非人类所独享的角落皆视为可能的学习场所。这种在地化的环境导向、户外与体验式的学习方式,使大自然与环境不再是静默的背景,而是转变为学习旅程中不可或缺的伙伴。这不仅为学生提供对生活与文化的深刻洞察,还赋予他们与大自然亲密交融的难忘体验。亲近自然的体验,将带给学生心灵的震撼与触动,使他们对自然产生敬畏与尊重,丰富其精神世界、增强其生命韧性,为生命成长奠定坚实基石。

对西方传统教育模式的反思

2020年,UNESCO就曾发布《学会与世界共生:为了未来生存的教育》(又被称为《2050教育宣言》),强调维护生态正义的新教育范式。其主要撰写者伊维塔·西洛娃指出,西方社会深受二元逻辑的影响,将主体与客体、自然与文化、心灵与肉体、时间与空间、自我与他者等诸多领域分隔开来。这种逻辑背后的人类例外论,使人们产生凌驾于自然之上的错觉。如今我们有必要重新审视并调整长期以来的西方传统教育模式——它并不是教育的唯一路径,全球各地存在诸多生态友好的教育思想和实践,值得发掘和尝试。人类嵌于生态系统之中,不仅是社会的存在,也是生态的存在。为确保未来的生存与繁荣,我们需要迈向一个基于生态正义的新范式。教育应该帮助学生成为地球生命共同体中的成员、共创者和塑造者。这意味着我们需要从个人主义的发展转向集体意识的培养,从"认知外部世界"转为"与世界万物共同成长",从学习如何控制地球转向学会与地球和谐共生。

为此，UNESCO 提出一种生态和谐的替代方案，强调所有地球生命、实体和力量的集体能动性与相互依存性。过去的教育遵循无限经济增长和人类发展双重逻辑，但这种教育没有为学生提供足够的资源与工具来应对日益增长的生态危机，故需围绕相互依存和相互联系的原则重塑教育，强调集体和共同体的价值与关怀。为解决人类的生存危机，世界各国需齐心协力、着眼全球共同利益，打造生态命运共同体，培养具有全球意识的世界公民。

报告明确指出，社会正义与生态正义相辅相成。在后现代学术讨论中，社会正义已逐渐展现生态意识，焦点从人类转向地球上所有生物。社会问题总会牵涉到生态维度，反之，当我们审视生态问题时，亦无法回避社会因素。若我们失去赖以生存的地球家园，奢谈其他权与利，无异于舍本逐末。因此，生态正义关乎社会和经济正义，而三者应同步发展。人类正站在历史的十字路口，地球面临前所未有的环境危机。我们必须珍惜地球，修补其创伤，建立具有生态关怀的命运共同体。为此，我们应超越那些制造隔离与分离、占据主导乃至霸权地位的西方价值观念，迈向更为生态友好的教育模式。

综上，面对日益严峻的生态环境问题、社会不平等和可持续发展的迫切挑战，推动未来教育全面转向生态范式的需求从未像现在这样迫切。因为以生态文明与生态正义原则为基础的教育体系不仅能够培养学生的环境可持续性能力，还能让学生具备批判性思维、道德责任感和跨学科知识，以解决人类与地球共同面临的复杂性问题。这种转变不仅是道义上的要求，也是建设可持续发展和具有复原力的未来的现实需要。诚然，现行教育系统面临若干挑战，例如，现有的教育结构、课程和教学方法往往抵制变革，特别是在高度重视标准化考试和传统学科的系统中。但是，推进教育系统向生态范式的转变不仅是必要的，而且也是可行的。通过接受生态范式，教育可以成为推动积极变革的强大力量，不仅有助于了解我们这个相互联系的世界的复杂性，也有益于人类与自然的和谐共生。总之，推进教育的生态转向需要一种整体性的、系统性的、跨学科的方法，并亟需得到各利益相关者的相互支持与通力合作。这一转变对于人类和地球的未来至关重要。

人类社会的持续繁荣、个体生命的更高境界，都取决于全人类的生态觉醒和生态努力。让我们勇敢期待未来生态世纪的到来，让我们勇敢夺回"天地与我并生，而万物与我为一"的古代现实。到那时，人类社会不再把发展作为第一原则，个体不再把物质积累作为行动的第一动力;到那时,地球花园将使每个人都自由地诗意栖居,每种存在都各得其所;到那时,地球花园也将成为人类宇宙探索的可靠的诗意家园。

只有教育才能为这种未来准备争取这种未来的人;全球教育已经出现了生态转向。

而提出生态文明和人类命运共同体的国家,必然会在生态教育上做出示范和引领,实现我们的高贵承诺。

彭正梅

2024 年 11 月 28 于上海

第一部分

生态教育的理论基础

第一章

迈向"生态正义"的新人文教育：论未来教育的范式转型

彭正梅　王清涛　温　辉　连爱伦　刘　钗

2020年，联合国教科文组织（UNESCO，2020）提出《2050年教育宣言》，指出必须告别西方传统的人文主义教育传统，抛弃其《反思教育：向全球共同利益的理念转变》中对人文主义给予的信任和希望。《2050年教育宣言》要求，面对人类造成的多重生存威胁，人类应对可持续发展以及全球生态危机教育做出革命性的调整。概言之，人类必须转向基于"生态正义"（ecological justice）的教育新范式，必须寻求"超越西方视野"的知识形态、认识思维及生活方式。

中国传统文化智慧早指出，"刚柔交错，天文也；文明以止，人文也。观乎天文，以察时变；观乎人文，以化成天下"（王弼等，2000）。也就是说，教育是一种化成天下，需要在"观乎天文"和"观乎人文"的基础上不断调整（其命维新）。因此，当世界变化了，人也要跟着变化；当事实变化了，我们的结论也需要调整。按照这种思路以及《2050年教育宣言》的精神，我们亟须新人文教育，而不是一种人文主义的教育。

国内外已有学者翻译、介绍《2050年教育宣言》（王梦洁，2021；吴文婷等，2021；阿弗里卡·泰勒等，2021），但缺乏进一步的研究。也有学者对人类教育的未来提出了类似的忧虑及积极设想。例如，范国睿（2020）指出，人类教育系统正处于这个时代危机之中，我们迫切需要从教育生态学的立场出发，重新思考和审视教育的未来，以恢复和重建教育生态，保持教育系统活力。石中英（2001）也指出，人文教育在教育系统中具有独特的价值。当前的教育改革应积极彰显教育的人文性,改革和振兴人文教育。周洪宇(2015)更是直接提倡以新人文精神引领教育未来,认为"新人文教育是一种建立在全球视野、全球意识和全球观念上的新教育,是以人为核心的和谐共生的新教育,是在张扬个性的基础上又具备人类整体性意识的新教育,是一种注重绿色生态可持续的新教育,是继承西方人文主义历史传统和精神,同时又融入中华文化人文价值和精神的新教育"。

鉴于此,本研究在简要讨论西方人文主义后,主要从近年来逐渐复兴的西方、日本、印度以及中国关于生态教育资源的智慧传统中探讨和确定以生态正义为核心的新人文教育的基本特征,强调人类需要通过"争取承认"的文化斗争和教育斗争来超越西方人文主义知识的主导和霸权地位,扭转人类整体所面临的紧迫的生态危机,促进教育服务人类未来福祉,实现人类与世界共生。

一、引言:西方人文主义的基本信条——个人是世界的中心

联合国教科文组织《2050年教育宣言》所说的人文主义,源于西方的文艺复兴时期。皮科·米兰多拉(Mirandola, 2012)在其被视为"人文主义宣言"的《论人的尊严》(*Oratio De Hominis Dignitate*)一书中指出,人被置于世界的中心,但人没有被赋予确定的形式和特性;与其他万物拥有确定的特性但受制于设定的法则限制不同,人没有限制,可以按照自己的自由意志决定自己的特性;人是自身自由的形塑者,可以把自身塑造成自己愿意的任何形式。在米兰多拉看来,人的本质在于人能够反思,能够体验生命的困顿,具有自我完善的能力。人在世界万物的等级中没有固定的位置,可以向上成为天使,向下堕落为畜类,这都取决于他如何使用自己的精神力量。也就是说,人的精神力量就是改变生命世界的中心。

米兰多拉(2012)所谓的人是世界中心的"人",是个体的人,不是人的共同体或集体。每个人所站立的地方就是世界的中心。每一个体都是世界的中心。人之所以为人取决于他的行动和决心。笛卡尔继承了这种精神气质,强调"我思"是唯一确定的事情。康德把这种"我思"的能力界定为"独立使用自己理性的"启蒙,并认为作为一种理性精神的启蒙会不断地向全球扩展,最终实现每个人独特的自然天赋,即理性。康德(1990)认为,这是大自然伟大的隐秘计划。黑格尔在《历史哲学》一书中探讨了精神

(理性)如何逐渐获得实现(即精神的自我认识)的世界历史的进程。

随着西方现代文明的不断扩展,这种理性至上的个体自主和个体主义,几乎被认同为现代性的基本标志,成为所有追求现代化的国家和地区努力追求的精神气质。培养这种理性自主及个人主义几乎成了所有重要的现代教育家如卢梭、洛克、赫尔巴特、杜威以及布鲁纳的基本信条,成为西方教育乃至现代教育的基本特征(彭正梅,2010b)。同样,这种西方人文主义也成为联合国教科文组织的"工作哲学",体现于《学会生存》《学习:财富蕴藏其中》以及《反思教育:向全球共同利益的理念转变》等报告中,构成其核心精神。

但是,人类面临的不断增加的全球议题,如可持续发展、和平、生态、人权等,无法获得国际社会更多的共识,联合国教科文组织越来越认识到西方人文主义的内在缺陷与不足。正如《2050年教育宣言》参与者之一林逸梅(Iveta Silova)指出的,人类已经陷入主体和客体、自然和文化、心灵和肉体、时间和空间、自我和他者等被分离开来的笛卡尔式教育中不能自拔。进而言之,正是由于现代学校教育的主导逻辑,即人的独特主义和(新)自由的个人主义的现代学校教育的主导逻辑永恒化了等级性秩序,把人置于万物之上,把人和世界分离开来,并为对他者/它者的控制和剥削加以合理化,强化了人类面对新冠疫情危机的分裂意识和分裂行为(Zhao, 2020)。

实际上,对于西方人文主义以及奠定在其之上的现代性的批判,如各种后现代主义、后殖民主义以及马克思主义的批判,可谓汗牛充栋。人们对西方人文主义教育传统的批判和反思也从未停止过。例如,美国当代环境教育哲学家包华士(C. A. Bowers)更是直接揭露了西方现代化教育的后果,就是"对自然的剥削、对环境的破坏、对传统价值的否定、对个人绝对权威的肯定以及文化遗产的遗失"(徐湘荷,2010)。他认为,教育不仅仅是政治性的,而且都具有生态和文化意义。无论是批判教育学还是进步主义教育,都带有强烈的文化"潜台词",均基于"人类是世界的中心;变化即进步,传统即阻碍;批判性反思是获得知识的唯一方法;被解放的个人是社会的最高目标"等一系列所谓的西方"现代性"假设,不仅忽视了生态危机的潜在文化根源,还同谋强化了这种思维模式。如果我们不假思索地支持"解放"和"进步",这实际上是在损害世界上许多其他人民和我们的子孙后代的正当利益(Edmundson, 2004)。

人们越来越认识到,西方对教育的人文主义以及笛卡尔式的理解并非是唯一的教育逻辑,还有其他生态友好的教育模式、思想和实践存在着,或者说,已经存在几千年了。特别是,那些来自日本、印度、非洲和中国等非西方的教育智慧传统,甚至也包括被西方现代人文主义所抛弃的古代和中世纪的沉思传统。这些非西方的、非现代的教育传统不仅有助于理解后疫情时代生态正义的教育新范式的基本内涵,也有利于补充论证文明之间可以互学互鉴,共同构建人类命运共同体、人类生态命运共同体的新理念。

二、沉思重新进入教育

我们知道,在传统文化中,沉思性修行的历史源远流长,如佛教的冥想、印度教的瑜伽、基督教的冥想祷告、柏拉图对话中的自省、伊斯兰教中形而上的反思以及犹太教中的深思(Hart, 2004)。但是,随着西方人文主义以及自然科学逐渐占领主导地位,这种沉思性实践被推向边缘(Zajonc, 2013),并被教育学家如杜威宣布为一种旁观者的认知而被忽视或边缘化。于是,对象化和简化、物质主义、二元论、机械论和决定论的假设,成为现代主义认知方式的主要工具。对"他者/它者"的理解是通过对他们/它们的分离继而控制的认知方式实现的。无论是原子、邻国抑或是不同的意识形态,我们的工作是让它们服从我们的意愿。尽管这种认知方式有巨大的价值,但它也导致我们的世界支离破碎、失去平衡,甚至遭遇巨大灾难。但情况正在发生变化。

过去15年里,一场无声的关于沉思性实践的教育革命在美国高校兴起,并逐步扩展至世界各地。沉思性实践向教育从业者提供了一系列方法支持学生的注意力、情感平衡、移情连接、同情和利他行为的发展。从诗歌到生物学,从医学到法律,高等教育的几乎每个专业领域都在进行冥想练习。人们对长期冥想减压练习的欣赏正在迅速增长。有研究表明,沉思性练习,即使是短时间的练习,也能提高注意力、认知和认知灵活性(Shapiro et al., 2011)。

阿姆斯学院(Amherst College)物理学家亚瑟·扎荣茨(Zajonc, 2013)教授总结了正在广泛使用的四种沉思性实践方法,即正念、专注、开放意识以及持续冲突。第一,正念由即时即刻以及非判断觉知(nonjudgmental awareness)构成,实践者将注意力集中在呼吸上,旨在培养集中注意和专注的能力。第二,专注与正念类似,但要求实践者将注意力集中在某个简单的物体上,专注比正念更具意图性,更集中。在两者的联系中,一旦发现思绪有分心,只需将思绪释放并将注意力回到呼吸或被关心的物体上即可。第三,开放意识指"个体对感知范围内的一切身心现象都保持开放的觉知,注意力不固定在某一特定的目标上,而是对当下发生的一切经验都给予关照"。第四,持续冲突强调对立立场引发的冲突,但它的目的不在于解决冲突,而是维持甚至强化冲突,使两种相反的立场能同时变得真实,并在真实的冲突中获得"对立中的一致"(coincidence of opposites)(宋燕等,2019)。

  按照传统的沉思理论,自我和理性不是人的可能性的最高顶峰,人的认知可以超越基本逻辑和推理,而进行复杂的辩证思维,但是传统教育并未充分发掘这一深层本质。就像爱默生指出的,"我们不相信教育的力量,我们不认为会从人自身唤出神性,也没有尝试去这样做"(Hart, 2007)。但沉思性教育正试图唤起那些深层部分。"诸如理解和智慧等能力不只出现在个体发展的更高阶段,或只出现在个体的较高年龄阶段;实际上,它们在儿童时代就已存在,或可能存在。因此,对这些深度的探究可为每一年龄和发展阶段的个体提供转化性的扩展和扩张。"(Hart, 2007)

  在沉思中,认识自己包含认识"'小我',即自我(ego)、人格;以及'大我',其含义更广,可外延至宇宙万物,是一切的'一'"(Hart, 2007)。个人自我的概念是人类自我的意识,也是现代理性的基础,是古典人文主义用以对抗神中心的核心。大我则是"能量和智慧"的源泉,对于虔诚的宗教信徒而言,大我也许是印度人的"世界灵魂"(atman),基督教徒的"基督意识";对于神秘主义者和圣哲而言,大我也许是"心灵的存在"(psychic being)、"超越之灵"(oversoul)、"内在人"(inner man)等(Hart, 2007)。它们名称不同,但这种内在的智慧都是个人的向导,是"深邃的洞察力、指示方向或提出警告"(Hart, 2007)。

  沉思有助于培养我们的理解和移情能力。学习过程中的深度理解,要求我们培养心灵的共情、欣赏、开放、容纳、服务、倾听和爱,打破培根和笛卡尔分离式认识世界的范畴和分类法,学会通过深度精神的意向和投入的服务来产生共情与移情。理解与移情不仅限于人与人之间,也流淌于人与万物之间。即使在科学研究中,科学家也可以利用移情来缩小自身与研究对象之间的差距。诺贝尔遗传学奖得主芭芭拉·麦克林托克(Barbara McClintock)曾说:"你必须对有机体有一种感觉;你必须有开放的心态,让它进入你的生活。"(Hart, 2014)不仅在科学领域,可以说在所有领域,设身处地为他人着想的能力可以为我们提供多种视角。这要求我们能够重新考虑自己的假设以及对方的优势。

当我们拉近自我与客体之间的距离时,我们将越来越不愿意对他者施暴,不管这个他者是树还是邻居。事实上,移情被认为是我们最人性化的特性,也是道德的基础。移情也是认识世界的方式。它开启了合作和交流的可能,并由此产生了更为亲密的相互联系和相互依存感,这对全球社会至关重要(Hart,2014)。

过去半个世纪的沉思性教育研究表明,沉思性实践的应用主要涉及三个方面:一是提高认知和学习成绩。沉思性练习可以培养保持定向注意力和提高准确、快速处理信息的能力。有证据表明,长期练习冥想可能对学业成绩产生积极影响。二是沉思性练习可以帮助减轻学业压力、焦虑以及抑郁状态,正念冥想有助于调节情绪反应以及培养积极的心理状态。三是培养"完整的人"(whole person),即一种平衡的教育范式培养的是超越语言和概念的能力,着重培养心灵、性格、创造力、自我认知和专注力。研究表明,冥想训练为教育工作者提供了有效的方式,来培育创造力、发展人际关系的能力,增加移情反应,以及培养自我同情(Shapiro et al.,2011)。

三、把人文主义推向世界万物

萨卡尔(Prabhat Ranjan Sarkar)是印度的一位精神领袖和哲学家。他基于印度传统的冥想、瑜伽以及宗教思想,重新定义了人文主义,其著作《理智的解放:新人类主义》及其创立的组织体现和推动了他的新人类主义(Neohumanism)。

什么是新人类主义? 萨卡尔(Sarkar,1982)这样说道:"新人类主义……以新的视角阐释人文主义,拓宽人类进步的道路,使之更容易行走。新人类主义将为人类的生存理念提供新的灵感和解释。它帮助人们理解,人类作为世界上最有思想和智慧的存在者,将不得不承担起关照整个世界的重大责任,将不得不接受其被赋予的为了整个世界的重要使命。"

在萨卡尔(Sarkar,1982)看来,人文主义以人类为中心,而"新人类主义将人文主义提升为普遍主义,是对宇宙万物的爱的信仰"。因此,普遍主义(universalism)是新人类主义的核心概念和特征,"普遍主义"也多次出现在其著作中。普遍主义被描述为对所有被造物的爱的实践,它不是狭隘意义上的"主义",而是指向宇宙万物的人文主义,是一种具有道德和情感基础的普遍的情感和爱(Nimbekar,2016)。萨卡尔认为,通过扩展人文主义的原则可以建立以普遍主义为基础的社会结构。普遍主义也被描述为一种无私、忘我的感觉,即不把宇宙的其他存在看作与真实自我相分离的,这是一种神圣的爱的宇宙观。普遍主义强调对宇宙万物的精神性的爱,是一种对理性的超越。

新人类主义倡导万物平等的原则。在萨卡尔看来,以人为中心的人文主义带来人与自然、人与人之间的冲突和偏见,新人类主义则致力于减少这种冲突的可能性。新人类主义重视存在价值而非功利价值,反对地缘情绪(geo-sentiment)和社会情绪(socio-sentiment),认为任何经济、政治剥削都伴随精神剥削(spiritual exploitation)。精神剥削是政治、经济剥削和心理、经济剥削(psycho-economic exploitation)的基础。也就是说,社会情绪和地缘情绪阻碍了理智思考,造成对别的群体或内部群体的伤害,无法对是否有利于人类共同的福祉做出正确判断,破坏了和谐友爱的精神社会契约。殖民和剥削源于缺乏理性和良知。人类既有智慧又有本能,如果感性地使用理智,容易滋生教条;如果理性地运用理智,就可以达到奉献(devotion)。在萨卡尔看来,奉献是人的最高使命,是最高的人性体现。平等原则意味着,所有被造物都有生存和成长的权利。萨卡尔(Sarkar, 2011)指出:"我希望每个人都能得到最低的物质需求保障;每个人都有充分开发其精神潜能的机会;每个人都有平等的机会去获得绝对真理。"萨卡尔认为,原初精神意识(protospiritual mentality)是社会平等原则的基础。这种原初精神意识是不断地从内部或外部感知事物的过程,是最高意识的表现,能帮助人们架起沟通内外部世界的桥梁。当深刻认识到社会平等原则的意义时,人们自然会形成理解的原始精神意识,将奉献作为实践原则,进而消除有害的社会情绪。

为了构建新人类主义社会,萨卡尔(Sarkar, 2011)提出了社会经济渐进功用理论(Progressive Utilization Theory, PROUT),并在1968年成立了PBI(Proutist BlocofIndia)组织,希望通过政治和社会行动推进新人类主义。他强调建立在可持续基础上的合作,主张通过协调与合并形成自给自足的社会经济单位,以防止社会经济剥削,达到高度的社会经济平等。基于该理论的社会经济运动旨在观照所有个体和集体的共同福祉,认为只有把心灵从时间、空间和人的一切束缚中解放出来,才能达到全面的人的解放。

萨卡尔没有追溯古希腊的人文主义传统及相关哲人的思想,而是详细地表述了自己的想法并进行例证。在萨卡尔(Sarkar, 1982)看来,西方现代人文主义不仅不能解决世界问题,还会制造问题。新人类主义当然也强调自由理智和理性,因为理性有助于产生奉献。他进一步提出了精神性实践,将爱扩展到所有存在物。对萨卡尔来说,生命的所有方面包括身体、精神和心灵都同等重要,但世界上仍有很多人基本的物质需求无法得到满足。萨卡尔倡导建立世界政府,通过实践社会经济渐进功用理论改善和解决这些问题,让全世界的人都有更多的机会和更大的空间来提升心灵。新人类主义构想了一个以尊重所有人与其他生物的共同价值观为基础的全球社会,解决生态环境破坏和贫富差距扩大的问题,建立一个正义和可持续的全球社会(Avadhuta,2009)。

为了理智和心灵的解放、社会的可持续发展,萨卡尔通过教育来实现他所倡导的新人类主义。萨卡尔(Sarkar,2010)认为,教育的真正意义在于人的三重发展——身体、精神和心灵的同时发展。这种发展应当增强人的个性的整合。萨卡尔1978年创立了PROUT Universal组织,旨在通过社会和文化活动唤醒人们的心灵,应对人类面对的挑战和困境。其中,古鲁古附属学校(Ananda Marga Gurukul affiliated school)遍布世界各地,专门致力于儿童身体、智力和精神的全面发展。学校的课程和教法因各地需求不同而异,不过课程内容有共同的价值追求。萨卡尔(Sarkar,2010)指出,PROUT教育体系不仅强调哲学和传统,更强调道德教育和理想主义;道德实践应是各级教学大纲中最重要的内容;普遍主义的意识也应当在儿童中被唤醒。

在萨卡尔看来,教育应当建立在普遍主义的基础上,真正的教育将人引向对所有存在物的爱和同情。根据新人类主义的教育理念,萨卡尔主张融合东方哲学和西方科学,重新思考人类共同的经验,促进合作的实现,这就要求教育具有文化敏感性。新人类主义教育强调课程和教学以普遍主义为核心,其中包含可持续生态发展等社会价值,并通过学术和实践,用灵活创新的教学方法,结合瑜伽和冥想,建构新人类主义课程。

萨卡尔的新人类主义连接人的心灵和世界,他的普遍主义尤其得到国际的关注和讨论,也为国际教育实践带来新的视角和创造性。20世纪伟大的灵性导师克里希那穆提(Krishnamurti,1974)也说:"要帮助学生生存,就有必要让他们对生命满怀强烈的情感;不仅对他们自己的生命或者他人的生命,而且对生命本身,对村庄,对树,都要有情感。"这种万物一体的终极关怀充满爱和理解,帮助人寻求更高的发展维度,并推动世界走向和平。

四、审美有助于加深人与万物的关系

人的生命通过体验和经历才能展开和成长,而审美可以提供深度和强化性的经验。优异的教师可以让学生看到事物或观点的灵魂,通过每个学科特有的认识论和美学来引起灵魂的共鸣。

人生的目标不只在于善与真,还在于美。马克思说,人按照美的规律来建构自己的世界。在宗教美学中,美将拯救世界。普罗提诺(Plotinus)认为,我们的身体从神圣中分离开,但我们的灵魂带着神圣的印记,在美中我们瞥见了神性,我们真正的家园,我们感到另一个世界的完美,灵魂努力与之重聚。用现代的方式来说,我们天生就是被震撼灵魂的美所吸引的,这种吸引力在内心深处以及灵魂的更高处让我们互相连接。审美能使认知者和知识更接近,这是综合思维的基本方向之一(Hart, 2014)。审美能帮助我们认识世界的深度关联,这尤其体现在日本"物哀"的审美传统之中。

"物哀"(もののあわれ)一词最早出现于日本平安时代初期的随笔作家纪贯之的《土佐日记》中:"船夫却不懂得这物哀之情,自己猛劲喝干酒,执意快开船。"①此后,物哀便在众多的物语、和歌及随笔之中显现,尤其是紫式部所作的《源氏物语》中。"物"(もの)指客观世界中存在的万事万物,而"哀"(あわれ)是日语中表示感动和感叹的修辞,类似于中文感叹词"啊""呜呼"等。本居宣长(2010)认为,"世上万事万物的千姿百态,我们看在眼里,听在耳里,身体力行地体验,把这万事万物都放到心中来品味,内心里把这些事物的情致——辨清,这就是懂得事物的情致,就是懂得物之哀"。物哀是人通过感知世界万物来感受、体会自我的情感。换言之,物哀的重点就是人自身对世界万物的感知带来的情感感受,这种情感感受被认作"物哀之美"。平安朝的物哀成为日本美的源流,是人自发产生的主体感受,与人的自然感受相关联。

近现代以来的日本学者在西方思想理论的影响下,对物哀进行了更为多元化的美学阐释。大西克礼在存在主义思想的指引下拓展了知性要素的视野,即观照人与世界的"存在",为物哀赋予普世意义的"世界苦"的审美体验。杉田昌彦、田中康二等人受休谟、康德等人的启发,以"同情""共感"等话语阐释物哀的美学意义。这种解读聚焦对他者境遇的认同、理解及共鸣,是关注相互交流的同情美学。总之,物哀之美由物而生、自心而发,是无须理智和理性参与的心物同情的主客合一,是通过人对某种事物的感觉、感知、瞬间灵动感受到的一种"意会"。它超越了具象事物而将其拟人化、主观化。正如中村元(1987)所说,日本人是现实主义的,他们企图在现象界当中去把握绝对者,他们承认被给予的现实,承认人的自然性情。

在日本,对自然的欣赏是物哀的表现。日本最重要的传统审美教育手段之一是自然。日本人不是真正的宗教信仰者,因为宗教的作用被对自然的美丽崇拜所取代。自然是美感的衡量标准。与自然和谐相处的愿望是日本艺术的主要特征。日本的审美教育通过对包括自身在内的世界万事万物的欣赏、感悟来培育人性,即把被工具理性以及社会所异化的人性转变为完美的人性。

近代日本的审美教育也受到了西欧特别是德国审美教育理论的影响,其中以席勒的审美教育为主要代表。席勒(2009)认为:"因为美是人的表现中感性与理性之间的一致性表达,基于美和艺术的情感教育实际上意味着人类的自身发展。也可以说,人的教育从根本上就是基于美和艺术的审美教育。"(下中直也,1971)在席勒(2009)看来,只有当人是完整意义上的人时,他才游戏;而只有当人在游戏时,他才是完整的人。席勒(2009)坚信,只有游戏性的审美活动才能改变人的异化状态,治愈人性(感性与形式冲动)的分裂,达至人性完满的状态。概言之,就是通过游戏冲动来达到形式冲动和质料冲动的协调统一,使人成为完全的人。席勒将美与艺术同人的自由解放和全面发展紧密结合,体现出启蒙时代对人性的高度追求。

不过,日本独特的物哀传统对万物的欣赏以及由此体现出的对万物、大自然的敬畏与敬仰,不仅在日本国内,在国际上也受到广泛的关注和重视。例如,日本学者金吾增田论述了日本艺术教育政策的简史,以及现代以来日本艺术教育的正式体系是如何组织起来的。金田拓考察了日本艺术教育主要改革运动的历史演变基础(Okazaki & Nakamura, 2003)。岩野正子描述了日本社区的跨文化美育案例,以及通过艺术文化互动如何影响社区(Okazaki & Nakamura, 2003)。艾斯纳(Eisner, 2017)通过对自己在日本的三周经历的叙述性报道,展示了日本真实的社会背景下的艺术与教育,并通过比较,介绍了自己作为美国艺术教育家的理论与实践。此后,汤姆·安德森(Anderson, 2009)通过为期三周的对日本真实社会背景下的艺术和教育的考察,描述了日本艺术和学校艺术教育。阿德尔(Adal, 2016)论述了日本由最初模仿西方的绘画教育到现在作为艺术教育一部分的本土化绘画教育的转变。

西方世界对日本社会独特的自然美学表现出强烈的兴趣。他们发现,日本古代美学的物哀、幽玄(Wabi-Sabi)、留白(Ma)等独特的美学范畴引导着日本国民对自然的感知和欣赏,并对其当代艺术、文化和艺术教育产生持续影响。日本社会也力图把工业技术与古代的自然美学传统联系起来。比如,京都地区的城市设计就体现了技术与自然的融合和连续。城市已经发展到京都山区,但是其中无数错落的寺庙和花园体现了城市与自然的和谐关系。如果没有自然元素,这些寺庙就会显得格外冷寂和分离。相反,正是因为自然美学提升了人们对这些人造设施的情感,才有了这种自然与工业社会的融合,才能降低工业社会与自然的对立和疏离。尽管日本社会对自然的生存依赖在不断降低,但技术永不能消除自然,人们仍需保持对自然的眷恋和欣赏。总之,源于物哀的审美之根很好地调节着自然和人类创造之间的平衡(Prusinksi, 2012)。从这种意义上说,强调生态正义的新人文教育就是一种审美教育,它强调和提醒着天、地、神、人之间和谐共存和人在大地上的诗意栖居(Hung et al., 2020)。

五、以修身来抵达"万物一体"

作为不同于西方人文主义的传统教育范式,儒家的修身传统近年来在国际话语体系中不断崛起。笔者通过跨数据库搜索教育学、哲学、社会学等领域,共检索出9 136篇篇名与摘要包含"修身"(self-cultivation)及China(或Asia)的英文期刊论文。与该主题相关的论文发表量总体上逐年上升,近年来保持在高位。对修身传统的关注不但体现在论文数量上,而且越来越多的域外学者开始从不同的方面对这一古老的宝藏进行多视角的全新阐释。

迈克尔·A. 彼得斯(Peters, 2020)认为,以修身为基础的教育理念和教育文化精神传统历史悠久,可以追溯到东方的儒家、道家和佛教传统以及西方的古希腊哲学。在他看来,"修身养性"的文化溯源体现了中国人的人文精神,而理解东西方人文主义差异可以成为全球理解的桥梁,这在当下世界秩序中显得日益紧迫而重要。修身传统作为西方了解和学习东方古老智慧的窗口,在西方话语体系中正不断凸显出自己的独特价值与重要性。

我国台湾学者洪如玉(Hung, 2017)在《教育哲学与理论》杂志上主持了"东亚教育哲学中的自我修身"专题特刊,探讨许多具有当代重要性的问题,包括环境教育、公平与正义、批判理性主义、权力与治理等,提供了东亚教育哲学和西方见解所阐释的自我修身的新观点。不同学者从儒家、理学、道家等中国古典哲学的"修身养性"入手，深刻阐释中国古代智慧对当今教育的重要意义，并揭示东西方教育思想之间的密切联系。

新加坡陈惠萍教授(2020)发表多篇文章，论述儒家、道家中自我修身的概念以及如何将其运用于当今的教育体系，强调朱熹思想的当代意义，指出应该将标准化考试置于更大的旨在自我完善和个体转化的教育议程中。韩国学者(Han, 2016)将理学看作失去的艺术，将儒家思想看作一种对心灵的培养，可以帮助治愈文化中过度的自我中心化。

菲律宾学者(Sta. Maria, 2017)从《道德经》和《庄子》入手，提请人们注意道家非二分法思维的重要性以及在教学中的可能运用。道家倡导无为、无名和无欲来避免任何形式的强制和压制，谨慎使用领导力，平衡自己和他人的利益。因此，道家反对新自由主义条件下学校教育的区分、测量、竞争和个人主义，因为这会导致社会不正义，并使之永恒化(Tan, 2021)。

可以看出，儒家和道家都把修身放在核心位置。不同的是，前者强调积极的修己以安人；后者强调消极的无为、无名和无欲，但两者都强调个人的行为可以影响群体、社会和天下。儒家的《大学》更是把修身作为天下治理的根本，界定了个体修身的方向，即修身、齐家、治国和平天下。这样一来，儒家的"小我"与天下的"大我"联系起来了。

王阳明指出，"盖天地万物，与人原是一体。其发窍之最精处，是人心一点灵明。风雨露雷，日月星辰，禽兽草木，山川土石，与人原只一体。故五谷禽兽之类，皆可以养人。药石之类，皆可以疗疾。只为同此一气，故能相通耳"。但如果"拆人房舍、掘人家墓，犹恬然不知痛痒，此是失其本心"(陈来，2020)。尽管每个人都具有这种与物同体的本性或本心，但不是每个人都能认识并落实这一点，因而大学之道首先需要明其明德，即修身。

王阳明把体悟、认识和落实这种万物一体的过程称为致良知，也就是"致吾心之良知于事事物物也"。"吾心之良知，即所谓天理也。致吾心良知之天理于事事物物，则事事物物皆得其理矣。致吾心之良知者，致知也。事事物物皆得其理者，格物也。是合心与理而为一者也。"[②] 显然，根据之前的探讨，这里的"事事物物"不仅指伦理活动和社会政治生活，而且指一切涉及生态正义的活动，即宇宙万物。在儒家看来，无一物非我,莫非己也。因此,须祛除麻木不仁,把宇宙病视为自己病,使"事事物物皆得其理者"。具体而言,个体在家庭生态中养育孝心和孝行,在社会生态中养育恻隐、同情之心,在政治生态中培育亲民之心,在自然生态中培育生生之仁心、爱及万物的情怀。这样,通过修身,人抵达了万物,并与万物同体(彭正梅,2010a)。他人不再是地狱,自然也不再是压榨和索取的对象,而是形成与我息息相关的共存、共生和共爱关系。在儒家的修身传统看来,自然并不会自动地实现"万物并育而不相害,道并行而不相悖",我们需要通过"赞天地之化育"与世界一起成长,装扮和美化这个世界。

六、结论:迈向"生态正义"的新人文教育

我们还可以举出更多受到重视,并倡导集体取向和生态正义的非西方文化教育传统,譬如强调"你在故我在"的非洲乌邦图哲学(UBUNTU)。这些非西方现代人文主义的智慧传统,强调人类的同情、相爱和相通,强调集体和共同体的价值,也强调生态性的关联、关照和关爱,从而也更有利于我们深刻地理解和落实教科文组织《2050年教育宣言》对自然、对人类的终极关怀。

不期修古,不法常可。世异则事异,事异则备变。基于"文明以止,人文也""观乎人文,以化成天下"的逻辑,"文明""人文"变了,化成天下就需要新人文教育。近年来不断出现的世界自然异象再次提醒和警示我们,人类正处于生存危机之中。我们要珍惜和热爱我们的地球,要协同一致建立包括生态命运共同体在内的人类命运共同体,也要抛弃处于主导地位甚至霸权地位的制造分离和隔离的西方现代人文主义,转向一种新的更加生态友好的人类发展哲学。因此,有必要激活和发展不同文化传统的教育智慧资源,从而促进新的以生态正义为核心的新人文教育和教育学的形成。

当然,这并不是说,新人文教育要剔除个人主义和个体自由及其与之相连的现代西方人文主义,因为它们的存在是事实;而且,这种人文主义也构成了现代工业、现代技术发展和现代化的基础。今天,高度发达的科技进步也得益于西方人文主义所鼓励的科学思维方式和民主文化风气。新人文主义不是要把人类引向前现代所谓的诗意社会和神秘社会,人类也无法回到前技术时代诗意的浪漫生活了。这一点对追求现代化并被迫卷入激烈的国际竞争的中国来说,尤为重要。相应地,以生态正义为基础的

新人文教育也不是要排斥西方人文主义,而是要扭转其主导的霸权位置,规制其合法界限,使之从属于生态正义的逻辑,与其他的生态文化资源形成良好互动。基于此,我们认为,教育范式的转变应体现在以下方面,这也是新人文教育不同于联合国教科文组织宣言的基本内涵。

(一) 从西方知识到全球知识

生态正义的教育学不仅需要近代以来的西方科学知识,还需要以生态友好方式激发和容纳其他民族文化的智慧传统,从而形成包容性的生态友好的全球知识。因此,这里不是要像过去的多元文化主义那样,仅仅承认和欣赏其他文化,而是要借助非西方文化的生态知识帮助解决全球生态危机。正如《共产党宣言》所说的:"各民族的精神产品成了公共的财产。民族的片面性和局限性日益成为不可能,于是由许多种民族的和地方的文学形成了一种世界文学。"③因而,没有这样一种共同的"世界文学",就难以形成共同的全球性的知识和认识方法,也无法全面认识我们所面临的生态危机,遑论去解决它。

(二) 从生存导向到为每个人的更高发展

21世纪以来,伴随着科学技术的繁荣与创新,社会生产力水平持续提高,人类社会生活条件不断改善,人们已不满足于衣、食、住、行等基本的生存需求,而致力于追求更高层次的发展需要,实现更加幸福和完满的生活。费尔巴哈有言:"动物只为生命所必需的光线所激动,人却关注那遥远的星辰所发射出来的无任何功利性质的光线。"(洪晓楠,2013)可以说,马克思所想象的"人的全面发展"的时代正在形成。马斯洛(1987b)也指出:"当我们在种系阶梯中上升时,我们可能会逐渐发现新的(更高的)欲望,发现另一种本能,它在本质上是本能的……我们有充分的理由假设,人有一种内在的或先天的趋向自我实现的成长倾向。"新人文教育就是使得每个人"更真正地成了他自己,更完善地实现他的潜能,更接近他的存在核心,成了更完善的人"(马斯洛,1987a)。教育的功能、目的根本上就是人的"自我实现",是丰满人性的形成,是人能够达到的或个人能够达到的最高度的发展(马斯洛,1987c)。当然,这种高度势必也应包括生态正义的维度。

（三）从基本技能到高阶能力

生态正义的新人文教育需要把高阶能力的培养置于教育的核心位置，从重视基础性读写算的"3R"技能转向重视面向所有人的以"4C"技能（Critical thinking、Communication、Collaboration、Creativity）为核心的高阶性、多维性和复杂性的能力（彭正梅等，2019）。这是因为一方面，人类常规的工作以及常规的能力将会被日益发展的人工智能和机器人所替代；另一方面，生态危机的应对和解决以及人类在高科技时代的创造性生活都要求发展人的高阶能力。发展人的高阶能力在《2050年教育宣言》中没有被特别强调，但毫无疑问，这显然也应是未来教育的重点。

（四）从个体到全球共同体

新人文教育的核心是破除西方的个体中心主义，强调群体和人类共同体的价值和关怀。人类今天所面临的诸种生存危机，非凭借一国、一民族、一群体之力能得以解决。它们需要世界各国携手并肩，着眼全球共同利益，打造人类命运共同体，合力培养具有国际意识的世界公民。诚如习近平总书记（2017）所倡导的，宇宙只有一个地球，人类共有一个家园，构建人类命运共同体需要各国携手合作，共同行动。具体内容包括："坚持对话协商，建设一个持久和平的世界；坚持共建共享，建设一个普遍安全的世界；坚持合作共赢，建设一个共同繁荣的世界；坚持交流互鉴，建设一个开放包容的世界；坚持绿色低碳，建设一个清洁美丽的世界。"因此，在全球共同体的建设中，生态文明教育应处于优先位置。

（五）从主体到万物一体

自然不仅是人类主体活动的对象，同时也在人类活动中发生着变化。海德格尔把人称为在世（Das In-der-Welt-Sein）的存在者。人存在的基本形式不是以一种主体或客体的方式，而是以一种在世的形式，人在在世的展开状态中领会存在本身；要走出主客分离的天—人、人—自然、人—我和人—人的关系，实现人与社会、人与自然的和谐共存和共生，即确立一种"天地与我并生，万物与我为一"的万物一体的关系。我们必须像敬畏自己的生命意志一样敬畏所有的生命意志，在自己的生命中体验其他生命（施韦泽，2002）。联合国教科文组织（2017）在《反思教育：向"全球共同利益"的理念转变》中有个形象的隐喻:"我们应将全人类视为一棵树,而我们自己就是一片树叶。离开这棵树,离开他人,我们无法生存。"可见,近代以来的西方人文主义把自然视为开发和压榨的对象,把他人作为自由的阻碍,把他人视为地狱,这种对待他者/它者的态度需要以"民胞物与"的仁者情怀代之。

诚然,新人文教育的内涵还在形成和发展之中,取决于各个文化智慧传统中生态教育资源的良好互动。以上五点归纳也并不完全,需要其他学者参与讨论、补充或更正,但联合国教科文组织《2050年教育宣言》明确呼吁这种转变。教科文组织的行动逻辑:一是人类的命运与地球的可持续性是一回事;二是要实现可持续发展的未来,人类不能与世界其他地区分离;三是教育需要发挥关键作用,从根本上改变我们在这个相互依存的世界中的地位和作用。这是一个完整的范式转变的要求:从社会正义转向生态正义;学会与我们周围的世界融为一体,共同成长。我们未来的生存取决于我们能否做出这样的转变(UNESCO,2020)。

显然,我们所面临的生态正义的问题不仅是教育问题,还有我们如何重新理解、重塑或重新想象我们与地球的关系的问题,特别是改变西方以新自由主义为核心的国家治理模式和全球治理模式。但是,我们为什么不从教育开始呢?

2019年,联合国教科文组织成立了国际教育未来委员会,启动了"教育的未来:学会成长"(The Futures of Education: Learning to Become)项目,旨在重新思考教育的未来并构想知识和学习如何重塑人类与地球的关系(连爱伦等,2021)。应该说,这样一种基于生态正义的教育,不仅给予我们个体,也给予作为整体的人类未来生存能力。

需指出的是,这种"生态正义"的教育新范式,不仅与我国正在倡议和实行的绿色发展、碳达峰、碳中和、建设人与自然和谐共生的现代化的发展目标相契合,也与儒家及马克思主义的包容的正义理念深度呼应,更是与新时代我国持续推进的"五位一体"以及生态文明建设优先的战略总布局相统一。

因此,我国教育学者需表现出更大的知识综合能力和终极人文关怀,把"天下多得一察焉以自好"(庄子语)的知识传统综合起来,勇于进行文化竞争和创造,建立我们具有原创性的话语体系和教育自信。因应后疫情时代以生态正义为根本的新人文教育范式的转型,无论是从国家战略、文化传统、世界趋势还是从人类关怀来看,对我们来说都是难得的机遇、挑战和使命。

■ 注释

① 日本古典文学大系:第20卷(1977). 东京:岩波书店:29.
② 《传习录中·答顾东桥书》(1992).《王阳明全集》卷二. 上海:上海古籍出版社:45.
③ 马克思恩格斯文集:第2卷.(2009). 北京:人民出版社:35.

■ 参考文献

[1] Adal, R. (2016). Aesthetics and the End of the Mimetic Moment: The Introduction of Art Education in Modern Japanese and Egyptian Schools. *Comparative Studies in Society and History*, 58(4), 982-1003.

[2] Anderson, T. (2009). Report from Japan: Art, Education, and Community. *The International Journal of Arts Education*, (7), 37-62.

[3] 阿弗里卡·泰勒,维罗妮卡·帕西尼—凯奇巴,明迪·布莱瑟,伊维塔·西洛瓦,冯用军,何芳 & 刘凤.(2021). 学会融入世界:适应未来生存的教育. 陕西师范大学学报(哲学社会科学版)(05),137-149.

[4] Avadhuta, A. V.(2009). *Neo-Humanism, Globalization, and World Futures*. Global Transformations and World Futures-Ii, 114.

[5] [日]本居宣长.(2010).*日本物哀*.吉林出版集团有限责任公司.

[6] 陈来.(2020).王阳明晚年思想的感应论.*深圳社会科学*(02),40-50+159.

[7] Edmundson, J. (2004). Book Review of *Educating for Eco-Justice and Community. Educational Studies*, 36(1), 118-123.

[8] Eisner, E. W. (2017). *The enlightened eye: Qualitative inquiry and the enhancement of educational practice*. Teachers College Press.

[9] 范国睿.(2020).后大流行时代的教育生态重建.*复旦教育论坛*(04),12-28.

[10] Han, H. J. (2019). *Lixue* (理學 Ihak) the Lost Art: Confucianism as a form of cultivation of mind. In *The Confucian Concept of Learning* (pp.75-84). Routledge.

[11] Hart,T.(2007).从信息到转化:为了意识进化的教育.彭正梅译,华东师范大学出版社.

[12] Hart, T. (2004). Opening the contemplative mind in the classroom. *Journal of transformative education*, 2(1), 28-46.

[13] Hart, T. (2014). *The integrative mind: Transformative education for a world on fire*. Rowman & Littlefield.

[14] 洪晓楠.(2013).哲学之价值的六个维度.哲学分析(04),158–165.

[15] Hung, R. (2017). Cultivation of self in East Asian philosophy of education. *Educational philosophy and theory*, 49(12),1131–1135.

[16] Hung, R., Zhengmei, P., Kato, M., Nishihira, T., Okabe, M., Di, X., ... & Tesar, M. (2021). Philosophy of Education in a New Key: East Asia: (A collective project of the PESA executive). *Educational Philosophy and Theory*, 53(12),1199–1214.

[17] [德]康德(1990).*历史理性批判文集*.何兆武译,商务印书馆.

[18] Krishnamurti, J.(1974). *Krishnamurtion education*. Harper & Row.

[19] 连爱伦,王清涛 & 张际平.教育的未来:学会成长——联合国教科文组织《学习的人文主义未来》报告述评.*全球教育展望*,2021,50(04):80–89.

[20] 联合国教科文组织(2017).*反思教育:向"全球共同利益"的理念转变?* 联合国教科文组织总部中文科译,教育科学出版社.

[21] 马斯洛(1987a).*存在心理学探索*.李文译,云南人民出版社.

[22] 马斯洛(1987b).*动机与人格*.许金声等译,京华夏出版社.

[23] 马斯洛(1987c).*人性能达的境界*.林方译,云南人民出版社.

[24] Mirandola, P. M. (2012). *Pico Della Mirandola: Oration on the dignity of man: A new translation and commentary*. Cambridge University Press.

[25] Nimbekar, E. (2016). *The Concept of Universalism in Neohumanist Philosophy by PR Sarkar*. University of Helsinki.

[26] Okazaki, A., & Nakamura, K. (2003). Symposium: Aesthetic Education in Japan Today. *The Journal of Aesthetic Education*, 37(4),1–3.

[27] Peters, M. A. (2022). Educational philosophies of self-cultivation: Chinese humanism. *Educational Philosophy and Theory*, 54(11),1720–1726.

[28] Prusinksi, L. (2012). Wabi-sabi, mono no aware, and ma: Tracing traditional Japanese aesthetics through Japanese history. *Studies on Asia*, 4(2),25–49.

[29] 彭正梅.(2010).道德的力量从哪里来——儒家"万物一体"论对道德教育的"根"的作用.*教育科学*(03),81–86.

[30] 彭正梅.(2010).迈向理性主体:现代西方教育的根本原则.*外国教育研究*(02),42–47.

[31] 彭正梅,伍绍杨 & 邓莉.(2019).如何培养高阶能力——哈蒂"可见的学习"的视角.*教育研究*(05),76–85.

[32] Sarkar, P. R. (1982). *The liberation of intellect: Neo-humanism*. Acarya Tapeshvarananda Avadhuta (Publication Secretary), Ananda Marga Pracaraka Samgha.

[33] Sarkar, P. R. (2010). *The electronic edition of the works of P. R. Sarkar*. excerpt F. Ananda

Marga Publications.

[34] Sarkar, S. P. R. (2011). *Neo-Humanism: Principles and Cardinal Values, Sentimentality to Spirituality, Human Society*. Lulu. com.

[35] Shapiro, S. L., Brown, K. W., & Astin, J. (2011). Toward the integration of meditation into higher education: A review of research evidence. *Teachers College Record*, 113(3), 493 - 528.

[36] 阿尔贝特·施韦泽, 贝尔, Bahr, 施韦泽, Schweitzer & 陈泽环. (2003). *敬畏生命:五十年来的基本论述*. 上海社会科学院出版社.

[37] 石中英. (2001). 人文世界、人文知识与人文教育. *教育理论与实践*(06), 12 - 14 + 24.

[38] 宋燕, 王剑波 & 于洪良. (2019). 沉思性教育:内涵、缘起与教育价值. *现代大学教育*(04), 7 - 15.

[39] Maria, J. E. D. S. (2020). Acting without regarding: Daoist self-cultivation as education for non-dichotomous thinking. In *Cultivation of Self in East Asian Philosophy of Education* (pp. 63 - 71). Routledge.

[40] Tan, C. (2020). Beyond high-stakes exam: A neo-Confucian educational programme and its contemporary implications. *Educational Philosophy and Theory*, 52(2), 137 - 148.

[41] Tan, C. (2021). Conceptualising social justice in education: A Daoist perspective. *Compare: A Journal of Comparative and International Education*, 51(4), 596 - 611.

[42] UNESCO (2020, November 24). *Learning to become with the world: Education for future survival*. https://en. unesco. org/futuresofeducation/news/just-published-learning-become-world-education-future-survival

[43] 王弼, 孔颖达(2000). *周易正义*. 北京大学出版社.

[44] 王梦洁. (2021). 联合国教科文组织:为了未来生存, 学会融入世界. *人民教育*(02), 58.

[45] 王守仁(1992). *王阳明全集*. 上海古籍出版社.

[46] 吴文婷 & 李战国. (2021). 2050 年教育宣言:学会融入世界. *世界教育信息*(07), 8 - 11 + 17.

[47] [德]席勒(2009). *审美教育书简*. 张玉能译, 译林出版社.

[48] [日]下中直也(1971). *哲学事典*. 平凡社.

[49] 习近平(2017). *共同构建人类命运共同体*. 人民日报.

[50] 徐湘荷. (2010). 以生态为本的教育哲学:包华士的生态正义教育学. *外国教育研究*(10), 9 - 13.

[51] [日]中村元(1987). *比较思想论*. 吴震译, 浙江人民出版社.

[52] Zajonc, A. (2013). Contemplative pedagogy: A quiet revolution in higher education. *New Directions for Teaching & Learning*, 2013(134).

[53] Zhao, Y. (2020). Tofu is not cheese: Rethinking education amid the COVID - 19 pandemic. *ECNU Review of Education*, 3(2), 189 - 203.

[54] 周洪宇. (2015). 以新人文精神引领教育未来. *新教师*(06), 5 - 6.

第二章

生态教育学：《被压迫者教育学》缺失的一章

格雷格·威廉·米西亚塞克和卡洛斯·阿尔贝托·托雷斯

这一章是以全球化的方式写成的,从北京到洛杉矶,沿途经过了许多站点。作者在托潘加山区完成了这一章的写作,那里是一个乡村地区,被各种生物、野花、美丽的太平洋橡树、红色岩石和清新的空气所环绕。在这样有利于对话和写作的环境中,他们见证了托雷斯庄园养蜂场里辛勤的蜜蜂在不断欢快地跳舞,看着这些蜜蜂尽情享受夏日的奇妙,生产出它们将与作者分享的蜂蜜。作者们绝不会错过这次机会。作者将这一章献给辛勤工作的蜜蜂,就像保罗自己也许会做的那样,它们在地球上的存在对我们的地球和世界的生存来说,是如此重要。

一、引言

历史专业的一个怪癖是它的传统,即用非常简单的公式来解释非常复杂的事件(David Gilmour, 2006)。

本章的核心论点是,弗莱雷的《被压迫者教育学》缺少一章,即第五章,这是弗莱雷在写这本标志性著作时未能完成的部分。我们认为,从历史的角度来看,《生态教育学:〈被压迫者教育学〉缺失的一章》可以被写成保罗·弗莱雷本人可能会在他的巨著中写下的缺失章节,一个专注于作为被压迫对象的环境的章节。这一章也可以被命名为"第五章：生态教育学"。

1991年的一个下午，弗莱雷在加利福尼亚大学洛杉矶分校（UCLA）的克克霍夫礼堂会见了托雷斯教授和莫阿西尔·加多蒂（Moacir Gadotti）教授，并决定创建第一所保罗·弗莱雷研究所，尽管弗莱雷本人坚称这是他的愿望，但我们并不试图重塑他毕生的工作。托雷斯和加多蒂与托雷斯在加州大学洛杉矶分校的朋友和同事进行了一次精彩的交谈后，向弗莱雷提出了创建该研究所的建议。弗莱雷同意了重塑其工作的以下原则：

> 重塑让我认识到，每种背景下的历史、政治、文化和经济条件都提出了新的方法和策略要求。因此，在每种新情况下，都有必要寻求……思想的实现。（Freire，1997a，第326页）

几年后，在圣保罗的家中，弗莱雷在与加多蒂和托雷斯的一次对话里表达了对于掠夺性文化对地球的压迫的遗憾，并坚信需要将地球公民权和生态教育学视为保护地球的典范。用他的话说，地球是最受压迫的实体。他对自己未能在他那本令人难忘的著作中探讨这一关键主题感到遗憾。尽管弗莱雷没有直接提及，但生态教育学的核心是他所说的书中缺失的一章，也是他计划的下一本书的主题。然而，遗憾的是，由于他于1997年去世，这本书未能完成。弗莱雷在多个场合谈到了我们的星球受到的压迫，而"我们"的范围包括地球上的一切。请参阅以下后来在圣保罗的保罗·弗莱雷研究所的对话的摘录：

> 弗莱雷所说的是生态教育学。在保罗·弗莱雷研究所接受采访时，他谈到了自己对地球、动物和植物的热爱。他说："我希望人们记住我是一个热爱男人、女人、植物、动物和地球的人。"在他最后的著作之一 *A Sombra desta Mangueira*（直译为"在这棵芒果树的阴影下"，英文版名为《心灵教育学》，1998年出版）中，他描绘了呼吸纯净空气的愉悦、淌入没有污染的河流的喜悦、踩在草地或沙滩的沙粒上的快乐。他批判了资本主义的逻辑，这种逻辑没有赋予这些自由快乐以价值，而是用追逐利润的快乐取而代之。资本主义将满足人类需求的自由快乐置换为可买卖的快乐，但最重要的是为了满足资本主义的需求——不是人类的需求，而

是通过追求利润对人类施加的需求。弗莱雷没有将人类的需求与地球的需求分开。去世之前,他正在写一本关于生态学的书(Gadotti & Torres, 2009,第1261—1262页)。

生态教育学[1]是一种植根于批判性大众教育教学法、理论和哲学的环境教育学(Gadotti, 2000, 2008c; Gadotti & Torres, 2009; Gutiérrez & Prado, 2008; Kahn, 2010; Misiaszek, 2011)。与任何教学模式一样,生态教育学的定义和重点各不相同,但所有生态教育学都以弗莱雷的理论为基础。根据本章的重新定义,生态教育学的具体目标是教导学生批判性地理解人类的环境弊端行为与社会冲突(社会环境问题)之间的联系,从而采取实践行动结束压迫(Misiaszek, 2011, 2018)。我们在本章中重点讨论生态教育学的这一定义,因为它在很大程度上产生于弗莱雷关于环境问题和教育学的著作和对话之中。

正如批判教育学以那些为结束压迫而斗争最多的人的观点为中心来更好地理解压迫(Apple & Au, 2009; Apple, Au, & Gandin, 2009; Gadotti, 1996),生态教育学家在教学中也以社会环境斗争为中心(Gadotti, 2008b, 2008c)。除了人类视角(人类中心主义视角),生态教育学还以生物中心主义(即行星)压迫为中心——包括人类、其他动物、其他有机实体(如植物)、无机实体(如景观、海景和作为单一存在的地球)(Gadotti, 2008b, 2008c; Gutiérrez & Prado, 1989; Misiaszek, 2018)。[2]

有些学者可能会反对以弗莱雷的名字撰写章节,尤其是专门论述环境教育学的章节;但我们认为,这与《被压迫者教育学》的第四章不谋而合。在同事和出版商的鼓励下,我们在最初的手稿中增加了第四章,这是对前三章的政治分析,主要围绕领导力展开,最初的手稿只包括前三章(Schugurensky, 2011)。此外,我们还提供了大量的尾注,以引导读者了解弗莱雷在本章中的具体段落以及与弗莱雷就本章主题进行的对话。本引言概述了本章结构的指导原则。

二、环保主义者弗莱雷

本导言虽然篇幅有限,未能全面阐述弗莱雷在环境主义方面的所有相关作品——正如其他学者曾做过的(Au & Apple, 2007; Gadotti, 2000, 2008a; Gutiérrez &

Prado, 1989; Kahn, 2005), 我们此前也撰写了相关文章 (Gadotti & Torres, 2009; Misiaszek, 2011, 2018)——但我们希望在《被压迫者教育学》的前四章和后四章中探讨弗莱雷环境观点的几个关键方面。我们认为，要完整理解弗莱雷对环境的思考，必须全面研究他一生的著作——这与他自己的观点相契合，即我们都是不断发展的存在 (Freire, 2000)。有时，对《被压迫者教育学》的批判性阅读会使人认为，弗莱雷将人类与其他动物相提并论，并认为人类是"等级森严"的，从而被视为"反环境的"。然而，弗莱雷 (2000) 拓展了教育学界的看法。与约翰·杜威 (1963) 一样，他认为人类是具有反思能力的存在，不能通过对所有其他动物有效的行为教育模式来"训练"人类，同时也探讨了作为压迫和驯化控制工具的银行储蓄式教育的无效性。

通过控制银行储蓄式教育模式中反思的方式和内容以确定我们的行动，削弱了人类作为历史和政治存在的批判性反思能力 (Gadotti, 1996)。弗莱雷在《被压迫者教育学》中的论点表明，我们作为人类，能够积极或消极地改变世界，同时并不贬低自然。如果说有什么的话，弗莱雷强调了我们在为每个人和一切（即地球整体）建立公正模式时所承担的巨大责任。

弗莱雷教育学以社会背景（历史和文化）为中心，提出了一种提出问题的方法和必要的变革实践，以实现一个更美好的世界。在本章中，我们将重塑弗莱雷的著作，讨论"世界"与"地球"之间的社会环境压迫问题。反对"世界"的各个方面，如新自由主义和种族主义，是这种提出问题以促进变革的教学所固有的，但这也包括当地环境中的冲突。这并不意味着贬低文化和传统，而是讨论与当地情况相吻合的社会环境解决方案的可能性，以及当地社会内外（如全市、全州、全国、全球）的社会环境福祉和大自然的固有福祉（即地球，如地球公民）所需的东西，包括人类福祉之外的因素。

贯穿弗莱雷后来的许多著作 (1997b, 1998b, 2004) 的一个主题是他对经济全球化的厌恶。正如他在书中《希望》的副标题下所述：

> 我拒绝接受"对经济全球化的后果无能为力"的观点，也拒绝因为对不可避免的事情无能为力而低头妥协。接受发生的一切所具有的不可阻挡性，就等同于放弃对主导力量和社会不公的抗争。我与那些宿命论知识分子——无论是社会学家、经济学家、哲学家还是教育家——的根本区别之一在于，无论是昨天还是今天，我从未认同教育实践仅应限于"对文字的阅读""对文本的解读"，而是认为它

应该涵盖"对背景的理解""对世界的观察"(Freire, 1997b,第 43 页)。

弗莱雷讨论了新自由主义全球化在教育和整个社会中的社会建构宿命论,将对它的广泛运用的情形比喻为"在旅途中跳上火车,而不讨论被卷入的国家的条件、文化或生产形式"(Freire, 1998b,第 113 页)。在第五章中,我们将全球化进程扩展到"席卷全球"的新自由主义之外,探讨其他一些全球化进程如何加深和拓展人性化概念(Burbules & Torres, 1999; Torres, 2003, 2009, 2017a)以及星球主义概念(Gadotti, 2008c; Gadotti & Torres, 2009; Misiaszek, 2015, 2016, 2018)。这种全球化进程在很大程度上反击了弗莱雷笔下的新自由主义,并通过人类为全人类和地球所采取的全球集体行动反抗了其他形式的压迫。

生态教育学关注地球社会环境的正义,关注反压迫性全球化进程的教学过程,这对于结束学校、家庭和社区"完全受制于全球社会的大背景,除了复制专制意识形态之外别无选择"(Freire, 1992,第 14 页)的局面是至关重要的。我们对全球化的弗莱雷式再创造是基于我们和其他学者通过弗莱雷自己的著作而对全球化的多面性所做的论述。弗莱雷在本段和上一段中提出了同样的论点,在他关于普遍人类伦理的著作中,我们讨论了以批判为基础的全球公民意识及其教育。

人类普遍伦理与托雷斯(2017b)所称的作为全球目标的"全球公域"具有许多共同点,这些共同点被视为所有人类的普遍目标。这些全球公域是全球公民教育(GCE)取得成功的必要条件:健康的生活环境、和平与人格。这些普世人类伦理、批判性公民意识和全球共同体的概念,可以通过将生物恋(biophilia)视为革命性的乌托邦的框架来重新诠释,在弗莱雷的许多著作中得以部分或完全重塑。弗莱雷的多部著作都对埃里希·弗洛姆(Erich Fromm)的作品有所借鉴:

>……用埃里希·弗洛姆的话来说,革命乌托邦是恋生的,而僵化的右派则是恋死的,官僚化的革命领导也是如此。革命乌托邦倾向于动态而非静态;倾向于生命而非死亡;倾向于未来是对人类创造力的挑战而非现在的重复;倾向于爱是主体的解放而非病态的占有欲;倾向于生命的情感而非冰冷的抽象;倾向于和谐共处而非好大喜功;重对话,而不是缄默主义;重实践,而不是"法律与秩序";重反思性地组织起来采取行动的人,而不是被动地组织起来的人;重创造性和交流性

的语言,而不是指令性的信号;重反思性的挑战,而不是庸俗化的口号;重富有生命力的价值观,而不是强加于人的神话(Freire, 1985,第 82 页)。

在我们重新构想的第五章中,弗莱雷写下了"世界公民"(citizen of the world)一词。我们认为,这与"具有批判精神的全球公民"相似。

三、基础

正如前文所述,弗莱雷在其著作中论述了许多环境问题。他认为,教育要立足于社会正义,也必须立足于环境正义。[3] 弗莱雷对这一重要的环境正义问题进行了论证:

> 如果我们不具备爱世界的能力,我就不相信男女之间、人类之间会有爱。生态学在本世纪末已变得极为重要。我必须参与任何激进、批判和解放性质的教育实践。(Freire, 2004,第 25 页)
>
> 在我看来,一方面,我们进行着进步的、革命性的讨论;另一方面,却接受着一种否定生命的实践。这种实践污染空气、水域和田野,破坏森林,毁坏树木,威胁动物,这是令人遗憾的。(Freire, 2004,第 120 页)

这两段摘自在他 1997 年去世后出版的《愤怒的教育学》(*Pedagogy of Indignation*, 2004)一书,该书包括了他直接关注生态教育学的一些著作。接下来的一节将介绍我们如何从这些著作中整体构建"缺失的一章",并讨论在撰写这一章时所遇到的一些棘手问题。

四、重新构想缺失的一章

"缺失的一章"将以弗莱雷在《被压迫者教育学》前四章中的主题为基础,并试图从宏观视角重塑弗莱雷是如何论述环境教育学的。"宏观视角"一词表明,我们确信弗莱雷在许多细节上会有不同的写法,但我们的目标是使这一章的整体精髓保持一致。

毫无疑问,在呈现弗莱雷及其最著名的著作时,我们会遇到许多困难和问题。我们自问了一个关键问题：在什么时期最适合将"缺失的一章"置于其中？在回答这个问题时，我们确定了以下三种可能性：(a)作为20世纪60年代智利政治变革的一部分；(b)作为1997年弗莱雷去世前的《被压迫者教育学》修订版的附加章节；或者(c)放置在2019年。每一种可能性都有其积极和消极之处，以及许多复杂的挑战。我们发现，若将这一章历史性地定位于2019年，则会面临太多未知因素，而且"现在论"的风险可能会削弱《被压迫者教育学》的实际贡献。正如莫罗和托雷斯在本卷中所论述的那样：

> 最重要的是，我们有可能更加自觉地思考重塑的过程，以一种明确的"批判性"和"恢复性"诠释学为基础，借用保罗·利科（Paul Ricoeur）的区分，对《被压迫者教育学》进行更具反思性的诠释。在这一过程中，有可能避免对其经典文本采用各种有问题的诠释策略：将其视为圣书并进行仪式性的诠释；以模棱两可的书信形式进行诠释，其含义在特定的政治正确的教科书中被视为理所当然；或者将其视为或多或少"过时"的先驱并进行肤浅的诠释。(Morrow & Torres，本卷第13章)

本着弗莱雷关于人类是"未完成的存在"的讨论精神，一个重要的问题是，我们应该从哪些背景中吸取养分；比如，假如他在2019年还活着，他可能有哪些经历和阅读？弗莱雷在阅读了弗朗茨·法农（Frantz Fanon）的《人间疾苦》（Gadotti & Torres，2009）之后，对《被压迫者教育学》的草案进行了重大修改，这是他过去20年所进行阅读的重要性的例证。

最终，我们决定将这一章作为1997年修订版的附加章节来撰写。因为在这一时期，弗莱雷对环境问题的关注日益增加，这使我们能够通过自我反思，利用他在生态教育学方面的众多著作，避免过度揣测他可能在当代写下的作品，同时，我们也再次在他关于人类是"未完成的存在"的论点范围内进行分析。此外，我们希望尊重这样一个事实，即弗莱雷在20世纪60年代中期的拉丁美洲并没有写下这一章。

然而，在弗莱雷的作品中，有一个与之并行的文化伙伴，他自己也是20世纪的另一个天才，并做出了令人难忘的贡献，那就是伊凡·伊里奇（Ivan Illich）。他谈到了"共生工具"（Tools for Conviviality）（Illich，1973），弗莱雷毫无疑问会接受这一点。《被压迫者教育学》出版后不久，伊凡·伊里奇所出版的一本书可以对此作证（Freire &

Illich, 1975)。

伊凡·伊里奇的《陶然自得的工具》(*Tools for Conviviality*, 1973)一书起源于1972年在库埃纳瓦卡文化间文献中心(CIDOC)的谈话,弗莱雷经常去那里。这本书告诉我们:

> 这种建立节俭社会的政治选择仍然是一个虔诚的梦想,除非能够证明它不仅是必要的,而且是可能的:(1)确定具体的程序,使更多的人了解我们当前危机的性质,并认识到限制是必要的,理想的节俭生活方式是可取的;(2)使尽可能多的人加入现在被压迫的组织,这些组织声称他们有权利采用节俭的生活方式,并使他们感到满意,从而致力于过节俭的生活;(3)发现和重新评估社会中公认的政治或法律工具,并学会如何使用它们来建立和保护目前产生的节俭生活。(第116页)

为了阐述本节第一段中提到的"宏观视角"的另一个方面,我们在"缺失的一章"中重塑弗莱雷的作品时,会将重点放在生态教育学的教学、社会学、政治学和哲学方面,而不是用具体的例子来阐述。弗莱雷以讲故事的方式写下了自己分析文本和理论的经历,其中文本和理论在整个语境中毫无意义。在与本章节的共同作者卡洛斯·阿尔贝托·托雷斯(Carlos Alberto Torres)的对话中,弗莱雷解释了理论与实践之间的这种不可分割性:

> 我撰写《被压迫者教育学》之前和撰写期间的每时每刻,都是我充满实践的时刻。从理论上,我认为,如果不首先理解文本的语境,就永远无法理解文本的含义。没有对世界的阅读,我永远无法理解对书面文字的阅读,而这种阅读促使我改写世界,即改造世界。(Freire, 1993)

五、对"缺失的一章"的注释

在撰写"缺失的一章"时,我们受到了一定的限制,因为我们不知道弗莱雷在撰写生态教育学时会根据他的亲身经历或阅读经验选择哪些内容。正因为如此,我们的写作仅限于以前写过的内容,没有给自己过多的自由去详述他会选择或不选择哪些事件。我们借鉴了他自己选择的一些具体内容。毫无疑问,由于这个原因和其他原因,这里的"缺失的一章"与弗莱雷本来会写的内容有所不同。但我们希望抓住他原本会写的内容的精髓。我们在"缺失的一章"中加入了大量尾注,以阐明我们自己对弗莱雷作品的解读,而不是弗莱雷本会写的尾注。需要说明的是,除非另有说明,我们所提供的尾注是我们自己对缺失章节内容的解释,而不是该章节本身的一部分。

六、第五章:缺失的一章

这本书的开篇句[4]也呈现在这里,侧重于人文化的价值观——通过伦理和美学问题来评价人类、他人和自己,主张一个人的存在是在社会中通过对"更人类学而非人类中心主义"的思考来确定的。[5]

> 虽然从价值论的角度来看,人性化问题一直是人类的核心议题,但如今它具有一种不可回避的紧迫性质。(Freire, 2000, 第 43 页)

因此,要构建人性化或非人性化(人类学)的历史现实;然而,这两种可能性都押注于它们对"一个未完成的人意识到自己的不完整"的反思之上(人类中心主义)。卡洛斯·阿尔贝托·托雷斯(Carlos Alberto Torres, 1978)将其命名为政治人类学。教育必须专注于深化和扩大这些反思,将自己视为未完成和可改变的人,将社会视为未完成的社会。作为一个与自己的矛盾做斗争的人,我意识到有必要进行自我反思,检查我们对事物、人、地球以及思想和知识本身的思考。[6]因此,不可避免地,我得出结论,没有什么可以永远是决定性的,我们所有人都生活在这种本质上的不完整和未完成中,这同时影响了我们在寻求真理时的客观性和主观性。

在这本书的各个章节中,教育常常被解构为一种宿命论的工具,导致人们失去人性(因为他们对自身的压迫负有责任),并被重新构想为一个更人性化的世界的变革可能性。我们不断地阅读世界,寻找令我们好奇、恐惧和惊奇的答案,这正是人类的转变。[7]教育所需求的是,我们在全球范围内的行动中继续进行这些批判性的反思,自由地结束压迫。我们对社会正义的看法应该是全球性的,无论是在解读我们自身和他人的现实时,在恢复我们的公民身份时,还是在争取一个更美好、更公正的世界时。[8] 我们讨论世界的人性化中,存在一个普遍的人类伦理,其中包括所有人都能够梦想的可能的乌托邦的目标。教育需要与这些目标保持一致,创造一个我们可以在其中呼吸、欣赏美丽环境的世界。[9] 这样的普遍目标是为了所有人的实现,只有通过普遍的人类伦理和对所有人的爱,我们才能在地球上和平共处,将其视作我们的家园,作为所有人类和地球的公民。本章的重点是讨论地球上其余部分的福祉是如何受到影响,并且导致人性化或非人性化的,因为我们是从整体上来进行有关地球的教育的。

七、人类与地球之间的行星对话

教育必须拓展人类学和以人类为中心的思维,涵盖我们与自然其他部分的联系,以结束人类的压迫。此外,反思还应包括终结人类所承受的压迫,对地球重新阅读和审视。为了避免使自身成为地球毁灭的原因(这本质上是在毁灭我们自己),我们必须教育人们认识到我们与自然的联系,以及我们对地球福祉的内在需求——超越人类的需求,特别是欲望。人性化教育对学生更好地理解人与自然的压迫之间的联系至关重要。我们还需要一种行星教育,在这种教育中,对压迫的讨论从人类的解放扩展到自然的压迫——它教导人们更好地理解压迫,包括人类在内,也包括树木、鸟类、河流、海洋等人类之外的生命。[10] 如果不从整体上理解地球上的压迫(以及 1991 年创立的保罗·弗莱雷研究所所倡导的行星公民身份),就会否认真正的革命教育学。

正如本书前四章所描述的那样,人类是唯一一种会劳动、有梦想和拥有历史的动物(既讲故事又创造历史),这使他们能够通过关键的反思行动(即实践)超越自己和社会。教育必须以变革实践为目标,它本身不是一种抽象的理论,而是对理论发展的持续批判性反思[11],以指导我们在社会和地球上的实践。与此类实践的发展相抗衡的是银行储蓄式教育方法,这种教学方法通过将压迫正常化,并将个人和社会的命运以及整个地球的命运视为个体和社会的命运,使学生失去人性和变得疏远。前面的章节描述非人类动物的批判性,并不是贬低它们作为非人的价值,以及它们为生存而将世界动物化[12]的劳动,而是指出人类通过实践决定如何改变世界的能力远远超出了生存的劳动。[13]

八、世界和地球的公民

诚然,作为人类,我们具备其他生物所不具备的思考能力。然而,这并不意味着我们应忽视影响地球其他组成部分的因素,而是应从对人性化和行星化的批判性反思中汲取实践的启示。在撰写本文时,我们面临一个挑战,即"行星化"概念,它包括地球在内,也包括人类。"行星化"或"行星公民"概念本质上涵盖了人性化;然而,为了讨论每个方面的具体内容,本章可能认为有必要将"人性化"一词用于指代对人类的压迫。当我们谈论人类的压迫时,讨论生态破坏是人类压迫的原因和结果至关重要。这种生态教育不应被视为其他对话的附加内容,而必须被深入且严格地融入我们的讨论中,就像我们在经济学、全球化、消费以及构建社会的其他政治方面所教授的那样——环境问题也是不可或缺的。

在此基础上进一步阐述,想要实现真正的革命性变革教学法,教学必须以拯救地球为基础,超越人类,包括其他动物和无机环境。在对文化行为的分析中,我们生活的星球和其他一切事物一样,我们的环境与我们自己的生命、社会和文化处于伙伴关系中。[14] 通过保护环境,他们是在保护每个人和所有存在于世界中的东西。[15]

第二章讲述了农民对是否存在没有人类的世界的回答的故事(在此重复)。需要对分析进行澄清:(a)地球具有意识,使其具有人性化,以及(b)地球没有人类意识——在个体层面上没有非"我"的存在,就像第二章所描述的那样。[16]

> 一个按银行业标准来说完全无知的农民说:"现在我明白了,没有人就没有世界。"教育家回答说:"让我们假设,为了论证起见,地球上所有的人都将死去,但地球本身和树木、鸟类、动物、河流、海洋、星星……一起保留下来,这一切不就是一个世界吗?""哦,不,"农夫断然回答,"没有人会说:这是一个世界。"(Freire, 2000,第82页)

在农民对世界的命名中,人类的意识和彼此之间的对话将世界和一切事物定义为意识和对话发生的环境。辩证的、提出问题的教育旨在理解世界的变化,以结束压迫。这一目标是可能的,因为它是动态的,而不是宿命般的静态的。相比之下,银行储蓄式教育模式坚持一种意识形态，即世界是静态的，更大的社会结构是不可改变的，压迫是自然的，被压迫者被全部归咎于被压迫者，从而将世界神话化。

对地球的爱必须得到教导，就像学生和老师之间的爱构成了整个世界一样。[17]世界是地球的一部分，但地球的非世界部分（即所有非人类的部分）的可转换性方面带来了一些关于世界本质的差异，即世界的可转换性和流动性。这些差异对于生态教育学中的问题化至关重要；然而，世界和地球之间并不存在标准化的世界—地球等级结构，而是复杂的交叉关系。这个对话问题的核心是，我们如何改变非世界的地球，以满足世界（人类和社会）的需求。

在批判性地讨论如何满足人类和地球其他部分的需求这个首要问题之前，有几个关键方面需要考虑。首先，作为人类，我们是地球和世界的一部分，所以我们的转变和生活在非人类世界的地球上是我们的使命、我们的存在感。原住民文化总是更接近自然，比现代性尤其是西方现代性更了解自然。

所有生物利用它们的环境；然而，只有人类反思他们对地球、其他动物和彼此的行为（即世界）的影响。《被压迫者教育学》前几章讨论了教育如何影响我们在世界中的生活，但本章着重讨论了生态教育学如何在（a）世界与地球之间以及在（b）非世界地球内提出问题。换句话说，批判性教育学是在人类（即世界，人类中心主义观点）与超越对世界的影响之外的环境压迫之间提出问题，而这些压迫是由世界引起的（非人类中心主义观点）。我们关注世界，因为正是人类影响了地球的内在平衡；如果没有世界的干预，地球的内在平衡将基本保持不变。

教育的行星化以人类中心主义和非人类中心主义的观点之间的问题冲突为中心，以构建一种全面的生物中心主义（即地球—世界观点）为目标，结束社会和环境的不公正。随着环境问题的出现，行星教育的目标是在内部和外部的人性化之间取得平衡。人性化之外的教学不是忽视人类的压迫，而是将自然福祉所需的东西问题化，包括人类/社会福祉之外的部分。在某些情况下，环境福利的行动会对社会产生负面影响——例如，保护环境的技术可能会取代劳动力，从而产生社会性的后果。然而，环境健康与世界的联系几乎总是积极朝向行星化的平衡方向的。

生态教育学的教学是为了更好地理解地球和世界之间的不平衡，从而实现地球平衡的目标。当我们讨论可持续性时，它必须指向这种行星平衡。

九、发展

对我们星球的压迫行动的呼吁通常被合理化为"发展",但关键问题是:谁的发展?发展是有益的,然而,那些以地球为代价的发展行为需要被质疑,我们需要问,谁从这种"发展"中受益?谁受到了伤害?以及这种发展对地球的平衡产生了怎样的影响?教育不仅仅是为学生的未来做准备,而真正的教育应该是使其内容与学生的社会需求之间保持着持续的辩证关系,就像从本地到全球再到本地的公民身份一样。[18] 首先,我们需要理解,作为人类,我们是唯一能够发展世界的生物。地球正在发生变化,而不是在发展中。正如我之前所说,"虽然所有的发展都是变革,但并非所有的变革都是发展"(Freire,2000,第161页)。[19] 除了人类之外,发展行动是基于刺激和生物需要发生的。人是地球上唯一以发展的名义行动的生物,这反映了他们的历史和梦想——无论对其他人和整个地球来说是好是坏。

作为人类,我们肩负着以"发展"的名义改造地球的重大责任。在世界上,为了真正的发展而进行的变革需要对所有社会(从地方到全球)的进步进行批判性反思,以避免彼此疏远,并与地球上的其他国家保持平衡。但我们也必须对地球的影响提出问题,扩大辩证法,使之包括地球和世界。[20] 我们利用我们的环境——地球——来发展,但这一发展需要是真正的发展。如前几节中讨论过的,人类成为"为自己而存在"的个体的真实发展,比以往任何时候都更加真实。我们曾经把地球作为人类活动的背景,现在我们需要把背景移到前景。为了实践的出现,教授"发展"必须在学科、知识和理解上多样化,以真正确定我们的发展行动对地球—世界的影响——包括我们的科学、社会科学和人文学科。[21]

十、捍卫可持续性

平衡是许多人称之为可持续性的概念,我们在讨论发展问题时也将其称为可持续发展。与平衡教学的论点相同,可持续性教育也不应流于表面,而应在世界(从地方到全球)与地球上所有其他事物之间进行彻底的问题探究。[22]

新自由主义全球化为强大的全球利益构建了发展,而这些利益往往与当地社会的需求和愿望"格格不入"。新自由主义将决策权从地方转向了国家,在这种情况下,即使是不真实的发展也不是为了自己的社会,而主要是为了"外国"霸权社会的利益。我曾撰文介绍过许多这方面的全球实例,包括广泛列举巴西的实例。[23] 对全球化如何影响世界和地球的"发展"提出质疑,需要扩大到国家边界之外,因为新自由主义全球实践的政治系统性地忽视了民众的声音和国家政治。[24]

全球化往往远远脱离了与大自然最密切相关的人们的生活环境和发言权,而从遥远的地方对他们的生计指手画脚,通常是负面的。这是普遍存在的不道德现象。吉登斯(Giddens, 1990)对全球化的经典定义是"来自远方的影响"。作为这一定义的一个例子,大豆种植者往往对来自全球证券交易的政治因素对其工作和生计的影响知之甚少,但对这些因素的政治权力却微乎其微。[25] 在日益全球化的世界中重新认识地球与世界的联系,必须质疑谁决定地球上的发展行动——谁有发言权,谁没有发言权。我们必须教授如何"读懂世界"之多种背景,以抵制压迫性新自由主义全球化的宿命论观念(这种观念谴责地球)[26],实现真正的地球—世界可持续发展,并扩大实践,使所有人都成为促进环境福祉、和平和改善生活的公民,以实现他们的身份,并在他们的社会中拥有发言权,真正倾听他们对自己所设想的乌托邦的梦想。

世界和地球之间的不平衡在很大程度上是由于许多全球化进程对人类文明和地球其他地区产生了巨大影响。我们必须有意识地通过提出问题的全球化来实现这一目标,并反对宿命论[27]、非人化[28]、破坏行星公民身份的进程。在行星公民身份中,我们的社会是一个全球性的人类社会,也就是作为地球一部分的世界。通过社会和环境正义的问题提出教学,我们可以解决当地社会如何受到全球化的影响的问题——这些影响在新自由主义全球化中被固有地忽视,因为在全球权力结构内部和全球权力结构中,地方压迫被视为微不足道的。

这种教学必须侧重于培养对全球和地方之间辩证紧张关系的认识,包括理解这些紧张关系对地球(包括世界)以及世界之外的影响。有几个原因表明,这种认识是至关重要的。第一,随着全球化的加剧,我们的联系变得越来越紧密,一些学者甚至认为,我们正生活在一个无国界的世界。如果社会活动的地理距离变得越来越不重要,那么压迫也可能会变得越来越紧密地联系在一起。第二,作为人类,我们应该关心彼此之间的差异,无论是身体、文化、宗教还是其他方面的差异。这些差异需要得到更好的理解和尊重,而不应成为结构性压迫的根源。第三,由于我们所面临的压迫往往具有全球性联系,因此解决方案也必须具有全球性的视野,并且必须在地球的内部展开。例如,空气污染的负面影响并不受政治边界的限制,气候变化也是全球性的问题。解决全球性问题,需要我们既从全球的角度理解问题,也要从本地的角度理解问题。第四,作为更大的人类社会的一部分,我们必须彼此理解和关心,而不受身体或其他方面的距离的影响。身体距离的远近或与他人的相似性不应成为关怀和公平的标准,而应重视多样性,将其视为人类和人类群体之间的联系,而不是分隔。

从世界福祉与地球福祉之间的联系来看,社会—环境联系提供了无穷无尽的人类关切,这说明需要将环境关切与世界公民身份联系起来。[29] 然而,地球作为一个整体存在,世界则是其组成部分,因此我们也应该将地球视为一个有生命的存在。对于拉丁美洲的许多原住民族来说,地球被视为"帕查马马"(Pachamama),即所有人的神秘母亲。[30] 然而,在资本主义的逻辑中,地球并非被视为我们与我们的行星家园之间的纽带,而更多地被看作导致经济不平衡的商品,从而使少数人受益,却压迫了广大群众。尽管地球上的所有非人类事物都没有历史,也没有反思的能力,但我们的普世伦理必须包括对地球整体的关怀。我在其他著作中对此也有所阐述,包括以下内容:

> [全球新自由主义]对道德的悲剧性背离已经发生,这提醒我们迫切需要为更基本的道德原则而奋斗,比如尊重人类生命、其他动物的生命、鸟类的生命,以及河流和森林的生命。(Freire, 2004,第47页)

当我们谈论自由压迫和赋予公民权利时,它必须包括地球上所有的人来阅读理解世界。

作为整体可持续性和正义的教育者,我们的责任是教导公民基本的行为,即质疑和揭示国际"社会秩序"的正常化所掩盖的真相,无论是作为世界公民还是地球公民。[31] 正是通过批判性的质疑,我们培养出了杰出的地球公民和世界公民,而教学则是帮助学生(以及教师)朝着这一目标前进的工具。在这个过程中,我们要赞扬好奇心和不安的质疑,而不是将其视为"不文明"或非理性的表现,就像我们在直接或间接的独裁政权中看到的那样,银行教学方法通常会扼杀质疑的精神。[32] 全球政治不是一个与当地人文环境脱离的抽象概念,而是一个持续不断的、批判性的质疑过程,有助于我们理解当地环境如何受到全球范围的影响和控制。

此外，改变世界的教学意味着成为地球—世界公民和行星公民的教学。换句话说，我们不仅要理解并采取行动反对压迫性的全球进程和制度，还要发展实践，确定扭转政治影响所需的行动。这往往意味着要改变全球化的工具，以对抗当前由全球化造成的压迫。[33,34] 通过这种教导，我们从"家"开始认识世界。在分析的根源上，成为本地公民是允许一个人将自己的公民身份扩展到世界（和地球）的关键，而反之则不可能，因为我首先是累西腓的公民。[35] 同样重要的是，一个人的公民身份和历史应该由自己把握，使之成为自己的[36]——这对于扩大公民身份的范围也是必要的。如果没有人类伦理和普世价值观，我们就无法改变世界，因为我们在探讨人类团结的伦理。[37,38] 在同样的论证结构中，如果没有真正与地球整体团结在一起，我们就无法与地球的其他部分保持平衡。

在我们谈论公民身份和教育的同时，包括涵盖包容性民主。我们必须行动起来，教导人们如何采取行动，来结束饥饿、失业和卫生不平等等压迫。[39] 如果没有这些关切以及其他的关切，这些和其他的生存压迫很可能成为个人认同的国籍，成为个人自我认定的公民身份标签，而不是他们所属的社会（或社会们）。就像我在讨论一个女人时所提到的，她纠正了我的说法，她是"美国人"，但首先被认定为"穷人"（Freire, 1997b, 第102页）。如果没有结束这种压迫的可能性，一个人的身份和公民身份就会成为压迫的标志。这些和其他生存压迫都与环境压迫有关；然而，这些联系往往是隐藏的，特别是当它反对虚假的市场道德，特别是压迫性的全球市场时。因此，一个人的公民身份并非地球—世界的赋权，而是被界定在地球—世界的压迫——社会和环境的压迫——中。全球化既削弱了对这些压迫的抗争，也为反抗压迫提供了新的途径，尤其是当这些压迫主要来自新自由主义进程中的全球强势力时。[40] 大多数环境压迫都是直接或间接地源自一个人所在的本地社会之外的过程和政治，而且往往来自全球性的压迫过程。

教导学生成为世界公民需要对影响社会的全球进程进行批判性理解，这些进程会对其他社会和整个世界施加压迫。这意味着，要理解在世界范围内的行动，通过观察、比较和评估构建可能的乌托邦，从而结束压迫，确定如何行动以使乌托邦成为现实。[41] 这个过程的另一个方面是，拓宽有关成为世界公民的视野——成为地球的公民。

人类作为地球的一部分，需要全面平衡

正如我所指出的，世界上的许多文化，特别是原住民文化，对人类作为地球的一部

分和地球作为人类自身的一部分有着非常深刻的理解和信仰。[42] 正是通过重塑全球化，我们需要教导人们与地球的其他部分建立联系，构建团结，以对抗世界所有社会和世界以外的地球所遭受的环境压迫。在这一点上，我们有必要成为地球公民，将组成地球的一切都包括在内——我们不能将地球与我们自己分开，我们是地球的一部分，地球在我们之中，也是我们。我们的行动、我们的理解和我们的教学都应反映这一点。被压迫者和压迫者的辩证关系并不是摩尼教的范畴（Torres, 2015）。虽然它们指的是压迫者和被压迫者这两种类型在我们的意识中的内在张力，但我们污染河流和海洋、空气和土壤、地下水的方式，或者我们人类的掠夺性文化影响整个地球的方式中，也存在压迫者和被压迫者的辩证关系。

教授地球公民意识是为了更好地理解和构建我们的行动，批判性地反思地球是如何从生物学、人类学、历史学和我们的本体价值等方面成为我们的一部分的——这与本章开头的"地球公民意识"概念有关，即本书第一句话中对"公理观点"的重塑。作为人类，我们如何成为世界公民和地球公民，这是一个挑战。正如伊凡·伊里奇（Ivan Illich, 1983）雄辩地论述的那样，我自己、我所参与的社会以及所有社会的发展都与地球息息相关，尽管我们常常不幸地远离地球，成为工程师、科学家和商人的玩物。对地球的珍视与我们利用地球作为工具来造福自己和伤害地球的其他部分之间存在着不可避免的矛盾，但正是对这些行为的理解、承认和批判性反思，才能从这些矛盾中产生问题，从而实现平衡或可持续发展的目标。[43] 我们有多少次反思过自己种植的树木？反思过自己种植蔬菜的肥沃土壤？反思过河流、高山和海洋的美景（它们将我们的景观浓缩为不屈的美景）？

地球是一个复杂的生态系统，各部分之间相互依存。没有"世界"的地球是一个与自然界其他部分保持平衡的系统，它们通过满足各自的需求而相互影响。如果需求得不到满足，地球就会通过进化进行适应，但这种适应并不总是那么平静，地震、致命的夏季热浪或台风等都表明了这一点。但是，如果人类不参与环境的恶化过程，这些行为就总是在寻求恢复自然的平衡。

凭借反思能力，人类具有很强的适应能力，可以通过创新和进步获得超出我们需要的东西，但回归平衡并不是必然的。如前所述，我们的需求必须首先得到满足，但在需求得到满足之后，我们要通过反思来决定下一步努力的方向。西方政治哲学中自由与需求之间的紧张关系不容忽视。确定这一点的批判性实践必须成为革命教育的重点,通过阅读和重读对世界和地球的正义与平衡的影响进行严格的分析。在新自由主义的教学模式中,这种分析被忽视了,因为当全球市场的成功仅仅是目标时,不公正、不平衡和压迫就被忽视了。作为新自由主义全球化下的世界公民,其本质就是一种压迫,是对地球平衡的忽视,只是将其视为全球市场和权力结构中成功的金融交易的游乐场和场所。我们必须通过教育来对抗这些新自由主义生态系统。

提出问题的教学必须以这样的问题为基础:我们的愿望是什么?它们是如何成为我们的愿望的?为满足我们的许多愿望而采取的行动产生了哪些压迫?以及这一切是如何影响平衡的?再次重温伊凡·伊里奇(Ivan Illich, 1983)的警告,我们必须质疑,作为人类,我们是否已成为他人的"玩物",因为他们有组织地剥夺了我们的地球,影响了我们的梦想——我们所感知的"想要"。我们必须教会学生批判性地解读人类的需求是如何构建的,以及这将如何影响我们对自我和世界的"发展"(即"进步")的构建,以及与地球—世界的可持续的联系。从甘地到伊里奇以及其他许多改革者,包括20世纪70年代兰扎·德尔·瓦斯托在欧洲发起的原始社区,或今天美国的家园运动、永久文化、土坯建筑运动或有机生物动力耕作,都将节俭意识、在不牺牲自由的情况下实现我们的愿望和解决我们的需求与当地和全球已知的地球需求结合在一起,同时谦虚地认识到许多需求是未知的。

要了解"发展"的呼声实际上是对不可持续发展的呼声,对世界和地球进行批判性扫盲是必不可少的。有一种政治模式可以按照马克思和恩格斯的观点加以批判,即控制人口的最佳方式是让他们认为自己正在从一些行动中受益,而这些行动最终会对他们产生最不利的影响。新自由主义的发展尤其如此,在这种发展中,历史和梦想被宿命论的教导排除在外,世界和地球的价值都被商品化了。[44]正如伊里奇所讨论的那样,未来的梦想变成了噩梦。重要的是,新自由主义不等同于经济学或发展。经济学教学应以结束对世界和地球的压迫为目标,并应侧重于基于经济正义和可持续性的金融结构转型。[45]这包括但不限于造福全社会的生产,与只为少数霸权全球精英谋利的新自由主义发展相对立。[46,47]新自由主义在本质上是宿命论的,我在以前的著作中曾指出,新自由主义的座右铭是:"无能为力;现实就是现实"(Freire, 2004,第110页)。它教导人们当前的不平衡是正常的,而挑战它们则是"不正常的"。我们必须教导人们,当地球世界的可持续发展立足于克服压迫性障碍以实现这一平衡目标时,它就是发展和进步,而不是新自由主义的教导,以维持和加剧有利于少数人、压迫多数人和地球其他部分的不平衡。[48]

十一、从科学和技术中学习

在全球团结教育中,教学应遵循普遍的人类伦理,从本质上抵制新自由主义压迫性全球市场的虚假伦理。[49]当我们讨论可持续发展教育时,应立足于可持续发展,而不是不考虑改善世界和地球的技术进步。科学和技术常常被盲目地视为进步,但我们在教学中必须提出这样的问题:"这是谁的'进步'和'发展'?"[50]可持续发展教学必须向经济学、科学和技术以及所有其他我们常常视为进步的常识提出问题。长崎和广岛的一些技术进步最终可能会破坏环境、可持续性和人类文明。

技术和科学的使用至关重要,但应将其作为地球公民的工具,而不是为了不平衡的新自由主义贪婪而进一步操纵地球的工具——两者都不能成为整体解决方案。[51,52]教学应集中反映作为所有学科内部和学科之间改善世界和地球的工具的科学和技术。同样重要的是,科学和技术不是看待环境问题或解决方案的唯一视角。我们必须反驳新自由主义的意识形态,即它们是改善少数人生活的不容置疑的工具,而世界其他地区却日益受到压迫,地球继续遭到破坏。[53]把科学作为非政治性的东西来教授,把新兴技术的进步作为政治性的产出,这不会带来拯救地球所需的反思。而恰恰相反,这种非政治性使教师的角色仅仅是传授知识,而不是为变革而教学。[54]地球与世界的平衡,也就是我接下来要讨论的可持续发展问题,需要在教学中批判性地理解科学和技术,既不蔑视也不妖魔化它们,而是将它们视为真正增强能力和实现可持续发展的工具。[55]

十二、乌托邦式的教育:寻求平衡

本节的标题提出了我们所有人都要面对的一个最有现实意义的问题:我们如何在生活中以及在各种活动、情感和期望中寻求平衡?爱情与工作之间的平衡,休闲(otium)与商务(negotium)之间的平衡,行动与反思之间的平衡,过去的罪恶与对未来更美好的世界和更美好的我们的希望之间的平衡。尽管我们中的大多数人总是在追求进步,但我们应该认识到,教育本身就是一种乌托邦行为;我们为什么要惊讶于在寻求教学平衡的过程中的自己是乌托邦主义者呢？

人与人之间的全球联系是公民身份，世界公民的标准是视全人类为同胞。这是全球世界伦理与和平文化的基础。如前所述，全球化并不是反压迫教育的终结，而是呼吁重新关注本地和全球范围内的斗争，重点是解读全球市场对世界和地球的影响。[56]

归根结底，地球是一个复杂的、相互关联的单一存在，无论人类是否参与其中，地球都会恢复平衡。因此，我们的理解对地球的行动影响不大，但我们的行动对地球作为一个平衡的生态系统生存的影响很大。作为人类物种，我们的灭绝很可能会使地球的平衡变得更加容易。因此，作为反思者，我们有责任改变我们的行为，改变我们的做法，以实现地球与世界的平衡，因为地球的平衡最终会实现，但人类可能不会在那里见证它。我们必须通过乌托邦式的教学，让世界作为地球的一部分保持平衡，而不是与地球分离。这样，地球的灭绝就不会发生在我们自己的手中。教学的重点必须是了解我们是如何影响这种平衡的（以及为什么），从而确定我们可以终止天平倾斜的方法，同时了解世界既不是静止的，也不是终结的。这必须是我们谈论"可持续发展"及其教育时的意思。

在世界与地球之间建立平衡的银行储蓄式教育体系，其结果永远是不平衡的。教育不可能是非政治性的，因此可持续发展教育也不可能是非政治性的。如果不对什么是真正的"可持续发展"和"发展"进行教育，使其成为所有人的真正进步，那么这两者都将成为新自由主义的技术工具，无论是在本地还是在全球范围内。通过控制银行教育模式中对"可持续发展"的理解和教学方式，教育政治和整个社会以"平衡"和"可持续发展"的名义操纵着我们的环境行动。

在这本书和我多年来的其他作品中，都呼吁通过教学来对抗世界和自我的宿命论。然而，如果我们的行动违背了可持续性（违背了地球固有的平衡静止状态），那么这就是世界不可否认的宿命结局。辩证的、提出问题的教学对于结束对世界和地球的压迫是至关重要的，只关注其中一个而不关注另一个的教学法对于社会或环境正义来说都是非变革性的，无论是单独的还是共同的。在历史和反思中，人类是地球上唯一对这一平衡产生重大影响的部分，而目前世界上大部分国家正在朝着毁灭地球的方向前进。如果我们继续压迫我们的环境和人类，我们的文明就已经达成了自杀性的协议。

■ 注释

1. 环境教育学包括生态教育学、环境教育和可持续发展教育等教学法。生态教育学既是独立的环境教育学,也是植根于批判理论的环境教育和可持续发展教育的精髓。
2. 莫罗和托雷斯在本卷第 13 章中对生物恋进行了讨论,将弗莱雷的原始思想与埃里希·弗洛姆的精神分析模式相联系。另见 Torres(1998)。
3. 虽然在这句话中将社会公正与环境公正分开,但人们认识到社会和环境两方面都相互依赖,人类是地球生态系统的一部分,因此说明一个方面就意味着说明另一个方面(Hannigan, 2006)。
4. 作为附加章节,"书"指《被压迫者教育学》,"章节"指《被压迫者教育学》中的章节。
5. "脚注 1:改造现实本身,使大学得以更新,攻击旧秩序和既有体制,试图确认人是决策的主体,所有这些运动都反映了我们这个时代的风格,它更多的是人类学的,而不是人类中心主义的。"(Freire, 2000,第 43 页)
6. 读者请注意,通过借鉴弗莱雷的书面教诲,我们在重构或再创造他的作品以构建第五章时,擅自让他以"我"来称呼自己。除此以外,当句子中提到"正如我们在其他地方所写的那样"时,是弗莱雷在说,而不是我们在说。
7. 弗莱雷在与卡洛斯·阿尔贝托·托雷斯的对话中谈及"作为人"时说:"我们在成为意识到自己历史的社会人的过程中,在成为动物人、女人和男人的过程中发展起来的品质之一,就是好奇地、探究地观察我们周围的世界,沉思它,让我们感到恐惧,就好像我们在为自己做准备,以便日后在世界面前充满惊奇。这样,我们就会一边行动,一边观察,一边沉思,一边感知世界。"(Freire, 1993,第 107 页)。
8. 弗莱雷与国际成人教育理事会(ICAE)的对话:"我们认为,我们应该对社会权利和社会运动有更全面的认识,而不是片面的认识……必须指出的是,对我们来说,由于扫盲工作导致对现实进行更具批判性的解读,因此它是恢复公民意识的重要工具,它加强了公民对社会运动的参与,从而为提高生活水平和社会变革而奋斗。"(Freire, 1993,第 62、107 页)
9. "然而,当我谈到普遍的人类伦理时,我说的是人类生活和人类社会交往绝对不可或缺的东西。在做此表述时,我意识到有些人的批评声音,因为他们不了解我的来意,认为我是自作聪明和理想主义。事实上,我所说的普世人类伦理与我所说的人类本体论使命是一样的,它召唤我们走出自我,超越自我。或者说,我所说的我们的存在是社会和历史建构的,而不是先验的"。(Freire, 1998b,第 25 页)。
10. "交流和对话来自不同的文化,在这种文化中,共融不仅是男人和女人、神和祖先之间的共融,也是所有其他生命表现形式之间的共融。现在,共融的宇宙包括树木、动物、野兽、鸟类、大地、河流、海洋:丰富的生命。"(Freire, 1992 年,第 163 页)在 2007 年 7 月 10 日与卡洛斯·阿尔贝托·托雷斯的一次私人交流中,莫阿西尔·加多蒂坚持认为,从弗莱雷的视角来看,地球公民身份与全球公民身份之间在分析上是相互对称的。

11. "……对自己的实践进行批判性反思是绝对不可或缺的。绝不能将其与无意义的疏离和异化的空谈混为一谈。实践是知识的源泉,但实践本身并不是理论。只有当我们不断对其进行批判性反思时,实践才有可能发展为理论,而理论反过来又照亮新的实践。"(Freire, 1978,第 125 页)。

12. "动物适应世界是为了生存,而人类改造世界是为了变得更好。动物为了生存而自我适应,没有目的可言,没有选择可做,因此无法将世界'动物化'。世界的'动物化'将与动物的'动物化'密切相关,而动物'动物化'的前提是动物意识到自己是不完整的,这将使它们进行永久的探索。然而,事实上,当蜜蜂巧妙地建造蜂巢并'制造'蜂蜜时,它们在与世界的接触中仍然是蜜蜂;它们并没有变得更像或更不像蜜蜂。"(Freire, 1985,第 70 页)请参考,劳伦·伊拉·米西亚塞克(Lauren Ila Misiaszek)在本手册第 21 章"性别与弗莱雷"(Engaging Gender and Freire:从论述的警惕性到包容的具体可能性"。

13. "……与地球上其他生命形式相比,人类的生存经验是我们理解我们赖以生存和行动的世界的能力。"(Freire, 1998b,第 104 页)

14. "早在 60 年代,我就向扫盲学习者提出,关于文化及其概念的辩论必须以对自然界和文化世界的更批判性的理解为出发点。这是一场关于我们如何通过在自然世界中工作,最终创造出文化世界的辩论。归根结底,文化是人类创造性努力的体现。"(Freire, 2004,第 79—80 页)

15. 这句话直接引用了弗莱雷的原话(1985,第 194 页)。托雷斯(1978 年)和莱奥潘多(2017 年)都记载了皮埃尔·泰哈德·德·夏尔丹对弗莱雷的影响。

16. "没有非我,我就无法存在。反过来,非我也依赖于我的存在。"(Freire, 2000,第 82 页)

17. 弗莱雷在与卡洛斯·阿尔贝托·托雷斯(本章合著者,接本章引言中的引文)的谈话中说:"……当我谈到世界时,我并不只是在谈论我深爱的树木和动物,以及山川河流。我说的不只是我作为其中一部分的大自然,我说的还有社会结构、政治、文化和历史,我也是其中的一部分。"(Freire, 1993,第 103 页)。

18. "任何公民全面参与新社会发展所需的基本背景都将包含在基础教学中。我们所说的基础教育不是简单地为学生进入另一所学校做准备的学校教育,而是一种真正的教育,其内容与国家的需求始终保持着辩证关系。在这种教育中,知识产生于实际行动,而知识本身又产生于理论与实践的统一。因此,学习过程不可能脱离学习者自身生活的源泉。"(Freire, 1978,第 42 页)

19. "一粒种子在有利的条件下发芽和萌发所发生的转变并不是发展。同样,动物的变化也不是发展。种子和动物的转变是由它们所属的物种决定的;它们发生的时间不属于它们,因为时间属于人类。"(Freire, 2000,第 161 页)

20. "在具体的压迫条件下,人〔原文如此〕成为他们所依赖的虚假的'为自己而存在'的异化的'为他人而存在'的人,他们无法得到真正的发展。他们被剥夺了自己的决定权,而这种决定权就在压迫者身上,他们只能听从压迫者的命令。只有当被压迫者克服了他们所处的矛盾,成为'为自己而存在'时,他们才开始发展。"(Freire, 2000,第 161 页)

21. "……任何教育计划的基本内容——无论是关于语法、生物、物理、数学还是社会科学——都是能够讨论自然现实和历史的可变性的内容,都是将男人和女人视为不仅能够适应世界,而且首先能

够在世界上不断变化的人的内容。"(Freire,2004,第78—79页)

22. 联合国可持续发展目标(SDG)4.6与全球公民或地球公民的关键框架是分不开的。

23. "在巴西,以政变为标志的转型重新确立了以将国家经济交给外国利益集团为基础的发展意识形态,在这种意识形态中,'国际大企业的理念取代了国家垄断作为发展基础的理念'。"(Cardoso,1968,转引自Freire,1998a)"这种意识形态的基本要求之一必然是压制民众阶层的声音,从而将其从决策领域中剥离。"(Freire,1998a)

24. "因此,民众力量必须避免天真的幻想,不要以为这个过渡阶段可能会提供'机会',使他们能够重新确立以前过渡阶段的节奏,因为以前过渡阶段的政治模式与国家民粹主义发展意识形态是一致的"(Freire,1998a)。

25. "例如,那些在巴西大豆田里劳作的人的力量是多么有限,他们难以想象他们生产的可能性在芝加哥股票交易所早已为人所知。"(Freire,1997b,第57页)

26. 参见弗莱雷在第466页的引文,开头是"我拒绝一无所有的观点"。

27. "……全球化是不可避免的。对此我们无能为力。它必须发生,因为神秘的命运就是这样安排的。因此,我们必须接受本质上只会加强强势精英的控制,分裂和粉碎边缘化群体的力量,使他们变得更加无能为力。"(Freire,1998b,第102页)

28. "全球化理论虽然谈到了道德,却掩盖了一个事实,即道德是市场道德,而不是人类的普遍道德……如果我们的确选择了一个人性化的世界,那么我们就应该勇敢地为此奋斗"(Freire,1998b,第118页)。

29. "……生态学家的出现是为了用人性和诗意的语言捍卫环境。通过捍卫环境,他们也在捍卫每一个人。"(Freire,1985,第193—194页)

30. "压迫者意识倾向于将周围的一切转化为其统治的对象。地球、财产、生产、人的创造物、人本身、时间——一切都沦为其支配的对象。"(Freire,2000,第58页)

31. "……神秘化导致社会秩序的'神圣性',不可触碰,不可讨论。任何质疑社会秩序的人都必须受到这样或那样的惩罚,他们会被类似的宣传手段贴上'为国际恶魔服务的坏公民'的标签。"(Freire,1985,第116页)

32. "专制政权是好奇心的敌人。他们惩罚表现好奇心的公民。专制权力是窥探,而不是好奇或质疑。而对话则充满好奇和不安。对话主体之间充满了相互尊重。"(Freire,1997b,第99页)

33. "对学生而言,掌握技术与了解政治对公民同样重要。不可能将两者分开。"(Freire,1997b,第41页)

34. "工人需要在工作环境中参与成为公民的过程,这不是'技术效率'的结果。"(Freire,1998b,第94页)

35. "在成为世界公民之前,我首先是累西腓的公民。我越是扎根于我所在的地方,我就越要将自己扩展到其他地方,从而成为世界公民。没有人能够从一个普遍的地点成为当地人。存在之路恰恰相反。我是累西腓的公民。"(Freire,1997b,第39页)

36. "书写和阅读文字的过程,也就是他们在理解话语的过程中所做的事情,来自一个更大的、更有意义的过程,或者说是这个过程的一部分。这个过程就是他们获得公民身份,将历史掌握在自己手中的过程。"(Freire,1992,第 176 页)

37. "我们只有以伦理为基础,才能将自己视为决策的主体、探索的主体、选择的主体——也就是说,我们是历史的主体,是能够改变世界的人。从这个意义上说,超越伦理基础的可能性是存在的,也是一种选择。但这不是一种美德,我们不能接受。"(Freire,1998b,第 25 页)

38. "建立新的反叛的基础不是对真正人性的声音麻木不仁的市场伦理,而是人类普遍愿望的伦理,人类团结的伦理。"(Freire,1998b,第 116 页)

39. "今天,不仅在巴西,关于教育和公民意识的讨论也很多。人们谈论为民主而战,谈论大众阶层积极参与塑造城市的命运。我要明确指出,巴西社会不可能越来越民主,如果不从解决饥饿、失业、健康危机和教育危机入手的话。"(Freire,1997b,第 89 页)

40. "全球化可能会削弱罢工在工人斗争中的效力,但这并不意味着斗争的终结。罢工这种特殊的斗争形式可能会终结,但斗争本身不会。这就需要工人重塑他们的斗争方式,而不是在新的力量面前屈服。"(Freire,2004,第 75 页)

41. "观察、比较和评价的能力,通过决定如何介入城市生活,从而行使公民权,是一种基本能力。如果我在历史中的存在不是中立的,我就必须尽可能批判性地接受其政治性质。如果在现实中,我来到这个世界不是为了适应它,而是为了改变它,如果没有'一定的梦想或愿景'就不可能改变世界,那么我就必须利用一切可能,不仅谈论我的乌托邦,而且参与与之相一致的实践。"(Freire,2004,第 7 页)

42. 弗莱雷,1992。

43. "利用某些基本矛盾,我们必须向人民提出这种存在的、具体的、当前的状况,将其作为一个问题,向他们提出挑战,并要求他们做出回应——不仅仅是在知识层面,而且是在行动层面。"(Freire,2000,第 95—96 页)

44. "经济发展项目不能以任何宿命论的名义排斥历史上的男人和女人。"(Freire,1997b,第 35 页)

45. "我的激进姿态要求我对所有男人和女人绝对忠诚。一个无法根据人类需求制定计划的经济,一个与千百万人的饥饿漠然共存的经济,一个被剥夺了一切的经济,不值得我作为一个教育者的尊重。"(Freire,1997b,第 36 页)

46. "如果生产是由整个社会的福祉而不是由资本家、私人或国家来支配,那么资本的积累——发展所不可或缺的——就具有完全不同的意义和目标。积累的资本中没有支付给工人的部分不是从他那里拿走的,而是他为集体发展所做的配额。"(Freire,1978,第 108 页)

47. "人们越多地参与自身的教育过程,越多地参与确定生产何种产品、生产什么以及为什么生产的过程,人们就越多地参与自我的发展。人民越能成为自己,民主就越好。"(Horton, Freire, Bell, Gaventa and Peters, 1990,第 145 页)

48. "新自由主义的意识形态和政治剥离了教育的政治本质,将其简化为灵巧性训练,最终导致教育实践与技术进步本身的一个基本要求相矛盾,并构成障碍。这就要求批判性主体,即个人,能够随时有效地应对各种意想不到的挑战。"(Freire,2004,第111页)

49. 见尾注9、28和38。

50. "……进步的教育者还必须向贫穷的男孩和女孩以及富人强调,我们所有人都有责任永远质疑自己,我们是为了谁……或为了什么而创造科学。"(Freire,2004,第20页)

51. "从批判的角度看,技术不过是人类创造过程的一个自然阶段,从人类制造出第一件工具并开始为实现人性化而改造世界的那一刻起,人类就参与了这一过程。"(Freire,1998a)

52. "科学或技术的进步不能使'阶级'合法化并称之为'秩序',从而使少数掌权者可以使用和挥霍地球的果实……"(Freire,2004,第93页)

53. "只要我们承认经济、技术或科学,不管是什么,都会对我们施加不可避免的权力,那么我们除了放弃猜想、比较、选择、决定、憧憬和梦想的能力之外,就没有其他事情可做了。"(Freire,2004,第33页)

54. "教育者的任务如果可以被简化为传授内容,那就太容易了,甚至不需要无菌处理和无菌'传播',因为作为中性科学的内容,它已经是无菌的了。"(Freire,1992,第64页)

55. "……并不意味着我们要采取否认技术和科学价值的错误人文主义姿态。相反,这是一种既不神化也不妖魔化技术的平衡姿态。这是一种从批判好奇的角度来看待技术的姿态。"(Freire,1998b,第38页)

56. 见尾注38。

■ 参考文献

[1] Apple, M. W., & Au, W. (2009). Politics, theory, and reality in critical pedagogy. In R. Cowen, & A. M. Kazamias (Eds.), International handbook of comparative education (pp. 991 – 1007). Dordrecht, Netherlands: Springer.

[2] Apple, M. W., Au, W., & Gandin, L. A. (2009). Mapping critical education. In M. W. Apple, A. Wayne, & L. A. Gandin (Eds.), The Routledge international handbook of critical education (pp. 3 – 20). New York: Routledge.

[3] Au, W. W., & Apple, M. W. (2007). Reviewing policy: Freire, critical education, and the environmental crisis. Educational Policy, 21(3), 457 – 470.

[4] Burbules, N. C., & Torres, C. A. (1999). Globalization and education: Critical perspectives, Social theory, education, and cultural change. New York: Routledge.

[5] Cardoso, F. H. (1968, January). Hegemonía Burguesa e independencia económica; Raízes estruturias da crise política Brasileira. Revista Civilização Brasileira, 17.

[6] Dewey, J. (1963). Democracy and education: An introduction to the philosophy of education. New York: Macmillan.

[7] Fanon, F. (1963). The wretched of the earth. New York: Grove Press.

[8] Freire, P. (1978). Pedagogy in process: The letters to Guinea-Bissau. New York: Seabury Press.

[9] Freire, P. (1985). The politics of education: Culture, power, and liberation. South Hadley, MA: Bergin & Garvey.

[10] Freire, P. (1992). Pedagogy of hope. New York: Continuum.

[11] Freire, P. (1993). Pedagogy of the city. New York: Continuum.

[12] Freire, P. (1997a). Mentoring the mentor: A critical dialogue with Paulo Freire, Counterpoints. New York: Peter Lang.

[13] Freire, P. (1997b). Pedagogy of the heart. New York: Continuum.

[14] Freire, P. (1998a). Cultural action and conscientization. Harvard Educational Review, 68(4), 476–522.

[15] Freire, P. (1998b). Pedagogy of freedom: Ethics, democracy, and civic courage, Critical perspectives series. Lanham, MD: Rowman & Littlefield.

[16] Freire, P. (2000). Pedagogy of the oppressed. New York: Continuum.

[17] Freire, P. (2004). Pedagogy of indignation. Boulder, CO: Paradigm Publishers.

[18] Freire, P., & Illich, I. (1975). Diálogo: Análisis crítico de la desescolarización y concientización en la coyuntura actual del sistema educativo. Buenos Aires: Ediciones Búsqueda.

[19] Gadotti, M. (1996). Pedagogy of praxis: A dialectical philosophy of education. SUNY Series: Teacher empowerment and school reform. Albany: SUNY Press.

[20] Gadotti, M. (2000). Pedagogia da terra, Brasil cidadão. Educação. São Paulo, SP: Editora Fundação Peirópolis.

[21] Gadotti, M. (2008a). Education for sustainability: A critical contribution to the Decade of Education for Sustainable Development. São Paulo: University of São Paulo, Instituto Paulo Freire.

[22] Gadotti, M. (2008b). Education for sustainable development: What we need to learn to save the planet. São Paulo: Instituto Paulo Freire.

[23] Gadotti, M. (2008c). What we need to learn to save the planet. Journal of Education for Sustainable Development, 2(1), 21–30.

[24] Gadotti, M., & Torres, C. A. (2009). Paulo Freire: Education for development. Development and Change, 40(6), 1255–1267. https://doi.org/10.1111/j.1467-7660.2009.01606.x

[25] Giddens, A. (1990). The consequences of modernity. Palo Alto: Stanford University Press.

[26] Gilmour, D. (2006, November 2). Surprises of the empire: Review of Edge of empire: Lives, culture, and conquest in the East, 1750 – 1850 by Maya Jasanoff. The New York Review of Books, 53(17).

[27] Gutiérrez, F., & Prado, C. (1989). Ecopedagogia e cidadania planetária. (Ecopedagogy and planctarian citizenship). São Paulo: Cortez.

[28] Gutiérrez, F., & Prado, C. (2008). Ecopedagogia e cidadania planetária. San Paulo: Instituto Paulo Freire.

[29] Hannigan, J. A. (2006). Environmental sociology (2nd ed.). London: Routledge.

[30] Horton, M., Freire, P., Bell, B., Gaventa, J., & Peters, J. M. (1990). We make the road by walking: Conversations on education and social change. Philadelphia: Temple University Press.

[31] Illich, I. (1973). Tools for conviviality. World Perspectives: Vol. 47. New York: Harper & Row.

[32] Illich, I. (1983). Deschooling society. New York: Harper Colophon.

[33] Kahn, R. (2005). Rethinking Freire: Globalization and the environmental crisis. Teachers College Record, 108(1), 66 – 86.

[34] Kahn, R. (2010). Critical pedagogy, ecoliteracy, and planetary crisis: The ecopedagogy movement. Counterpoints: Studies in the postmodern theory of education: Vol. 359. New York: Peter Lang.

[35] Leopando, I. (2017). A pedagogy of faith: The theological imagination of Paulo Freire. London/New York: Bloomsbury Academic.

[36] Misiaszek, G. W. (2011). Ecopedagogy in the age of globalization: Educators' perspectives of environmental education programs in the Americas which incorporate social justice models. PhD dissertation, Graduate School of Education and Information Studies, University of California, Los Angeles (Publication No. AAT 3483199).

[37] Misiaszek, G. W. (2015). Ecopedagogy and citizenship in the age of globalisation: Connections between environmental and global citizenship education to save the planet. European Journal of Education, 50(3), 280 – 292. https://doi.org/10.1111/ejed.12138.

[38] Misiaszek, G. W. (2016). Ecopedagogy as an element of citizenship education: The dialectic of global/local spheres of citizenship and critical environmental pedagogies in the Americas. International Review of Education—Journal of Lifelong Learning (UNESCO), 62(5), 587 – 607. https://doi.org/10.1007/s11159 - 016 - 9587 - 0.

[39] Misiaszek, G. W. (2018). Educating the global environmental citizen: Understanding

ecopedagogy in local and global contexts. Critical global citizenship education: Globalization and the politics of equity and inclusion. New York: Routledge.

[40] Schugurensky, D. (2011). Paulo Freire. Continuum Library of Educational Thought. London: Continuum.

[41] Torres, C. A. (1978). La praxis educativa de Paulo Freire. Mexico: Gernika.

[42] Torres, C. A. (1998). Introduction: The political pedagogy of Paulo Freire. In P. Freire (Ed.), Politics and education (pp. 1 – 15). Los Angeles, CA: UCLA Latin American Center Publications.

[43] Torres, C. A. (2003). Globalizations and education. Presentation at the Meeting of the Fondazione Liberal, Milan, Italy, May 15 – 17.

[44] Torres, C. A. (2009). Globalizations and education: Collected essays on class, race, gender, and the state. New York: Teachers College Press.

[45] Torres, C. A. (2015). Oppressor and oppressed: Logical dialectical categories? Tribute to Paulo Freire. Sinéctica, 45, 1 – 5.

[46] Torres, C. A. (2017a). The state of the art in comparative education and WCCES at a crossroads in the 21st century. Global Comparative Education: Journal of the World Council of Comparative Education Societies (WCCES), 1(1), 19 – 96.

[47] Torres, C. A. (2017b). Theoretical and empirical foundations of critical global citizenship education. New York: Routledge.

第三章

全球公民教育：人类世背景下的寰宇社区教育

克里斯托夫·武尔夫

一、前言

当前，仅仅将教育问题放置于国家内部体系去观察是远远不够的。例如，在思考德国的教育问题时，不能仅局限于德国的历史发展和文化传统。在过去的几十年里，欧洲和欧盟也成为当代德国教育的重要参照域。除了在经济、社会和文化方面提倡的一体化，欧盟也强调其在价值意义、法律意义上的共同体。在人类世（Anthropozän），人类必须深刻认识到，人类已经成为地球上举足轻重的力量。尽管世界各国的政治体系间存在着巨大的文化和社会差异，摆在人们面前的却是一个不争事实：当前的很多问题只有放置于全球化的视角下进行考量，才能得到更好的理解和处理。而其中的许多问题已对每个人的生活造成了直接影响。尤为明显的是，地球上各地区间形成相互依赖，现代社会的工业化和资本化引起了许多负面影响，气候变迁、生物多样性的破坏、生化危机、海洋酸化、地球的污染及人类、动植物的基本生活状况恶化。在人类世，人类影响着地球的命运。同时，人类的生活与未来也被其行动所附带的破坏性副作用所决定（Wulf, 2020a, 2020b; Wallenhorst, 2021; Wallenhorst & Wulf, 2021）。

"人类世"这一概念指的就是当下的世界现状，即人类的行动已经延伸到整个世界，从而使得当今没有哪个地区不受人类影响。伴随着殖民主义、工业化和资本主义的发展而形成的人的力量,从根本上改变着世界。人的这种力量对地球的破坏作用,早在安德斯(Günther Anders)的古人类研究中就可见一斑(Anders, 2002)。2000 年,克鲁岑(P. J. Crutzen)和斯托默(E. F. Stoermer)引入"人类世"这个词,以描述人的力量在很大程度上决定地球命运。为了说明人的这种力量,还出现了诸如"Chthulucene"(混沌时代)(Haraway, 2018)、"Capitalocene"(资本纪)(Moore, 2016)和"Plutocene"(后人类纪)等一系列概念(Glikson, 2017)。虽然它们都有充足理据,但是基于这种力量在人类行动的所有领域的普遍性特质以及在人类学上的复杂性,笔者认为坚持使用"人类世"一词是明智的。"人类世"概念涉及的不仅仅是气候变化和环境退化等问题。人类世的力量还包括遗传学,如 DNA 双螺旋结构、克隆、人类基因组计划和 CRISP-Cas 9 技术(Wulf, 2020b),以及随着人工智能和机器人技术的发展而形成的社会数字化转型(Wulf, 2021a)。在笔者看来,"人类世"这个词也不应该只限于描述现代性的破坏性影响,还应包括人类为了应对现代性破坏而做出的努力。最好的例子就是可持续发展目标及其为构建寰宇社区而努力构建的寰宇社区意识等。

2012 年,联合国秘书长潘基文发起了《"教育第一"全球倡议》(*Global Education First Initiative*)。除了扩大教育事业和提升教育质量,现在的问题是要让人们认识到全球公民的必要性。此后不久,"全球公民教育"成为可持续发展目标(SDGs)中第 4 个目标的一部分,并于 2015 年在纽约被联合国大会通过。"全球公民教育"成为一个规范性范式,其价值和任务指向人们的日常生活与具体行动,在德语世界里可以翻译为"Bildung für eine Weltgemeinschaft"(寰宇社区教育)。英文的"全球公民"(Global Citizenship)概念直接体现全球性,但它对应的德语翻译却指向了"多元世界公民"(Weltbürgertum)、"全球国民"(Weltbürgerschaft)或"世界主义"(Kosmopolitismus)等传统概念(Beck, 2004; Antweiler, 2011)。这些术语流行于 18 世纪末至 19 世纪的公民社会和中产阶级文化中;基于这些术语所形成的一个惯习则表达了世界公民和大都会市民的优越性,而这种优越性发轫于欧洲,代表着权力和世界中心。它排除了解读全球公民身份的其他形式和内容,因此我们亟须一个全新的定义(Brennan, 1997; Remaud, 2015; Nussbaum, 2020)。由此,在德语中使用"寰宇社区"这一概念是为了与传统的理解相区别。

全球公民权表达了与寰宇社区的从属关系,隐含着对相应权利和义务的考量。据此,每个人都在其可能范围内对地球负有责任。这种责任不仅涉及对其他个体,也涉及人类对动物和植物的责任。寰宇社区的教育或教化是人类和世界新图像的核心；这一新图像包含社会参与和文化共享，并保证不仅个人对寰宇社区负有义务，而且寰宇社区对个人也负有责任。但是面对这种开放的、义务性的全球构想，许多国家的政府仍持有保留和观望的态度。他们试图回避，"将寰宇社区作为工作生活基本模式并加以传播，有可能违背以国家为单位构建的法制体系下的成文法规。这些法规确定了公民在居住、工作和社会福利等方面可以拒绝或要求的公民权利"（Bernecker & Grätz, 2017）。

那么，如何在联合国教科文组织（UNESCO）的框架内诠释全球公民？一方面，这在很大程度上是一种理想主义的观点；另一方面，这种理解又与狭义的国家利益和制约因素相冲突。联合国教科文组织的"全球公民"概念明显指向人的情感，即全球公民"是对全人类共同圈的归属感。它特别强调政治、经济、社会和文化上的相互依存，以及地方、国家和全球之间的相互关联"（UNESCO, 2015a）。之所以将"全球公民"概念描述为一种归属感，是因为它能描绘出世界不同地区的共同性，也能兼容其差异性，毕竟所有的人都有对共同体的归属感。然而，表述这些内容的方式则各不相同。除了生物和个体差异，历史和文化差异也起着重要作用。国家和地区、国家及其政治制度之间的异质性同时决定了其情感的质地及强度，因此也决定了对一个共同体的归属感。因此，寰宇社区融合了希望与想象、理性认识与差异性情感，并释放出行动和行为的能量（Wulf, 2006, 2016, 2021b; Wulf & Merkel, 2002）

二、可持续发展教育

自从教育作为 17 项可持续发展目标中的第 4 个目标被提出以来，全球公民教育和可持续发展教育就成为人类世背景下教育目标中的两个互补元素。在过去几年里，联合国教科文组织发起了一系列的构想、行动策略和项目实践以促进这两项任务的概念化与现实化，并试图通过国际的相互比较与借鉴进一步深化与完善[2]。寰宇社区教育旨在让尽可能多的人形成寰宇社区归属感，并尽可能以非暴力方式对待世界、他人和自己。其中，自然遗产、文化遗产、和平、人权、伦理和团结等问题扮演着重要的角色。可持续发展教育的重点在于：改变自工业化以来西方人按照自己的意愿与想法对自然的功能化利用与改造，从而构建新的人与自然的关系。当前的目标是，不能再将自然视为人可以随意摆弄的客体,而应将自然视为共同世界的一分子(Meyer-Abich, 1990),由此保护它并将它传给子孙后代。因此,必须纠正人为的破坏性发展,必须发展出与自然交往的新形式,使之不那么暴力,并尽可能地可持续。为了达到这些目标,这些任务必须在跨文化或多元文化的语境下加以讨论(Wulf, 1995, 2006, 2016; Göhlich et al., 2006)。

联合国的《变革我们的世界:2030 年可持续发展议程》(*Transforming Our World: The 2030 Agenda for Sustainable Development*)体现了人类对自身未来的全球性关注。其中,教育是实现这一全球性计划的最重要领域之一。教育的目标是构建包容、平等、优质和终身化的教育。未来教育的愿景是以人权和尊严、社会正义、安全、文化多样性和共同责任为基础的。教育被视为人类的共同利益和基本人权,是促成人类和平、自我实现和可持续发展的必要条件(UNESCO, 2015b)。

议程建议发展十二年制公立学校体系,实施九年制的免费和高质量的义务教育,包括小学和初中教育;并进一步建议:建立至少一年的免费义务学前教育,扩大职业教育和培训,以及成人扫盲。教育应该是全纳和平等的。这里的全纳性不仅意味着对残疾儿童的包容,也意味着对任何排外和边缘化的形式的抗争与否定。

提供平等的教育入学机会、平等的教育过程都是必要的,特别是对女童及妇女教育而言,在世界许多地区仍有很多工作要做。为了激发儿童和青少年的求知欲和创造力,应提高教育质量(特别是通过改善教师培训)。最后,促进教育和培训的工作不应局限于学校系统,还应发展职业培训和终身学习,促进非正式和非正规教育。国家应当将国内生产总值的 4%—6% 或国家公共开支的 15%—20% 用于教育(Wulf, 2020a)。

三、建立寰宇社区

寰宇社区教育可以采用不同的形式来开展实施。正如上文所言,可持续发展教育可以为此做出重要贡献。同时,在联合国教科文组织框架内制定的其他教育和文化计划也可以作出贡献。很多教育和文化项目相互交叉,彼此无法清晰区分。这一情境的出现并不能说明这些方案的不足,反而更说明了培养寰宇共同体意识的复杂性,从而需要通过不同的教育形式来开展。对于这些相互交叉和重复(Resina & Wulf, 2019)

的教育项目而言,将寰宇意识具身化是十分必要的。这一点可以在人类共同的自然遗产和文化遗产教育、人权教育与和平教育的例子中得到充分的说明。

(一) 自然遗产和文化遗产教育

在寰宇社区意识的形成中,人类共同的自然遗产和文化遗产教育是重要的组成部分。2021年,在167个国家确定的1 154个世界遗产、584个非物质文化遗产和广泛的世界文献遗产、地质公园及生物圈保护区,都可以促进寰宇社区意识的发展。世界各地的遗址、实践和文物档案等说明了人类的全球特性。它们显示了人类活动的多样性以及文化和社会创造力的丰富性(UNESCO, 2003, 2005; Wulf, 2015b)。它们不仅传达了抽象的知识,还传达了直观感性及情感体验。通过与外国文化打交道,人们也能以一种新的方式体验自己的文化。不期而遇的审美体验扩展了人们的生活世界。在这些经历中,情感体验可以创造和保持"对全人类共同圈的归属感"(UNESCO, 2015a)。最后,这些体验也可以促进对文化可持续性的接受与认同。

(二) 人权教育

为了实现人们对"全人类共同圈的归属感",教育、教化和社会化必须以人权为导向。人权教育指"在教育、培训、媒体、公众宣传和学习领域的一切活动中,都要求对一切人的权利和人的基本自由保持普遍的尊重和认同"(UN, 2011)。其目的在于,在人类生活的社会空间中减少侵犯人权的行为。人权教育是一项针对所有人的任务,无论他们的国籍和社会地位如何,都要从幼儿时期开始。这是一项终身的任务,包括态度、行动和行为方式的塑造和反思。其基本的内容应当包括:教授人权知识,加强人们对不公正的敏感性与警醒,提升人们对不公正生产的反思性和批判性意识,为人们(自身或他人)行使权利提供支持(Lenhart, 2003; Amsler et al., 2006)。

对于人权教育来说,最重要的是2011年12月联合国大会上提出的宣言。它虽然没有法律约束力,但却形成了一个被普遍接受的框架。在此,人权教育被视为全世界范围内最大限度地实现人权的必要条件。人权教育与普通教育密切相关,它意味着能够行使自我教育的权利。像普通教育一样,它的目的是人类的自我发展和个性化发展。在这种情况下,人的尊严是不可侵犯的。在生活的各个领域中,它要求尊重他人并对他人的行为负责。其目的是发展基于人权的民主文化,由此消解殖民主义、种族主义和对其他民族的歧视。人权教育的目的是发展、维护和促进民主文化。此时，人人都意识到自己和他人的权利，并努力在行动中承担责任，形成凝聚力。这样的导向对所有共同体都具有核心意义，这样人们才能感觉到自己属于他们。

(三) 和平教育与和平文化

人权教育与和平教育直接相关，没有人权就不可能有和平教育。和平教育是有意识地针对和平而开展的教育。和平教育有助于保护和平，但却不能确保和平一定会出现。为了保障和平并提升人们和平相处的能力，我们需要付出巨大的努力去减少暴力（Gugel, 1995；Helsper, 1995；Nipkow, 2007；Heitmeyer & Soeffner, 2004）。在和平的文化中，人们的行动以和平的价值观为导向，并形塑相应社会结构。联合国教科文组织在 2000 年发表名为《世界儿童和平与非暴力文化国际年》(*International Year for a Culture of Peace and Non-violence for the Children of the World*)的宣言，提到了和平文化的如下价值：1)尊重人类尊严，2)非暴力解决冲突，3)团结，4)公民勇气和参与对话的意愿，5)可持续发展，6)民主参与。通过哪些行动来实现这些价值和理念，取决于各地的社会现状、历史和文化背景。因此，差别并不在于价值本身，而在于世界各地和平文化与和平教育的价值表现形式。要实现和平文化，需要考虑一般原则和规范，包括：1)通过承认文化多样性来实现多元化，2)人权考量，3)参与社会性生活（vgl. UNESCO-Medium Term Strategy 2002—2007；UN-Resolution 2018）。

现代化军事武器系统使人类遭受战争和暴力的威胁极大。当今和平的获得与维护不仅取决于个人、群体或民族国家，而且取决于人类整体的生存。因此，必须分析战争、暴力产生的先决条件和状况，并寻求避免其产生的方法。和平教育代表了教育为减少暴力作出贡献的尝试。但需要再次说明的是，教育无助于减少战争和暴力，因为后者往往是由宏观结构引发的系统性问题造成的。当前的和平教育认为，与地球上人类造成的暴力问题进行建设性的互动是一个终身学习的过程，是始于一个人的童年并持续其一生的过程。

20 世纪 60 年代，和平教育往往被理解为"国际理解教育"。人们认为，原则上人是热爱和平的，和平首先是一个道德行为的问题。成立联合国教科文组织的一个重要缘由是：战争起源于人之思想，故务须于人之思想中筑起保卫和平之屏障。这一看法就是以上立场的鲜明体现。他们认为，重要的是改变人们的意识，构建具有更高正义程度的社会环境。尽管这些发展和平文化的努力很重要，但这仍远远不够，还需要我们对和平与暴力问题进行更深入的研究(Wulf,1973b,1974,2013a)。

和平教育应当继续借鉴 20 世纪 60 和 70 年代的和平研究提出的"组织化的和平缺席""结构性暴力""社会正义"等核心指导概念(Galtung,1973)。这些想法使和平的社会特性变得清晰，并防止人们胡乱地臆想和天真地解决问题。在此，加尔通(J. Galtung)的观点仍然十分富有启发性：对和平的理解，不仅总是将其放置于没有战争和没有直接暴力(消极的和平)这样的二分框架中，而且必须将其理解为减少结构性暴力，即建立社会正义(积极的和平)。基于这样的和平观念，当今的和平教育就不应只讨论国家与国家、民族与民族之间的战争，不能只关注直接暴力，还应当关注日常生活中、社会内部的暴力问题。

和平教育需要去发展一些能促进非暴力学习过程的教育形式。因此，它将主要依赖于参与性学习和自发性学习的模式(Göhlich,Wulf & Zirfas,2007)。在这样的学习过程中，很大一部分主动权和责任源自和平教育的对象。因此，需要鼓励他们发展与和平有关的想象力。在这一过程中，构建一种新的历史意识起到了决定性的作用——它始于冲突模型，并以其不断变迁为基调。这种意识有助于发展和完善以改变世界为己任的现实主义乌托邦。同时，它也确保了在考虑和处理问题时的未来导向(Senghaas,1995,1997)。

和平教育还与其他为了共同塑造年轻一代的教育理念相关，如国际理解教育、国际教育、生存教育、全球教育、全球公民的教育和发展性教育。虽然它们概念不同，但具有相似的目标指向。和平教育的结构性问题在于，它针对的是个人或群体的教育，可以对他们的意识和态度施加持续的影响。而和平文化的形成，则是通过参与各类政治实践活动与行为来实现的。

四、全球公民教育的原则和观点

以上例子清楚地表明，全球公民教育的过程在何种程度上需要建立于共同的、规范性的人类学基础之上。虽然为了构建寰宇社区而开展的必要的教育项目和实践方法之间存在着相互交叉性，但这并非表明其是不充分的；相反，这些交叉表明了实现该目标的复杂性。一切的教育项目、实践努力都是在培养一种意识，一种负责任的寰宇社区意识。为此,联合国教科文组织曾开发了各式各样的教学知识。这些多样化的知识与理念部分地体现在教科文组织的三份核心教育报告中,即富尔(Edgar Faure)的《学会生存》(Learning to be: The World of Education Today and Tomorrow)、德洛尔(E. Jacques Delors)的《学习:财富蕴藏其中》(Learning—The Treasure Within)和2015年发布的《反思教育:向"全球共同利益"的理念转变?》(Rethinking Education. Towards a Global Common Good?)。

富尔的报告提出了"学习型社会"和"终身教育"这两个相互关联的概念。它强调,每个人都有权为自己的个人、社会、经济、政治和文化发展而学习。德洛尔的报告发展了这些观点,并提出了学习的四大支柱:学会求知,学会做事,学会共同生活,学会做人。自世纪之交以来,不同社会之间变得更加相互依赖,出现了新形式的政治社会的复杂性以及各种不确定性(UNESCO, 2015a, 2015b)。年轻人的全球流动需要新的技能、能力和责任,也需要新的学习环境和视野。在应对这些挑战时,需要更多地考虑我们作为人类的共同点;考虑我们可以为年轻人提供哪些支持,以使其能在寰宇社区中承担他们的责任,贡献其团结世界的力量(Antweiler, 2011)。而我们为完善教学方法、教学内容和学习空间所做出的持续性努力,也能促进发展多样化的网络联结、新型的教育形式和不同的媒介方式(Wintersteiner & Wulf, 2017)。

就内容而言,许多不同的领域都可以为寰宇社区的发展作出贡献,并为在联合国教科文组织中具有重要意义的目标视野的提升起到助推的作用。联合国教科文组织发起自然文化遗产保护的例子,使人们清楚地知道了感官体验和情绪感受的重要性。同样,以人权为基础的人的尊严,旨在减少暴力的和平教育的价值、内容和方法,也有助于寰宇社区的形成与发展。为掌控教育的整个过程,我们也需要考虑专业的教育方式与方法。在此,本文列出一些对发展寰宇社区至关重要的教学观点和原则。

1. 为了传授一种与"寰宇社区"概念相关的惯习,需要一些已经实现了这一目标的具体榜样,并将其视为可模仿的对象。年轻人特别需要这样的榜样,通过模仿过程,青年人可以习得这些目标。模仿是向他人看齐的过程,其目的是与榜样相似。这不是单纯的复制过程,而是创造性的模仿过程。在这个过程中,年轻人通过模仿他人形成和塑造自己(Gebauer & Wulf, 1992, 1998; Wulf, 2009, 2013a, 2020a; Resina & Wulf, 2019)。在模仿的过程中,儿童、青少年和成年人从他人、现象、做法和结构中获取"印记",并将后者纳入自身中,使之成为自己的一部分。在这样的过程中,事件和行动的模式被传达给下一代。由于感情的处理、语言的获得和社会互动形式及行为在很大程度上是通过模仿得到学习的,因此这些教育过程对一个人的发展(甚至在儿童早期的成长中)具有核心意义。

2. 面向寰宇社区的教育是范畴式的教育。因此,它包含了内容和形式间的相互交织。在获取对寰宇社区有重要意义的中心内容的过程中,同时也培养了获取中心内容的形式能力。确保教育过程的成功,需要这两个方面的学习(Klafki, 1964)。

3. 实现寰宇社区,需要基础性教育。这里的基础教育不再被狭隘化或功能化,而是在新的、不确定的关系中不断地得到发展。教育必须以人的自我决定为中心,以人的文化性和社会性发展为基础。

4. 教育过程与社会条件相联系,并由其历史性和文化性决定(Wulf & Kamper, 2002; Wulf, 2009, 2010)。这些教育过程的实践先于其理论和经验研究,在培养寰宇社区的过程中尤其需要注意这一点。因此,需要对"最佳做法"不断重复。

5. 教育是一个身体—感官的过程,其中包含与他人、与世界和与自己的接触。它也是美学的教育,是促进人的感官、想象力和身体的发展的教育(Hüppauf & Wulf, 2006; Wulf, 2014)

6. 教育是一种文化展演和表演(Wulf & Zirfas, 2007),它具有展演性。从这个角度来看,教育过程中的身体性、实践性以及文化性具有重要意义(Wulf & Zirfas, 2007)。

7. 早在17世纪,夸美纽斯就提出要把一切的知识教给一切的人。可持续发展教育和寰宇社区的教育也旨在为尽可能多的人提供现代基础教育和规范性内容。鉴于南北半球之间的巨大差异,以及许多国家的女童与妇女(较之于男童与成年男性)的劣势地位,此类基础教育仍负有重要的使命(Wulf, 2020a)

8. 寰宇社区的教育往往是以跨文化教育的方式在"第三空间"进行,即教育不能只归属于一种文化,而是在不同文化、人和思想之间展开。这个第三空间可以是真实的。然而,它往往有想象的层面,具有运动和变化的可能性。在第三空间发生的教育过程可以对差异进行全面感知,其中有越轨的过程,进而生产新形式的"混合体",这对寰宇社区的形成至关重要。

9. 差异对寰宇社区的形成发挥着重要作用。差异构建边界,并促进了边界的动态化。没有对差异的接受和对边界的超越,就不可能获得对寰宇社区的归属感并形成认同。这一过程使得各种可能的新身份组合成各种混合形式，这些形式不能再以二元对立的形式得到解释。它们需要一个网络化的视角。在其帮助下，它们创造了一个第三空间，这是一个有限的膨胀空间。因此，该空间强调介于两者之间，并使边界颠覆和等级制度、权力关系重组成为可能。

10. 鉴于寰宇社区教育的复杂性，有必要对目标设置、相关内容和学习过程进行批判性反思。反思和批判不应仅仅集中于认知过程。在这些教育过程中，同样重要的是表演性的、感性的、情感的和想象的层面。为此，内容参与的探索性学习需要高度的自主性。这些过程的目的，是将所学的内容具身化并形成相应的行为。

如何实现以及在多大程度上实现对寰宇社区的归属感，这个问题目前还很难回答。在这里，来自南半球的社会学家和民族学家似乎持相当大的保留意见（Escobar, 2018；Krenak, 2021）。他们以充分的论据表达了他们的担忧，即"寰宇社区"概念只是为了加强北半球国家在国际体系中的主导地位，因为他们会比南半球国家更有可能塑造寰宇社区。从这个角度来看，对权力采取参与式方法的想法也是"寰宇社区"概念的基础。在此，国家的真正利益诉求被隐藏起来了。此外，根据利奥塔（Jean-François Lyotard）的"宏大叙事"概念，"寰宇社区"概念可以起到抚平人心的作用，并已经在其发展中得到实现（Lyotard, 2012）。尽管这些批评性的反对意见值得考虑，但考虑到"人类世"的紧迫问题，笔者认为，构建参与性模式下的寰宇社区的这一目标依然不可动摇。虽然地球现状使这个乌托邦有点遥不可及，但是这并不意味着不值得为实现这一想法而努力。

五、展望

寰宇社区教育需要联合国教科文组织和其他各方面的全力支持，以便使尽可能多的人建立起对寰宇社区的归属感。鉴于"人类世"的全球问题以及解决这些问题的紧迫性，有必要将国际社会理解为多样性统一体（unitas multiplex）。在其框架内，如果人们体验了将所有人融为一体的共性，那么与之相伴的差异也将得到尊重和认可。最美好的情况是，对寰宇社区的归属感不仅仅是利奥塔意义上给人们带来大规模恐惧的"宏大叙事"（Lyotard, 2012），而是能给人类带来深刻变革的能力释放。

■ 参考文献

［1］ Amsler, P., Lohrenscheit, C., Möller, L., Reitz, S., Rössner, A., & Zabel, D. (2006). *Standards der Menschenrechtsbildung in Schulen*. Berlin: Forum Menschenrechte.

［2］ Anders, G. (2002). Die Antiquiertheit des Menschen 2. *Über die Zerstörung des Lebens im Zeitalter der dritten industriellen Revolution*. München: C. H. Beck.

［3］ Antweiler, C. (2011). Mensch und Weltkultur. *Für einen realistischen Kosmopolitismus*. Bielefeld: Transcript.

［4］ Beck, U. (2004). *Der kosmopolitische Blick*. Frankfurt/Main: Suhrkamp.

［5］ Bernecker, R., & Grätz, R. (Hrsg.)(2017). *Global Citizenship-Perspektiven einer Weltgemeinschaft*. Göttingen: Steidl.

［6］ Bhabha, H. K. (2004). *The Location of Culture*. London: Routledge.

［7］ Brennan, T. (1997). *At Home in the World. Cosmopolitanism Now*. Cambridge: Harvard University Press.

［8］ Crutzen, P. J., & Stoermer, E. F. (2000). The Anthropocene. In. *Global Change Newsletter 41*, S. 17-18.

［9］ Delors, J. (Hrsg.)(1996). *Learning — The Treasure within*. Paris: UNESCO.

［10］ Escobar, A. (2018). *Designs for the Pluriverse. Radical Interdependence, Autonomy and the Making of Worlds*. Durham: Duke University Press.

［11］ Galtung, J. (1973). Gewalt, Frieden und Friedensforschung. In. Dieter Senghaas (Hrsg.). *Kritische Friedensforschung*. Frankfurt/Main: Suhrkamp, S. 55-104.

［12］ Gebauer, G., & Wulf, C. (1992). *Mimesis. Kultur, Kunst, Gesellschaft*. Reinbek: Rowohlt.

［13］ Wulf, C. (1998). *Spiel-Ritual-Geste. Mimetisches Handeln in der sozialen Welt*. Reinbek: Rowohlt.

［14］ Glikson, A. Y. (2017). *The Plutocene. Blueprints for a Post-Anthropocene Greenhouse Earth*. Cham: Springer.

［15］ Göhlich, M., Leonhard, H. W., Liebau, E., & Zirfas, J. (Hrsg.)(2006). *Transkulturalität und Pädagogik. Interdisziplinäre Annäherungen an ein kulturwissenschaftliches Konzept und seine pädagogische Relevanz*. Weinheim: Juventa.

［16］ Gugel, G., & Jäger, U. (1995). *Gewalt muß nicht sein. Eine Einführung in friedenspädagogisches Denken und Handeln*. Tübingen. Verein für Friedenspädagogik.

［17］ Haraway, D. (2018). *Unruhig bleiben. Die Verwandtschaft der Arten im Chthuluzän*. Frankfurt/Main: Campus.

[18] Heitmeyer, W., & Soeffner, H. G. (Hrsg.)(2004). *Gewalt*. Frankfurt/Main: Suhrkamp.

[19] Helsper, W. (1995). *Pädagogik und Gewalt. Möglichkeiten und Grenzen pädagogischen Handelns*. Opladen: Leske+Budrich.

[20] Hüppauf, B., & Wulf, C. (Hrsg.)(2006). *Bild und Einbildungskraft*. München: Wilhelm Fink.

[21] Kant, I. (2019). *Idee zu einer allgemeinen Geschichte in weltbürgerlicher Absicht*. Göttingen: Literatur-und Wissenschaftsverlag.

[22] Klafki, W. (1964). *Das pädagogische Problem des Elementaren und die Theorie der kategorialen Bildung*. Weinheim: Beltz.

[23] Krenak, A. (2021). *Ideen um das Ende der Welt zu vertagen*. München: BTB.

[24] Lenhart, V. (2003). *Pädagogik der Menschenrechte*. Opladen: Leske+Budrich.

[25] Lyotard, J. F. (2012). *Das postmoderne Wissen*. Ein Bericht. Wien: Passagen Verlag.

[26] Meyer-Abich, K. (1990). *Aufstand für die Natur*. Von der Umwelt zur Mitwelt. München: Hanser.

[27] Moore, J. W. (2016). *Anthropocene or Capitalocene? Nature, History, and the Crisis of Capitalism*. Oakland: PM Press.

[28] Nipkow, K. E. (2007). *Der schwere Weg zum Frieden*. Gütersloh: Gütersloher Verlagshaus.

[29] Nussbaum, M. (2020). *Kosmopolitismus-Revision eines Ideals*. Darmstadt: Theiss.

[30] Remaud, O. (2015). *Un mondeétrange. Pour une autre approche du cosmopolitisme*. Paris: Presses Universitaires de France.

[31] Resina, J. R., & Wulf, C. (Hrsg.) (2019). *Repetition, Recurrence, Returns. How Cultural Renewal Works*. Lanham: Lexington Books/Roman &Littlefield.

[32] Senghaas, D. (Hrsg.)(1995). *Den Frieden denken*. Si vis Pacem: Para Pacem.

[33] Senghaas, D. (Hrsg.)(1997). *Frieden machen*. Frankfurt/Main: Suhrkamp.

[34] UN (2011). *Erklärung der Vereinten Nationenüber Menschenrechtsbildung und training*. Resolution 66/137. New York: UN.

[35] UN (2018). Resolution adopted by the General Assembly, December 2018. *Follow up to the Declaration and Programme of Action on a Culture of Peace, Resolution 73/126*. New York: UN.

[36] UNESCO (2002). *Medium-Term Strategy. 2002–2007*. Paris: UNESCO.

[37] UNESCO (2003). *Convention for the Safeguarding of Intangible Cultural Heritage*. Paris: UNESCO.

[38] UNESCO (2005). *Übereinkunftüber Schutz und Förderung der Vielfalt kultureller Ausdrucksformen*.

Hrsg. von DUK. Bonn: Deutsche UNESCO Kommission.

[39] UNESCO (2015a). *Global Citizenship Education*. Paris: UNESCO.

[40] UNESCO (2015b). *Rethinking education. Towards a global common good?* Paris: UNESCO.

[41] Wallenhorst, N. (2021). *Mutation. L'aventure humaine ne fait que commencer*. Paris: Le Pommier.

[42] Wallenhorst, N., & Wulf, C. (Hrsg.) (2021). *Dictionnaire d'anthropologie prospective*. Paris: Vrin.

[43] Wintersteiner, W. (1999). *Pädagogik des Anderen. Bausteine für eine Friedenspädagogik in der Postmoderne*. Münster: Agenda-Verlag.

[44] Wintersteiner, W., Grobbauer, H., Diendorfer, G., & Reitmair J. S. (2014). *Global Citizenship Education. Politische Bildung für die Weltgesellschaft*. Wien: Österreichische UNESCO Kommission.

[45] Wintersteiner, W., & Wulf, C. (2017). Global Citizenship-konvivalistischer Kosmopolitismus. In. Bernecker, R. & Grätz, R. (Hrsg.) (2017). *Global Citizenship. Perspektiveneiner Weltgemeinschaft*. Göttingen: Steidl, S. 34 – 43.

[46] Wulf, C. (Hrsg.) (1973a). *Kritische Friedenserziehung*. Frankfurt/Main.: Suhrkamp.

[47] Wulf, C. (Hrsg.) (1973b). *Friedenserziehung in der Diskussion*. München: Piper.

[48] Wulf, C. (Hrsg.) (1974). *Handbook on Peace Education*. Oslo: International Peace Research Association.

[49] Wulf, C. (Hrsg.) (1995). *Education in Europe. An Intercultural Task*. Münster: Waxmann.

[50] Wulf, C. (2005). *Zur Genese des Sozialen*. Mimesis, Performativität, Ritual. Bielefeld: Transcript.

[51] Wulf, C. (2006). *Anthropologie kultureller Vielfalt*. Bielefeld: Transcript.

[52] Wulf, C. (2009). *Anthropologie. Geschichte, Kultur, Philosophie*. Köln: Anaconda.

[53] Wulf, C. (Hrsg.) (2010). *Der Mensch und seine Kultur. Menschliches Leben in Gegenwart, Vergangenheit und Zukunft*. Köln: Anaconda.

[54] Wulf, C. (2013a). *Anthropology. A Continental Perspective*. Chicago: The University of Chicago Press.

[55] Wulf, C. (2013b). *Das Rätsel des Humanen. Eine Einführung in die Historische Anthropologie*. München: Wilhelm Fink.

[56] Wulf, C. (2014). *Bilder des Menschen. Imaginäre und performative Grundlagen der Kultur*. Bielefeld: Transcript.

[57] Wulf, C. (2015). Performativity and Dynamics of Intangible Cultural Heritage. In. De

Beukelaer, Christiaan/Pyykkönen, Miikka/Singh, J. P. (Hrsg.). *Globalization, Culture, and Developmenet. The UNESCO Convention on Cultural Diversity*. Houndmills: Macmillan, S. 132 – 146.

[58] Wulf, C. (Hrsg.)(2016). *Exploring Alterity in a Globalized World*. London: Routledge.

[59] Wulf, C. (2020a). *Bildung als Wissen vom Menschen im Anthropozän*. Weinheim: Beltz Juventa.

[60] Wulf, C. (2020b). Den Menschen neu denken im Anthropozän. In. Wulf, C. & Jörg Zirfas (Hrsg.), Den Menschen neu denken. *Paragrana. Internationale Zeitschrift für Historische Anthropologie 29/H1*, S. 13 – 35.

[61] Wulf, C. (2021a). Digitale Transformation und Künstliche Intelligenz im Anthropozän. In. *Bildung und Erziehung 74*, S. 231 – 248.

[62] Wulf, C. (2021b). Emotion and Imagination. Perspectives in educational anthropology. In. *International Journal of African Studies 1/H1*, S. 45 – 53.

[63] Wulf, C., & Kamper, D. (Hrsg.) (2002). *Logik und Leidenschaft*. Berlin: Reimer.

[64] Wulf, C., & Merkel, C. (Hrsg.) (2002). *Globalisierung als Herausforderung der Erziehung*. Theorien, Grundlagen, Fallstudien. Münster: Waxmann.

[65] Wulf, C., & Zirfas, J. (Hrsg.) (2007). *Die Pädagogik des Performativen. Theorien, Methoden*. Weinheim: Beltz Juventa.

第四章

期待其他多重世界,赋我们自身以生机:向比较教育学发出的一份邀请

[美]林逸梅(Iveta Silova)

"昔者庄周梦为蝴蝶,栩栩然蝴蝶也。自喻适志与,不知周也。俄然觉,则蘧蘧然周也。不知周之梦为蝴蝶与,蝴蝶之梦为周与?周与蝴蝶,则必有分矣。此之谓物化。"(《庄子·齐物论》,English translated by Moss Roberts, 1979)

一、引言

在 1979 年出版于美国的《中国神话与传奇》(Chinese Fairy Tales and Fantasies)中,出现了庄子这段梦蝶的英文译文[译者莫斯·罗伯茨(Moss Roberts)]。和许多其他的梦一样,展现在西方读者面前的这段文字,不过是一个带有魔幻色彩的神话或异想天开的传奇。然而,它的内涵,却毫无疑问不止于此。出自公元前 3 世纪的一位举足轻重的中国哲学家之手的这个"蝴蝶梦",模糊了梦境与觉醒、幻想与真实、迷惑与清明之间的区别,从而提出了几个重要的存在主义问题:到底什么才是真实?我们究竟是做梦的人,还是梦中之人?此外,它还从根本上挑战了将自我与他者、空间与时间、文化与自然、人类与动物、秩序与混乱割裂开来的现代性的刻板二元论。最终,这个"蝴蝶梦"指向了其他的多重世界的存在,而对我们的现代之眼而言,这些世界并不是

一目了然的。

在去殖民化文献的启迪下,我将把这些世界(以及我们自身所处的世界)统称为"多重宇宙"(pluriverse,与单一宇宙[a single universe]相对),也即一个众多世界并行存在的世界(Escobar, 2018; Mignolo, 2011)。我的论文将聚焦于这些不止于人类世界的多重世界的彼此关联和内部联系,同时探索对教育(education)进行重构的必要方法,从而为迎接多重宇宙做好准备,并为我们自己在这个多重宇宙中的参与赋予活力和意义。将多重宇宙作为本体存在的起点意味着承认,现实不仅由多个世界构成,而且还由"多种世界,多种本体论,多种存在于世界上的方式,多种认识现实的方式"(Querejazu, 2016, p. 3)构成。这个多重宇宙因此预示着不同世界非等级化的共存——从人类世界到自然世界和精神世界——而它们全都在时间和空间中彼此关联。此外,它还指出了一种存在方式的必然性,也即万事万物——既包括人类,也包括非人类——都永远相互作用和联系。从这个角度来看,庄子的"蝴蝶梦"中发生的"物化",绝不仅仅是一个幻想或神话。

这样的项目,在现代学校教育和更宽泛意义上的"客观"科学中,通常都不会得到鼓励。毕竟,现代学校教育和科学日复一日地都在被用来强化现代性的二元论,在其中,(男)人的世界被置于优势地位,而"其他"世界则被降级到我们的集体过去、童年回忆、神话传奇或异想天开的层面上。它宣称西方知识具有普遍性,用科学来合理化历史上的殖民暴行和环境破坏,认为这些不过是某些人种的伟大进步之合理后果(Grosfoguel, 2013)。那些试图抵制或挑战西方现代性盛气凌人的"脚本"的人,不可避免地被扣上"背弃天命"(Stengers, 2014a, p. 4)、不够"理性""合理"或"科学"的帽子(Haraway, 2004, p. 88;另参见 Ideland, 2018)。此外,尝试在西方现代性的逻辑之外寻求替代性选择——尤其是当这种寻求可能将我们引向"其他"世界时——也必然会被许多(西方)学者认为是一种"退步",与现代科学的进化传说及其进步、合理性和理性的原则相悖。正如斯滕格茨(Stengers, 2012, p. 1)提醒我们的,"汝不可退步"的学术戒律催生了"一种不为人知的恐惧,担心被控以……沉湎于梦幻泡影从而背弃了坚实真相的罪名"。

但我对多重宇宙的关注与好奇,远多于对它的恐惧。面对巨大的环境灾难,我们无法再去继续追逐那个单一宇宙的谎言,再去坚持那种将人类例外论和(新)自由主义的个人主义当成在饱受摧残的地球上幸存之唯一可能的论调了——而这两者,恰恰是西方哲学的起点和现代政治经济学的基石。尽管庄子的蝴蝶仍活在他的梦境和我们的想象中,但全世界绝大多数的蝴蝶种群却正处于灭绝的边缘。然而,人类对自然的统治支配,却依然在逐步升级。在这一情境下,要想承认不止于人类世界的那些世界的存在并再度密切参与其中,要想"与麻烦同在"(Haraway, 2016),除了"退步",我们已经别无选择。用普拉伍德(Plumwood, 2009, p.128)的话来说,我们迫切需要"以更丰富的语汇重新想象这个世界,从而令我们可以寻回那个与其他物种的需求和其他类型的思维方式"——也是其他的存在方式——"相互对话且为其所限的自我",因为这是"一种在当前情境下的基本生存方案"。

作为这一生存计划之核心的,是我们对教育和学校教育进行重新想象的能力。几十年来,学者们一直认为,当前形式的教育——一种根植于"西方现代主义范式"(Sterling, Dawson & Warwick, 2018, p.325)的教育——对于维持笛卡尔主义的将物质(实体)与非物质(精神)现实、心与身、客观与主观、文化与自然割裂开来的二元论,至关重要。这种教育还被用来宣扬以无视环境顾虑为代价的无限经济增长、技术官僚决定论和(新)自由主义个人主义,从而进一步强化将(男)人置于优势地位的支配结构(参见 Bowers, 1995; Bowers, 2002; Komatsu, Rappleye, & Silova, 2020; Orr, 2004; Orr, 2009; Schumacher, 1973; Zhao, 2018)。这个世界的"受教育程度"从未如此之高,但却也从未如此濒临环境崩溃。这一冷冰冰的事实提醒我们,教育就意味着永远维持现状(Komatsu et al., 待出版;Rappleye & Komatsu, 2020)。从这一角度来看,"更多的同一种类的教育,只会让我们的问题变得更复杂"(Orr, 2011, p.238)。如果要对世界进行重新想象,我们也就需要以更丰富的语汇对教育和学校教育进行重新想象。

在怀疑论者眼中,这样做或许是对教育和科学的一种攻击。但它并不是。这也并非是在"为愚昧无知声辩"(Orr, 2011, p.238)。相反,它是一个迫切的邀请,邀请我们去抵制人类例外论的现代趋势,甚至做出"退步",因为这一趋势借助教育和学校教育,继续促成着在本体论—认识论层面上的分化割裂,将人类从其他物种和其他世界中孤立出来(Taylor, 2017; Zhao, 2018)。尽管可以有多种方式对居于支配地位的教育范式进行抵制或做出"退步",但我将循着假想(speculative thinking)这条道路,对教育进行不同的重新想象,设想出更多的可能性。通过援引怀特海(Whitehead, 1938)的思想,尤其是他关于"哲学什么都不能排除"的主张,德拜斯和斯滕格茨(Debaise &

Stengers, 2017, p. 17)详尽阐述了假想如何赋予我们探索大千世界和芸芸众生的能力,从而"拒绝每一种专业化思维加诸己身的解释特权和将无法用解释界定的异己予以剪除的特权"。假想和其他形式的"特权"一起,开启了一种可能性——"在既包括科学性也包括非科学性的不同实践之间,创造彼此相关的同在模式,找到集思广益之道" (Stengers, 2018, p. 145)。

二、假想思维实验和"退步"

考虑到这一点,我将着手进行两项假想思维实验——或者也可称为两种"退步"。我们放下对人类中心主义的执念,主动去适应那些不同的世界时,便为重新想象不同的教育奠定了基础。

第一个"退步",是认识论意义上的。这意味着,有意地对现有的知识来源和模式在不预分高下的基础上进行扩展,既包括"科学性"的知识,也包括那些较为边缘和碎片化、通常会在思考教育政策和实践时被排除在外的知识。这种退步,将哲学和理论文本与散落在不同时空的自然、梦境、回忆、神话、传说和想象的知识结合起来。作为一个假想实验,它的设计意图,是要将教育重新置于不止于人类世界的多重世界的纹理之中。在这个假想实验中,我会与我生于拉脱维亚、信奉"异教"的外祖母安娜 (Oma),以及一位13世纪的日本僧人和梦境记录者明惠 (Myoe) 进行对话(二人的生活时间相隔近900年),同时在他们的个人领悟中间或插入哲学家、神话学家以及原住民研究、生态女性主义研究和去殖民化研究学者的学术著作,以及栩栩然飞舞于灭绝边缘的蝴蝶所投下的阴影。与"马赛克式认识论"(mosaic epistemology)(Connell, 2018) 或女性主义的"编辫子"(braiding) 概念 (Bulbeck, 1998) 类似,我对这些知识碎片——有些相形之下更边缘化,更不为人所知,但全都密切相关、互为表里——的梳理编织,也将有助于对不同世界和世界观的阐释。

第二个"退步",是本体论意义上的。它要求一种"看见"并承认多重宇宙世界的真实。然而,要想能够"看见"不同的世界,光是换个镜片或换个视角是不够的。正如詹森等人(Jensen, Ishii, and Swift, 2016, p. 156)基于他们对日本神灵世界的研究而给出的建议一样,在日常生活中看见神灵或神灵世界的能力,也有赖于如何定义"我们"。这意味着,同样存在着"一个独立于我们的肉眼可见事物之外的'看见'的本体维度"。

这种本体论意义上的"看见"的能力，优美地体现在我的拉脱维亚"异教徒"外祖母在我童年时讲过的一个睡前故事中，也同样体现在我最近才读到的一位 13 世纪日本记梦者明惠的一个梦中。尽管跨越不同时空，在这两者之间却存在着诸多神秘的联系。在明惠的梦中，"他走进一间僧舍，看见高僧空海（Kūkai）正在小睡。空海的双目犹如水晶，就放在枕边。空海将一双眼赠予明惠，而明惠将其纳入袍袖之中"（由河合隼雄重新演绎，Kawai, 1995, p.47）。而在 20 世纪 70 年代作为苏联加盟共和国的拉脱维亚，在我的成长过程中，祖母也曾讲过一个惊人相似的睡前故事——这个神话故事绘声绘色地描写到，一位母亲取出了自己的双眼，赠给女儿，令她得以"看见"凡眼所不能见的事物。在这两例故事中，"眼"的继承者——一位日本僧人和一名拉脱维亚"异教徒"女孩——都相信，他们得到的这一件"至宝"，让他们不仅可以"看见"多重存在的世界，还能够穿行于梦的世界和清醒的世界之间。

存在于人类、神灵和自然界之间的这种类似的联系，在世界上许多神灵崇拜和宗教传统中都很常见，比如美洲和大洋洲的原住民、欧洲的"异教"文化、中国的道教、整个亚洲的佛教传统等等。然而在西方，在启蒙运动的过程中，梦的价值却很快遭到贬低。在一切合理的"理性时代"，任何关于"其他"世界或"其他"现实的说法，都被贬低为神话、信仰或迷信（Kawai, 1995; Law, 2015; Querejazu, 2016）。因此，大千世界的众生百态被割裂为"客观"世界（即单一宇宙和能够借助科学研究方法发现和证明的普遍自然规律）和主观存在（即不建立在业已证明的科学证据基础上的人类对这个世界的信仰、理解和经验的复杂集合）。在这个过程中，世界的多重性被限制在主观存在的范围内。随着这一割裂的出现，以及以所谓的"客观"科学来校正物质世界之实践的兴起，一道又一道认识论和本体论意义上的高墙被煞费苦心地建造起来，从而将"其他"的世界和世界观阻隔于我们的视线之外。作为这种持续性的本体论—认识论边缘化的结果，这些"其他"世界逐渐在我们的现代之眼前消失不见了。那么，我们又如何做出退步，重新学习留意那些被草率忽略（而且常常被有意摧毁）的存在，重新发掘那种承认、倾听我们周围的多重宇宙并与之互动的艺术和能力呢？对于当前形态的教育而言，这种本体论意义上的多重性，又会带来哪些连带影响？

思考这些问题意味着对教育进行激进的重新想象。在当前的人类中心论的形态下，教育不可能将多重宇宙和存在于人与不止于人类世界的多重世界之间的现有联系作为一个整体、作为同一的真实之组成部分予以接纳。与蝴蝶的化生一样，或许教育——以及我们自身——也应当转化为某种完全不可预期的存在：

化（"变化"）+ 生（"形状，形态"）= 变形，形态转换

［meta（"change"）+ morphē（"shape, form"）= changing form, shape-shifting］

正如沃纳（Warner, 2007, p.27）所指出的，这种化生——形态转换——"打破了时间和地点的规律，以及人类繁衍生息、超然于世间万物的法则"。它经常发生在危机时刻（不管是个人存在意义上的危机，还是环境危机），预示着危机同时也可能是转变的时机。在某种方式上，化生是西方形而上学的一剂解毒药，让我们可以激进地重新想象并转变现代的求知和存在方式，以及被视作理所当然的时空观。

要开始这样一种激烈的对教育及我们自身的重新想象与转变，我们需要"在一系列范围更宽泛的可能性中重新定位已知的内容"，并像斯滕格茨（Stengers, 1997, p.136.6）提议的那样，从"如果……又如何"这个问题开始。在触发一种比与现代学校教育相关的常规想象更为宽泛的想象时，我们可以从提出问题开始：如果我们将教育想象为一个空间——一个现世的、文化的或潜意识的空间，而这个空间正处于"不同文化之间的十字路口、跨文化区和错综复杂的结缔组织（a connective tissue）的交汇点"，正置身于物种与物种、实体与实体、世界与世界之间（Warner, 2007, p.17），那么又如何？如果学习关乎倾听这些彼此相连的不同世界并与之发生联系，而不是对它们进行分化、排序和评定高下，那么又如何？如果假设存在一个在"一起成为"（becoming-with）（Haraway, 2015, p.161）的过程中令我们得以"看见"彼此——人类、自然、神灵、祖先、蝴蝶、赛博格（cyborgs）——并与彼此紧密相连的教学法，那么又如何？如果这些想象、学习和教学法能够促进我们的自我化生，帮助我们超越那个独立、理性的自我界定，让那个"处于关系中的自我"在一个不止于人类世界的多重世界中焕发活力，那么又如何？

如果……又如何？（And if?）

如果……又如何？（And if?）

如果……又如何？（And if?）

如果……又如何？("And if…")

诸法交摄互渗，相即不二，无碍圆融。(Everything is related to everything, and nothing can be considered apart from the relatedness of the whole.)

（井筒俊彦[Izutsu]，1980）

如果教育建立在万事万物——既包括人类世界也包括不止于人类世界的多重世界——彼此深切关联的基础上，它的面貌肯定会截然不同。它将不再承担"将人类拔高为一种特殊物种，而仅以对人类是否有用来居高临下地衡量非人类，或工具主义"的任务(Plumwood, 2009, p.116)。同样，它也不再被作为所有西方现代二分法（自然/文化，女性/男性，混乱/秩序，自我/他者）之基础，不再由将"其他"方面降级到对立的从属地位的支配结构所驱动(Rose, 2013)。相反，教育将作为存在于不同世界、存在于不计其数的现代人类心理两重性之间的"结缔组织"，将万事万物连接为一种"无碍圆融"(relatedness of the whole)，一种多重宇宙的相即相依。

上文中引用的井筒俊彦(Izutsu, 1980)的文字，专指华严宗的哲学思想，它是明惠所修习的大乘佛教之一宗。但在推行认知与存在的非二元论和关系模式这一点上，它与欧洲的"异教"实践、原住民传统、中国哲学、去殖民化及生态女性主义思想却一唱一和，异曲同工。尽管此前基本上并不存在将女性主义分析与对佛教和环保主义的回应结合起来的尝试——更不用说"异教信仰"或原住民思想了(Kaza, 1993；Tomalin, 2017)——我却借助假想的方式将它们编织在一起，从而围绕着一系列"如果……又如何？"的问题对教育进行重新想象。尽管这些知识碎片在某些批评者看来似乎互不相关（甚至可能是涣散无章、虚浮不实的），但却有一条贯通的线索将它们连接在一起。在许多方面，这些知识展示了区别于现代主义现状的另一种"世界生成"(worlding) (Haraway, 2016)。当融汇于对话之中时，它们可能帮助我们阐明那些面向未来的生成化育的新方向。

三、如果教育是存在于不同世界之间的一个"结缔组织"，又如何？

要促成教育的化生，学校教育（以及更宽泛意义上的学习）需要在空间中重新定位，立于不同世界的交叉路口，比如"十字路口、跨文化区和交汇点"(Warner, 2007, p.17)。这样做,是在有意地令学校教育偏离其重新生成的支配性"世界"——并在此过程中分化甚至抹除其他"多重世界"——的历史功能,将其重新界定为一个促成不同世界彼此共存的"结缔组织"。在写到有关多物种世界的问题时,哈拉威(Haraway, 2017)指出,这些"接触区"是"真正来自不同种类的生死体验的思考和存在方式"。我们会在跨越不同时间、空间和学术领域(从最近的去殖民化和生态女性主义的研究,到原住民的萨满信仰和各种万物有灵论的实践,再到早期日本佛教和中国道教,以及经典的古希腊和古罗马神话)的文献中,邂逅对这些空间的提及,这丝毫也不令人意外。这些空间可能被称为"边界"或"边疆"(去殖民化研究著作),或被称为"接触区"(生态女性主义研究著作),或被定义为凡人世界与其他"世界"之交界处的"苦界"(kugai,来自大乘佛教),或是反映暂存性或位置、时间及人生阶段转换的临界空间或"居间"空间(原住民文化、神话和自然)。在这里,一条共同的线索是"看见"的能力,以及与"其他"世界和世界观发生根本联系的能力。

在学术文献中,"边界思维"的概念由女性主义者奇卡诺/梅斯蒂索(Chicana/mestiza)、文化理论学家 Gloria Anzaldúa(1999)首次提出,随后又被众多去殖民化学者(如 Mingolo & Tlostanova, 2006)发扬光大。这个概念基于一种理念,即在理论知识和认识性知识之外另有一个存在维度,而这种知识存在于(有时也会超越)殖民权力矩阵的边界。它主张,如果依据西方思维和经验的范畴来打量,这些"其他"世界和世界观可能根本就会隐而不见,因为这些范畴有效地阻断了其他各界。Mignolo(2013, pp.136-137)提出,我们需要与西方的"现代性"概念解除联系,也就是说,我们需要创造一些并非源自欧洲政治理论的思维范畴,在我们所栖居的边界之内思考,"不是民族国家的边界,而是现代世界与殖民世界之间的边界,认识论与本体论的边界"。通过栖居于边界之内,一个人不仅可以获得对殖民化及其历史遗留的认知,也会变得更能倾听"其他"的多重世界。

从非殖民化理论和女性主义理论的交叉路口展开论述,特洛斯坦洛娃等人(Tlostanova et al., 2016, p.216)指出,"边界思维"要求我们置身于"居间"空间——"一个流动性的、边界可变的领域,在这里,产生了新的意义、符号、概念和策略性身份认同,从而动摇和侵蚀了现有的、固化的地缘文化、学科和认识论模型,不管它们是西方的还是非西方的、北方的还是南方的"。因此,"边界思维"从结构上看即是多重宇宙的,它令"许多世界得以相互作用,相互依存,相互交流",成为一种西方和非西方理论与实践之间的开放性和非中心化相遇的横向交叉模式(Tlostanova et al., 2016, p. 224)。

尽管去殖民化和女性主义的研究文献主要关注殖民权力矩阵中人与人之间的相遇,生态女性主义思维却将这些概念扩展到了不止于人类世界的多重世界。从后殖民和去殖民化的研究(例如 Clifford, 1997; Pratt, 1992)中汲取了灵感,哈洛威(Haraway, 2017)就开放"接触区"的问题展开了论述,她认为这样的"接触区"将促成我们"为彼此承担、同担责任,承继殖民历史遗留下的麻烦,承继种族灭绝和剥削压榨遗留下的麻烦,同样也承继那些宝贵的发明创造"。对哈洛威(Haraway, 2008)来说,这些"接触区"(和它们的"不规矩的边缘")正是包括"活着或死去的所有物种"在内的"构成世界之缠结"发生的空间。类似的多物种相遇之"接触区"的理念,广泛存在于生态女性主义研究著作中。例如,通过反思普拉伍德的哲学式万物有灵论,罗斯(Rose, 2013, p. 103)就"多物种、多文化交互区"展开了讨论。她深刻地提醒我们,"当然,我们一直就身处这些区域之中:活着的意义,美丽与危险,部分就在于此"。

回到 13 世纪的日本,我们发现,僧人明惠也身处于类似的"接触区"中。然而,对他来说,这些接触区横跨了更大的领域,既包括神灵世界,也包括梦的世界。明惠以其多年居于"苦界"而闻名于世,这是"凡人俗世与佛陀、菩萨和神所居的清净无染自在之境的交界处"(Abe[阿部龙一], 2002, p. 104)。通过居于这些交界处,他有意地努力促成心与身、理性与非理性、人类与动物、梦境与清醒这些持久存在的二元性的和解,既不厚此薄彼,也不轻易接受简单的二元分立(河合隼雄[Kawai], 1995)。在其他的文化和时代中,巫师、术士、女巫、治疗法师和萨满也都同样居于他们所处社会的边缘,"在人类社会与其外的大千世界之间居中调停"。这个大千世界在人类世界之外,也包括多重非人类的实体存在,它们构成了当地的风土,并为周遭尘世赋予了个性(Abram, 2017, p. 7)。在这些语境之下,居住在空间上的边缘地带为他们在人世与其他世界之间的居间位置提供了象征性的(空间上的)外部表达,令个体得以跨越"能够被感知的界定其特有文化的边界——那些被社会习俗、禁忌以及方言所强化的边界——从而与大地上的其他权力发生接触,并向其学习"(Abram, 2017, p. 9)。

然而,这些人类世界以外的多重世界常常不为我们的现代之眼、文明之眼和殖民主义之眼所见。当我们偶尔瞥见这些世界的浮光掠影,出于对西方事物秩序的偏爱,它们的影像看起来也常常是严重扭曲的(参见 Komatsu & Rappleye, Takayama,

2019;以及《华东师大教育评论》(*ECNU Review of Education*)2020 年第 1 期特刊中泰勒(Taylor)所做的深入讨论)。那么,如果我们有意地跳出支配性文化,走进不同世界之间的边界地带,小停片刻,让我们自己可以倾听周遭的一切,又如何?如果我们付出一点时间和勇气,向那些起初看起来既危险又无关紧要的地界之外张望一下,又如何?如果这些边缘、界限和接触区恰恰就是学习发生的地方,又如何?在那里,若即若离地徘徊在我们这个社会的边缘地带,沿着这些界限、边缘和高墙一路前行,我们或许有希望"找到解开这些高墙如何筑起、一条简单的边界如何变为壁垒等谜题的线索"——当然,前提是我们所光顾的这一边缘地带是"一个时间与空间的边缘,而它所依附的时间结构是会消融或化生为其他形态的"(Abram, 2017, p.29)。如果这样,又如何?

四、如果教育是关于学习如何期待其他的世界,并与其发生关系,又如何?

位于不同"世界"的交叉路口——连接它们,而不是对其加以分化、排序和评定高下——教育可以是一个学习如何期待人类世界与不止于人类世界的多重世界并与之发生有意义的联系的空间,并在此过程中拥抱这些世界全部的多重性和复杂性。这将令我们认识到,在这样一个"无数时间、无数空间和无数内激发的集群体(包括超人类、另类、非人和终将归于尘土的人)"(Haraway, 2015, p.160)之中,我们业已存在的种种纠缠,并对此心怀感激。简而言之,学习将是一个倾听"正在形成中的多重宇宙"(Stengers, 2011, p.61)并成为其一部分的过程,而在这个多重宇宙中,万事万物都效力于它的形成过程。

试图与"其他"世界发生联系,总是不可避免地具有复杂性并富有挑战性,而且总会遭到质疑(参见《*ECNU Review of Education*》2020 年第 1 期特刊中 Takayama 的文章),有时甚至会导致死亡。但所有的相遇都是一个学习的机遇。正如斯滕格茨(Stengers, 2011)提醒我们的,学习本身就要求相遇;而反过来,相遇也意味着通过比较来学习。从这个角度来看,比较教育学恰好处在促进在多重宇宙中学习的独特位置上。不过,Stengers(2011, p.62)指出,作为"一种学习方法"的比较限定了一个基本原则:相遇必须"全力以赴"但却不能"玩弄手段"(encounters must occur in their "full force" and with no "foul play"）；这也就是说，不可以削弱一方而保全另一方。这意味着，只有在那些进行比较——共同学习——的人有机会展示自己的比较内容、避免将无关的评判标准和范畴强加于他人之时，比较才是合法且有意义的（Stengers, 2011）。因此，比较必须不能是单方面的，或是建立在"排他"的基础上的。当单方面的定义被强加于与其无关的其他范畴时，这些定义便带有了"破坏性"，承担起了"支解、根除或侵占"的历史功能（Stengers, 2011, p.58）。简言之，"如果相遇的他者被定义为无法理解比较点的话，就没有比较可言"。

在这里，让我们重新回到"比较"（comparison）这个词的拉丁词源上：com-par。这表明，人们视彼此为对等，也就是说，能够达成一致和谐相处；这也意味着，能够产生分歧、提出抗议、讨价还价和针锋相对（Stengers, 2011, p.63）。

从这个角度来看，这是对比较教育学——以及与之相关联的教学和学习——发出的直接邀请（也是一个挑战），要对其根本范畴和视之为理所当然的假设进行重新定义，将"他者"（包括不止于人类的"他者"）作为合法的、相关的认知主体包括在内。这意味着，与万事万物（既包括人类，也包括不止于人类的事物）的相遇，都将是一个通过比较来学习的机遇。因此，我们不仅可以向人类学习，也可以向自然、祖先、石头、神灵、蝴蝶、树木、赛博格学习，以及与它们一道学习。这种学习方式已经深嵌于包括本文汇集的那些知识碎片在内的许多现有知识体系中，尽管它们从表面上看似乎相隔于时空和不同的学术领域。为了阐明这一点，我会通过一个与石头有关的故事（和一个梦）将这些知识编织在一起，再一次将13世纪的日本与今时今日的持"异教信仰"的拉脱维亚、澳大利亚和美洲的原住民文化以及生态女性主义思想连接起来，形成一个彼此关联的多重宇宙。

在13世纪的日本，僧人明惠以其能够看见人类与动物以及非感官存在之间的共性而著称。对他来说，物和心"相依相存，交相渗透，永无止境"（Kawai［河合隼雄］, 1991, p.101）。从明惠的角度来看，甚至连石头也都是有生命的，它能够行动和言语。在他的一个梦中，明惠就与一块有灵力的石头相遇了：

> 我得到了一块石头……那块石头中间有一个眼……这块石头是白色的，但不是纯白，有一点灰。因为有了这只眼，这块石头便拥有了灵力。换句话说，它动了，跳跃着就像是个活物。我把它放在右手中，去找我的上师给他看。当我把它放

下,它就像一条落在陆地上的鱼一样跳动起来。我的上师见到了十分喜悦。我说,这块石头的名字,就叫作石眼。(由河合隼雄重新讲述,参见 Kawai, 1995, p.55)

在这个梦中,石头活了起来,能动也能见。这表明,明惠对"万物相依相存的深刻感知使得无意识的最原始层次被激活,为一个通常被认为不过由惰性物质组成的物体赋予了生命"(Kawai[河合隼雄], 1991, p.153)。有趣的是,一个拉脱维亚民间故事也提到了一块有生命的石头。在这个故事里,一块石头向月亮和太阳说起它生命的意义。它思索道,亘古以来,它便已经存在,记忆中保留了许多重要的故事。目睹了地球上几个世纪的生活,这块石头说,它的生命的意义,就在于"记下发生的每一件事",并将这些故事与其他人分享,从而帮助他们拥有一个完整的人生。拉脱维亚的小孩子经常会被明确要求将自己与民间故事里的这块石头进行比较——一种多边的比较:

石头是怎么来的?你是怎么来的?
(How did a stone come into existence? How did you come into existence?)
有什么保留在石头的记忆中?有什么保留在你的记忆中?
(What is kept in the stone's memory? What is kept in your memory?)
石头的生命意义是什么?你的生命意义又是什么?
(What is the stone's purpose in life? What purpose could you have in your life?)
太阳和月亮扮演着怎样的角色?
(What are the roles of the Sun and the Moon?)

在这个学习练习中,石头与孩子之间没有分别——各自有各自的存在方式及其重要的生命意义(Silova, 2019)。而从古印加帝国到今天的美国纳瓦霍保留地,再到澳大利亚的原住民部落,也有许多故事与石头有关。在所有这些文化背景中,石头都被视作生命体,具有感知能力且被崇为圣物,在人类与人类历史的展开过程中扮演着重要角色(Abram, 2017; Dean, 2010; Plumwood, 2007)。在生态女性主义研究著作中,瓦尔·普兰伍德(Val Plumwood, 2007)同样在《通向石之心的路》(*Journey into the Heart of Stone*)中写到她与石头的相互关系。普兰伍德(Plumwood, 2007, p.21)

分享了她与石头的一系列亲密邂逅,指出"石头是来自我们这个时代以外的那些世界的老师和旅行者,它们是塑造了自身所在之地的独特个性的古老的创造者"。这篇论文与明惠的梦、拉脱维亚的民间故事和许多原住民传说形成了美妙而又直接的呼应。它们表明,"即便是一块最小的石头,也代表着大地上各种力量的奇妙结合",而其复杂性令人类相形之下不过是"微不足道的糊涂虫"(Plumwood, 2007, p.20)。因此,与一块石头——或是任何其他生命体或非生命存在——相遇(并产生一段关系),要求一种对于他者的"激进的开放性",而这些他者常常会与"魔幻不实,以及童话故事——故事里的石头会说话,也会提建议——的天真幼稚"(Plumwood, 2007, p.22)联系在一起。如果我们拒绝将这种奇异之事局限在神话故事或梦境的领域中,而是让它们成为日常生活的一部分,成为我们持续学习去期待其他世界的过程之一部分,那么又如何? 如果……又如何?

五、如果学习是一种共同成为和共同生成世界的体验,又如何?

如果教育是与学习彼此相遇——"全力以赴"但却"不得玩弄手段"(Stengers, 2011)——有关的,那么,它将强化并进一步促成"共同成为"或"共同生成世界"的体验。哈洛威(Haraway, 2016, p.12)令人信服地写道,"共同成为,而不是成为,才是这个游戏的名字";这就是令众生(伙伴)得以彼此相遇的原因:"本体论意义上相异的伙伴,在关系性的物质—符号世界生成的过程中,成为他们自己……自然、文化、主体和客体,并不先于其相互交织的世界生成过程而存在。"(Haraway, 2016, pp.12-13)位于这些共同生成世界关系之中心的,是令万事万物成为地球生态社会之一部分的相互依存和相互联系。在这样的"共同生成世界"的构造中,边界不再是隔开不同世界和不同存在的壁垒:明惠给苅藻岛(the Island of Karumo)写了一封情书,我的祖母对她花园中的植物说话(它们也会作答),生态女性主义者和佛教徒史蒂芬妮·卡扎(Stephanie Kaza)与树对话,埃弗丽卡(Affrica)嫁了一条溪流,赵伟黎随风起舞,庄子梦为蝴蝶,醒来后不复见到人类与不止于人类世界的多重世界之间的界限。这些都是共同成为和共同生成世界的体验,为学习提供了意义深远的途径。

多种多样版本的多物种关系,一直在被历史化和寓言化、被研究和梦到。例如,赵伟黎(Zhao, 2018)就将中国天人合一的观点放在历史背景下来考察,将其视为以深层次的关系理念重新思考现代中国和其他国家教育的一条伦理—生态—哲学的途径。她尤其指出,儒家的关系"人格"和"关联宇宙论"有可能克服现代个人主义和人类中心论的世界失序。除了能促进有道德的人与人、人与自然之关系的发展,赵伟黎(Zhao, 2018, p.1115)还指出,中国的天人合一关联宇宙论能够提供"另一种形态的本体论—认识论,从整体性意义上对教育进行重新展望,重新将人类与他们的文化和自然环境连接起来,力求实现一种繁荣宇宙中的最优共同创造"(Zhao, 2018, p.1115)。通过将人类重新置于一个宇宙关系和相依相存的大网之中,天人合一因此成为共同生成世界实践在教育中得到重塑的有力例证(也可以参见《ECNU Review of Education》2020 年第1期特刊中 Li 和 You 的文章)。

与庄子的梦遥相唱和,哈洛威(Haraway, 2016)也写过一个关于将人类的孩子和帝王蝶的生物共生作为培育"共同生成世界"艺术和避免物种灭绝之道的故事——《卡米尔们的故事》(Camille Stories)。这个假想式的寓言,发生在21世纪早期那个饱受摧残的地球之上的"堆肥共同体"(Communities of Compost)中。这些共同体成员致力于在几百年中减少人类的数量,同时,为了替多物种讨回环境的公道,人类被改造为带有其他物种的某些特性。在这个堆肥共同体中,每个新生儿都至少有3个人类的父母亲,怀孕者拥有生殖自由,可以为孩子选择一种动物共生体,而这种选择在所有物种的几代中得到实行。通过对五代卡米尔(从2025年卡米尔一世的出生到2425年卡米尔五世的死亡)的追根溯源,这个故事讲述了卡米尔们如何学着通过多物种合作的方式去重构人类与地球及其所有寄居者的关系。

埃弗丽卡·泰勒(Affrica Taylor)和她的同事们将许多这类理念转化到了"共同世界"教育学("common world" pedagogies)中(see Taylor, 2017; Pacini-Ketchabaw & Taylor, 2015; Common Worlds Research Collective, 2016)。先从拉图尔(Latour, 2004)处得到最初的启迪,随之从哈洛威的"世界生成"的说法那里汲取灵感后,"共同世界"教育学以"世界性的教学法实践"为对象进行了实验,超越了将教学法仅限于人类活动的学科界定,对与人类以外的世界共同学习——而非以之为学习内容——敞开了大门(Taylor, 2017, p.1455)。这里的焦点,落在了"孩子们与所有其他生命形式一道继承并寄居其上的自然与文化的真实生命世界的杂合体"(Taylor, 2017, p.1455)上。"共同世界"教育学涵盖了共同学习的多种形式,它们由孩子与人类以外世界的每日相遇而产生,其中包括孩子与空间之间的关系(Duhn, 2012; Pacini-Ketchabaw,

2013；Silova et al., 2014；Somerville & Green 2015；Taylor, 2013a)、孩子与物质之间的关系(Rautio, 2013a；Rautio, 2013b；Pacini-Ketchabaw, Kind, & Kocher, 2016；Rautio & Jokinen, 2016)，以及孩子与其他物种之间的关系(Taylor, Blaise, & Giugni 2013b；Gannon, 2015；Taylor & Pacini-Ketchabaw, 2015；Taylor & Pacini-Ketchabaw, 2018)。

  这些"共同世界"教育学超越了根深蒂固的二元分化，重新聚焦于源自孩子与他们周围的多重世界的每日互动的学习。正如泰勒(Taylor, 2017)所指出的，许多孩子(尤其是学龄前儿童)已经在切身实践着与不止于人类世界的多重世界共同思考、共同存在。然而，通过正规的学校教育，孩子们慢慢地——不可避免地——被同化到了将世界分为人类世界和"他者世界"的西方现代教育的基本二元分化传统中。当他们逐渐长大后(经历现代学校教育的不同阶段)，这个世界的神奇被有意地(通常也是不为人所觉察地)推向了神话和梦的领域。那么，如果他们可以继续学习与他者进行"全力以赴"而"不玩弄手段"的相遇，又如何？

六、重赋我们自身和教育以生机

  斯滕格茨促使我们去思考的那个问题——"如果……又如何？"——在这篇文章中反复出现。当我们借助一系列假想实验——将跨越时空、看似互不相关的知识碎片关联起来——来回答这个问题时，我们开始更清晰地看到，被普拉伍德(Plumwood, 2001, p.26)称为"西方的根本性错觉"的悲剧后果，缓缓地展现在我们眼前。这种错觉"认为人类生命发生于一个自我封闭的、彻底人本主义的空间中，该空间在某种程度上超然独立于某个遥远空间的'某个其他地方'中的某个无关紧要的自然球体"。构成现代学校教育之基础的这种"错觉"，使得"客观"科学被放在了优先地位，而牺牲了许多其他的求知——以及存在——之道。当人类变得更具有科学"素养"时，他们却失去了自己的基本地球素养："石头陷入沉默……树木喑哑无声，其他的动物瞠目结舌"，而"古老的故事失去了他们做梦的力量"——至少从人类中心的角度来看是这样的(Abram, 2017, pp.131, 177)。更糟糕的是，当有"素养"的人类比例不断提高时，森林消失了，物种灭绝了，地球的生态系统也崩溃了。

  但斯滕格茨(2018, p.81)提醒我们，讨论这种悲剧性的破坏，也是在讨论抵抗，以及与之同时存在的收复失地的实践——"休养生息,疗愈,重新拾回与我们一度分离之物的联系"。这是一个重新赋予我们自身生机的过程——一种跳出我们的现代"自我"之理性和自主性的狭隘局限的实践,"全然成为一个生命自内萌生、在我们周围——呈现的生机勃勃的世界的一部分"(Abram,2017,p.3)。这样的"休养生息"过程,总是始于骤然惊觉我们"真的病了,而且已经病了很长时间,病得不再能够意识到我们所缺乏的东西,而把我们的病态以及维持这种病态的那些东西当成了'正常'"(Stengers,2018,p.81)。挑战在于,启动这个休养生息的过程,不再被"工具主义文化为我们设定的那种二元的、非理性的和浪漫主义的陈词滥调,那个专门留给迷信、妖魔鬼怪或超自然的、诡异的无法解释之事物的例外性和意向性领域"(Plumwood,2007,p.21)所束缚。挑战也在于,保持一个向所有种类的知识——既包括科学性知识,也包括非科学性知识——开放的空间,找到有意义的共同思考和共同存在的方式。这个休养生息的过程,恰恰是哈洛威(Haraway,2016)所号召的"与麻烦同在",一种与饱受摧残的地球同生共死的艺术。

在教育中,"与麻烦同在"——同时让我们自身休养生息,为我们自身重赋活力——始于一种"多层面的挑战",既要同时克服那些旧有的(人本主义的)思维习惯,也要"重新关注我们如何被世界影响,学习新的共同思考模式"和共同存在模式(Taylor,2017,p.1455)。因此,这种多层面的挑战也是向比较教育学(以及更宽泛意义上的教育学)发出的一份邀请:以多种方式重新想象它的"日常营业模式"。首先,它请求将教育激进地重新界定为一个多重宇宙相遇的空间,不仅在不同的学科中"进行接力",还要跨越空间和时间进行接力——从明惠那里,从我外祖母的"异教"祖先那里,从原住民文化那里,从当代生态女性主义者那里,也从石头那里……从所有那些致力于培育一个多个世界共存之世界的人那里接过接力棒。其次,它请求将比较教育学作为一个从根本上重新定义"比较"这种说法本身的学科领域,摆脱现有的牵涉到分化、评定高下和排除异己的比较理论、方法学和实践。与之相反,这将是一个机遇,让我们在"全速前进"而又不"玩弄手段"的前提下,探索比较意义上的"其他选择"——也即学习与他者相遇、重新赋予我们自身以生机的一种方法和实践。

这样的收复失地,对于我们想象和假设不同的未来并将其作为寓言叙述的能力至关紧要。斯滕格茨(Stengers,2011,p.58)指出,尽管"勇于假想未必会拯救我们",但"它却可能提供让我们从这一过程中解脱的语言,以及确认我们与那些已经以西方现代性和以人类为中心的进步之名被摧毁的事物之间的紧密联系的语言"。因此,这将是一个将目光投向现代西方视野之外的复杂挑战,因为我们要"开启一段多重性的、不断被重新发明的共同冒险,它并非建立于个人的基础上,而是通过接力棒交接的方式实现;也就是说,确认何为新的前提,何为新的未知领域"(Stengers & Despret, 2014b, p.46)。在这一语境下,迫切需要我们在这样一个由人类推动的大规模灭绝和多物种集体屠杀的时代,在人类和神奇动物全都被卷入漩涡之中的关头接过接力棒,承继这些麻烦,重新发明多物种共同繁荣的条件。我们必须"勇于接下接力棒",也就是去创造,去讲述寓言,这样才不会陷入绝望。这样才能迎来转变……(Stengers & Despret, 2014b, p.130)

如果我们不接下这个接力棒,那么,庄子的蝴蝶或许会像每天都在地球上消失的其他蝴蝶种群一样,面临灭绝。而当不复有蝴蝶留存的时候,我们(人类)也将不复存在——这不仅是因为蝴蝶(以及其他昆虫)是许多地球生态系统的根基,也是因为,那些梦见我们、令我们得以存在的蝴蝶,也已经不复存在了。

■ 参考文献

[1] Abe, R. (2002). Mantra, hinin, and the feminine: On the salvational strategies of Myo̅-e and Eizon. In B. Faure (Ed.), *Buddhist Priests, Kings and Marginals Studies on Medieval Japanese Buddhism, Special issue of the Cahiers d'Extreme-Asie,* 13, 101–125.

[2] Abram, D. (2017). *The spell of the sensuous: Perception and language in a more-than-human world*. New York, NY: Vintage Books.

[3] Anzaldúa, G. E. (1999). *Borderlands/La Frontera: The New Mestiza*. San Francisco, CA: Aunt Lute Books.

[4] Bowers, C. (1995). *Educating for an ecologically sustainable culture: Rethinking moral education, creativity, intelligence, and other modern orthodoxies*. New York: SUNY.

[5] Bowers, C. (2002). Towards an eco-justice pedagogy. *Environmental Education Research*, 8(1), 21–34.

[6] Bulbeck, C. (1998). *Re-orienting Western feminisms: Women's diversity in a postcolonial world*. Cambridge University Press.

[7] Clifford, J. (1997). *Routes: Travel and translation in the late twentieth century*. Cambridge, Mass.: Harvard University Press.

[8] Common World Childhoods Research Collective (2016). *Common World Childhoods Research Collective Website*. Retrieved from: www.commonworlds.net.

[9] Connell, R. (2018). Meeting at the edge of fear: Theory on a world scale. In Reiter, B. (Ed.), *Constructing the pluriverse: The geopolitics of knowledge* (pp. 19 - 38). Durham & London: Duke University Press.

[10] Dean, C. (2010). *A culture of stone: Inka perspectives on rock*. Durham, NC: Duke University Press.

[11] Debaise, B. & Stengers, I. (2017). The insistence of possibles: Towards a speculative pragmatism. *Parse*, 7, 13 - 19.

[12] Duhn, I. (2012). Places for pedagogies, pedagogies for places. *Contemporary Issues in Early Childhood Education*, 13(2), 99 - 107.

[13] Escobar, A. (2018). *Designs for the pluriverse: Radical interdependence, autonomy, and the making of worlds*. Durham & London: Duke University Press.

[14] Gannon, S. (2015). Saving squawk? Animal and human entanglements at the edge of the lagoon. *Environmental Education Research*, 23(1), 91 - 110.

[15] Grosfoguel, R. (2013). The structure of knowledge in Westernized universities: Epistemic racism/sexism and the four genocides/epistemicides of the long 16th century. *Human Architecture: Journal of the Sociology of Self-Knowledge*, 11(1), 73 - 90.

[16] Haraway, D.J. (2004). *The Haraway reader*. New York: Routledge.

[17] Haraway, D. (2013). *SF: Science Fiction, Speculative Fabulation, String Figures, So Far. Ada: A Journal of Gender, New Media, and Technology*, No. 3. [Online]. Available: https://adanewmedia.org/2013/11/issue3-haraway/.

[18] Haraway, D. J. (2015). Anthropocene, capitalocene, plantationocene, chthulucene: Making kin. *Environmental Humanities*, 6(1), 159 - 165.

[19] Haraway, D. (2016). *Staying with the trouble: Making kin in the Chthulucene*. Durham and London: Duke University Press.

[20] Haraway, D. (2017). Donna Haraway: Statements on "Decolonizing Time" [Excepts from a video interview with Berno Odo Polzer, which took place on 2.3.2017 on occasion of Thinking Together 2017 — Decolonizing Time]. Available: https://time-issues.org/haraway-statements-on-decolonizing-time/

[21] Haraway, D. (2008). *When species meet*. Minneapolis, MN: University of Minnesota Press.

[22] Ideland, M. (2018). Science, coloniality, and "the great rationality divide": How practices, places, and persons are culturally attached to one another in science education. *Science and Education*, 27(7 - 8), 783 - 803.

[23] Izutsu. (1980). The nexus of ontological events: A Buddhist view of reality. *Eranos-Yearbook*, 49, 357-392.

[24] Jensen, C., Ishii, M. & Swift, P. (2016). Attuning to the webs of En: Ontography, Japanese spirit worlds, and the "tact" of Minakata Kumagusu. *Journal of Ethnographic Theory*, 6(2), 149-172.

[25] Kawai, H. (1991). *The Buddhist Priest Myoe: A life of dreams* (trans. Mark Unno). Venice, CA: Lapis Press.

[26] Kawai, H. (1995). *Dreams, myths, and fairy tales in Japan*. Einsiedeln, Switzerland: Daimon.

[27] Kaza, S. (1993). *The attentive heart: Conversations with trees*. Boston, MA: Shambhala.

[28] KLKI. 2015. *Latviešu Ābece Piecgadniekiem* [Latvian ABC for five-year-olds]. Latvia: Kustiba par Latvisku Kultūru Izglitibā.

[29] Komatsu, H., Rappleye, J., & Silova, I. (2020). Will education post-2015 move us toward environmental sustainability? Critical Reflections Looking Towards 2030. In A. Wulff (Ed.), *Grading Goal Four: Tensions, Threats and Opportunities in the Sustainable Development Goal on Quality Education*. Brill.

[30] Latour, B. (2004). *The politics of nature: How to bring the sciences into democracy*. Tanslated by C. Porter. Cambridge, MA: Harvard University Press.

[31] Law, J. (2015). What's wrong with a one-world world?. *Distinktion: Journal of Social Theory*, 16(1), 126-139.

[32] Mignolo, W. D. & Tlostanova, M. V. (2006). Theorizing from the borders: Shifting to geo-and body-politics of knowledge. *European Journal of Social Theory*, 9(2), 205-221.

[33] Mignolo, W. (2011). *The darker side of Western modernity: Global futures, decolonial options*. Durham, NC: Duke University Press.

[34] Mignolo, E. (2013). Geopolitics of sensing and knowing: On (de)coloniality, border thinking, and epistemic disobedience. *Confero*, 1(1), 129-150.

[35] Orr, D. (2004). *Earth in mind: On education, environment, and the human prospect*. Washington, DC: Island Press.

[36] Orr, D. (2009). *Down to the wire: Confronting climate collapse*. New York: OUP.

[37] Orr, D. (2011). *Hope is an imperative: The essential David Orr*. Washington DC, Island Press.

[38] Pacini-Ketchabaw, V. (2013). Frictions in forest pedagogies: Common worlds in settler colonial spaces. *Global Studies of Childhood*, 3(4), 355-365.

[39] Pacini-Ketchabaw, V., and A. Taylor (2015). Unsettling pedagogies through common world

encounters: Grappling with (post)colonial legacies in Canadian forests and Australian bushlands. In V. Pacini-Ketchabaw and A. Taylor (Eds.), *Unsettling the colonialist places and spaces of early childhood education* (pp. 43 – 62). New York: Routledge.

[40] Pacini-Ketchabaw, V., Kind, S. &. Kocher, L. (2016). *Encounters with materials in early childhood education*. New York: Routledge.

[41] Plumwood, V. (1991). Nature, self, and gender: Feminism, environmental philosophy, and the critique of rationalism. *Hypatia*, 6(1), 3 – 27.

[42] Plumwood, V. (2001). Nature as agency and the prospects for a progressive naturalism. *Capitalism Nature Socialism*, 12(4), 3 – 32.

[43] Plumwood V. (2007). Journey to the heart of stone. In F. Becket and T, Gifford (Eds.), *Culture, creativity and environment: New environmentalist criticism* (pp. 17 – 36). Amsterdam &. New York: Rodopi.

[44] Plumwood, V. (2009). Nature in the active voice. *Australian Humanities Review*, 46, 113 – 129.

[45] Pratt, M. L. (1992). *Imperial eyes: Travel writing and transculturation*. New York: Routledge.

[46] Querejazu, A. (2016). Encountering the pluriverse: Looking for alternatives in other worlds. Rev. Bras. *Polit. Int.*, 59(2), 1 – 16.

[47] Rappleye, J. &. Komatsu, H. (2020). *Towards (comparative) educational research for a finite future. Comparative Education*, 56(2), 190 – 217.

[48] Rautio, P. (2013a). Being nature: Interspecies articulation as a species-specific practice of relating to environment. *Environmental Education Research*, 19(4), 445 – 457.

[49] Rautio, P. (2013b). Children who carry stones in their pockets: On autotelic material practices in everyday life. *Children's Geographies*, 11(4), 394 – 408.

[50] Rautio, P., &. Jokinen, P. (2016). Children's relations to the more-than-human world beyond developmental views. In T. Skelton, J. Horton, and B. Evans (Eds.), *Geographies of children and young people: Play, recreation, health, and well being* (pp. 35 – 49). Singapore: Springer.

[51] Roberts, M. (Trans.). (1979). Chinese fairy tales and fantasies. New York, NY: Pantheon Books.

[52] Rose, D. B. (2013). Val Plumwood's philosophical animism: Attentive interactions in the sentient world. *Environmental Humanities*, 3, 93 – 109.

[53] Said, E. (1978). *Orientalism*. London: Routledge &. Kegan Paul.

[54] Sánchez-Bayo, F. &. Wyckhuys, K. A. G. (2019). Worldwide decline of the entomofauna: A review of its drivers. *Biological Conservation*, 239, 8 – 27.

[55] Schumacher, E. F. (1973). *Small is beautiful: A study of economics as if people mattered*. London: Blond & Briggs.

[56] 5_hdsfdxxbjykxb-38-3-42, I., Mead Yaqub, M. A., Mun, O., Palandjian, G. (2014). Pedagogies of space: (Re)imagining nation and childhood in post-Soviet states. *Global Studies of Childhood*, 4(3), 195-209.

[57] 5_hdsfdxxbjykxb-38-3-42, I. (2019). Toward a wonderland of comparative education. *Comparative Education*, 55(4), 444-472.

[58] Somerville, M., & Green, M. (2015). *Children, place and sustainability*. New York: Palgrave Macmillan.

[59] Stengers, I. (1997). *Power and invention: Situating science* (theory out of bounds). Minneapolis: University of Minnesota Press.

[60] Stengers, I. (2011). Comparison as a matter of concern. *Common Knowledge*, 17(1), 48-63.

[61] Stengers, I. (2012). Reclaiming animism. *E-Flux Journal*, 36, 1-10.

[62] Stengers, I. (2014a). Gaia, the urgency to think (and feel). Colóquio Internacional os mil Nomes de Gaia: Do Antropoceno à Idade da Terra. Casa de Rui Barbosa, Rio de Janeiro. Departamento de Filosofia/PPGAS Museu Nacional/UFRJ, 15, 2.

[63] Stengers, I., & Despret, V. (2014b). *Women who make a fuss: The unfaithful daughters of Virginia Woolf*. U of Minnesota Press.

[64] Stengers, I. (2018). *Another science is possible: A manifesto for slow science*. Cambridge, UK: Polity Press.

[65] Sterling, S., Dawson, J., Warwick, P. (2018). Transforming sustainability education at the creative edge of the mainstream: A case study of Schumacher College. *Journal of Transformative Education*, 16(4), 323-343.

[66] Taylor, A. (2013a). *Reconfiguring the natures of childhood*. London: Routledge.

[67] Taylor, A., Blaise, M. & Giugni, M. (2013b). Haraway's 'bag lady story-telling': Relocating childhood and learning within a 'post-human landscape. *Discourse: Studies in the Cultural Politics of Education*, 34(1), 48-62.

[68] Taylor, A., & Pacini-Ketchabaw, V. (2015). Learning with children, ants, and worms in the anthropocene: Towards a common world pedagogy of multispecies vulnerability. *Pedagogy, Culture, Society*, 23(4), 507-529.

[69] Tayler, A. (2017). Beyond stewardship: Common world pedagogies for the Anthropocene. *Environmental Education Research*, 23(910), 1448-1461.

[70] Taylor, A. & Pacini-Ketchabaw, V. (2018). *The common worlds of children and animals: Relational ethics for entangled lives*. New York and London: Routledge.

[71] Tlostanova, M., Thapar-Björkert, S., & Koobak, R. (2016). Border thinking and disidentification: postcolonial and postsocialist feminist dialogues. *Feminist Theory*, 17(2), 211–228.

[72] Tomalin, E. (2017). Gender and the greening of Buddhism: Exploring scope for a Buddhist ecofeminism. *Journal for the Study of Religion, Nature and Culture*, 1(4), 455–480.

[73] Warner, M. (2007). *Fantastical metamorphoses, other worlds*. Oxford, UK: Oxford University Press.

[74] Whitehead, A. N. (1929). *Process and reality. An essay in cosmology*. New York, NY: Macmillan.

[75] Whitehead, A. N. (1938[1966]). *Modes of thought*. Toronto: Macmillan.

[76] Xerces Society for Invertebrate Conservation. (2019). Western monarch call to action — The Xerces Society's Action Plan. Retrieved from https://xerces.org/save-western-monarchs/.

[77] Zhao, W. (2018). Historicizing tianrenheyi as correlative cosmology for rethinking education in modern China and beyond. *Educational Philosophy and Theory*, 51(11), 1106–1116.

[78] Zhao, W. (2019). *China's education, curriculum knowledge and cultural inscriptions: Dancing with the wind*. New York and London: Routledge.

第五章

生态教育学:回顾与前瞻

洪如玉

一、"生态教育学"概念之缘起

环境问题是当代人类共同面临的重大问题。20 世纪晚期以来,人类开始警觉到全球变暖、环境污染、食品安全、能源短缺等问题,联合国也从 1972 年开始推动"环境教育计划"(United Nations Environmental Programme, UNEP)。1982 年,联合国大会通过《自然宪章》(*The World Charter for Nature*)。1994 年,联合国召开"环境与发展会议"(UN Conference on Environment and Development)(又称"地球高峰会"[Earth Summit]),并推动《21 世纪议程》(*Agenda 21*)。1995 年,地球高峰会在荷兰海牙举办工作坊,并在哥斯达黎加的圣荷西市(San Jose)筹组了"地球宪章计划"秘书处,此后便展开"地球宪章运动"(The Earth Charter Campaign),开始搜集各地区、各领域的建言,以制定《地球宪章》。联合国曾于 1997 年、1999 年分别公布《地球宪章》,并最终于 2000 年定稿。这是一份建立公平、永续、和平的国际社会的宣言,也为全球教育提供了一套具有环境关怀的道德方针。

半世纪以来,全球相继推动了许多与环境教育相关的计划,除环境教育之外,还包括永续发展教育(education for sustainable development)、永续教育(或可持续性教育,education for sustainability)等。特别值得注意的是,为推广《地球宪章》的基本理念,位于巴西的保罗·弗莱雷研究中心(The Paulo Freire Institute)接受地球高峰会与联合国教科文组织(UNESCO)的支持,进行生态教育学计划(Ecopedagogy Program),并在1999年8月举办"地球宪章教育愿景国际会议"(International Meeting of the Earth Charter in the Educational Vision)。与会人士提出不少探索生态教育学理念与实践的相关论文,基本上一致肯定生态教育学是永续教育学,目标在于发展全球公民资质(planetary citizenship)与生态素养(ecological literacy)(洪如玉,2010)。这可以说是"ecopedagogy"一词进入国际社会的开始。再者,在巴西出现的生态教育学理论采取批判取向,主要跟随保罗·弗莱雷的批判教育学思路。本人称此思路为"批判生态教育学"(Hung,2021),它关注社会政治批判与生态正义。相对于此,在汉语学术界,"生态教育学"一词最早使用于本人2002年的博士学位论文《从生态现象学论生态教育学的哲学基础》。本人所探讨的生态教育学主要是哲学取向的,属于哲学生态教育学思路,重点关注形而上学与本体论的探讨,亦即广义地将教育思考植基于生态世界,因此哲学家、文学家、艺术家等的思考都是哲学生态教育学的思想资源。整体而言,东西方学界以"生态教育学"一词来指称具有生态观点的教育理路。在20、21世纪之交,"生态教育学"概念刚出现时主要是为提出一个既具有环境关怀同时又体现人文关怀、社会批判、人类非中心观点的教育思路。

究其字源,"生态教育学"(Ecopedagogy)一词是20世纪下半叶才出现的。最早出现的是德语的Ökopädagogik(Beer & de Haan, 1984),ecopedagogy在20世纪末开始在英语学界的环境教育、环境思想等学术领域出现。再深入追究,"ecopedagogy"一词来自"ecological""pedagogy"的合并,字面意思为"生态学的教育学""生态学观点的教育学""生态学视野的教育学""生态学世界观"(洪如玉,2010;Hung, 2021)。"生态学世界观"可被定义为"对生命与世界采取生态取向的理解"(Hung, 2021),"生态教育学"则为"植基于生态学世界观的教育学"。可见,对"ecopedagogy"的理解无法脱离"生态学"(ecology),而"ecology"实则是1873年才出现的词语,来自德国生物学者海克尔(Ernst Haeckel, 1834 - 1919)于1866年所提出的德文词"Ökologie"(Egerton, 2013)。无论是"Ökologie"还是"ecology",生态学的普通意义指的都是对生物机体与其环境之关系的研究。综合上述,生态教育学意味着具有生态学观点、视野或世界观的教育学,也是把机体与其环境之关系作为观点的教育学,意味着具有生态观照的教育学。生态教育学是当代新兴且普遍受到重视的教育思潮与运动,可以说促成了当代教育思潮与运动的"生态转向"(ecological turn),是对环境危机和生态问题的教育响应。

值得注意的是,生态教育学不同于生态学教育(ecological education 或 education of ecology)。面对当代环境危机,生态学教育与生态教育学都相当重要。然而,生态学教育可以说是生命科学领域的一部分,着重于作为一门科学的生态学教育,教导与生态学有关的内容;而生态教育学则是采取生态观点的教育学,亦即将生态学的基本知识——生物机体与其环境之关系——作为教育思考与实践的出发点。生态学教育与生态教育学虽不同,但都与生态科学有密切关系。生态学是一个跨领域的研究生物机体与其环境之间错综复杂、多元、动态、互动关系的学术领域,而生物可以从个体、群体、群落、动物、植物、微生物、景观等不同的视角来定义。因此,生态观点绝非单一线性的立场,而是动态多元的观照,它思考各种各样的生命机体与环境之间复杂的相互关系。从生态观点出发理解、思考、发展教育理念与实践,意味着容纳多元、动态的观点与立场。生态学观点提供了教育学思维的本体论基础。作为地球复杂生态系统中的一员,人类的生存必须仰赖其他物种与环境。在伦理学与价值论层面,伦理思考与价值抉择必须考虑各物种在生态系统中的存续,认识到人类并非高于其他物种的地球主宰。因此,生态学作为科学为生态教育学提供了相当宝贵的思想基础与世界观,亦即人类是万物的一员,人类无法独立于其他物种与世界之外生存。生态世界观最重要的意义在于指出,"世界上的万事万物都是互动且相依的"(Hung, 2021, 5)。虽然生态学学界对于大自然生态系统的生态稳定性的看法并不一致(有些学者认为生态系统会趋向平衡与稳定,有些则认为生态系统会趋向于变动与不可预测),但无可否认的是,生态系统内的任何存在与事件均可能影响整体,此种牵一发而动全身的观点可以说是生态世界观的精髓。

综合上述可知,生态教育学的基础在于生态世界观。20世纪90年代之后,以生态教育学为名或植基于生态世界观的教育研究增加颇多。本人将生态教育学分为哲学生态教育学与批判生态教育学两条思路(Hung, 2021),其中哲学生态教育学的核心概念为"生态智慧"与"生态爱",而批判生态教育学以"生态正义"为核心概念。以下分别针对生态教育学的两条发展路线进行说明,以为发展全球生态公民社会提供教育参照。

二、哲学生态教育学

哲学生态教育学的主要议题是人与自然的关系,从存在、灵性、伦理、审美、文学、艺术面向探讨人与自然的关联,以促进主体生态觉知(ecological awareness)、生态意识(ecological consciousness)、生态观点(ecological view)、生态观照(ecological mindfulness)为目的,核心概念为"生态智慧"(ecosophy)与"生态爱"(ecophilia)。"哲学"(philosophy)一词来自希腊文 φιλοσοφία(philosophia),意味着"爱(philo-)-智慧(sophia)",生态智慧与生态爱也正是生态哲学。

此类作品的先驱代表可追溯到 19 世纪的自然文学,如美国作家梭罗(David Henry Thoreau, 1817-1862)。梭罗的著作中虽然从未出现过"生态教育学"之类的词语,但其中具有丰富的生态观,对当代环境思想有深远的影响。梭罗为人所熟知的作品是《瓦尔登湖》(梭罗,1999),这部作品主要描述梭罗从 1845 到 1847 年间于瓦尔登湖畔居住期间的所见所思。梭罗从 1837 年 10 月就开始写日记,一生写作超过两百万字,终生不辍。梭罗的作品总是将对社会的批判与省思联结于对自然的观察与体悟,显露出人与自然之间最深刻也最动人的互动,可以说是充满人文关怀的自然研究。梭罗并非传统的自然学者(Egerton, 2011),他的著作中无疑蕴含着万物相关的生态观点,包含着两个生态哲学的元素:"1. 万物一体相辅相成的奥秘感;2. 敏感觉察有生命、无生命的自然,以及民胞物与的想望。"(Wolf, 1974, 147)梭罗也深刻影响了后来许多不同领域的重要环境科学家或环境思想家,例如林业学者利奥波德(Aldo Leopold, 1887-1948)、海洋生物学者蕾切尔·卡逊(Rachel Carson, 1907-1964)、哲学家阿恩·奈斯(Arne Naess, 1912-2009)等。其中,阿恩·奈斯对于形塑生态教育学的影响最大。以下以奈斯的思想为例,说明哲学教育生态学理蓝图的逐步构成。

在哲学生态教育学的构成蓝图中,"深层生态学"(Deep Ecology)是不可或缺的重要基础。挪威哲学家阿恩·奈斯是深层生态学的创始者。奈斯说:"浅层与深层生态学在实然上的关键性差异在于有意志力去追问每个与大众有关的经济政治政策,以及懂得追问的重要性。"(Naess, 1995a, 73)奈斯极为强调"质疑"或"提问"(question)的能力,并主张持续追问是生态思考的一种基本能力。他认为,唯有持续地追问与思索,才可能达到思维的深度与广度,并挖掘出身为生态系的一分子所担负的责任与义务。

奈斯于1958年创设学术期刊《探索》(*Inquiry*),期刊名称即深刻体现出提问哲学的精神,该期刊至今仍是学界的重要刊物。浅层生态学持人类本位的观点,强调人类的利益优先于其他物种的利益,但这种主张也无法避免人类社会中因阶级、财富等各种不公平而造成的环境不正义。相对而言,深层生态学以生态本位为思考出发点,主张生态平等主义,认为人类与其他物种是平等的,人与人之间也应摒除阶级、权力、资本等的差异而力求平等。奈斯提出七点重要的深层生态学主张:1. 对生态系的理解应采取全然相关联的意象(relational, total-field image),人不是单纯的"待"在环境之中,环境并非一个容器;2. 生态系平等主义,生态系中的所有生命都有同等的生存权利与伙伴关系;3. 多样性与共生原则;4. 反对阶级分类,生态系中的各种物种虽然不同,但无高低贵贱之分;5. 反对污染与资源耗竭;6. 维护生态系的复杂丰富的多样性;7. 主张区域自主性与去中心(Naess, 1995b)。人与自然的关系不是单纯的主客对立,而是灵性、审美、知性与感性的交缠,机体与环境、物种与物种之间是紧密相关、相互依存的关系。环境恶化的问题并不仅仅是因为科技的进展,更重要的是源于人们的价值抉择与生活方式。因此,奈斯批判了现代科技、现代过度物化的生活方式与现代性的意识形态(洪如玉,2010,2014)。这些思想为当代环境思想史与环境伦理的进程奠定了重要基础。奈斯主张,每个人都能建立并发展自己的生态智慧,来掌握自身与世界万物之间的关系;因此,不同的哲学、宗教、文化都可以成为建构不同理路的生态智慧。奈斯称他的生态智慧为 Ecosophy T(Naess, 1989),T 来自他登山时经常居住并在那里写作的山间小屋 Tvergastein。奈斯认为,每个人都能从自身的经验、文化、宗教、情感出发来建构自身的生态智慧。

奈斯可以说是形塑哲学生态教育学思路过程中的关键人物,启发了全球无数环境思想家与运动者。1983年出现了一份创设于加拿大维多利亚大学的网络期刊《吹号者:生态智慧期刊》(*The Trumpeter-Journal of Ecosophy*),该期刊可以说是哲学生态教育学在环境哲学思潮运动中的代表刊物。《吹号者:生态智慧期刊》是环境人文期刊,致力于发展生态智慧或孕育于生态理解或洞察的智慧。因此,该期刊为深层生态学运动而服务,批判性地探索并分析环境议题,从各种不同的层面促进生态发展(包括形而上学、科学、历史学、政治学等),以获取更深刻的理解和更全面的判断(包括精确分析、灵性洞察力、伦理诚信、美学鉴赏等)。

《吹号者:生态智慧期刊》明确揭示其宗旨是,发扬并探讨深层生态学,建构生态智慧。其立足点不是纯自然科学研究,而是从人文立场出发形塑生态关怀,并致力于跳脱学术框架。《吹号者:生态智慧期刊》欢迎各种形式的稿件,例如学术性论文、叙事、诗歌、书评或影评、图画等。再者,该期刊的宗旨也揭示出环境哲学的跨领域特性。环境哲学的新议题相当多元且富于创新性,例如该期刊会关注环境哲学、环境伦理、原民知识、生态文评、生态诗赋、生态政治、自然写作、生态心理学、生态神学、生态区域主义、政治生态学、环境史、环境研究等的理论而非经验层面(环境社会学、环境心理学等等)。除此之外,该期刊编者还特别指出,欢迎探讨深层生态学、生态现象学、生态女性主义、生态原始主义等各种理论的稿件。(The Trumpeter, 2021)由此可知,环境哲学的探讨已不限于传统哲学思想与学派的分类,生态智慧环境哲学欢迎各种多元创新与革命性的思想与议题,而这些创新思想均采取生态世界观。尽管"生态教育学"一词尚未出现于该期刊中,但它仍可被视为哲学生态教育学阵营中的典型。

哲学生态教育学的思想资源包含非学术传统思想,强调从艺术、人文、伦理、灵性、宗教、美学、存在、原住民等向度,进行生态世界观的教育思索与实践。《吹号者:生态智慧期刊》的发行推动了哲学生态教育学的发展。20 世纪末,这股关注人与自然、个体与生态系统的生态思维潮流终于汇集在"生态教育学"的概念之下。2000 年,英语学界出现了第一本以"生态教育学"为名的著作《亘古星空下:生态教育学文集》(Jardine, 2000),该书收录了加拿大教育学者贾汀从 1990 到 2000 年间发表在不同书籍与期刊上的论文。该书是汇集不同教育主题之文集,探讨了课程、儿童、语言、生命、教学等各种主题,也包含数篇从佛学、诠释学、深层生态学角度思索自然与大地的散文。该论文集的部分章节的内容与格式不同于传统学术性论文,它包含了许多诗歌,表达出生态教育学的感性、诗性向度。这本书代表了生态教育学理论在形成初期的尝试,也代表了哲学生态教育学理论对各种不同理论、多元表达形式所采取的包容开放的态度。作者对生态教育学曾提出如下定义:

> "生态教育学"一词意味着重新唤醒生态觉知与教育学的内在联系。此内在联系并非将某一领域(生态学)的原则与实践转而应用到另一领域(教育学)。此种做法不经意间在生态学与教育学之间区分出了"领域"与"应用",也假设了这两个学科之间的分离,同时也或多或少割裂了地球的永续生长以及儿童与教育之间的生长。(Jardine, 2000, 47-48)

生态教育学假设,在儿童真实的实地生活、教育学的各种任务(包含对各种专门化课程的理解、如何观照年长与年轻世代之关系、知识概念、教师意象等)以及地球的"必然与奥秘之限度"之间有一种深层且模糊的亲缘性。(Jardine,2000,47-48)

该书作者认为,生态教育学的重点在于彰显出生态思考、教育、儿童的内在关联,儿童的发展与教育过程其实质基于生态世界之上,但生态世界长期被教育所忽略:"生态学与教育学总是无声且无可避免地交缠在一起。面对此交缠,吾人无法'回避'。"(Jardine,2000,22)生态学与教育学的交缠正意味着生态教育学。

进入 21 世纪之后,"生态教育学"(或"Ecopedagogy")一词正式出现于教育文献中。在汉语学界,《从生态现象学论生态教育学的哲学基础》(洪如玉,2002)是第一本使用"生态教育学"以及"生态现象学"(ecophenomenology)语词之学术著作。该书试图提出新的教育学哲学基础,亦即生态教育学,并以生态现象学为理论取向,融会胡塞尔(Edmund Husserl, 1859-1938)现象学、梅洛-庞蒂(Maurice Merleau-ponty, 1908-1961)知觉现象学、深层生态学观点发展生态现象学理论,以之为建构生态教育学的理论基础。该书认为,生态问题的思想根源在于现代主义的"理性主体中心主义"。从理性主体中心主义中不断延伸出"人类中心主义""生活世界与自然世界的割裂""人类存有脱离土地与自然"等意识形态。本书主张,透过奈斯的生态智慧观念的生态世界观点对治人类中心论、胡塞尔的"生活世界"(Lebenwelt; Lifeworld)观点联系生存场域与自然世界、梅洛-庞蒂的"身体主体"(body-subject)证成人与自然不可切割的关系,发展生态现象学思维,以之作为建构生态教育学的基础(洪如玉,2002)。其后,本人进一步将生态教育学厘定为生态智慧教育学:生态教育学可被理解为结合生态观点进行教育哲学探讨,生态观点并不是单纯采取生态科学的观点来看待世界万物,而是涵摄生态智慧的思考方式;……生态智慧意味着,每个个体对自身、对他人或对其他事物的理解与行动都从自身的生活世界与生命经验出发,包含着对自身与世界万物相互关联的关怀与关照(洪如玉,2010,第 231—232 页)。

哲学生态教育学的第二个核心概念为"生态爱"。本人在 2014 与 2017 年的论文中提出了"生态爱"概念,用以进一步阐释自然万物之间联结的感性向度。"生态爱"概念融合了生物学家威尔森(Wilson,1984)所提出的"生命爱"(biophilia)和人文地理学者段义孚(Tuan,1990)所提出的"地方爱"(topophilia)的内涵。本人希望以此概念彰显人类与其他生命物种以及物理环境的密切关系,并将此作为推动生态教育学的动能。生态爱意指人对于其他非人类生命以及环境的情感与亲近性,即人天生会对各种形式的生命与居处的环境有所牵挂与依附(Hung,2014,2017)。

除"生态智慧"与"生态爱"概念可作为哲学生态教育学的重要支持之外,从2014年开始,环境教育学者们也开始频繁使用"生态教育学"一词,其中以澳大利亚学者沛恩为代表(Payne,2014,2015,2018a,2018b)。沛恩的学术专长在环境教育、环境哲学、环境伦理等领域,其研究涵括理论与教育实务,因此他的论文中可经常见到许多实例。沛恩的生态教育学论述其内涵相当多元,他从现象学、肌体美学(somaesthetics)、后现代思想、后人本思想、批判理论等理论中吸纳了许多灵感来诠释教育实务,并创造了颇多新词语来说明其环境教育与课程观点,例如"悠缓生态教育学"(slow ecopedagogy)、"流浪教育学"(vagabonding pedagogy)等。沛恩以此反思为基础实施的环境课程实践,赋予环境教育与课程新的意义。沛恩说:"悠缓生态教育学可被理解为交互/穿越/跨越的多重学科教学教育学。"(Payne,2015,176)沛恩在2018年担任《环境教育期刊》(*The Journal of Environmental Education*)第49卷第二期客座主编,主编了名为 *Ecopedagogy as/in Scapes* 的特刊。在该特刊的导论中,沛恩引用了李奥帕德在《沙郡年记》(李奥帕德,1998)中的文字,揭示了生态教育学特刊的宗旨:能够如同李奥帕德所说的那样"像山一样思考"。然而,山是非人类、非生命的存在,与人类存在不在相同象限之内,人类要如何像山一般思考呢?沛恩与特刊作者采纳了许多新的术语与概念,例如"女性主义后人类生态教育学"(feminist posthumanist ecopedagogy)(Lloro-Bidart,2018)、"原民教育学"(indigenist pedagogy)(Ma Rhea,2018)等。发明新术语与新概念可拓展甚至颠覆我们对于教育的规范性理解,帮助我们突破思考框架。或许,这正是一种促进非人类立足点之生态思维的策略。

三、批判生态教育学

生态教育学的第二个阵营为批判生态教育学。批判生态教育学的理论主要来自批判教育学(critical pedagogy)与批判理论(critical theory),其核心概念为"生态正义"(eco-justice)。

批判取向的生态教育学着重于探究生态环境问题的政治、社会、经济面向,其思想渊源主要是巴西批判教育学暨成人教育学者保罗·弗莱雷(Paulo Freire, 1921-1997)。弗莱雷是当代最具影响力的教育思想家之一,其教育思想受到现代马克思主义与后殖民主义的影响,强调要培养平民大众的独立思考与批判能力,引导民众去追求社会正义公平与民主自由。

弗莱雷思想主要关注面向平民的成人教育,以及解放居于各种政治、经济、文化不利地位的弱势者。其巨著《被压迫者教育学》(*Pedagogy of the Oppressed*)(Freire, 1970)是建构后殖民主义教育学与批判教育学的重要资源。该书的核心就是"觉醒"(conscientizacao)——批判意识的觉醒——强调要理解"压迫"的内在结构,并从中解放出来。

弗莱雷对于生态环境问题并无太多探讨,到晚年才开始稍微触及生态议题。他生前所写的最后一本书为 *Pedagogy of Indignation*(Freire, 2004),该书在其过世之后方才出版。该书主张,伦理学的基本原则是对于生命的尊重与关爱,并且强调这种关爱不仅仅针对人类生命,也针对其他物种与大自然。响应"觉醒"与"压迫",弗莱雷提供给其他追随者关切环境问题的压迫性以及其内在之社会政治经济结构。此观点为批判教育学重视生态议题提供了重要支持,批判生态教育学运动也因此从南美萌芽,并迅速影响到了其他地区的批判教育学者。

批判生态教育学阵营最重要的代表人物是巴西保罗·弗莱雷研究中心会长莫阿西尔·加多蒂(Moacir Gadotti),加多蒂的主要立场基于弗莱雷的批判教育学,并将视角转向环境生态问题。加多蒂相当积极地参与环境教育运动(例如参与起草《地球宪章》),他还主张(Gadotti, 2008a, 2008b, 2009, 2010)以弗莱雷的批判教育学为基础,推动永续教育与永续发展教育,建构全球公民资质,将全世界建构为具有生态文明的全球公民社会。加多蒂称此教育观点为生态教育学,也称之为"地球教育学"(pedagogy of the Earth)。加多蒂说:"'永续发展'概念具有非常优异的教育蕴义,保护环境依赖生态觉知,而生态觉知依赖教育。这正是地球教育学、生态教育学的贡献所在。"(Gadotti, 2009, p.109)

加多蒂的理论虽然是跟随弗莱雷批判教育学的思路,但属于批判生态教育学阵营中较为温和的路线。他认为,永续发展、环境教育与批判教育学并行不悖。然而,这一观点也受到其他环境教育与批判教育学者的挑战。首先,"永续发展"概念被质疑并未彻底批判造成环境危机的现代化资本主义，而是仍然以追求人类社会生活的持续发展繁荣为目的。

其次，理查德·卡恩（Richard Kahn）批判传统环境教育论述植基于人类中心思想，而环境教育又成为永续发展教育的附庸，使得"教育沦为传达倡导永续发展的专家观念的工具，而不是让学生真正从后设认知来反思永续发展的意义"（Kahn，2008，p. 7）。因此，加多蒂的地球教育学似乎未能针对环境教育蕴含的人类中心思想提出批判——虽然加多蒂也承认"永续发展"概念有局限性，并主张以"永续发展教育"取代"永续教育"，主张"永续教育"是"永续生存教育"。对于卡恩或鲍尔斯（Chet Bowers）等学者来说，批判生态教育学应该对现代主义、全球化、资本主义等过程提出更严厉的批判。如卡恩所述："新兴的国际生态教育学运动代表一种从保罗·弗莱雷批判教育学而来的激进政治规划的深刻转变，生态教育学追求弗莱雷人本化与社会正义的教育目的以及未来导向的生态政治的结合，认为这种结合足以彻底反对新自由主义与帝国主义的全球化，同时也追求促进集体生态素养，从而实现植基于永续性、地球性、生态爱的文化知识。"（Kahn，2008，p. 8）

卡恩的观点揭示了批判生态教育学的主轴：以批判教育学为基础发展的生态教育学强调解放、自由、平等、正义等价值，主张生态问题根源于政治、经济、社会、阶级、性别、种族、宗教、文化、物种等各种向度的不平等，改善或解决生态问题就必须致力于实现各种向度的公平正义。他的理论依据除了弗莱雷之外，还包括其他批判理论家如马尔库塞（Herbert Marcuse，1898－1979）、伊里奇（Ivan Illich，1926－2002）等（Kahn，2010）。卡恩认为，"弗莱雷批判教育学就是大众识字教育运动，是追求民主正义的生态教育学。因此，他主张培养社会的三种生态素养，以达成更为正义、民主、永续的全球社会。……批判性的生态素养意味着'正义的辩证'"（Kahn，2008，pp. 9－10）。批判生态教育学的核心概念可被理解为"生态正义"（eco-justice）。鲍尔斯（Bowers，2001，2002，2005）对于生态正义也有许多深入的申述。他主张，环境教育应采取一种敏感觉察各种不同文化的取径（culturally informed eco-justice approach），尤其是那些被西方主流文化忽略的原住民文化，其中蕴藏着诸多传统生态智慧（traditional ecological knowledge），因此更值得重视。鲍尔斯认为，生态危机源于西方现代文化过于偏重个人主义、自由主义与竞争、货币经济、资本主义、现代科技、经济理性等现代化意识形态，而这种文化忽略了传统文化所珍惜的社群、公共性、合作等价值。因此，要改善环境问题，不仅要关注自然生态系统，也必须批判人类社会的不义。只有这样，环境问题方能得到彻底改善。基于上述可知，批判取向的生态教育学也是极为关注实践的生态政治学，它以建构符合生态文化的公民社会为目标。从这个意义上说，批判生态教育学也可以被理解为生态公民教育学。

四、结语

本文重点爬梳了生态教育学的发展渊源与理路。生态教育学可以说是由教育学在20世纪末21世纪初的生态转向所引发的教育运动，其目的在于将教育理念与实践从传统人类中心立场转向生态立场，将人类的生存场域从人类社会拓展到包含非人类存在的所在。生态教育学认为，伦理道德的主体不应再局限于人类主体，而应将非人类存在也涵摄入"共同存在"（co-being, mitsein）。这一情怀早就体现于古代哲学家的思想中，如庄子所述"天地与我并生，而万物与我为一"。与万物同在、视众生平等的理想在古人思想中早已展现，可惜在现代物质主义与人类中心论唯我独尊的意识形态下被隐蔽了。现代教育特别重视个人主义、竞争力、利益导向。因此，生态教育学试图唤醒教育者对非人类世界的观照，也提醒教育者重新反思人类自身在生态世界而不仅在人类社会中存在的价值与意义、道德责任与义务。因此，教育研究与实践的当务之急，就是以生态教育学为目标，培养具有生态智慧、生态爱与生态正义的未来地球公民。

■ 参考文献

[1] 李奥帕德. (1998). 沙郡年记. 台北：天下文化出版公司.

[2] 洪如玉. (2002). 从生态现象学论生态教育学的哲学基础. 台北：台湾师范大学博士论文.

[3] 洪如玉. (2010). 迈向生态智慧的教育哲思：从人类非中心论思考自然与人的关系与教育. 台北：台湾编译馆.

[4] 洪如玉. (2014). 深层生态学内涵探究及其教育蕴义. 新竹教育大学教育学报，31(2)，103–133.

[5] 梭罗. (1999). 湖滨散记. 台北：志文出版社.

[6] Beer, W., & de Haan, G. (Hrsg.). (1984). *Ökopädagogik: Aufstehen gegen den Untergang der Natur*. Weinheim, Germany: Beltz.

[7] Bowers, C. A. (2001). *Educating for eco-justice and community*. Athens, Georgia: University

of Georgia Press.

[8] Bowers, C. A. (2002). Toward an eco-justice pedagogy. *Environmental Education Research*, 8(1), 21–34.

[9] Bowers, C. A. (2005). *The false promises of constructivist theories of learning: A global and ecological critique*. New York: Peter Lang.

[10] Egerton, F. N. (2011). History of ecological sciences, part 39: David Henry Thoreau, Ecologist. *Bulletin of the Ecological Society of America*, 94(3), 251–275.

[11] Egerton, F. N. (2013). History of ecological sciences, part 47: Ernst Haeckel's ecology. *Bulletin of the Ecological Society of America*, 94(3), 222–244.

[12] Freire, P. (1970). *Pedagogy of the oppressed*. London, UK: Routledge.

[13] Freire, P. (2004). *Pedagogy of indignation*. London, UK: Routledge.

[14] Gadotti, M. (2008a). *Education for sustainable development: What we need to learn to save the planet*. Instituto Paulo Freire: São Paulo, Brazil.

[15] Gadotti, M. (2008b). Education for sustainability: A critical contribution to the Decade of Education for Sustainable Development. *Green Theory and Praxis: The Journal of Ecopedagogy*, 4(1), 15–64.

[16] Gadotti, M. (2009). Eco-pedagogy: extending the educational theory of Paulo Freire to sustainability. In P. B. Cocran and P. M. Osano (Eds.), *Young people, education, and sustainable development: Exploring principles, perspectives, and praxis* (pp. 107–112). The Netherlands: Wageningen Academic Publishers.

[17] Gadotti, M. (2010). Reorienting education practices towards sustainability. *Journal of Education for Sustainable Development*, 4(2), 203–211.

[18] Hung, R. (2014). In search of ecopedagogy: Emplacing nature in the light of Proust and Thoreau. *Educational Philosophy and Theory*, 46(13), 1387–1401.

[19] Hung, R. (2017). Towards ecopedagogy — an education embracing ecophilia. *Educational Studies in Japan*, 11, 43–56.

[20] Hung, R. (2021, March 25). Ecopedagogy and education. In *Oxford Research Encyclopedia of Education*. Oxford University Press.

[21] Jardine, D. (2000). *Under the tough old stars: Ecopedagogical essays*. Vermont: The Foundation for Educational Renewal.

[22] Kahn, R. (2008). From education for sustainable development to ecopedagogy: Sustaining capitalism or sustaining life. *Green Theory & Praxis: The Journal of Ecopedagogy*, 4(1), 1–14.

[23] Kahn, R. (2010). *Critical pedagogy, ecoliteracy, & planetary crisis: The ecopedagogy movement*. New York: Peter Lang.

[24] Lloro-Bidart, T. (2018). A feminist posthumanist ecopedagogy in/for/with animalscapes. *The Journal of Environmental Education*, 49(2), 152-163.

[25] Ma Rhea, Z. (2018). Towards an indigenist, Gaian pedagogy of food: Deimperializing food Scapes in the classroom. *The Journal of Environmental Education*, 49(2), 103-116.

[26] Naess, A. (1989). *Ecology, community and lifestyle: outline of an ecosophy*. Cambridge, UK: Cambridge university press.

[27] Naess, A. (1995a). The deep ecology movements. In G. Session (ed.), *Deep ecology for the twenty-first century* (pp.64-84). Boston & London: Shambhala.

[28] Naess, A. (1995b). The shallow and the deep, long-range ecology movements: A summary. In G. Session (ed.), *Deep ecology for the twenty-first century* (pp. 151-155), Boston & London: Shambhala.

[29] Payne, P. G. (2014). Vagabonding slowly: Ecopedagogy, metaphors, figurations, and nomadic ethics. *Canadian Journal of Environmental Education (CJEE)*, 19, 47-69.

[30] Payne, P. G. (2015). Critical curriculum theory and slow ecopedagogical activism. *Australian Journal of Environmental Education*, 31(2), 165-193.

[31] Payne, P. G. (2018a). The framing of ecopedagogy as/in scapes: Methodology of the issue. *The Journal of Environmental Education*, 49(2), 71-87.

[32] Payne, P. G. (2018b). Ecopedagogy as/in scapes: Theorizing the issue, assemblages, and metamethodology. *The Journal of Environmental Education*, 49(2), 177-188.

[33] The Trumpeter. (2021). About the journal. *the Trumpeter: Journal of Ecosophy*. Retrieved 13 August 2021 from http://trumpeter.athabascau.ca/index.php/trumpet/about.

[34] Tuan, Y. F. (1990). *Topophilia: A study of environmental perception, attitudes, and values*. New York: Columbia University Press.

[35] Wilson, E. O. (1984). *Biophilia*. Cambridge, Massachusetts: Harvard University Press.

[36] Wolf, W. J. (1974). *Thoreau: mystic, prophet, ecologist*. Philadelphia, Pennsylvania: United Church Press.

第六章

批判生态教育学的理论源流、品格特质与实践路径

祝 刚　吴天一　史可媛

一、生态正义教育的愿景与价值诉求

1962 年,美国科普作家蕾切尔·卡逊(Rachel Carson)创作的经典环境科普读物《寂静的春天》(Silent Spring)描写了过度使用化学药品和肥料导致生态环境遭破坏,最终给人类带来深重灾难的警示,拉开了西方生态运动的帷幕。此后,众多欧美学者针对工业文明对生态的破坏进行了深刻的反思,促进了西方社会 20 世纪 70 年代产生的生态社会主义的发展。2015 年,联合国发布的《变革我们的世界:2030 年可持续发展议程》(Transforming Our World: The 2030 Agenda for Sustainable Development)报告提出了新的全球可持续发展目标。2019 年年底,新冠疫情的暴发更加速了国际生态教育学者对"以人类为中心"的生态教育所带来弊端的审视(彭正梅等,2021)。2020 年 11 月,联合国教科文组织发布的《学会与世界共生:为了未来生存的教育》(Learning to Become with the World: Education for Future Survival)报告呼吁,将未来教育的目标从"人道主义"嬗变为"生态正义"。2022 年,联合国教科文组织发布的《一起重新构想我们的未来:为教育打造新的社会契约》(Reimagining Our Futures Together: A New Social Contract for Education)报告更是指出,全球教育系统将从"人类中心主义教育学"转向"非人类中心教育学","关怀—共生"的教育发展范式将取

代工业革命以来所形成的"经济中心主义"与"物质中心主义"教育发展范式(杨道宇，2022)。

正是在错综复杂的国际背景下，批判生态教育学(ecopedagogy)应运而生。教育的使命由此得到了重新厘定，并从传统的价值立场转向通过学校教育、非正式教育活动等路径，促进人类与其他物种在地球上的和谐共生。所有课程和教学法都牢固地建立在"批判生态意识"的基础上，并且变得更加包容、理性、多元。传统的生态正义教育主要以人类为中心，没有考虑其他物种与非生物体在生态教育中的地位与价值，并且在价值取向上具有一定的排他性与等级性。批判生态教育学意识到了这一弊端，并由此引发了国际生态教育发展的新理念与实践路径。本文首先阐述批判生态教育学产生的多重背景、理论基础、内涵及其特征，然后对国际上实施批判生态教育学的实践路径进行了系统阐释，最后围绕批判生态教育学对我国生态文明建设的积极意义进行分析与讨论。

二、批判生态教育学产生的多重背景

(一) 生态文明与工业文明的纷争

批判生态教育学植根于批判理论，其核心是理解对环境有害的人类行为与根植于社会冲突(如社会环境问题)的人类行为之间的斗争及联系(Misiaszek, 2020a, p.17)。批判教育学缘起于生态文明和工业文明的纷争，在理论的不断发展中提出了以社会正义为目的、以跨学科教育为方法的立场。人们会惯性地认为，工业文明在为人类创造丰富的物质财富的同时，也会对人类赖以生存的生态环境造成破坏，由此认为工业文明和生态文明之间存在着对立关系。作为一种超越工业文明的发展模式，生态文明是对工业文明的辩证扬弃这一观点早在罗伊·莫里森(Roy Morrison)1995年出版的《生态民主》(*Ecological Democracy*)一书中就得到了阐明。

美国知名的全球化企业批判学者、哈佛大学教授大卫·柯尔腾(David Korten)在其著作《大转折：从帝国到地球共同体》(*The Great Turning: From Empire to Earth Community*)中认为，生态文明并非与工业文明彻底决裂，而是工业文明的延续，特别是在从工业帝国时代向地球社区时代大转折这一阶段(Korten, 2006)。澳大利亚学者阿兰·加雷(Arran Gare)也认为,生态文明是一种创造性的转变,它涵括了之前文明的最好遗产,而不是对工业文明的彻底否定(Gare, 2017)。透过工业文明的外壳,我们不难发现,正是人类本身与社会发展的特定阶段才塑造了当前的局面。克里斯·威廉姆斯(Chris Williams)更是批判地认为,由于人口过剩、人类天生的贪婪和破坏性、有缺陷的增长模式及功利化、短视的政策抉择等原因,资本主义必然会造成全球性的生态危机(Magdoff et al., 2017)。正如德内拉·梅多斯(Donella Meadows)等人在《增长的极限》(*Limits of Growth: The 30-Year Update*)一书中指出的那样,人类现在对资源的消耗速度是地球所能维持速度的 1.7 倍(Meadows et al., 2004)。这充分揭示了,在生态保护的过程中,工业文明遗留的"不平等"现象依然存在。正因为如此,柯尔腾为世人敲响了警钟——我们已经到了人类实践的决定性时刻:要么找到一条共同的生态文明之路,在与(地球)自然系统的平衡关系中满足人类的基本物质需求;要么就要冒着自我灭绝的风险,继续走当前"以人类为中心"的短视之路。

(二) 生态教育的社会正义价值取向

基于这一讨论,批判生态教育学确认了两个立足点:以社会正义为目的的立场与以批判教育学为方法的立场。首先,批判生态教育学者认为,生态问题与社会问题总是密不可分的,并于近年来逐渐转向通过社会正义的视角来推动生态教育理论与实践的发展(Bowers, 2009; Cermak, 2012)。批判生态教育学产生的重要背景还包括,目前世界上的多重生态教育理念与模式存在不足,它忽略了人类与自然的内在连接。虽然目前的生态教育与可持续发展教育都强调生态正义,但是它们缺乏批判性与社会正义的触角,没有触及环境破坏与生态恶化背后的利益与权力关系。

其次,社会正义的提出是基于对不平等现象的感知。批判生态教育学发展的一个重要假设是,环境暴力是故意而非偶然发生的。对一些人或集团来说,环境暴力是有益的,因为如果没有这种明显或潜在的利益,环境暴力行为就不会有意发生(Misiaszek, 2020a, p.68)。与此同时,批判生态教育学提出的另一些重要问题是:谁是环境污染与破坏的受益者?谁又是环境污染与破坏的受害者?围绕生态教育中复杂的权力、利益等关系,保罗·弗莱雷(Paulo Freire)等学者的批判教育学理论成为近年来国际生态教育的重要理论视角。美国知名环境主义者与生态教育学者切特·鲍尔斯(Chet Bowers)从社会民主和技术使用的角度对上述问题进行了解答。她认为,生态正义教育一方面是促进教育与社会发展的重要手段;但另一方面,随着目前全球范围内电脑等现代信息技术的广泛使用,它不仅威胁了民主,而且也破坏了生态环境的可持续发展(Bowers,2014;2016)。著名人类学家格雷戈里·贝特森(Gregory Bateson)奠定了传统"个体智能"(individual intelligence)与"生态智能"(ecological intelligence)的分野;进一步指出,传统个体智能是关于民主决策的高度抽象方式,但它遭遇了政治、媒体、公司集团利益的束缚;与之相比,生态智能尊重不同种族之间的代际生态公平,超越了自主个体的主观利益,关怀自然系统的生命更新能力,因而具有民主主义本质,是未来的教育变革所要遵循的价值诉求(Bowers,2011)。此外,批判视野下的生态素养(ecological literacy)还强调文化的影响作用,因此文化也被视为生态素养的重要维度(Bowers,1996)。

美国教育学者理查德·卡恩(Richard Kahn)在《批判教育学、生态素养和地球危机:生态教育学运动》(*Critical Pedagogy, Ecoliteracy, and Planetary Crisis: The Ecopedagogy Movement*)一书中列举了诸多人类不重视社会正义,以人类为中心的例子,并且基于保罗·弗莱雷、伊凡·伊里奇(Ivan Illich)、赫伯特·马尔库塞(Herbert Marcuse)以及全球化、动物与地球解放和其他激进社会运动中的基层活动家的认知和实践,批判、质疑了当今世界占主导地位的生态素养和可持续发展教育的范式和项目,认为要对目前的生态正义教育进行必要的理论重建,特别需要消除"改造世界"与"自然统治"等片面思维的宰治(Kahn,2010)。

(三) 批判教育学作为方法论

近年来,国际生态教育学者通过教育学(pedagogy)的维度来促进生态教育的发展,不断彰显生态教育过程中的"教育学立场"。生态教育学者格雷格·米西亚斯泽克(Greg Misiaszek)通过教学中的"疏远"(distancing)这一概念,批判了将环境和社会暴力、他者的与我们的社会环境压迫和地球内部的世界区分开来的错误观念。疏远可以采取包括地理、时间、社会历史等多种形式,例如认识论上的种族主义、父权主义、仇外心理、殖民主义、复制他人等形式以及这些形式之间的交叉。2019年底爆发的新冠疫情引发的全球动荡表明,世界的主观本质和政体无法改变世界之外的客观和非政治性质(即自然法则),无论"后真相"(post-truth)在各种媒体中变得多么普遍,这一点均不会动摇(Misiaszek, 2012)。

虽然众多环境问题背后凸显出了一种跨学科的特性,但就目前而言,许多环境教育模式都是在单一学科框架中开展的。米西亚斯泽克发现,社会科学和人文学科在环境教育中往往被忽视,或充其量成为硬科学学科(如生物、化学、生态学、环境工程科学等)可有可无的点缀。故此,他将以学校教育为主要场域和路径的生态教育称为"浅层环境教育"(shallow environmental education)(Furman et al., 2004)。浅层环境教育模式忽视了环境问题的社会复杂性以及当前社会制度和意识形态的可能影响。受此启发,挪威哲学家与环境保护者阿恩·奈斯(Arne Naess)创造性地构建了"浅层生态学"(shallow ecology)这一术语来表达生态教育的样态。

具体而言,浅层生态学是指在当前社会、经济和政治体系中开发环境解决方案的生态学;而深层生态学则是指通过对这些体系进行革命性变革来寻求更完整的环境解决方案的生态学。浅层生态学模式通常是宿命论的(fatalistic),因为它限制了对当前社会系统中政治及经济关系的透视,突出了对当前社会制度的同化(Somma, 2006)。批判性与变革性构成了深层生态学与浅层生态学的本质差异。批判生态教育学则属于深层生态学指向下的理论与实践模式(Misiaszek, 2012)。此外,米西亚斯泽克还认为,相对于非正规教育(如社会实践调研、以生态教育为主题的讲座、日常媒体的影响与他人对话等)而言,通过正规的学校教育所开展的生态正义教育并不一定是最有效的。

在政治利益所驱动的"后真相"时代,批判生态教育学使我们能够跳出人类中心主义的大众生态教育模式,以批判性的自我反思态度,更加理性地审视环境暴力(Misiaszek, 2020b, p. 2)。批判生态教育学强调,生态问题与社会问题密不可分,并且将生态正义教育放置到社会正义的议程上来。正如巴西圣保罗大学教育哲学教授、圣保罗弗莱雷研究院院长莫阿西尔·加多蒂(Moacir Gadotti)对批判教育学的形象比喻所说,"在一所房子里修理一个房间是不够的,还必须修理房子中的不同房间,包括经济、社会、文化、环境等"(Gadotti, 2009)。正是认识到了浅层环境教育和浅层生态学的不足,批判生态教育学者才对传统的生态教育理论与模式进行了重建。这也构成了批判生态教育学发展的重要理论背景。

三、批判生态教育学的理论源流与品格特质

(一) 批判生态教育学的理论源流

国际批判教育学的奠基人保罗·弗莱雷生前的最后一本学术著作聚焦于批判生态教育学，但是由于其突然离世，这本最具影响力的著作《被压迫者教育学》(*Pedagogy of the Oppressed*)没有完成，缺失了"第五章"，即对批判生态教育学的探讨。可以说，批判生态教育学是弗莱雷一生未竟的事业(Misiaszek et al., 2019)。在弗莱雷过世后出版的《愤怒的教育学》(*Pedagogy of Indignation*)一书中，他写道："如果我们没有能力去爱这个世界，我就不相信男女之间、人类之间的爱。生态学在本世纪末变得极为重要。它必须存在于任何激进、批判和解放性质的教育实践中。"(Freire, 2004)可见，生态教育学的萌芽早已播种在弗莱雷的心中，也是他持续关注的批判教育学的重要议题。就弗莱雷对批判生态教育学的初步论述来看，其背后已经凸显出了深厚而驳杂的理论源流，而这一源流主要由五股力量构成：全球化过程与新自由主义、媒体文化理论、可持续发展理论、生态种族主义以及生态女性主义。

(1) 全球化过程与新自由主义

随着全球化进程的持续加快，新自由主义在西方诸多发达国家占据了主导地位，这在较大程度上阻碍了人们探寻社会生态问题产生的根源。主流观点往往倾向于认为，环境破坏是人类生存与进步所必须付出的代价。与此同时，地缘政治将生态问题进一步复杂化，生态问题往往超出了单一民族国家的界限，而演变为一个全球性议题。比较教育学者卡洛斯·托雷斯(Carlos Torres)认为，目前的全球化有"自上而下的全球化""自下而上的全球化""人权、文化融合与全球媒体"等形式。"自上而下的全球化"呼吁开放边境，创建多个区域市场，加速发展经济和普及金融交换以及建立民族国家以外的管理制度。"自下而上的全球化"又被称为"反全球化"，它在很大程度上表现为个人、机构和社会运动反对所谓的企业全球化(祝刚等，2022)。批判生态教育学意味着要跨越地缘政治边界，以了解地方和全球政治的动态，遵循"自上而下的全球化"的逻辑，对发展社会环境知识的正规、非正规和非正式教育者产生了全面影响。

(2) 媒体文化理论

媒体文化理论认为,媒体在影响我们解读现实的方式时发挥着巨大作用。因此,有必要对影响媒体建设的政治因素进行批判性质疑,进而质疑流行的社会环境意识形态的建设。批判性媒体文化分析允许系统地揭示弗莱雷所否认的形成个人主体世界的规范化和霸权主义隐藏课程之外的替代真理和现实。米西亚斯泽克认为,对媒体的分析必须是多角度的,以便使这些镜头可以被解构并重构为新的信息,避免只使用单一的理论来深入研究正在为我们的眼睛看到和耳朵听到的表象世界(Misiaszek,2012)。

(3) 可持续发展理论

可持续发展的构建方式及其与多元化生计(Livelihood)的关系,对于理解社会环境问题至关重要。目前,不少国家所谈论的可持续发展主要以压倒性优势关注经济发展,而不是强调自下而上、广泛参与、重视整体和基于过程的发展倡议。这在一定程度上忽视了基于生态和谐的可持续发展。换言之,目前的可持续发展具有人类中心主义的倾向,它忽略了多元生态原则(Misiaszek,2012)。"社会"和"人口"的概念应该超越"人类中心主义"的概念限制,并扩展至"生物中心主义"(Biocentric),即包括所有生物体和非有机生命系统(Misiaszek,2015)。针对目前以经济发展和个人享乐为主导的可持续发展,批判生态教育学呼吁对"发展"和"可持续发展"进行批判性解构与重构,将生态正义纳入全球社会发展的议程中,并扩展"发展"的生态价值(Misiaszek,2020a,p.83)。

(4) 生态种族主义

生态种族主义是西方批判种族主义理论在生态领域的延伸。受殖民主义糟粕的影响,"白人至上"的认知不断压迫着有色人种、非英语母语者、移民与原住民。种族主义不仅影响了欧美社会阶层的形成,而且渗透到民族心理、法律、习俗与文化当中。当今社会生态种族主义的一个典型特征是"邻避效应"综合征(Not in My Backyard Syndrome),即因为某个社会项目要在自家附近建设而持反对意见(Misiaszek,2012)。与该效应类似的是,西方发达国家正在通过将生态危机与灾难转嫁到欠发达国家与地区,来推脱自己本应该承担的生态责任与义务。

(5) 生态女性主义

生态女性主义旨在对构成男人、女人和自然的意识形态进行批判分析,因为这些意识形态主要是在支配和压迫的影响下发展起来的。生态女性主义并不仅仅被视为女性主义问题和环境保护主义之间的二元分析,而是为批判性地重新思考这种关系提供了理论框架,并以之作为反对一切形式压迫的重要基础。它类似于弗莱雷所提出的"意识化"概念,即通过反思与行动来探讨压迫产生的原因。卡伦·沃伦(Karen Warren)强调,生态女性主义不仅通过对性别的分析来看待生态问题,而且它还是批判支配和压迫的思想和实践的起点(Warren,2000)。

在上述理论基础的奠基之下,批判生态教育学具备了多重理论活力与实践品性,不断彰显了其核心观点及鲜明立场。针对其理论主旨,批判生态教育学主要通过确定暴力行为的政治性,批判性地解读人类环境暴力行为的受益者和受害者的能力(Misiaszek,2020b,p.3)。此外,批判生态教育学基于批判性地探究环境问题为什么以及如何成为社会冲突的原因及其影响,致力于减少环境暴力中的社会压迫(Misiaszek,2012)。总而言之,批判生态教育学的发展不仅能引导人们提高对环境退化所造成的社会压迫的"意识",即认同必须在社会正义框架内解构和重建环境问题;而且也能帮助人们通过批判性对话、各种知识和理论框架来加强对世界的"阅读"。弗莱雷还特别强调要在涉及利益分析的工具性术语之外整体地看待环境与生态问题,从整体中寻求内在价值,而不是思索如何为自己的利益而利用环境与生态(Misiaszek,2012)。

(二) 批判生态教育学的品格特质

沿着弗莱雷所倡导的批判教育学研究进路,批判生态教育学的内核与方法应运而生——不仅要阅读"文字",更要阅读"世界"。换言之,批判生态教育学不仅要进行话语分析,更要进行话语背后的权力关系分析。遵循这一重要意旨,批判视野下的生态正义教育涉及对全球"可持续发展"和"生态危机"的相互关系进行批判性的文化和语言分析。批判生态教育学围绕传统生态教育中蕴含的人类中心主义、男性主义、种族主义与能力主义等进行了质疑、批判与解构,认为这些机械的等级话语体系通过排斥行为维持了生态系统的不平等。生态社会包容性应成为批判生态教育学的重要价值追求(Kulnieks et al.,2014)。据此,批判生态教育学凸显出如下三方面的品格特质。

其一,批判性与辩证性。批判生态教育学对生态和社会危机进行批判性的文化和语言分析,包括对现代主义、本土—全球和科学技术观点,以及对构成语言和感知的根源隐喻(Root Metaphors)的机械性分析。批判生态教育学还对"经济""发展""可持续发展""公民身份"等传统概念进行了批判性解构,探究了造成社会环境暴力的一系列原因(如殖民主义、种族主义、父权制、新自由主义、仇外心理等),深刻剖析了人类环境暴力行为和社会暴力行为之间的斗争和联系,进一步增强了社会环境正义和地球的可持续性发展(Misiaszek, 2020a, p.135)。

其二,国际性与系统性。批判生态教育学融合了"种际""代内"和"代际"三个维度的生态正义,超越了传统的人类中心主义的特征,因而具有系统性。从社会整体正义的视角来看,生态正义可以分为种际生态正义、代内生态正义和代际生态正义三种。其中,种际生态正义从人与自然和谐发展的角度,强调人要承担对自然的责任和义务,实现人与自然的和谐共生。代内生态正义强调当代社会不同的个体或群体在生态关系上的正义价值追求。批判生态教育学认为,代内生态正义还包括"国际生态正义"这一维度,后者强调重建公正合理、责任共担的国际政治、经济新秩序,来实现全球生态正义。代际生态正义强调,要合理统筹当代人和后代人的需求,从而保持经济社会发展在生态意义上的可持续性(王宏兴等,2019)。

其三,变革性与行动性。批判生态教育学通过分析本土环境,确定了可能的非物质刺激的不同文化方法,来整合基于在地的学习以及代际知识(Kulnieks et al., 2014)。批判生态教育学拒斥以自然"征服论"为内核的人类中心主义,但是也避免滑入非人类中心主义的泥淖,而是希冀通过生态协调论而迈向统摄种际、代内和代际三个层面的全球生态正义。批判生态教育学不仅突出了伦理诉求,更注重变革发达国家与发展中国家之间所存在的剥削、压迫、不对等利益关系,以此来实现全球范围内的生态正义。

总体而言,批判生态教育学自其诞生以来,便具有了批判性、辩证性、国际性、系统性、变革性和行动性等品格特质,孕育了生态文明教育的伦理维度、社会维度与政治维度,不断彰显了生态教育过程中的"教育学立场"。批判生态教育学通过抵制资本主义生产与消费逻辑所造成的自然异化和生态异化,批判性地质疑教学内容,促进个人和社会的转变。关键的平等对话对于生态教育学民主地构建压迫性制度的可能替代方案至关重要,促使批判生态教育学朝着乌托邦式的社会正义教学模式不断发展。可见,批判生态教育学不仅有利于揭示复杂的社会经济和政治结构,而且也有助于剖析环境破坏背后的复杂原因和影响(Misiaszek, 2012)。

四、批判生态教育学的实施路径

作为弗莱雷一生未竟的事业,批判生态教育学也是他留给后人继续探索的领域和宝贵的财富(Misiaszek et al., 2019)。在生态危机与全球不确定性趋势加剧的时代背景下,批判生态教育学成为建设民主、多元、可持续环境的重要路径,具有重要的理论与实践价值(Martusewicz et al., 2011)。批判生态教育学的主要实施路径包括四个方面。

第一,实施批判性全球公民教育。伴随生态危机与全球化的快速发展,批判生态教育学亦处于持续发展的状态中,且日益成为全球环境公民教育与批判性全球公民教育的重要出发点。受马克思主义生态观理论逻辑的影响,批判性全球公民教育在吸收激进主义和转化主义立场的基础上,扩展了全球环境公民教育的维度。扩展后的批判性全球公民教育不仅有来自"自下而上的全球化"之动力,而且充分考虑了全球化的情境性与政治性,对民主决策更加包容(Misiaszek, 2016)。同时,批判性全球公民教育呼吁走向"类主体",尊重不同物种、不同代际物种之间的正义,超越了以往环境教育、可持续发展教育和生态教育的不足(冯建军,2019)。

第二,发展批判性在地教育学。由于批判生态教育学鼓励对"公民""发展"和"可持续性"进行批判性重构,后可持续性思维(Post-Sustainability Thinking)将成为批判生态教育学未来的切入点。后可持续性思维融入学校意味着,将批判理论、生态正义、"关怀—共生"理念与环境教育实践相结合,从而赋能未来具有创造性和整体性思维的生态保护思想者和实践者。受批判生态教育学的启发,批判性在地教育学(Critical Place-Based Pedagogy)成为近年来国际生态教育领域的一种可行路径(Häggström et al., 2020)。批判性在地教育学能为学生提供"能动性"(Agency)意识,推动他们意识到自己是环境知识的生产者,并让他们有机会参与包括环境恶化与可持续问题在内的民主进程。批判性在地教育学的教学法包括,通过与社区和自然环境的联系而形成身份和意义(Häggström et al., 2020)。

第三,提升学生的环境素养。弗莱雷的批判生态教育学专注于探索未来理想的世界应该是什么样的,并将理想与当前现实之间的差距作为教学的逻辑起点。为此,众多国际学者纷纷提出了"生态素养"概念,并对其构成进行了探索(Duailibi, 2006;

Stanger, 2011; Lewinsohn et al., 2015)。有学者认为,生态素养包括情感、生态知识、社会政治知识、环境问题知识、认知技能、环境责任行为以及环境责任行为的其他决定因素(McBride, 2011)。还有学者建议将生态素养与公民素养融合起来(Berkowitz et al., 2005)。米西亚斯泽克则号召通过对全球化、殖民主义、社会经济、性别、种族、民族、原住民问题和精神世界的探索,来讲授批判性的环境知识,以便学生从不同角度理解全球环境问题产生的根源,从而提升其生态素养(Misiaszek, 2018)。

第四,创设民主化学习空间。与弗莱雷所批判的银行储蓄式教育模式不同,批判生态教育学提倡创设民主化的学习空间。从生态教育学的角度来看,学习空间应该是民主的,即教师和学生共同努力,通过基于先前知识和经验的反思,以及通过寻求理解学习空间之外的不同观点,从而发展社会环境问题的共同意义(Misiaszek, 2020a, p.39)。可见,批判生态教育学不仅具有批判性,更具有建设性。由于其视角多元,方法可行,批判生态教育学成为近年来国际生态教育的重要发展趋向。

五、批判生态教育学对中国生态文明建设的镜鉴

风险社会理论的重要提出者、德国知名社会学家乌尔里希·贝克(Ulrich Beck)认为,风险不是危险或灾难,而是相对可能的损失或伤害的起点(Beck, 1992)。当任何利益集团都无法抵御全球环境带来的空气污染时,风险才真正爆发。从全球公共利益的角度来看,生态危机不仅仅是一国或一地区的问题,而是全人类共同面对的挑战。批判生态教育学对我们新时代的生态文明建设具有重要的理论参考价值与实践意蕴。

进入新时代以来,我国一直致力于向生态文明迈进。党的十八大以来,我国政府把生态文明建设纳入中国特色社会主义事业"五位一体"的总体布局中,并将生态文明建设上升到了前所未有的战略高度。党的二十大报告指出,"尊重自然、顺应自然、保护自然是全面建设社会主义现代化国家的内在要求"。中国式现代化是人与自然和谐共生的现代化,是将生态文明建设融入全局发展的现代化。2022年11月,国家主席习近平向《联合国气候变化框架公约》缔约方大会第二十六次会议世界领导人峰会发表书面致辞,再次强调要坚持走生态优先、绿色低碳的发展道路。2022年10月,教育部印发关于《绿色低碳发展国民教育体系建设实施方案》的通知,提出到2050年将绿色低碳生活理念与绿色低碳发展规范在大中小学普及传播,使绿色低碳理念进入大中

小学教育体系。但是,囿于利益为本的经济逻辑、生态意识薄弱的人本逻辑和环境机制欠缺的市场逻辑的重叠影响,我国在生态文明建设和生态文明教育方面还存在诸多不足,如生态文明教育素质有待提高、生态文明教育实践能力不足、生态文明教育制度不够完善。

当前,中国正在带领世界经历一场迈向生态文明的深刻的文化和制度转型。在这种生态文明中,人类放弃了作为寄生地球的剥削者的角色,转而承担起作为地球治疗师和照顾者的新角色,以寻求实现所有人的物质充足和精神富足的目标(曹立等,2020)。借鉴批判生态教育学的理论与实践模式,可以促进我国生态教育范式的转型与重构。

第一,在理论层面,我国生态教育学可以对全球化、新自由主义、媒体文化论、可持续发展、生态种族主义以及生态女性主义等理论进行批判性继承,从不同角度深入剖析人类环境暴力行为和社会暴力行为之间错综复杂的关系。第二,在实践层面,批判生态教育学具有变革性、实践性等理论品质。因此,生态教育者不仅要阅读"文字",更要阅读"世界",避免一味沉浸在象牙塔中阐释理论问题,还要注重实现生态教育理论与实践之间的交会融通。第三,在国际视野层面,我国生态教育学应积极回应全球可持续发展教育的价值诉求,将代际正义、多物种正义与世界主义纳入我国生态教育的未来发展愿景中,积极反思经济中心主义和人类中心主义的不足,促进生态教育的社会公平转向,并由浅层环境教育向深层生态学转型升级。

■ 参考文献

[1] 曹立 & 郭兆晖. (2020). *讲述生态文明的中国故事*. 人民出版社.

[2] 冯建军. (2019). 类主体:生态文明教育的人性假设. *教育研究*(02), 17-24+130.

[3] 彭正梅, 王清涛, 温辉, 连爱伦 & 刘钗. (2021). 迈向"生态正义"的新人文教育:论后疫情时代教育的范式转型. *开放教育研究*(06), 4-14.

[4] 王宏兴 & 孙功. (2019). 生态正义的基本内涵及实现路径. *人民论坛*(24), 160-161.

[5] 杨道宇. (2022). 与世界共生:迈向2050教育范式变革. *比较教育研究*(04), 3-10.

[6] 祝刚 & 史可媛. (2023). 全球化时代处于十字路口的比较教育学——卡洛斯·托雷斯比较教育思想探赜. *外国教育研究*(05), 3-20.

[7] Beck, U. (1992). *Risk Society: Towards a New Modernit*. Polity Press.

[8] Berkowitz, A. R., Ford, M. E., & Brewer, C. A. (2005). A framework for integrating ecological literacy, civics literacy, and environmental citizenship in environmental education. *Environmental education and advocacy: Changing perspectives of ecology and education*, 227, 66.

[9] Bowers, C. A. (1996). *The cultural dimensions of ecological literacy*. The Journal of Environmental Education, 27(2), 5–10.

[10] Bowers, C. A. (2009). *Rethinking social justice issues within an eco-justice conceptual and moral framework*. Journal of Educational controversy, 4(1), 3.

[11] Bowers, C. A. (2011). *Perspectives on the ideas of Gregory Bateson, ecological intelligence, and educational reforms*. Eco-Justice Press LLC.

[12] Bowers, C. A. (2014). *The false promises of the digital revolution: How computers transform education, work and international development in ways that are ecologically unsustainable*. Peter Lang.

[13] Bowers, C. A. (2016). *Digital detachment: How computer culture undermines democracy*. Routledge.

[14] Cermak, M. J. (2012). Hip-hop, social justice, and environmental education: Toward a critical ecological literacy. *The Journal of Environmental Education*, 43(3), 192–203.

[15] Duailibi, M. (2006). *Ecological literacy: What are we talking about?*. Convergence, 39(4), 65.

[16] Freire, P. (2004). *Pedagogy of Indignation*. Paradigm.

[17] Furman, G. C., & Gruenewald, D. A. (2004). Expanding the landscape of social justice: A critical ecological analysis. *Educational administration quarterly*, 40(1), 47–76.

[18] Gadotti, M. (2016). *Education for sustainability-A critical contribution to the Decade of Education for Sustainable Development*. Editora e Livraria Instituto Paulo Freire.

[19] Gare, A. (2016). *The philosophical foundations of ecological civilization: A manifesto for the future*. Routledge.

[20] Häggström, M., & Schmidt, C. (2020). Enhancing children's literacy and ecological literacy through critical place-based pedagogy. *Environmental Education Research*, 26(12), 1729–1745.

[21] Kahn, R. V. (2010). *Critical pedagogy, ecoliteracy, & planetary crisis: The ecopedagogy movement* (Vol. 359). Peter Lang.

[22] Korten, D. (2016). *The great turning*. In Green Festival Reader (pp. 18–26). Routledge.

[23] Kulnieks, A., & Young, K. (2014). Literacies, leadership, and inclusive education: Socially just arts-informed eco-justice pedagogy. *LEARNing Landscapes*, 7(2), 183–193.

[24] Lewinsohn, T. M., Attayde, J. L., Fonseca, C. R., Ganade, G., Jorge, L. R., Kollmann, J., ... & Weisser, W. W. (2015). Ecological literacy and beyond: Problem-based learning for future professionals. *Ambio*, 44, 154–162.

[25] Magdoff, F., & Williams, C. (2017). *Creating an ecological society: toward a revolutionary transformation*. NYU Press.

[26] Martusewicz, R. A., Edmundson, J., & Lupinacci, J. (2014). *Ecojustice education: Toward diverse, democratic, and sustainable communities*. Routledge.

[27] McBride, B. B. (2011). *Essential elements of ecological literacy and the pathways to achieve it: perspectives of ecologists*. University of Montana.

[28] Meadows, D., & Randers, J. (2012). *The limits to growth: the 30-year update*. Routledge.

[29] Misiaszek, G. (2011). Transformative environmental education within social justice models: Lessons from comparing adult ecopedagogy within North and South America. In *Second international handbook of lifelong learning* (pp. 423–440). Dordrecht: Springer Netherlands.

[30] Misiaszek, G. W. (2015). Ecopedagogy and citizenship in the age of globalisation: Connections between environmental and global citizenship education to save the planet. *European Journal of Education*, 50(3), 280–292.

[31] Misiaszek, G. W. (2016). Ecopedagogy as an element of citizenship education: The dialectic of global/local spheres of citizenship and critical environmental pedagogies. *International Review of Education*, 62, 587–607.

[32] Misiaszek, G. W. (2017). *Educating the global environmental citizen: Understanding ecopedagogy in local and global contexts*. Routledge.

[33] Misiaszek, G. W., & Iftekhar, S. N. (2022). *Ecopedagogy: Teaching for socio-environmental civic actions through local, global and planetary lenses*. In Handbook of civic engagement and education (pp. 94–105). Edward Elgar Publishing.

[34] Misiaszek, G. W. (2020b). *Ecopedagogical Literacies Through Local to Planetary Lenses*. Springer Singapore.

[35] Misiaszek, G. W., & Torres, C. A. (2019). *Ecopedagogy: The missing chapter of Pedagogy of the Oppressed*. The Wiley handbook of Paulo Freire, 463–488.

[36] Somma, M. (2006). *Revolutionary Environmentalism*. AK Press.

[37] Stanger, N. R. (2011). Moving "eco" back into socio-ecological models: A proposal to reorient ecological literacy into human developmental models and school systems. *Human Ecology Review*, 167–173.

[38] Warren, K. (2000). *Ecofeminist philosophy: A western perspective on what it is and why it matters*. Rowman & Littlefield.

第二部分

国际组织与生态教育

第一章

迈向新的社会契约:重塑未来教育何以成为全球共同议程

王清涛　彭正梅

2021年11月10日,联合国教科文组织(United Nations Educational, Scientific, and Cultural Organization,简称 UNESCO)发布了万众瞩目的全球性教育报告《一起重新构想我们的未来:为教育打造新的社会契约》(*Reimagining Our Futures Together: A New Social Contract for Education*,以下简称《重塑未来教育》)。报告从"我们要继续做什么?""要抛弃什么?""要创新什么?"三个基本问题出发,对迈向2050年及以后的未来教育进行了整体性的构想与展望,并呼吁世界各地的政府、机构、组织和公民缔结一份新的教育社会契约,来修复过去的不公正现象,同时改变未来。

《重塑未来教育》强调必须以人权为基础,坚持不歧视、社会正义、尊重生命、人的尊严和文化多样性等原则;必须包含关怀、互惠和团结的伦理;必须加强教育作为公共事业和共同利益的本质属性,为所有人塑造一个和平、公正和可持续的未来(UNESCO, 2021)。联合国教科文组织认为,教育作为一项基本人权,是和平与可持续发展的基础,要想改变未来,就必须先改变教育本身。人类和地球的生存正处在危机之中,只有携手共同采取行动,重新构想教育的未来,才能共同应对全球性挑战。

由此可见,《重塑未来教育》是一项前所未有且雄心勃勃的创新性议程,其宗旨在于促进人类和地球的繁荣发展与和谐共生。有鉴于此,本文拟以多源流理论为分析框架,考察《重塑未来教育》这一世界性教育政策议程设置的动力来源,探寻其内在逻辑,希冀深入理解和把握全球教育变革的发展动因与未来走向,为新时代中国式教育现代化的发展提供决策与现实参考。

一、分析框架:多源流理论及其透视政策议程设置的适用性

(一) 多源流理论分析框架

在公共政策学中,作为政策制定过程的起始阶段,政策议程是指"有关公共问题受到政府及公共组织的高度重视,并被正式纳入其政策讨论和被确定为应予以解决的政策问题的过程"(宁骚,2003),即由公共问题或社会问题转化为政策问题的过程。但事实上,不是所有的问题都需要由政府来解决,也不是所有的问题都能够被列入政府的议事日程。

1984年,为揭开政策制定过程这一未知"黑箱",美国政策科学家约翰·W.金登(John W. Kingdon)在借鉴罗宾、西蒙等人的有限理性和组织理论的基础上,对科恩-马奇-奥尔森(Cohen-March-Olsen)"垃圾桶模型"(Garbage Can Model)进行修正,并提出了多源流理论(The Multiple Streams Theory)。金登(2004)认为,一个公共问题能否进入决策者的视野并被提上政策议程,是由三条独立流淌的源流所决定的:一是由被政策制定者界定为"迫切需要系统加以解决的问题"所形成的问题源流(problem stream);二是由那些漂浮在"政策原汤"(policy primeval soup)中的各种思想、备选方案和政策建议所组成的政策源流(policy stream);三是由因政治事件的变化而产生的政治源流(political stream),包括"国民情绪、公共舆论、选举的结果、政府的变更以及国会人员的调整"等因素。

多源流理论最大的特点在于"结合"(coupling),"一个项目被提上议程是在特定时刻汇合在一起的多种因素共同作用的结果,并非它们中的一种或另一种因素单独作用的结果"(金登,2004)。金登指出,如果三条源流交汇在一起的话,那么问题被提上议事日程或政策变迁的机会就会降临——"政策之窗"(policy windows)开启。当然,"那些愿意投入时间、精力、信誉、金钱以在可以预见的未来获得物质的、有意追寻的重大回报的人"(萨巴蒂尔,2004),即"政策企业家"(policy entrepreneurs)必须迅速抓住时

机、付诸行动,将三大源流汇合起来,顺势助推,才能最终促成政策问题进入政策议程。

(二) 多源流理论的适用性

"一个概念框架的有效性或是否强有力关键取决于该概念框架能否成功地识别政策问题的复杂性、关联性、层次性和变迁性的特征,以及能否将政策问题的上述复杂特征之间的内在关系体现或表达出来。"(赵德余,2006)金登的多源流理论以其鲜明的理论创新和独特的理论解释力在学术界产生了广泛且深远的影响,被誉为"公共政策研究的不朽之作"。据统计,其在国际政策舞台上被普遍使用,每年在社会科学引用目录(the Social Science Citation Index,简称 SSCI)中被索引约 80 次(萨巴蒂尔,2004)。可以说,多源流理论业已成为解释西方公共政策议程设置与政策变迁的重要理论工具。

此外,近年来我国学者将其广泛应用于住房、医疗、养老以及教育等政策议题(姜艳华,李兆友,2019),可进一步印证该理论对于中国公共政策研究也具有较强的理论解释力与适切性。当然,就本研究而言,运用多源流理论透视《重塑未来教育》决策议程,其理论适用性就在于:以独特的理论视角,洞察联合国教科文组织始终致力于将全球教育议题作为最高优先考虑事项的逻辑动因与内在机理,不仅有助于阐明联合国教科文组织参与全球教育治理的角色与其全球教育议程设置之间的辩证关系,也为在当代相互联系的世界中洞悉全球教育治理的方式提供了新思路,更为研究国际组织在全球教育政策中的作用创造了新视角。

二、问题源流:多重时代危机叠加,致使全球教育发展的现实状况与理想承诺间尚存在显著差距

问题源流旨在考察决策者是如何将其注意力固定在某一问题而非其他问题上的。金登指出,对一个紧迫问题的识别就足以使某一主题在政策议程上获得重视,通常问题的锁定与对比有关(金登,2004)。就《重塑未来教育》而言,主要表现为,在大变革时代,多重危机叠加致使全球教育发展的现实状况与历史承诺之间尚存在明显差距,特别是气候变化、数字技术的兴起、民主治理的衰落以及不确定的就业前景等全球性问题,给现行教育系统带来了巨大冲击。

(一) 生态危机：气候变化与环境恶化

2015 年，第 21 届联合国气候变化大会通过《巴黎气候协定》，标志着一个历史性的承诺，其目标是将全球平均气温升幅控制在低于工业革命前水平以上的 2℃ 之内（最理想为 1.5℃）。然而，尽管各缔约国和地区确立了提高适应能力、增强复原力和降低脆弱性的全球气候适应目标，承诺要适时采取行动，以减少化石燃料的燃烧规模，促进可持续发展，但事实上，全球范围内的二氧化碳和甲烷等温室气体的排放量仍在极速增加。2021 年，政府间气候变化专门委员会的评估报告表明，即使在最乐观的减排情景下，到 2050 年左右实现净零排放，与工业革命前水平相比，全球变暖也将在中短期内持续发生，并达到 1.5℃ 以上的峰值（United Nations Environment Programme, 2021）。从全球层面来看，人为导致的气候变化已经影响到世界各地的天气和极端气候，并导致了局部或全球性的生态环境问题，诸多持久的干旱、洪水、火灾以及生物多样性减少等。这些生态危机无处不在，其中大部分是毁灭性的，也是不可逆转的。

另外，由于有贪婪的物质需求与狂热的消费欲望，今天，我们在物质生产、消耗和浪费方面已经远远超出了这个脆弱地球的极限。据测算，人类目前的生态足迹需要 1.6 个星球来维持。1950 至 2020 年间，世界人口增长了 2 倍，从 25 亿人增长到了近 80 亿人；与此同时，2020 年人类的平均寿命是 1920 年的 2 倍。可预见的是，与人口爆炸相匹配的是对资源需求的同步增长。21 世纪以来，尽管人口持续增长的速度减缓，但预测数据显示，人口将在 2050 年增长到 97 亿，然后 2100 年稳定在 110 亿左右。自 1950 年以来，人类用水量翻了一番，粮食生产和消费增加了 2.5 倍，木材消费增加了 3 倍；估计到 2050 年，人类对食物的需求将再增长 35%，对水的需求增长 20% 至 30%，能源需求量增长 50%（UNESCO, 2021）。这种增长，加上消费和工业活动的迅速增加，对自然资源提出了巨大的要求，并往往造成严重的环境破坏问题，带来严峻的生态后果。

大量的学术研究、报告和新闻事件都在告诫世人，地球的生态系统正处于危险之中。我们的教育亟须首先做出反应，以应对当前岌岌可危的生态环境现状。2021 年 5 月，世界可持续发展教育大会在德国柏林举行，联合国教科文组织于会前发布了一份题为《为我们的星球而学习》(Learn for Our Planet) 的研究报告，分析了世界各地近 50 个国家的教育规划与课程框架，发现其中超过半数没有涉及气候变化教育，且只有

19%谈及生物多样性。报告还指出,社会情感技能和以行动为导向的能力没有得到重视,而这些对于环境与气候行动至关重要;根据对约 1600 名教师和教育机构负责人的在线调查,三分之一的受访者表示环境相关问题未被纳入教师培训(UNESCO,2021)。同年 11 月,《联合国气候变化框架公约》缔约方大会第二十六次会议(COP26)在英国格拉斯哥举行,联合国教科文组织在首届环境与教育部长联席会议上再次发出警示,全球教育系统未能对气候危机的严重性给予足够重视并做出回应。来自 100 个国家的最新数据显示,世界上只有 53% 的国家课程提到了气候变化;在受访的教师中,认为自己能够胜任教授气候变化教育课程的不足 40%,只有约三分之一的教师能够解释气候变化对本地区的影响(UNESCO,2021)。据此,联合国教科文组织决定设定一个新目标:在 2025 年前,敦促世界各国将环境和可持续发展教育纳入学校核心课程,确保人人从小就能获得相关知识、技能和价值观,为保护地球做出积极改变。

(二) 技术危机:数字鸿沟与数字素养

当前,人类已步入"数字无处不在"的数字化时代。现代信息技术的快速发展与创新应用进一步推动了教育数字化的转型升级,给教育教学活动创造了许多巨大而令人兴奋的机会与可能。但不可否认,多年以来,教育界一直被一系列与数字相关的临时的和新兴的信息技术所困扰。

以新型冠状病毒(COVID-19)全球大流行为例。在疫情高峰期,有超过 15 亿学生和 6300 万中小学教师受影响而被迫中断正常的教育教学活动,191 个国家的学校停课(UNESCO,2020)。大多数国家为遏制病毒传播而选择在线远程教育,来代替面对面的教育活动。一方面,以数字技术为基础的远程教育和线上教学有效遏制了病毒传播,同时助力世界上许多国家开始实施教育数字化转型战略,以此来确保教育的连续性。另一方面,急于将数字技术应用于教育领域,盲目采用新技术作为危机时刻的"解围之神",反而增加了令人担忧的不平等和排斥现象,引发诸多新的技术风险,包括信息泄露、隐私裸露、数据监视、技术垄断、网络欺凌、虚假信息和仇恨言论等(UNESCO,2021)。有研究指出,在教育中使用数字技术最常见的问题之一是,基于技术可能性而不是教育需求进行选择(Sarkar,2012),以商业模式推进新技术的教育效应,结果便导致人类对技术不加批判地依赖,技术从人类所使用的工具摇身一变为奴役人类的主人,进而对维持教育作为一种公共利益带来严峻的挑战。

据联合国教科文组织报道,此次疫情暴露了教育差距并加剧了先前存在的教育危机,远程教育中出现了惊人的"数字鸿沟"(Digital Divide)问题。具体表现为,那些拥有"数字素养"(digital literacy)和网络访问能力的人能够在学校关闭的情况下继续远程学习(并实时受益于其他重要信息);而那些没有这种途径和技能的人,则要错过学习机会和物理学习机构带来的其他好处(UNESCO,2021)。由于存在这种数字鸿沟,国家之间和国家内部在教育机会和结果方面的差距逐步扩大。全球监测数据显示,在因疫情而被排除在教室之外的学习者中,有一半(约8.26亿人)无法使用家用计算机,43%(7.06亿人)家中没有互联网;此外,虽然移动技术可以让学习者获取信息、与老师保持联系,但约有5600万学习者生活在没有移动网络服务的地方。其中几乎一半在撒哈拉以南非洲地区,他们中有89%的学习者无法使用家用电脑,82%的学生无法上网(UNESCO,2020)。

诚然,"数字鸿沟"概念几乎从信息技术问世以来就一直存在。在传统意义上,它意味着基于社会经济因素而导致的差异,既指的是发达国家与发展中国家在获取和使用信息技术方面的差距,也指同一国家内较富裕与较贫穷人口之间的差距,以及同一国家不同地区之间的差距。但是,这种基于对新技术的获取或使用的二分法并不能描绘出其整个真实的样貌,因为这些差距在妇女、老人、少数群体以及其他在社会经济上处于不利或边缘地位的群体中最为明显(UNESCO,2022)。是故,该"鸿沟"不仅是指技术接入方面的差异,更是指正式接入互联网的人之间的不平等,即在教育系统中各主体在数字素养与技能方面的差距。

(三) 民主危机:社会变革与政治冲突

在全球化日益加速的时代,当今的人们生活在一个比以往任何时候都更加紧密联系且复杂开放的世界社会(world-society)之中。诚然,教育作为一项基本人权,也是使得其他权利成为可能的一种保障。它不仅确定了应该在整个教育系统中教授的能力,还培养了现代公民积极参与多元民主社会所需的价值观、态度、技能和知识,以及批判性理解所必需的思维能力等。但是,近年来,我们已经目睹了武装冲突和战争分裂世界、社会两极分化日趋严重、民主治理严重倒退、民粹主义盛行以及暴力极端主义抬头等新型全球性民主危机不断增长,严重影响了人类的和平共处(UNESCO,2021)。旷日持久的跨国移民和难民危机正在不可避免地使国际社会变得更加复杂和多样。特别是,由于新冠肺炎大暴发,仇恨言论浪潮席卷全球,进一步加剧了仇外心理、种族歧视、不容忍等多种形式的冲突发生。据报道,各种团体被错误地指控传播新冠肺炎病毒,阴谋论被用来谋取政治利益,加剧了社会根深蒂固的偏见,增加了被视为他者的人和群体的脆弱性、污名化和偏见(United Nations, 2020)。如此一来,民主危机非但没有在教育系统中得到解决,反倒在全球化的进程中愈演愈烈。

事实上,联合国教科文组织致力于在认知、社会情感和行为三个学习领域设定预期的全球公民教育(Global Citizenship Education)学习成果,即通过大力提倡和努力推行全球公民教育,为学习者终身赋能,从而令他们能够在本地和全球范围内参与并发挥积极的作用,为建设更加公正、和平、包容、安全和可持续的世界积极贡献力量(UNESCO, 2015)。这其中也借鉴了其他变革性教育进程的经验,包括人权教育、和平教育、可持续发展教育以及国际和跨文化理解教育等。

尽管联合国教科文组织承诺建立基于人文主义原则的课程,并准备为现代公民民主参与提供机会。但令人遗憾的是,关于"教育的两面性"的研究表明,虽然教育确实具有巨大的建设和平潜力,但它对冲突和建设和平既可以带来积极贡献,也可以产生消极影响(Bush & Saltarelli, 2000)。换言之,教育既可能是促进冲突转型和建设和平的一种方式,也可能是社会冲突的驱动因素(助长不满、成见、仇外心理和其他敌对情绪)。

提请注意,虽然普遍的人权框架和民主政府模式已获得全球支持甚至遵守,但不可否认,现有的民主形式和权利都建立在经济力量之上,并集中在少数人手中。在受冲突影响的情况下,教育往往成为政治灌输和控制或部分控制人们思想的终极武器。譬如,在一些地区,控制通常是通过公民教育——训练服从政权——而不是鼓励思想自由来实现的,进而学校的权威主义在公民教育的幌子下得以延续(Al-Nakib, 2012)。具有讽刺意味的是,这造成了军国主义和暴力身份的正常化,并对社会凝聚力、教育内外部的多样性和包容性产生了严重影响。又如,因战乱而无法入学的难民学生,既没有机会接受官方认可的教育,又不被允许进入自己的学校用母语学习,而只能接受被篡改的历史驯化(Oh & Van der Stouwe, 2008)。另一种故意助长冲突的形式是"仇恨"课程,教科书将"其他"种族或宗教团体描述为危险的甚至低人一等的,不同版本的教材内容将继续重现猜疑、恐惧和不信任(Davies, 2010)。

联合国教科文组织尖锐地指出,一系列民主危机的扩大和加深都对以人权、公民身份和公民参与为基础的地方、国家和全球层面的教育产生了巨大影响。当前暴露出的问题是,全球教育系统亟须更多投资于社会情感能力的学习(social emotional learning),以培养学习者建立对共同人性的归属感、共享价值观、同理心、团结一致、尊重差异和多样性,感受并承担对未来的责任感(UNESCO,2020)。于21世纪日益复杂和相互依存的世界,学习如何和睦相处的必要性更加迫切。

(四) 工作危机:市场转型与失业风险

教育作为一种人力资本"投资",其基本假设是受教育水平与教育的经济回报之间存在明确、直接和线性的关系。从幼儿教育、小学及中学教育到职业培训和高等教育,人们越来越期待通过教育投入能够直接提高就业能力,培养出满足未来工作所需的人才,以解决劳动力市场技术性失业等问题。但从全球范围来看,总体上未能兑现承诺,其结果比理论所预示的要复杂得多。据国际劳工组织(International Labour Organization)的最新数据证实,当前全球失业率仍然居高不下,数十亿人从事不稳定的非正式工作,且有3亿多名带薪劳动者仍生活在赤贫之中。自1990年以来,世界上几乎所有地区和收入阶层的劳动力参与率都在缓慢下降,尤其是对于15—24岁的青年来说,他们的参与率从1990年的50%下降到如今的33%以下(UNESCO,2021)。但与之相矛盾的是,全球同期的教育普及率和受教育年限却一直在上升。全球青年的中等教育入学率从1999年的59%上升至2018年的76%,高等教育入学率从18%上升到38%(International Labour Organization,2021)。在从学校到工作的过渡中,这种"供需不匹配"不仅反映出劳动力市场结构的快速转型,更凸显了教育与就业之间严重的脱节问题。

具体而言,在老龄化、自动化和全球化等大趋势的推动下,工作世界正经历着剧烈变化,并对职业技术教育与培训系统产生深刻影响。一是人口结构的转变,即迅速扩大的青年人口将加剧青年失业和就业压力,同时寿命更长的老龄化人口则可能带来工作时间的延长和退休年龄的延迟。与此相关的是,扩大技术与职业教育培训和成人教育机会,以及重振终身学习的趋势。二是以机器人、人工智能和其他新技术为主要形式的大规模自动化,使得高技能、创新和创造性的职业相对不受干扰,而那些从事重复性和常规性工作的人则面临淘汰的风险,引发人们对机器取代人类劳动力的恐慌(Hodgson,2016)。三是全球化的市场经济催生出新的工作岗位与工作要求。相较于一项工作所需的技术专长和知识,新兴职业对具有人际沟通能力、团队合作能力、解决问题能力、创造力和批判性思维等"软技能"(soft skills)的员工的需求日益增长(Succi & Canovi, 2020)。

无疑,在竞争激烈的劳动力市场中,就业不足,即劳动者无法找到与自己的愿望、技能和能力相匹配的工作,是一个持续存在且迫在眉睫的全球问题。它将造成更大的不平等,并扩大教育投入与劳动力回报之间的差距。联合国教科文组织曾批判性地指出,"更多的教育并不是解决青年膨胀和大规模失业所带来的威胁的灵丹妙药……但是,当更高的教育水平没有与更多的就业机会相匹配时,由此产生的挫败感可能会产生相反的效果"(UNESCO, 2011)。为此,面对不确定的就业前景,特别是在新冠疫情之后,鉴于社会经济复苏的艰难,我们亟须从根本上重新思考教育与未来工作之间的关系。

三、政策源流:由未来教育国际委员会所构成的政策共同体,积极参与全球教育议题并建言献策

金登有言:"如果一个问题被附上了解决办法……那么它被提上决策议程的可能性就会显著增加。"(金登,2004)为充分发挥集体智慧,回应全球性的教育危机问题,联合国教科文组织于2019年牵头成立了独立的国际委员会(International Commission),并发起"教育的未来"(Futures of Education)全球倡议(连爱伦、王清涛等,2021),吸纳来自政治、学术、艺术、科学、商业和教育等各界的思想领袖组成"政策共同体",就2050年及以后的教育挑战和机遇展开磋商,并从教学法、课程、教师、学校等方面重新构想教育、学习和知识如何能够塑造人类与地球的未来。他们提出的相关政策建议、"对话与行动原则"(Principles for dialogue and action)共同汇聚成了《重塑未来教育》的政策源流。

(一)教学:以合作学习与团结一致为基础

展望2050年,教学法应以"合作和团结"(cooperation and solidarity)为基础,使学生和教师在信任之中共同努力,培养其改变世界的能力。为推进这一建议的实施,以下四项对话与行动原则可以作为指导(UNESCO, 2021)。

一是应以相互联系(interconnectedness)和相互依存(interdependencies)构成教学

法的框架，因为教师、学生和知识之间经典的教学三角（pedagogical triangle）关系存在于一个更广阔的世界中，所有的学习者都与世界相连，所有的学习都发生在世界中，并与世界有关。学习者需要了解他人的行为如何影响自己，以及自己的行为如何影响他人。因此，课堂和学校应该提供机会，让学生与不同的他人相接触。二是合作和协作必须以适当的方式在不同的层次和年龄段进行教学与实践。无论是幼儿教育还是成人教育，当合作和协作成为学习共同体的显著特征时，教育就会发挥作用，培养个人，让他们一起努力，改变自己与世界。三是团结、同情、道德和同理心应根植于我们的学习方式之中。将充满多样性的人类文化资源纳入教育，并从重视多样性和多元化发展到支持和维持它们。教学的重点是消除偏见、歧视和分裂的学习。同理心（empathy），即关注他人并与之感同身受的能力，它对于建立合作与团结教学法至关重要。四是考试、测验和其他评估手段应与教育目标相一致，并对学生的成长和学习有意义。事实上，许多重要的学习并不能被轻易测量或计算。因而，应优先考虑以教师为导向、促进学生学习的形成性评价，而降低竞争性、高风险的标准化评价。

（二）课程：以知识共享与创生优化为目标

展望 2050 年，课程应从丰富的共同知识（common knowledge）中发展起来，强调生态、跨文化（intercultural）和跨学科（interdisciplinary）的学习，帮助学生获取和生产知识，同时培养他们批判地应用知识的能力。以下四项指导原则可起到激励作用，将政策建议转化为教育实践（UNESCO，2021）。

一是课程应提高学习者获取知识和贡献知识的能力。人类世代积累的集体知识资源应成为课程的支柱，而知识共享（knowledge commons）应是既可从中广泛获取，又可以对其加以补充。我们应教会所有年龄段的学习者创造性、批判性地运用知识，质疑其假设和利益。教育应使人们有能力纠正共同知识中的遗漏和排斥，并确保知识共享是一种持久的、开放的资源，反映认识世界和存在方式的多样性。二是生态危机要求课程体系从根本上重新思考人类在世界中的地位和作用。在整个课程中，应优先考虑、重点实施有效且与人类息息相关的"气候变化教育"，并教授人们如何在一个被人类活动破坏的星球上，以尊重和负责任的方式"诗意地栖居"。三是必须通过科学、数字和人文素养来遏制错误信息的传播。课程应强调科学探究（scientific inquiry），以培养学习者辨别严谨研究与荒谬言论的能力。课程既要发展数字素养，使学习者能够有意义地使用技术,也应确保学生有利用(act on)科学技术的能力;特别是,应在决定如何使用以及出于何种目的使用方面发挥作用。四是人权和民主参与应成为改变人类和世界的学习的关键基石。我们应该优先考虑人权教育,支持学习者的能动性,并为进入一个致力于承认和繁荣所有人的道德世界提供一个切入点。因此,所有课程都应体现性别平等,消除压迫性的性别刻板印象,并教授学生学会直面各种形式的种族主义和歧视。

(三) 教师:以共同协作与专业发展为导向

展望 2050 年,教师作为知识生产者,以及带来教育革新和社会变革的关键人物,其工作应得到认可,并需进一步加强其专业性。教师职业需要被重新界定和重新想象为一种共同的协作。我们可以从下面四项与教师变革工作有关的指导原则中得到启示(UNESCO, 2021)。

一是协作与团队合作应成为教师工作的特性。高质量的教学是在团队和有利的环境中产生的,以此来确保学生的身体、社会和情感需求。为此,应支持教师作为教育环境、关系、空间和时间的主要召集者而共同工作(work in common)。二是生产知识、反思和研究应该成为教学中不可缺少的一部分。教师本身被认可为有智力投入的学习者,因为他们通过识别新的探究和创新领域,确定研究问题,并产生新的教学实践(pedagogical practices)。三是教师的自主权和学术自由权应得到有力支持。应鼓励教师具有强烈的专业性和职业认同感,包括适当的入职培训和持续的专业发展,以确保教师能够有效地利用他们的判断力和专业素养来设计和引导学生的学习。四是教师应积极参与有关未来教育的公开辩论与对话,确保教师参与社会对话和机制决策,以便共同重新构想教育的未来。

(四) 学校:以保护和改造学校系统为重点

展望 2050 年,作为人类最普遍和最强大的教育机构,学校应成为受保护的学习场所,因为它们支持包容、公平以及个人和集体福祉;同时也应被重新构想,以便更好地推动世界向更公正、公平和可持续的未来转变。以下四项指导原则可以给予我们一定的启发(UNESCO, 2021)。

一是作为学生在其他地方无法经历的挑战和可能性的空间,学校应该得到保护。

如果学校不存在,我们就需要创造(invent)它们,同时也应确保学校把不同群体的人聚集在一起,相互学习,相互交流。二是集体能力建设(building collective capacity)应作为指导学校重新设计的宗旨。学校的建筑、空间、时间/课程表和学生分组的设计,都应有助于培养学习者的合作能力。合作的文化也应渗透到学校的行政和管理系统,以及校际关系之中。三是数字技术应旨在支持学校,而不是取代学校。当人工智能和数字算法被引入学校时,必须确保它们不只是简单地复制现有的刻板印象和排斥系统,而是要利用数字工具来提高学生的创造力与表达交流能力。四是学校应在保障人权、可持续发展和碳中和(carbon neutrality)方面成为典范,为我们所向往的未来做出示范。我们既应确保所有的教育政策都能维持和促进人权,又应信任学生,并赋予他们领导教育界"绿化"(greening)的任务,使其成为绿色低碳教育(green low-carbon education)的先锋。

(五) 教育:以扩大终身学习的机会为根本

展望2050年,我们应享有并扩大发生在整个生命中以及发生在不同的文化和社会空间中的丰富的教育机会。以下四条对话与行动原则有助于指导并推进该建议被付诸实践(UNESCO, 2021)。

一是人生的各个阶段都应拥有接受有意义的、高质量的教育的机会。学习是终身的、全面的,我们要对成人教育给予足够的重视和认可,应采用包容性的设计原则,在开始任何规划之前,就注重为那些处于最边缘和最脆弱环境中的人服务。二是健康的教育生态系统应连接着自然的、人造的和虚拟的学习场所。因此,我们需要更好地将生物圈(biosphere)视为一个学习空间。在对数字化学习空间予以重点开发,以支持公共、包容和共同的教育目标的同时,也应优先考虑开放获取(open access)和开源平台(open-source platforms),并对学生和教师的数据进行强有力的保护。三是加强政府对教育的公共融资和监管能力。我们应督促各国提高国家建设能力,为教育制定和执行具有响应性、公平性和维护人权的标准和规范。四是受教育权的范围应该扩大,把受教育权简单地框定在学校教育上,已不能满足我们的需要。无论身处何地,每个人都应享有终身学习的权利。我们应把信息权和文化权作为受教育权的必要组成部分,建立互联互通的教育网络服务体系。

政策源流意味着,各种政策建议在决策过程中漂进漂出,有些建议很快就被舍弃,而另一些建议则会更加受到重视并且幸存下来。但就《重塑未来教育》而言,联合国教科文组织始终坚持上述指导原则,并在地方、国家、区域和全球层面展开对话与行动。历时两年时间(2019—2021年),有超过75个国家的数百万人参与了这场全球辩论。因此,在重塑未来教育这盆"政策原汤"中,可能漂浮着相当广泛的思想和建议,而且它们在某种程度上都受到了重视。各种思想并不是简单地漂浮,它们相互碰撞,彼此结合,有些幸存,有些消散。与其说有些政策建议不被重视或采纳,倒不如说它们以一种与其起源很不相同的形式幸存了下来(金登,2004)。

四、政治源流:教科文组织成立75周年以来,始终致力于全球教育治理的历史使命与根本宗旨

前已述及,政治源流一般包括国民情绪的变化、选举的结果、行政或立法的换届。但迥异于单个主权国家的政府机构,联合国教科文组织是隶属于联合国、专门负责世界教育发展事业的全球性国际机构。作为世界上规模最大、作用最为关键的政府间智力合作组织,也作为众多非政府智力合作组织的网络节点(张民选,2010),其本身就享有独立的立法章程、组织方式以及独特的使命与职责。因此,就《重塑未来教育》政策议程而言,联合国教科文组织成立75周年以来,其始终致力于全球教育治理的历史使命与根本宗旨构成了政治源流的核心要素。

首先,在理念层面,1946年《教科文组织法》规定:"本组织之宗旨在于通过教育、科学及文化来促进各国间之合作,对和平与安全做出贡献,以增进对正义、法治及联合国宪章所确认的世界人民不分种族、性别、语言或宗教均享人权与基本自由之普遍尊重。"(张民选,2010)组织法之于国际组织,正如宪法之于民族国家。1948年联合国大会通过《世界人权宣言》(*The Universal Declaration of Human Rights*),进一步明确了该组织的宗旨与理念:"教育是一项不可剥夺的基本人权。"(United Nations,1948)由此,联合国教科文组织被赋权为全球教育领域的代理人和全球教育文化的生产者。在全球教育治理方面,联合国教科文组织始终秉持这一核心使命,并将其作为一切活动的指导思想与终极目的(杜越,2016)。具体而论,在以功利主义和经济霸权为特征的当代政治气候中,联合国教科文组织始终秉持教育是其工作的最高优先事项,并积极参与全球教育治理,推崇通过教育来促进和维护世界和平,以实现联合国远大的政治

抱负。在此过程中，它始终如一地以"共同人性"(common humanity)思想为基础，坚信人文主义的统一力量，并将人文主义价值观作为教育的基础和宗旨，即"尊重生命和人格尊严，权利平等和社会正义，文化和社会多样性，以及为建设我们共同的未来而实现团结和共担责任的意识"(UNESCO，2017)。

其次，在实践层面，联合国教科文组织自成立以来，通过制定国际公约，召开专家会议，出版教育宣言、报告和年鉴等多种形式不断推广和践行一系列具有前瞻性的教育思想和理念，诸如全民教育、终身学习、全球公民教育、全纳教育、国际理解教育、可持续发展教育以及其他特殊领域的教育行动，如科学教育、艾滋病教育等。特别是，联合国教科文组织每25年左右的时间就会授权国际委员会编写一份全球性报告，重新思考教育在社会转型关键时期的作用。最初是富尔委员会(Faure Commission)1972年发布的《学会生存：教育世界的今天和明天》(*Learning to Be: the World of Education Today and Tomorrow*)，接着是1996年(教科文组织50周年)德洛尔委员会(Delors Commission)的报告《学习：财富蕴藏其中》(*Learning: The Treasure Within*)，以及在该组织成立70周年之际颁行的《反思教育：向"全球共同利益"的理念转变？》(*Rethinking Education: Towards a Global Common Good?*)。这一批具有划时代意义的经典之作，都对世界教育学的发展产生了极其重大而深远的影响。可以说，在当代历史上的每一个标志性的关键时刻，联合国教科文组织都支持着社会的和平发展，为人类的教育事业做出了不可磨灭的贡献。作为一个国际组织，它的最大贡献之一是使世界各国政府和公众逐步认识到教育的重要地位和使命，并在世界范围内推动教育的改革和发展(赵中建，1996)。

最后，行政领袖的执政理念，也是影响政策议程设置的重要因素；特别是，新一届领导人上台的第一年显然是关注"变革"主题的黄金时期(金登，2004)。"无论是出于政治优先权的考虑，还是出于对公众利益的关切，或者两者兼而有之，政治领导人可能会密切关注某些特定的问题，将它们告之公众，并提出解决这些问题的方案。"(詹姆斯·E. 安德森，1990)就联合国教科文组织而言，总干事是本组织的行政首脑，"以个人身份为联合国教科文组织服务，不寻求或接受任何政府或本组织以外当局的指示，以保持其公正性和独立性"(于永达，2011)。因而在议程设置上，他们也扮演着"领导者"的角色，其立法建议具有高度权威性和话语优势，可自动地被提上议事日程。

2021年11月，在新一轮换届选举中，现任总干事奥德蕾·阿祖莱(Audrey

Azoulay)以绝对优势成功连任。自职业生涯开始以来,她不遗余力地确保联合国教科文组织充分履行其普遍使命,促进人道主义和开放价值观,并成为联合国系统的推动力。阿祖莱认为,"如果不依靠科学、教育和文化的基本支柱,任何一个国家都无法独自应对当今世界面临的任何重大挑战。因此,联合国教科文组织能够而且必须充分参与基于多边主义和人文主义价值观的世界秩序"(UNESCO,2021)。针对当前气候变化、数字化转型、社会两极分化和错误信息泛滥等重大挑战,阿祖莱强调,"重建我们与彼此、与地球以及与技术之间的关系势在必行",并提出了一系列真知灼见。例如,环境教育将是未来教育的核心部分;数字技术将改变教师的工作,但数字技术不能也不应该取后者而代之;提升媒体和信息素养必须纳入批判性思维,并培养质疑和理性的精神等(UNESCO,2021)。同时,她还专门任命埃塞俄比亚联邦民主共和国总统萨赫勒-沃克·祖德(Sahle-Work Zewde)女士为国际委员会主席,由其领衔编写《重塑未来教育》。由此可见,国际组织领导人的工作理念与重要指示也为《重塑未来教育》的议程设置营造了良好的政治氛围。

五、三流交汇:在政策企业家及其政策外溢效应的助力下实现耦合,成功开启未来教育政策之窗

在多源流理论视域下,当上述分离的问题源流、政策源流和政治源流在某个关键的时刻实现汇合时,适合变革的契机就会出现,即金登所谓"政策之窗"。一扇敞开的政策之窗,意味着政策问题被识别,相关政策建议被采纳,议程设置的机制被启动,一个项目成功进入决策议程的可能性就大大增加(金登,2004)。因此,纵观《重塑未来教育》的整个决策过程,三大源流在未来教育国际委员会等"政策企业家"及其相关政策"外溢效应"的助力下,实现相互嵌套耦合,最终成功推动《重塑未来教育》政策的出台。其议程设置可概述为:

其一,问题源流与政策源流相互耦合。突发性的全球公共卫生事件使得相关政策问题变得更加聚焦和突出,为政策企业家提出精准的教育解决方案与政策建议奠定了合理性基础。一方面,新冠疫情对当前教育系统造成了前所未有的破坏,触发了有史以来最严重的全球教育危机,在许多方面加剧了现有教育的不平等,阻碍了可持续发展目标的实现。另一方面,这场危机既迫使我们正视现行教育系统的脆弱性,同时又

为各国重新审视其教育模式及其未来提供了契机;并使它们认识到了立即采取行动走出危机,创建一个更加公平、高效和有韧性的未来教育体系的必要性。为应对新冠疫情所造成的影响,作为政策共同体的国际委员会于2020年4月拟定了一份联合声明《保护并变革教育,打造共同未来》(Protecting and Transforming Education for Our Shared Futures);同年6月,又发布了一篇更长的报告,题为《后疫情世界的教育:推进公共行动的九个构想》(Education in a Post-COVID World: Nine Ideas for Public Action)。

其二,政策源流与政治源流相互耦合。作为主要的政策倡导者,国际委员会在联合国教科文组织的领导下,通过与众多利益攸关方展开广泛的磋商与对话,共享研究成果,为重塑未来教育政策议程提出一揽子科学性建议。质言之,联合国教科文组织委托该委员会突出人权和共同人性的承诺,沿袭人文主义传统,通过集思广益提出教育政策和实践方面的建议,并为促进共同行动拓展教育公共空间,为推动包容性变革重振学习生态系统,为实现共享发展重塑学习与知识(UNESCO,2021)。2020年1月28—29日,国际委员会首次以面对面的形式召开会议,并将相关主题建议汇编成《学习的人文主义未来:联合国教科文组织和姊妹大学网络的观点》(Humanistic Futures of Learning: Perspectives From UNESCO Chairs and UNITWIN Networks);2月又发布《展望并构筑教育的未来》(Visioning and Framing the Futures of Education),进一步勾勒了未来教育的总体愿景,并围绕知识、学习和教育确定了重塑未来教育的主要内容。

其三,问题源流与政治源流相互耦合。鉴于当前人类和地球所面临的各种生存危机,联合国教科文组织不断重申教育作为一项基本人权、一项公共事业和一项共同利益的全球性价值,并努力提高其在全球教育治理中的国际形象,进而保证全人类共同行动以协商解决全球性问题的政治合法性。75年来,联合国教科文组织努力通过倡导人权反对传播以市场为导向的教育观,将教育视为一种全球共同利益(global common good),把教育发展定位为实现更大的社会正义和平等的手段;同时,基于以科学人文主义和人权为基础的和平文化,力求建立一个和平的世界人类共同体(universal community of humankind)或全球人类共同体(global community of humankind),进而共担责任并共享命运(Pavone,2007)。2020年11月,联合国教科文组织发布《学会与世界共同生成:为了未来生存的教育》(Learning to Become With the

*World: Education for Future Surviva*l），直接宣告了 7 项富有远见的教育宣言，强调 2050 年及以后的未来教育将是基于生态正义（ecological justice）的后人文主义教育，或曰新人文教育（彭正梅、王清涛等，2021）。该报告由一个跨学科的研究组织共同世界研究体（Common Worlds Research Collective）负责撰写，旨在关注人类与超人类世界（the more-than-human world）之关系（UNESCO，2020），即在所谓的人类世（Anthropocene）中，以一种全新视角来重构未来教育范式——构建一种人与万物和谐共生的共同世界教育学（Common Worlds Pedagogies）（Taylor，2017）。

最终，三大独立流淌的源流在以国际委员会为代表的"政策企业家"的积极倡导，以及上述相关政策的"外溢效应"的助力下，即一旦某一领域的政策议题成功设置可能会增加相关政策议程出现的概率（约翰·W. 金登，2004），实现相互嵌套耦合，成功开启重塑未来教育的政策之窗。2021 年 11 月 10 日，联合国教科文组织第 41 届暨庆祝成立 75 周年大会在法国巴黎召开，会议审议通过了未来教育国际委员会最终提交的报告，标志着《重塑未来教育》政策议程的成功设置。

六、结语

综上，本文以金登的多源流理论为分析视角，全景式地呈现了《重塑未来教育》的议程设置及其动力来源，探讨了三大源流是如何影响联合国教科文组织参与全球教育议程设置的发生过程的。固然，我们不应夸大多源流理论的效用，因为政策议程的创建方式是复杂的，决策者的认知水平与选择及其处理信息的能力也是有限的，从契约的角度来看，《重塑未来教育》所强调缔结的契约也只是一种不完全契约（incomplete contracts）（王清涛，2019），实质上仍是一个"未完成"的议程。但不可否认，联合国教科文组织将教育视为一种社会契约（social contract），一种社会成员之间为了共同利益而进行合作的隐性协议（implicit agreement）（UNESCO，2021），与我国基于全人类共同利益和共同价值提出的新时代共建"人类命运共同体"的理念与行动是相吻合的（习近平，2017）。也诚如国际委员会所强调的，《重塑未来教育》与其说是一本手册、一幅蓝图，倒不如说是开启了一场至关重要的全球共同对话、一份引发人类共同思考与想象的邀请（UNESCO，2021）!《重塑未来教育》的愿景、原则与建议仅仅是一个起点，诠释它并将其置于具体语境中是一种集体努力的结果。教育的未来更需我们共同思考、共同行动、共同建设,需要在世界各地的国家、社区、学校、教育项目和系统中得到实现。

■ 参考文献

[1] The United Nations Educational Scientific and Cultural Organization (UNESCO). (2021). *Reimagining Our Futures Together: A New Social Contract for Education*. Paris: UNESCO.

[2] 宁骚. (2003). *公共政策学*. 北京:高等教育出版社.

[3] 约翰·W·金登. (2004). *议程、备选方案与公共政策(第二版)*. 丁煌,方兴,译. 北京:中国人民大学出版社.

[4] 保罗·A·萨巴蒂尔. (2004). *政策过程理论*. 彭宗超,等,译. 北京:生活·读书·新知三联书店.

[5] 赵德余. (2011). *公共政策:共同体、工具与过程*. 上海:上海人民出版社.

[6] 姜艳华,李兆友. (2019). 多源流理论在我国公共政策研究中的应用述论. *江苏社会科学*,(1),114-121.

[7] United Nations Environment Programme. (2021). *Adaptation Gap Report 2021: The Gathering Storm-Adapting to Climate Change in a Post-pandemic World*. https://www.unep.org/resources/adaptation-gap-report-2021.

[8] UNESCO. (2021). *Learn for Our Planet: A Global Review of How Environmental Issues are Integrated in Education*. https://unesdoc.unesco.org/ark:/48223/pf0000377362.

[9] UNESCO. (2021). *Getting Every School Climate-ready: How Countries are Integrating Climate Change Issues in Education*. https://unesdoc.unesco.org/ark:/48223/pf0000379591.

[10] UNESCO. (2020). *Startling Digital Divides in Distance Learning Emerge*. https://en.unesco.org/news/startling-digital-divides-distance-learning-emerge.

[11] Sarkar S. (2012). The Role of Information and Communication Technology in Higher Education for the 21st Century. *Science*,(1),30-41.

[12] UNESCO. (2022). *Digital learning is the way forward: High population countries rally around UN initiative*. https://en.unesco.org/news/digital-learning-way-forward-high-population-countries-rally-around-initiative.

[13] United Nations. (2020). *COVID-19 and Human Rights: We are all in this together*. https://unsdg.un.org/sites/default/files/2020-04/COVID-19-and-Human-Rights.pdf.

[14] UNESCO. (2015). *Global Citizenship Education: Topics and Learning Objectives*. https://unesdoc.unesco.org/ark:/48223/pf0000232993.

[15] Bush, K., & Saltarelli, D. (2000). *The Two Faces of Education in Ethnic Conflict: Towards a Peacebuilding Education for Children*. Florence: UNICEF, 33–34.

[16] Al-Nakib, R. (2012). Human Rights, Education for Democratic Citizenship and International Organisations: Findings From a Kuwaiti UNESCO ASPnet school. *Cambridge Journal of Education*, 2012(1), 97–112.

[17] Oh, S. A., & Van der Stouwe, M. (2008). Education, Diversity, and Inclusion in Burmese Refugee Camps in Thailand. *Comparative Education Review*, 2008(4), 589–617.

[18] Davies, L. (2010). The Different Faces of Education in Conflict. *Development*, 2010(4), 491–497.

[19] UNESCO. (2020). *Educational Content up Close: Examining the Learning Dimensions of Education for Sustainable Development and Global Citizenship Education*. https://www.oneplanetnetwork.org/knowledge-centre/resources/educational-content-close-examining-learning-dimensions-education.

[20] International Labour Organization. (2021). *An Update on the Youth Labour Market Impact of the COVID-19 Crisis*. https://www.ilo.org/wcmsp5/groups/public/---ed_emp/documents/briefingnote/wcms_795479.pdf.

[21] Hodgson, G. M. (2016). The Future of Work in the Twenty-first Century. *Journal of Economic Issues*, 2016(1), 197–216.

[22] Succi, C., & Canovi, M. (2020). Soft Skills to Enhance Graduate Employability: Comparing Students and Employers' Perceptions. *Studies in higher education*, 2020(9), 1834–1847.

[23] UNESCO. (2011). *The Hidden Crisis: Education and Armed Conflict*. https://world-education-blog.org/2011/03/01/the-hidden-crisis-armed-conflict-and-education/.

[24] 连爱伦,王清涛,张际平.(2021).教育的未来:学会成长——联合国教科文组织《学习的人文主义未来》报告述评.全球教育展望,2021(4),80–89.

[25] 张民选.(2010).国际组织与教育发展.上海:上海教育出版社.

[26] United Nations. (1948). *Universal Declaration of Human Rights*. https://www.ohchr.org/sites/default/files/UDHR/Documents/UDHR_Translations/eng.pdf.

[27] 杜越.(2016).联合国教科文组织与全球教育治理:理念与实践探究.北京:教育科学出版社.

[28] 联合国教科文组织.(2017).反思教育:向"全球共同利益"的转变? 北京:教育科学出版社.

[29] 赵中建.(1996).教育的使命:面向21世纪的教育宣言和行动纲领.北京:教育科学出版社.

[30] [美]詹姆斯·E.安德森.(1990).公共决策.北京:华夏出版社.

[31] 于永达.(2011).国际组织.北京:清华大学出版社.

[32] UNESCO. (2021). *Director-General, Audrey Azoulay*. https://www.unesco.org/en/director-general.

[33] UNESCO. (2021). *A New Social Contract for Education*. https://unesdoc.unesco.org/ark:/48223/pf0000379764_eng.

[34] UNESCO. (2021). *Follow-up to Decisions and Resolutions Adopted by the Executive Board and the General Conference at Their Previous Sessions*. https://unesdoc.unesco.org/ark:/48223/pf0000375660.

[35] Pavone, V. (2007). From Intergovernmental to Global: UNESCO's Response to Globalization. *The Review of International Organizations*, 2007(1), 77-95.

[36] 彭正梅,王清涛,温辉,连爱伦,刘钗.(2021).迈向"生态正义"的新人文教育:论后疫情时代教育的范式转型. 开放教育研究,2021(6),4-14.

[37] UNESCO. (2020). *Learning to Become With the World: Education for Future Survival*. https://unesdoc.unesco.org/ark:/48223/pf0000374032.

[38] Taylor, A. (2017). Beyond Stewardship: Common World Pedagogies for the Anthropocene. *Environmental Education Research*, 2017(10), 1448-1461.

[39] 王清涛.(2019).公费师范生违约风险及其治理——基于不完全契约理论的分析. 教育发展研究,2019(Z2),119-124.

[40] 习近平.(2017).共同构建人类命运共同体-在联合国日内瓦总部的演讲. 人民日报,2017-01-20(002).

第二章

在人类世危机中构建共同世界教育学
——联合国教科文组织《学会与世界共同生成:为了未来生存的教育》评述

游 韵 余沐凌

一、引言

2021年11月10日,联合国教科文组织(United Nations Educational, Scientific and Cultural Organization,简称 UNESCO)发布了《一起重新构想我们的未来:为教育打造新的社会契约》报告(*Reimagining Our Futures Together: A New Social Contract for Education*,以下简称《重新构想未来》)。这是"教育的未来"国际委员会自2019年成立以来发布的第一份全球报告,试图展望2050年及以后"教育在塑造我们共有的世界(common world)和共同的未来(shared future)方面"可以有何作为。面对日益突显的"数字技术、气候变化、民主滑坡、社会两极分化以及不确定的工作前景等"问题,该报告呼吁通过教育转型,"最终建设一个公正、公平和可持续的未来"。

《重新构想未来》报告是国际委员会提出的"教育的多重未来:学会生成"(The Futures of Education: Learning to Become)全球倡议的重要成果。倡议旨在召集来自政治、学术、艺术、科学、商业和教育等各界的思想领袖,广泛征求公众意见,从不同角度展开关于"知识和学习如何塑造人类和地球未来"的全球辩论。为此,联合国教科文组织委托多位学者和学术组织针对倡议的核心议题,撰写了30份《重新构想未来》报告的背景论文。其中3份是联合国教科文组织"教育研究与展望工作论文"(Education Research and Foresight Working Papers),主要在《2030年可持续发展议程》的框架下探讨未来教育。本文特别关注此系列中针对教育的生态意识以及通过教育实现生态正义(ecological justice)的《学会与世界共同生成:为了未来生存的教育》(Learning to Become with the World: Education for Future Survival,以下简称《学会共同生成》)报告。

之所以在众多背景报告中选择《学会共同生成》进行扩展评述,主要基于以下三点原因。首先,承上所言,该报告的主要议题是面对人类世(Anthropocene)的极端气候与生态危机,教育如何通过自身变革来积极改变我们与世界相处的方式。报告的撰写组织共同世界研究共同体(Common Worlds Research Collective,以下简称"共同体")借鉴哲学、社会学、文化学和教育学等领域的理论成果,指出现代环境教育的问题,发展共同世界教育学(common worlds pedagogies),提出重新理解人类与不止于人类(more-than-human)的其他事物之关系的创见性理念。其次,这些理念在一定程度上影响了联合国教科文组织对"共有的世界"(common world)、作为复数的"未来"(futures)、"相互依存"(interdependency)以及"学会生成"(learn to become)等关键概念的理解,并在此基础上形成了前瞻性愿景和政策议程,引导全球教育和学习未来发展的趋势。同时,笔者在与共同体核心成员的学术交流中感受到,其理念依据与中国哲学传统和而不同。因此,尽管已经有报告的中文译介,且从中国哲学传统的视角探讨生态和生态教育的研究不胜枚举,但本文期望有所贡献之处在于考察共同世界教育学的理论框架,并在余论部分尝试将其与中国哲学传统思想进行初步比较,获得一种跨文化的共同性理解,并探索以中国哲学传统思想的独特性丰富和完善具有生态意识之未来教育的思考和行动的可能性。

由于本文的作者之一(游韵)与共同体的两位核心成员——林逸梅(Iveta Silova)和艾芙丽卡·泰勒(Affrica Taylor)——有着相对密切的学术交往,基于学术严谨性的考量,有必要就这种交往对本文产生的影响进行简要说明。笔者在2019年的一场研讨会上,第一次通过两位教授的介绍了解到共同体和共同世界教育学。在随后的多次交流中,笔者逐渐深入理解共同体成立和发展的概貌、共同体成员的背景和愿景以及共同世界教育学核心概念的由来和理论框架的构成等。换言之,两位教授为笔者阅读、分析和诠释报告文本提供了一份"导览路线",使得笔者能够更准确地呈现其主张和更系统地把握其理论依据——由于报告自身性质的限制,这些理论依据常常是隐含在其论述中的。但笔者在整个过程中始终有意识地保持着"局外者"(outsider)的视角,将共同体倡导的教育重塑置于更大的环境教育历史发展的背景下进行考察;不局限于共同体的研究成果,而是将分析基于对支撑其理念建构的关键概念和理论的把握;并结合笔者的研究兴趣,尝试跳出她们的已有"路线",从中国哲学的资源中寻找新的生长点。

具体而言,在人类世背景下,本文以《学会共同生成》报告作为抓手,以共同世界教育学的建构为例,探究具有生态意识和实现生态正义的未来教育。为此,本文将围绕以下两个问题展开论述:如何理解现代环境教育的理论根基和问题所在?如何借由共同世界教育学的理论资源重塑教育,在生态意义上实现可持续发展的未来愿景?在此基础上,本文还将初步探讨中国哲学传统资源,尤其是先秦道家思想,如何在塑造未来教育框架的理论构建中有所贡献。需要阐明的是,本文并非将生态教育和未来教育混用,或将二者视为"未来的生态教育"这样的包含关系;而是如《重新构想未来》报告所言,"我们正在走向一种新的以生态为导向的教育"(UNESCO, 2021, p.33)——生态应成为未来教育所蕴含的一种核心价值导向。

二、人类世下的现代环境教育:理念、依据与共同体的反思

《学会共同生成》报告回应的是人类世所带来的种种负面影响。"人类世"是2000年由荷兰大气化学家保罗·克鲁岑(Paul Crutzen)及其合作者尤金·斯托默(Eugene Stoermer)提出的一个地质学概念。虽然尚未获得国际地层委员会和国际地质科学联合会的正式接纳,学者们对其内涵的界定也仍有争议,但由这一概念所引发的全球范围内持续的、跨学科的反思却是显而易见的。报告将人类世描述为一个人为改变地理/生物系统,从而造成生态危机、威胁地球生命的"人的时代"("The Age of Man", Common Worlds Research Collective, 2020, p.2)。然而,现行的环境教育却没能赋予我们正确行动的方向和能力。因此,即使经过数十年的教育治理和发展,"世界上'受过教育的'人数达到有史以来最多,但却最接近生态崩溃"(ibid., p.2)。因此,报告将人类世视为一种"紧急唤醒"("an urgent wake-up call", ibid., p.8),试图从哲学层面对现代环境教育的常规做法(business-as-usual)进行反思。这些反思也将有助于我们

进一步厘清和完善由联合国教科文组织倡导的可持续发展教育(education for sustainable development)转向的内涵。

(一) 现代环境教育的发展历程

限于篇幅,《学会共同生成》报告并没有详细描述现代环境教育理念。为更好地理解报告对于现代环境教育不仅未能回应反而持续加深人类世危机而进行的反思性批判,在此有必要梳理这些背景性内容。梳理将以重要国际组织对环境教育的推动为线索展开。这并非有意忽视学界在环境教育思想领域的远见卓识,而是基于这些国际组织(尤其是联合国教科文组织)对各国教育政策和课程教学的深远影响。在此之前,有学者将环境教育的萌芽追溯到18世纪卢梭在《爱弥儿》中提出的"用乡村环境作为教育方法"的主张(李久生,2004)。不过,直至1948年,托马斯·普理查德(Thomas Pritchard)才第一次在国际自然和自然资源保护会议上使用了"环境教育"一词(Palmar & Neal, 1994)。整体而言,人们虽然很早便开始意识到环境的日趋恶化及其与人类生存的密切关联,但彼时却更沉浸在攫取资源、实现科技进步所带来的人类生产能力和生活水平的飞跃式提升中(祝怀新,1994)。

面对人为造成的生态危机,作为在教育领域影响最大的国际组织之一,联合国教科文组织在1968年举办的生物圈大会(Biosphere Conference)上发表宣言,将"环境教育"定义为"认识价值和澄清概念,以理解和欣赏人与其文化和生物物理环境之间的相互关联所必需的技能和态度",引发世界各国对环境教育的关注(Kopnina, 2012)。1971年,普理查德在环境教育欧洲工作会议上提出环境教育不仅是"培养专门人才的职业训练",更是"培养环境问题的公共意识,实现自然资源的保护和鼓励享受环境"这一最终目的的手段。由此,环境教育的保护定位和享受指向被凸显。1972年,联合国颁布的《人类环境宣言》将"环境教育"(environmental education)的名称正式确定下来,并指出其目的是使人们能"根据所受的教育,采取简单的步骤来管理和控制自己的环境"。三年后,联合国环境规划署成立,并与联合国教科文组织开展密切合作,共同成立国际环境教育规划署,举办国际环境教育会议,并通过众多决议、宣言和公约(田青,2011)。在这一阶段,环境教育虽强调重建人与自然的联系,但这实际上意味着培养人认识、保护和管理环境(stewardship)的意识与能力;人似乎被奉为环境的"救世主"。这种带有浓厚人类中心和英雄主义色彩的观念逐渐受到各界的反思,成果之一即可持续发展教育的转向(Sauvé, 2005)。

"可持续发展"概念于 1980 年在《世界自然资源保护大纲》中被正式提出。尽管定义繁多，但最为广泛接受的是世界环境与发展委员会在 1987 年发布的《我们共同的未来》报告中所提出的："既能满足当代人的需要，又不对后代人满足其需要的能力构成危害的发展。"次年，联合国教科文组织积极响应，以可持续发展教育取代环境教育，并在 1992 年召开的联合国环境与发展大会上与各方达成共识。为回应《联合国千年宣言》和《可持续发展目标 4》(SDG4)的颁布，联合国教科文组织相继制订了《联合国可持续发展教育十年计划（2005—2014）》《可持续发展教育全球行动计划（2015—2019）》《爱知县名古屋可持续发展教育宣言》和《仁川宣言》等文件来持续强化可持续发展教育话语的全球主导地位，并不断发展这一理念的内涵和价值。在 2018 年的报告中，联合国教科文组织将可持续发展教育定义为"增强当代人和未来人的能力，使她们有能力使用平衡和综合的方法来满足可持续发展的经济、社会和环境方面的需求"。与环境教育相比，可持续发展教育更强调实现环境与人类需求之间的平衡。然而，也有学者指出，可持续发展教育在本质上延续的是人本主义和理性主导的现代性(modernity)；对人类福利和经济再分配的优先考量将导致对环境自身价值的轻视(Edwards, 2014; Kopnina, 2012)。因而，我们仍需借鉴各种文化的思想资源，对这一概念的内涵进行更加具有生态意义的诠释和使用，而这正是共同世界教育学的题中应有之义。

（二）现代环境教育的哲学根源

在这一背景下，《学会共同生成》报告指出，构建具有生态意识的未来教育需要跳出理性主义的束缚，以"纠正人类世根源的意愿"来"想象与地球相处的其他方式"(Common Worlds Research Collective, 2020, p.2)。在共同体成员看来，人类世的形成及其所带来的负面影响，根植于西方传统哲学中的二元论(dualism)和人类中心主义(anthropocentrism)，由此构成了现代环境教育的主要思想基础。

尽管二元论的概念到 17 世纪才被正式提出，但二元论的思想自古希腊起就存在了。最为典型的例子是柏拉图对感性/经验世界和理性/理念世界的划分，他将理念视为永恒的、普遍的、先于并脱离可感的和不断变化的具体事物而存在的本体，是万物追求的目标、产生的动因和模仿的本原。因而，二元论不仅是"一分为二"，还在二者之间做出等级的排列。万物背后的本质以及由这种形而上学的假定所发展出来的决定世界秩序和价值的超验原则成为知识的最高形式,向我们显示世界的存在方式(Hall & Ames, 1995)。近现代哲学意义上的二元论被称为笛卡尔式(Cartesian dualism)的。他主要区分构成身的物质实体和构成心的精神实体,以及与之相应的自然客体和精神主体。精神主体可以运用纯粹理性的方法(即数学方法)去发现确实而自明的真理体系,从而把握自然客体。由此,自然被彻底客观化和外部化,认识主体和认识对象被实在地区分,形成主客二分的思维方式(施璇,2014)。这种思维方式经过康德、费希特和黑格尔等西方哲学家的不断发展和强化,塑造着我们的思想和行为。

与主客二分思维方式交织发展的是近代以来西方哲学对人类作为主体的优越性的确认。这是由于对理性的推崇和对"人是目的"的确认,使得人视自身为万物的中心,拥有一种独立在外和超然于世的"上帝视角"(God's eye)以及掌控世界的力量。换言之,在这种人文主义精神的鼓舞下,人类所要做的只是运用自己的理性,不断改进种种探寻万物本质、把握超验原则和揭示真理的方法,以服务于人类自身福祉和社会进步。而科学技术的不断发展又似乎一再证明了人类作为绝对主宰而优于其他物种的"万物灵长"的地位和能力。这种自以为天赋的(granted)地位和能力,将从人的视角和利益出发对环境进行的改造和利用最大限度地加以合法化。人类优越/例外(human supremacy/exceptionalism)的傲慢妄想最终导致现代生态危机的爆发和持续恶化(Komatsu, Rappleye & Silova, 2021)。

人文主义思潮确立了以培养人的理性为出发点、以追求人的发展为依归歌颂人的价值和力量的思维方式。与以卢梭为代表的欧洲浪漫主义思潮纠葛在一起,它们共同塑造了现代环境教育的内核。首先,与成人相对立的儿童和与社会相对立的自然被赋予了积极和美好的含义——她们都是纯净和未经雕琢的,因而是完美相配的。自然与社会的分割(nature/culture divide)孕育出"自然的儿童"(Nature's Child)这一概念。这意味着,一方面,一个幻想的、独立存在的自然界被认为是儿童最好的老师或最佳的学校;另一方面,儿童通常被描述为对自然有一种本能的和特殊的亲切和喜爱,这似乎使得她们天然地获得了保护和管理自然的使命(Taylor, 2013)。其次,这种天然使命的完成是以儿童通过教育获得理性思考能力和通过培养主体能动性而成为一个"完整"的人为依托的。在深受发展心理学影响的教育领域,理性的"未来主人翁"被视为儿童发展的最终目标(Dahlberg & Moss, 2004)。因此,现代环境教育本质上建立在这样一种假设上:环境是外在的等待被发现、被治理和被保护的客体;儿童是优越的,需要学习关于(learn about)环境的知识,以成为更高效地发现、治理和保护环境的主体。

(三) 共同体对现代环境教育的反思性批判

当前,可持续发展教育成为主导全球环境教育研究与实践的理念。然而,《学会共同生成》报告延续近年来环境教育研究领域出现的对这一理念的反思指出,如果我们将"教育促进可持续发展"理解为倡导通过教育促使人类学会科学和有效地管理和保护环境,那么这本质上不过是将环境视为经济增长、社会繁荣和人类福祉的宝贵资源。如上所述,在哲学层面上,这种通过人的发展来促进环境管理和保护的思维和行为模式,将人类看成区别于自然、外在于自然甚至是超越于自然的存在,而忘却自己只是万物中的一种、生态圈的一部分。这种"想象的"人与自然的截然分割使得人与其自身的生态存在感和归属感(ecological being and belonging)相脱节。由此带来的后果看似截然相反,实则是基于同样思维的两种教育:或是产生一种凌驾于自然的无知与傲慢,贪婪地损害生态,为现代环境教育所批判;或是受制于人类或社会的框架(human or social framework),沉浸于一种拯救环境的英雄臆想和自我陶醉中,为现代环境教育所弘扬(Common Worlds Research Collective, 2020, p.3)。在共同体的成员们看来,后一种看似是更为积极和进步的选择,但这种力图培养新一代自然的管理者的教育非但不是解决方法,反而"成了问题的一部分",更加固化了造成人类世危机的思维方式(ibid., pp.3-4)。

《学会共同生成》报告正是在这一背景下提出:"面对我们自己带来的多重生存威胁,一切照旧不再是一种明智的选择。现在想要迎接挑战,应当彻底更新教育和学校的角色,以从根本上重新想象和重新认识我们在世界上的地位和作用。"(ibid., p.1)鉴于当前可持续发展教育存在的内涵性局限和完善这一理念的可能性,报告认为,人类不能再妄想单纯依靠自己的才智和不断更新的科技来完美地解决环境问题,而是应该开始学习"如何成为地球上众多行动者、创造者和生命塑造者中的一员"(ibid., p.5)。只有通过更多人类以外的视角,我们才能认识到教育还可能意味着什么,才能从根本上超克最初那种让我们陷入困境的以人为本的狭隘理念,回应人类世的挑战。报告为此提出了七个描述2050年教育愿景的宣言,希望促成教育范式的根本转变——

从为了施加(正义)行动而认识世界(learn about the world),转变为学会与万物在相互依存中共同生成(learn to become with the world)。报告强调,我们未来的生存取决于我们做出这一转变的能力。这一理念在《重新构想未来》报告的"与有生命的地球共同学习"("learning with the living planet")一节中得到了特别呼应和集中阐释。

具体而言,《学会共同生成》报告畅想,到 2050 年,我们已经能够认识到人类是生态的,而不仅仅是社会的;我们嵌入在生态系统中,与万物一同生成。这意味着在教育上,所有的课程和教学都应牢固地建立在生态意识的基础上,且教育的目标应从人本主义转变为生态正义。教育不再是传播人类中心主义和个人主义思想的工具,而是培养一种集体性格(collective dispositions),并建立人与人之间以及人与其他事物之间和谐关系的意识与能力。因此,"学会与世界共同生成"是一种在世界之中与不止于人类的事物所进行的教学合作(pedagogical collaboration)。换言之,人类与其他事物之间不再是认识与被认识或保护与被保护的关系;这些新的愿景和道德观将教育重新定位为一种世界性的职权范围(a cosmopolitical remit)。它使我们关注并拥抱那些比人类世界更为复杂多样的且与人类世界共生共在的多重世界,并愿意与其他事物一同恢复和重建正在被伤害的共同世界。据此,《重新构想未来》报告指出,社会正义和生态正义应彼此包容;为获得相互和谐依存的能力,未来课程"必须包含从生态学角度去理解人类,重新平衡我们与地球这颗生命星球兼人类唯一家园之间的关系"(UNESCO, 2021,p.4)。

三、共同世界教育学:回应人类世的挑战、重塑现代环境教育的一种可能

《学会共同生成》报告是共同体接受联合国教科文组织的委托写作而成,集中表述了成员们对于现代环境教育的反思性批判和建设性重构,是共同体成员们多年来为回应人类世的挑战,在共同世界教育学的理念框架下所做的探索。

(一)组织理念与初步影响

共同体最初由澳大利亚堪培拉大学的艾芙丽卡·泰勒教授、埃迪斯科文大学的明迪·布莱斯(Mindy Blaise)教授和加拿大韦仕敦大学的维诺妮卡·帕西尼-凯察布

(Veronica Pacini-Ketchabaw)教授于 2012 年倡议建立。这一国际研究团体聚集了来自儿童研究、幼儿教育、儿童的和不止于人类的地理(children's and more-than-human geographies)研究、环境教育、女性主义新唯物主义(feminist new materialisms)和本土与环境人文(indigenous and environmental humanities)研究等不同学科领域的近百位学者。她们从不同的学术视角出发共同关注人类与不止于人类的其他事物之间的关系——这些事物构成了复数意义上并存的共同世界。共同体成员们主要采取女性主义的视角,去探索生成这种多重世界的方法。

"共同世界"(common worlds)概念最初由法国哲学家布鲁诺·拉图尔(Bruno Latour, 2004)提出。在他看来,世界既不是预先设定的,也不是静止不变的,而是时刻处于一种万物共同参与、持续构成和共有共享(commoning)的状态中。同时,受到美国后现代女性主义学者唐娜·哈拉维(Donna Haraway)的启示,共同体的成员们常常使用"世界"一词的动词形式——worlding——来强调一个动态的、具有生成力的"共同制造多重世界"(the co-making of worlds)的过程。哈拉维的另一概念"共生"(sympoiesis)同样被成员们广泛使用。它通过凸显物种间的物质/生理性和精神/思想性的交互和共享,来描述人类与其他事物共同制造多重世界的方式(Haraway, 2016)。

借用上述概念,共同体提出共同世界教育学,试图以一种全新的理论视角来重塑教育,建构一种基于生态协调与恢复的教育模式。这些意义非凡的探讨体现在成员们丰富的理论研究和实践成果中,并逐渐受到国际学界和教育政策制定者们的广泛关注。比如,加拿大最新版(2019 年)的英属哥伦比亚省幼儿学习框架(British Columbia Early Learning Framework)以"共同世界"作为其课程指导核心原则的主要理论依据之一。在时任比较与国际教育协会(Comparative and International Education Society, CIES)执行主席,同时也是共同体的成员之一的美国亚利桑那州立大学林逸梅教授等学者的积极倡导下,CIES 2020 年的年会主题被确定为"教育超越人类:走向共生"(Education Beyond the Human: Towards Sympoiesis)。

(二) 理论基础:后人文主义、生态女性主义和原住民本土文化

《学会共同生成》报告主要由泰勒、林逸梅、帕西尼-凯察布和布莱斯执笔。她们关于 2050 年教育愿景的七大宣言凝练了近年来共同体成员们对以消耗生态为代价的现代环境教育的审思和批判,通过共同世界教育学来进行学校和社会变革的理念和主

张,以及在人类世的危机中与万物共存的期待。为此,诚如报告所言,"我们一直在寻找与生态相适应的、多样的替代方案(alternatives),这些方案承认所有地球上的生命、实体和力量的集体作用(collective agency)以及[她们之间的]相互依存(interdepence)。我们接受了西方学者为应对人类世危机而提出的对人文主义缺陷的批判……并且摒弃了支撑'一个世界'框架的欧洲-西方总括性的认识论(totalising Euro-Western epistemologies)……"(Common Worlds Research Collective, 2020, p.3)。

这意味着一种"超越西方视野"(beyond the Western horizon)的努力,更多地参考那些在西方中心的全球知识生产和传播体系中被边缘化的非西方文化传统所蕴含的多种本体论、认识论和宇宙论(You, 2020)。综合来看,现阶段共同世界教育学理念主要建立在对后人文主义(post-humanism)、生态女性主义(eco-feminism)及原住民本土文化(aboriginal indigenous cultures)的吸收借鉴上。以此为理论依据,共同世界教育学挑战和重构以二元认识论和人类中心主义思想为框架建立的人文主义教育信仰。它们也成为支撑《重新构想未来》报告的部分核心理论视角。

作为继后结构主义和后现代主义之后兴起的又一重要"后学",后人文主义思潮直面的是人文主义之盛行所带来的种种问题。如前文所言,人文主义是一种集中在人的利益或价值的学说,强调人的尊严和通过理性的自我实现。这种以人为中心和尺度的思想曾经在人与神权的对抗中发挥过积极作用,但其带来的副作用也是不容忽视的(陈世丹,2019)。如法国解构主义哲学家雅克·德里达(Jacques Derrida, 1978)所言,人文主义"造成的压迫在世上无他物可及,这是一种有关本体存在或先验的压迫,也是一切压迫的源头或托辞"。共同世界教育学借用后人文主义,力图解构的是存在的等级序列以及与之相伴随的优先权、中心性、绝对性和超越性等一系列特权;在此排序中,人被视为高于其他事物的独立存在。取而代之的是一种由各种主体(包括人类和非人类)所形成的集合(assemblages)或网络(network)。

在这种新的体系中,各种主体在本体论意义上是平等的;人类不再在先验/本质的意义上具有任何特权。同时,人类与非人类之间的本体论界限变得模糊——她们共同构成一种集体的和关联的主体性。哈拉维等赛博格理论家以科幻为载体进行有关各种混合体的猜想和推演,比如,人的身体器官与动物的身体器官或机器的部件之间,通过联结形成新的结构,可以被视为一种"本体生成"(ontogenesis),而非两种不同的本体存在(ontological beings)之间的对立。生物学领域的研究进展似乎也印证了这一观点。以微生物为例,人体细胞与 10 倍于人体细胞的微生物交织在一起构成人。这种生理构成不但影响着我们的健康,也在影响着我们的社会交往,甚至是人类文明的发展(凯瑟琳·麦考利夫,2022)。从一定意义上说,人从来不仅是"自己";"人类在其核心的构建过程中与非人类因素融合在了一起,其生成的本质就是杂糅性"(蒋怡,2014)。

与传统女性主义不同,20 世纪 70 年代兴起的生态女性主义研究主要借助性别的视角来分析人与自然之间的关系。回顾女性主义的发展史,澳大利亚学者芙蕾雅·马修斯(Freya Mathews, 2017)指出,自 18 世纪以来的很长一段时间里,自由主义的女性主义学者们试图论证的是女性与男性因同样具有理性而平等。她们由此默许了理性的至高地位,并延伸至理性的人类与非理性的自然之间的二元分立,在本质上加固了男权社会所建构和崇尚的人类中心主义。直到在第二波女性主义思潮中,生态女性主义学者们才开始反思和克服对男权身份认同(patriarchal identity)的执念,并认识到男性对女性的统治和人类对自然的统治都根植于一种父权制的二元等级制度,从中衍生出种种支配和压迫的关系形态。她们关注的是男性中心论(androcentrism)和人类中心论之间的关联性,及消除西方二元论和人类或理性中心论思维框架的一致性。如"生态女性主义"的提出者、法国学者弗朗索瓦·德·欧本纳(Françoise d'Eaubonne, 1999)写道,"女性应该行动起来,在拯救地球的同时拯救自己,这两种需求在本质上是相互联结的"。

共同世界教育学从生态女性主义的角度批判父权制下的二元等级制度,寻求结束物种间对立和压迫的方法,以赋予人与自然的关系和具有生态意识的未来教育以新的含义。生态女性主义秉持的是一种有机整体论,即人不在自然之上,而是处于自然之中;万物有其内在价值,而非面向人类的工具。如穆雷·布克钦(Murray Bookchin, 1994)指出的,将自然仅仅当作被动的"自然资源"的观点是一种"有限的环境主义",因为这种观点关注的是自然界是否威胁到了人类物种在生物学上的持存以及如何"有效地"和"谨慎地"使用自然资源,却缺乏对生物圈的一种"直接的、深深的尊重";生态女性主义呼唤这种尊重以及在这种尊重之下超越工具理性、促进人与自然和谐运行的自觉努力。这要求人类不再仅仅以一种科学或技术的方式来认识和处理人与自然的关系,不再仅仅将人视为唯一的讲故事者(storyteller)和行动者,而是在不同物种"有所恩惠的相遇"("meet with some grace", Haraway, 2008)中,以一种马丁·布伯提出的

"真正对话"(genuine dialogue)的方式,学会倾听各种"声音",而不是将他者的主体性"降为我们自身有限经验的一部分"(Fawcett,2000)。

上述思潮是从反思和修正西方思维方式之局限性的角度切入的。与此同时,共同世界教育学试图解构西方思维方式在全球知识生产和传播等级体系中的主导地位,使得我们从一种貌似唯一的"主流"话语中解放出来,看到更多其他(或许更好的)人与自然的关系模式(林逸梅,2020)。如《学会共同生成》报告指出,二元论与人类中心主义从来不是普世的;相反,"我们……有太多可以从原住民基于土地的本土关联性本体论(land-based indigenous relational ontologies)中学习的内容,毋庸置疑,原住民认知土地与生长于土地上之万物的互惠关系的方式,及其在这种互惠关系中的存在方式,为可持续生活提供了一幅古老的蓝图"(Common Worlds Research Collective,2020,p.3)。

对于澳大利亚、新西兰和北美地区的原住民来说,"country"一词并非对应于英文中"国家"的含义,而是指她们生存的这片土地。在这片土地上的所有一切(人、动物、植物甚至是无生命的物体,比如岩石和山河)都拥有共同的祖先,是彼此依存的共同体。她们"相互获得,相互给予",并在此意义上成为"血脉相连"的"亲属",被赋予相互扶持和相互滋养的责任(Val Plumwood,2006)。这种超越了人类社会范畴的强调平等和互惠的"关联性"(relationality),是共同世界教育学从原住民本土文化中获得的重要启示之一。相比于"关系"(relationship)概念在西方语境下着重于建立已经形成"独立性自我"(independent self)的主体之间的交流,共同世界教育学借用"关联性"这一概念,通过"共同经历的事件"(shared events)和"有生成力的相遇"(generative encounters)强调万事万物的相互影响和彼此塑造。由此生成的自我是一种"交互性自我"(interactive self, Taylor & Giugni, 2012)或"依存性自我"(interdependent self, Komatsu, Rappleye & Silova, 2021)。借用哈拉维的话,即"创造存在的是真实的相遇"(Haraway, 2008, p.67)。

(三) 共同世界教育学的理论与实践

在汲取上述理论养分的基础上,共同世界教育学发展出一个相对松散的和集体导向的实践模式。"相对松散"是指,研究者们无意构建一套系统的课程,也不为教育者们提供固定的教材。"集体导向"是指,研究者们力图避免西方教育体系一再倡导的学习者中心原则和个人主义精神。因为这种教育学理念的核心不在于使学习者与学习对象相分离,促使学习者了解关于世界/自然/万物的知识,或培养她们探索和认识世界的能力——显然,这些主张和目标深深印刻在现代环境教育中,似乎享有一种不可置疑的地位。然而,共同世界教育学试图创建的是一种学生、教育者与世界万物共同思考、学习和成长的教育教学方式,这也正是《学会共同生成》报告的题中应有之义。而这种共同的行动是在真实的生活际遇中展开的互动。在此需要再次提及拉图尔对自然与文化分立的反思。在他看来,西方中心主义和人类中心主义视角下的"自然"概念阻碍了我们对真实生活的理解。他创造出"自然-文化"(nature-culture)一词来强调人类与非人类无时无处不在的相互联结、依存和影响——我们从未走出自然,而是从某种意义上来说一直在自然之中。因此,共同世界教育学并不臆想一个"纯净自然"的意象,也无意带领儿童"回归自然",而是直面复杂的和异质的人类与非人类的多重世界,通过从人到非人视角的转换看世界变迁和人类活动而引起认识的改变,超越自我和人类的中心,学习如何与差异性共生共在。

共同世界教育学的教学方式是,教师与儿童一起在田间、山头、街道、城市花园和垃圾站等生活环境中散步,与万物相遇(encounter)。在一次次看似漫无目的的散步中,教育者与儿童一同毫无拘束地观察和感受自身与万事万物(比如,动植物、山川河流、石头和塑料垃圾等)如何彼此关联且密不可分,以及他们当下的互动关系如何受到人为和非人为因素的影响。这种"关联的学习"(related learning),区别于教师作为知识掌握者和传递者带领着儿童去认识自然的传统环境教育活动。在不断的真实相遇中,重要的不是使儿童获得某种知识或某项技能,而是让他们建立起一种跨物种的"认同"关系,即儿童逐渐将自己确认为她所生活于其中的生态群落的一员。大量生动的实践案例被记录在共同体的网站和研究项目的博客中。受到本文作者之一(游韵)的邀请,泰勒和她的同事们在《上海教育(环球教育)》杂志2021年6月刊的专栏中也介绍了部分案例。在此无须重复列举和叙述。需要进一步说明的是,共同世界教育学的实践项目目前多在学前教育阶段开展。如泰勒和帕西尼-凯察布指出,儿童在尚未被学校教育"规训"时,更能基于其直观经验展现出一种共感能力(Taylor & Pacini-Ketchabaw, 2019)。但共同世界教育学也并非完全无视知识和能力的重要性,而是强调,对于一个事物的理解是在其与其他事物深深交织的关系网络中的理解,因为与其他事物的关系已经是构成此事物不断生成的存在本身的一部分(You, 2020)。

人类世下的生态危机已经成为世界各国不得不面对的事实和亟待共同解决的问题。对于《学会共同生成》报告的作者来说,现代环境教育的根本弊病是,人将自身置于生态体系之外,以一种理性主体的姿态去认识和保护作为被动客体的自然。近些年来获得广泛认可的可持续发展教育理念,已经是对以环境为代价追求短期目标的反省和修正。但若缺乏超克西方二元论思维和人类中心主义、看重万物关联和彼此依存的意识,其本质依然无法跳脱出"人类视角",而陷入人类世的危机中。而这正是共同体多年来构建的共同世界教育学理念,也是其在《学会共同生成》报告中试图提醒和号召,且得到《重新构想未来》报告吸收和倡导的。如上所述,共同世界教育学主要从后人文主义、生态女性主义和原住民的本土文化中获得理论启示,畅想使教育扎根于人与万物相互依存的世界。这意味着,人以一种生态系统之组成部分的姿态,去感受和理解其与有生命和无生命的事物共同生成的过程。

总体而言,共同世界教育学为我们提供的是教育领域回应人类世危机的一种可能。它融合了多种文化资源中具有生态意义的本体论和宇宙观,发展出一套较为独特的课程和教学观,并付诸实践。这些努力都是值得关注和肯定的。不过,由于刻意避免一种程式化的课程体系和教学模式,共同世界教育学对教师提出了较高的要求。这首先要求教师自身思维方式的转变——从"主客二分"和"人类中心"到"万物相联"和"共同生成"。同时,对于教师如何在这种思维方式的指引下,帮助儿童形成同样的思维方式,共同世界教育学在具体做法上仍有许多未尽言之处,需要更多实践案例的展示和提炼。中肯地说,共同世界教育学并非一个成熟和完备的学说体系,而仍是一个在动态中被不断建构的具有深远意义的教育理念。

四、余论:共同世界教育学与中国先秦道家哲学

《学会共同生成》报告提到,"人类例外论与(新)自由个人主义并非被普遍欣然接受,这种思维方式与亚洲的哲学传统……相去甚远"(Common Worlds Research Collective, 2020, p.4)。受其影响,《重新构想未来》报告多次提到从包括亚洲在内的各种文化思想中吸取哲学资源,对现代教育进行去殖民化(decolonialization)的重要性(游韵,余沐凌,2021)。不过,鉴于共同体大部分成员的文化和专业背景,这一去殖民化的追求在共同世界教育学理念的发展过程中仅表现为对原住民本土文化的尊重和

学习;包括中国在内的亚洲哲学思想还未得到充分探讨和利用。囿于篇幅和主题,本文在此期望通过初步比较中国先秦时期的道家哲学思想与共同世界教育学的理论框架,探讨关于进一步完善具有生态意识的未来教育的思考,作为对两份报告的回应。

(一)中国先秦道家哲学思想与共同世界教育学理论框架的和而不同

第一个相似之处是万物相联的思想。这种关联性思维影响着中国文化对万事万物关系的本源性思考。如前所述,北美和大洋洲原住民文化所蕴含的关联性是基于将万事万物视为同根同祖、相互滋养的"亲属"。这种朴素的宇宙观具有一种明显的人格化特征。与之不同,中国先秦道家哲学的万物相联思想本质上"因道而生",由此展开的是一个庞大而复杂的思想体系。通常而言,"道"不被做一种人格化的诠释,而是在"道生万物"和"万物有道"的意义上兼具超越性和内在性。首先,道生养万物不仅强调道是创生一切存在的始源,同时也意味着道源源不断地滋养万物(陈鼓应,2016)。其次,虽然道因生养万物而具有一种超越性,但这种作为本源的道又同时内在于万物之中。这与西方的基督教"上帝创世说"和寻找宇宙背后动因的哲学传统形成了鲜明对比(余谋昌,2020)。在道家看来,万物皆有道;在此意义上,"万物与我为一"(《齐物论》)。再次,"道通为一"并非简单否定万物之间的差异,而是强调若摒弃自我/人类中心的视角,以道观万物,则呈现出事物的本来形态,而非自我/人类与他物的彼此相对、隔绝和高低之分。

建立在万物相联基础上的第二个相似之处是对和谐共生的强调。承上所言,尽管芸芸众生同根同源、有道无差的道家哲学思想阐释了一种朴素的人与万物统一的生态观,但这种统一并没有抹杀万物各自的独特性;以一种和谐的状态实现物尽其性的理想,在庄子的思想中体现得尤为显著(布尔德威斯托,2005)。同时,在《道德经》中,道"周行而不殆"(第二十五章),在不断变动着。甚至有学者指出,若借用英文来表述道的此种状态,或许动名词的形式"Dao-ing"是更为贴切的(Wen,2009)。因而,由道生成的世界与在世界中的万事万物也处于一个动态生成的过程中——一个持续运转和不断建构着以成为其自身和实现物尽其性的过程。但这些生成过程并非彼此独立完成,而是相互交织和相互构成,从而使得万事万物之间相互依存,形成了中国哲学意义上的和谐共生。如安乐哲(2006,p.471)所言,"双方彼此互为必要条件,以维系双方的存在"。这意味着,万物寻求一种"自然自在"的状态;这种状态本身是交互性的——

每一个特定个体既是自决的(self-determined)，又是被每一个其他的特定个体所决定的(Hall & Ames, 1995)。

（二）中国先秦道家哲学思想对共同世界教育学理论框架补充完善的初步思考

不过，在比较的视域下，中国哲学传统也有其独到之处。这突出表现为以一种审美意识来经验世界(雷毅，2007)。道家思想在这方面表现得尤为突出。美国比较哲学学者郝大维(2006，p.208)指出，相对于西方哲学传统以逻辑秩序的方式来理解自然世界，道家的优势在于"把自然世界作为美学秩序来理解"。郝大维所谓的"美学秩序"是指，每一个特殊事物从各自独特的角度出发来构成世界，亦即万物以其"自然自在"之道参与世界的生成。人以审美的方式存在于世界之中，关键是经验、顺应和实践自然之道。这意味着，任何强盗式或英雄式的行动都是道家所要避免的；"无为"之圣人意欲"通过间接的、与自然进程和'命'协调的方式而微妙地采取行动"(拉斐尔丝，2008，p.259)。比如，庄子借鲁侯养鸟的故事区分了"以己养养鸟"和"以鸟养养鸟"。换言之，人若欲对某物采取行动，则必须从那一事物构成世界的独特角度出发，将他物细致入微地映照在自己心上，而不是从自己的角度出发。通过这种"循道而行"的"无为之为"，实现"与天和"的状态，从而获得庄子所谓"天乐"的至高境界(《天道》)。唯其如此，才是以审美的方式生活(李泽厚，2009)。尽管"共同世界"概念本身也包含着对事物之间差异性的体察和尊重，但在中国哲学传统中，这种差异性不仅是一种真实存在的状态，也是一种被欣赏的美的状态。这样一种审美的维度，也许可以进一步补充和完善共同世界教育学仅从生存的意义上和伦理的要求上来诠释人与万物关联共生的理论框架。

在审美的视角下，重新思考具有生态意识的未来教育之变革，需要在共同世界教育学所倡导和践行的真实相遇的情境中，对万物关联、共生共长的互动性进行观察、感受和学习。同时，还需要促使学生油然而生一种对由"天地大美、四时明法和万物成理"所表现出来的道之和谐至善的敬畏之心和向往之情。我们应怀着这样的心情去与万物相遇，去体察和思考与它们的关联和依存，去学习与它们在世界中互动和交往。为此，具有生态意识的未来教育需培养学生站在他物的角度上，融合万物的视角，顺应和欣赏事物的自然发展之美的能力。由此，生活中的种种"不美"会变得难以接受，即使其是被工具理性和人类需求所合法化的；我们对"大美"的追求也会变得更加迫切，从而要求自身在与万物的互动学习中，成为美的一部分。对于中国未来教育研究而言，共同世界教育学、《学会共同生成》报告和《重新构想未来》报告为我们描述了一种不同于当前"主流"理念和方式的具有生态意识、关注生态正义的未来教育。以共同世界教育学的理念观照自身，对于中国未来教育的展望同样意义深远。中国哲学传统，尤其是先秦道家思想，不但呼应共同世界教育学根植于万物相联与和谐共生的哲学依据，且能够在审美的维度上进一步扩展对人与生态命题及教育意义的深度思考。在此基础上，可以展开中国哲学与国际前沿生态思想和教育理论间更为深入的对话，发现更多的不谋而合与和而不同，在这种相似相异中持续思考和变革教育，走出人类世的危机，走向更美的共同未来。

■ 参考文献

［1］安乐哲,彭国翔.(2006).*自我的圆成:中西互镜下的古典儒学与道家*.河北:河北人民出版社.

［2］布尔德威斯托.(2005).*道家思想中的生态学问题:当代问题与古代文本*.安乐哲等主编、吉瑞德等著.道教与生态——宇宙景观的内在之道.陈霞,等,译.南京:江苏教育出版社.

［3］陈鼓应.(2016).*老子今注今译*.北京:商务印书馆.

［4］陈世丹.(2019).西方文论关键词:后人文主义.*外国文学*,(03),95-104.

［5］郝大维,陈霞.(2006).从参照到敬重:道家与自然界.*中国哲学史*,(01),53-61.

［6］蒋怡.(2014).西方学界的"后人文主义"理论探析.*外国文学*,(06),110-119+159-160.

［7］凯瑟琳·麦考利夫.(2022).*我脑子里的不速之客*.袁祎,译.太原:山西教育出版社.

［8］丽莎·拉斐尔丝.(2008).综合智慧或负责的无为.安乐哲等主编、吉瑞德等著.道教与生态——宇宙景观的内在之道.陈霞,等,译.南京:江苏教育出版社.

［9］雷毅.(2007).整合与超越:道家深层生态学的现代解读.*思想战线*,(06),27-33.

［10］李泽厚.(2009).*美的历程*.上海:三联书店出版社.

［11］李久生.(2004).对国际环境教育发展轨迹的追溯.*教育评论*,(4),90-94.

［12］林逸梅,鲁伊.(2020).期待其他多重世界,赋我们自身以生机:向比较教育学发出的一份邀请.*华东师范大学学报(教育科学版)*,(03),42-56.

［13］施璇.(2014).当代英美的笛卡儿心物问题研究.*学术月刊*,46(07),60-68.

［14］田青.(2011).*环境教育与可持续发展教育联合国会议文件汇编*.北京:中国环境科学出版社.

[15] 游韵,余沐凌.(2021)."去一存多":对 PISA 价值取向的审思.教育发展研究,(22),7-16.

[16] 余谋昌.(2020).中国古代哲学的生态智慧.南京林业大学学报:人文社会科学版,20(4),18.

[17] 祝怀新.(1994).国际环境教育发展概观.比较教育研究,(3),33-36.

[18] Bookchin, M. (1994). Defending the earth. In L, Gruen and D, Jamieson (eds.), *Reflecting on Nature*. London: Oxford University Press.

[19] Common Worlds Research Collective. (2020). *Learning to become with the world: education for future survival*. Education, Research and Foresight: Working Papers, 28.

[20] d'Eaubonne, F. (1999). What could an ecofeminist society be? *Ethics and the Environment*, 4(2), 179-184.

[21] Dahlberg, G., & Moss, P. (2004). *Ethics and politics in early childhood education*. London: Routledge Falmer.

[22] Derrida, J. (1978). *Writing and difference*. Trans. Alan Bass. Chicago: University of Chicago Press.

[23] Edwards, S. (2014). Environmental education and pedagogical play in early childhood education. *Young Children's Play and Environmental Education in Early Childhood Education*. Amsterdam: Springer, 25-37.

[24] Fawcett, L. (2000). Ethical imagining: ecofeminist possibilities and environmental learning. *Canadian Journal of Environmental Education*, 5, 134-147.

[25] Mathews, F. (2017). The dilemma of dualism. *Routledge International Handbook on Gender and Environment*, 54-70.

[26] Hall, D., & Ames, R. (1995). *Anticipating China*. New York: State University of New York.

[27] Haraway, D. (2008) *When species meet*. Minneapolis: University of Minnesota Press.

[28] Haraway, D. (2016) *Staying with the trouble: making kin in the cthulucene*. Durham: Duke University Press.

[29] Komatsu, H., Rappleye, J., & Silova, I. (2021). Student-centered learning and sustainability: solution or problem?. *Comparative Education Review*, 65(1), 6-33.

[30] Kopnina, H. (2012). Education for sustainable development (ESD): the turn away from 'environment' in environmental education?. *Environmental Education Research*, 18(5), 699-717.

[31] Latour, B. (2004). *The politics of nature: how to bring science into democracy*. Cambridge, MA: Harvard University Press.

[32] Palmer, J., & Neal, P. (1994). *The handbook of environmental education*. London: Routledge.

[33] Plumwood, V. (2006). The concept of a cultural landscape: nature, culture and agency in the land. *Ethics and the Environment*, 11(2), 115–150.

[34] Sauvé, L. (2005). Currents in environmental education: mapping a complex and evolving. *Canadian Journal of Environmental Education*, 10(1), 11–37.

[35] Taylor, A. (2013). *Reconfiguring the natures of childhood*. London: Routledge.

[36] Taylor, A., & Giugni, M. (2012). Common worlds: reconceptualizing inclusion in early childhood communities. *Contemporary Issues in Early Childhood*, 13(2), 109–119.

[37] Taylor, A., & Pacini-Ketchabaw, V. (2019). *The common worlds of children and animals: relational ethics for entangled lives*. London: Routledge.

[38] UNESCO. (2021). Reimagining our futures together: a new social contract for education.

[39] You, Y. (2020). Learning experience: an alternative understanding inspired by thinking through Confucius. *ECNU Review of Education*, 3(1), 66–87.

[40] Wen, H. (2009). *Confucian pragmatism as the art of contextualizing personal experience and world*. Lexington Books.

第三章

以未来为起点构建新的教育图景
——联合国教科文组织《一起重新构想我们的未来》报告的"未来"反思

陈红燕

一、引言:"未来教育"的宣言

2021年11月,在联合国教科文组织的第41届大会上,国际未来委员会受委托面向全球发布了《一起重新构想我们的未来:为教育打造新的社会契约》(以下简称《我们的未来》)。事实上,自1945年成立以来,联合国教科文组织每25年便会对教育的未来发展动向问题进行一次系统的评估,并出版成文。《我们的未来》则是其历史上的第三份,面向未来25年乃至更长时间的教育图景做研究报告。前两份报告分别是:1972年发布的富尔报告《学会生存:教育世界的今天与明天》和1996年发布的德洛尔报告《学习:财富蕴藏其中》。因此,有学者也将2021年发布的《我们的未来》称为联合国教科文组织历史上的第三份重量级报告(林可,王默,& 杨亚雯,2022),具有里程碑意义。通读全文,不难看出《我们的未来》仍然延续了前两份报告的抱负,即联合国教科文组织试图通过深入分析当前教育所面临的宏观环境变化,以窥看教育内部所出现的问题与挑战,进而构建一幅走出当前困境、迈向新教育的未来图景,从而继续引领国际教育变革的新理念,形塑其作为国际教育组织在教育治理、教育政策方面的权力。

虽然我们无法预知《我们的未来》是否能像联合国教科文组织发布的前两份报告

那样产生深远的影响,发挥其预期的作用。但不可否认的是,自该报告发布以来,围绕着该报告的会议、论坛以及研究论文和专著已经比比皆是。如仅在报告发表不到一个月的时间里,英国伦敦大学教育学院便邀请撰写该报告的委员之一、著名人类学家阿帕杜莱(Arjun Appadurai),比较教育学者莫里斯(Paul Morris)以及埃尔福特(Maren Elfert),围绕"教育是否可以形塑我们的未来"开展了线上圆桌论坛;从2021年12月,联合国教科文组织国际农村教育研究与培训中心发起的系列线上会议"农村教育中的性别平等",围绕着《我们的未来》中的农村性别平等问题而展开。近日,由哈佛大学教育学院比较教育学者赖默斯(Fernando M. Reimers)牵头编著的《推进为了教育的新社会契约》一书的出版也是一例。因此,诚如林可等人所言,"深入理解这份报告的内容,对于思考我国未来教育方向有重要意义"(林可,王默,& 杨亚雯,2022)。然而,纵观目前的讨论与研究,仍有让人遗憾之处。总的说来,研究和讨论大多聚集于两个层面:其一,《我们的未来》讲了什么,也就是着眼于文本内容的表层解读与说明;其二,围绕着《我们的未来》我们可以做什么,也就是如何提供可靠的行动方案。前者,如我国学者林可(林可,王默,& 杨亚雯,2022)等人以"社会契约"为框架,对《我们的未来》的文本内容进行了评述与解读。后者,如赖默斯教授解读了教育内部的变革(课程、教学、教师、学校、终身教育)如何落实到不同的国家、文化当中,并针对性地制定了系列行动方案(Fenando, Tanya et al., 2022)。

  本研究认为,想要更为主动地参与到国际教育中,不应当停留在"纲领-执行"层面,而更应当理解其话语形成背后的逻辑或者其驱动力。① 也就是说,深入地理解这份报告仅停留在字面的横向内容上的"是什么"还远远不够,更需要我们走向报告的"背后",从纵向(立体式)的逻辑去探寻报告的实质。这样,我们才能不仅深入地理解报告,而且可以提出更具有前瞻性的教育"未来探索"。本研究认为,对于联合国教科文组织而言,三份报告的发布是一种集体的、关于未来的思考,是提供共同合作与讨论的基础,而非政策报告。这又尤其适用于第三份报告。此外,每一次报告,在某种程度上都是上一次报告的延续,但同时也是突破与新思考。比如《我们的未来》报告指出,"彻底地改变航线"到底意味着什么?延续了什么?又突破了什么?难道之前构建的

---

① 在2021年12月的华东师范大学教育学部特聘教授学术报告会上,过伟瑜教授也曾提及此观点:对于仍在积极参与国际教育的中国而言,我们不仅应当理解该报告的内容,也应该知道其背后持续性的推动力是什么。

平台不足以支持现在的教育话语体系了吗？如此不仅能参与到国际教育的话语当中，也能积极主动地去构建新的教育契约或新的教育图景。因此，本文以"未来"为视角，结合前两份报告去分析，"当联合国教科文组织在谈论未来时，它是以怎样的立场在讨论？"，从"是什么""怎么做"转向"如何生成"。为了解决这个问题，我们先从纵向的视角出发，简要地分析三份报告的差异，以及《我们的未来》的立场；其次，我们基于"未来"这一核心词汇，从未来学的角度对其进行解读；再次，在文章的第三部分，我们重访《我们的未来》中勾勒的教育图景，并以未来三角为框架向读者展示如何去理解该框架；最后，通过批判性地反思，结合我们的情景，探讨我们应当如何来讨论中国的未来教育中的未来问题/留白。

二、联合国教科文的"三大报告"

自1945年成立以来，联合国教科文组织在过去70多年的时间里，曾经先后三次召集成立专门的专家委员会，就社会发展对教育的影响进行判断，并为各国的教育部门提供相应的可行性方案，以提升公共教育的质量。这些讨论以三份报告的形式面向全球发布，即《学会生存：教育世界的今天和明天》(1972)、《学习：财富蕴含其中》(1996)和《一起重新构想我们的未来：为教育打造新的社会契约》(2021)。其中，第一份报告《学会生存：教育世界的今天和明天》发布于1972年。当时的法国教育部部长富尔(Edgar Faure)受命于当时的联合国教科文组织的总干事埃雷拉(Rene Herrera)，临时邀请7位来自经济学、外交等不同领域的专家学者，于1968年组建了教育发展委员会。而当时的西方特别是法国，正在经历一场前所未有的青年学潮运动，旧有文化与新文化之间的强烈冲突，使他们不得不呼吁对传统静态知识的摒弃，转而提倡基于终身学习理念的技术学习和为了未来社会需要而准备的自我学习、自我管理。在某种意义上，这份报告推动了当时的西方社会率先进入学习型社会。第二份报告《学习：财富蕴藏其中》是成立于1992年的国际21世纪教育委员会历时三年撰写完成的。当时，该委员会主席德洛尔(Jacques Delors)受命于联合国教科文组织的总干事迈约尔(Federico Mayor)，召集了包括中国学者周南照在内的15位专家学者，提出了为后人所熟知的"教育的四大支柱"，即"学会认知、学会做事、学会共同生活与学会生存"。报告一方面延续了前一份报告的终身学习理念，另一方面强调了学习样态的多样性，强调学生主体参与到社会中的重要性,将学习的概念进一步扩充。

发布于 2021 年第 41 届联合国教科文组织大会上的《一起重新构想我们的未来:为教育打造新的社会契约》是第三份报告。该报告由埃塞俄比亚总统祖德(Sahle-Work Zewde)组建的国际委员会召集全球 17 位不同领域的专家学者组建的未来教育国际委员会完成。报告委员会起初源自 2019 年 9 月联合国在纽约召开的全体大会,其初衷在于"重新去思考知识和学习如何塑造未来的人类与地球"(教育的贡献)。在这个过程当中,18 名代表、15 位顾问组成了咨询委员会,296 所大学、30 个国家的 433 所学校参与其中。根据介绍,该报告历时两年完成,听取了一百万名来自学校、家庭、社会的学生、家长、教育一线工作者、政策制定者和研究者等的意见,基于 30 份背景性文件完成。因此,该报告的形成过程,也是其将合作共建理念付诸行动的最好证明。报告将教育与其他社会子系统,如社会不公、贫穷与社会排斥、民主倒退、人权挑战、生态变化和人工智能等,放置于同一话语体系中,视受教育权为基本权利,视共同利益为两项基本原则,从根本上要求对教育进行从教学、课堂到学校、教师的整体性变革,并期待以研究机构引领、国际合作、全球团结来整体推进这种教育变革。

从根本上讲,三份报告其实都是为了处理同一个问题,即"为处于这个变化世界中的教育发展的主要问题寻求总的答复"(联合国教科文组织国际教育发展委员会等,1996)。换言之,在一个以"变化"为主题的世界里,我们如何提供有关教育的思考?教育又当何去何从?无一例外,三份报告都延续了联合国教科文组织一贯的人文主义(尽管《我们的未来》里已将生态作为重要的维度)倾向,将教育视为维系社会公正的主要路径、实现国际和平的重要方式。未来教育发展的最终目的便是,"使男男女女都心怀和平之思想"。

然而,我们可以同时观察到《我们的未来》与前两份报告的明显差异。在此,仅例举如下三点:

其一,与前两份报告有所不同的是,《我们的未来》在开篇便提出:当前最迫切的行动是去改变航线。因为处在新的转折点,我们必须要去思考(UNESCO,2021);哪些是我们应当继续保持的?哪些是应当被摒弃的?哪些又应当是被重新创造的?本报告便是带领我们去理解,"面向 2050 年乃至更远未来的教育会是怎么的样态?未来教育何以改变人们的生活境遇、消除贫困不公,促进人类和平与可持续发展?在日益复杂、充满不确定性又脆弱的世界,如何通过重构知识、教育与学习重塑人类和地球的未来?"(林可,王默,& 杨亚雯,2022)。这里,便呈现出其从原来的人文主义转向了以生态正义为中心的新人文主义。

其二,另一个突出的差异便是:前两份报告以"个人发展"为基础,而《我们的未来》的基础则是建立在关系上的新社会契约。报告中甚至明确指出,"课程应当致力于人固有的权利和人的尊严……"(UNESCO,2021)而不仅仅是去"懂得思考或学会某种思维"(UNESCO,2021)。

其三,当前两份报告致力于勾勒一个共同的教育愿景时,《我们的未来》则强调"共同"勾勒未来教育的重要性。报告指出,"去重新共同构建未来,也就是不断地预想更为多元、复数的社会"(UNESCO,2021)。在此,并不存在一个已经被(往往是由西方国家)预设好的未来,而是邀各方人士共同参与其中,使最后勾勒出的图像成为更和谐而美好的场景。这也是为什么,委员会将《我们的未来》视为一份"邀请函"而非"蓝皮书"(第5页)。这里邀请的对象,也不仅仅指教育职能部门或决策者,而是更广泛的教育工作者,是一种"变化整体的教育文化"的诉求。

综上所述,尽管《我们的未来》延续了联合国教科文组织一贯的将教育视为推动社会变革的基本原则的道路,但其无论是在立场上、对话对象上还是实施方式上都出现了极大的变化。这种变化与当前"知识和学习是实现更新和变革的基础"有着高度的一致性。

三、迈向未来教育之路的"未来"立场

从个人转向关系、从人类中心的人文主义转向生态正义的人文主义、从西方单一价值转向多元价值的转变,从根本上看是未来立场、未来逻辑的转变。实际上,在这样一个日益复杂且充满了不确定性的脆弱的世界,重新去思考教育,其本身就需要转变原有的未来观。只要我们简要地回顾一下未来学的发展历程,便能清晰地观察到其转变的方式。"二战"后,未来学成为一门单独的学科,当时的人们对未来之确定性的笃信,正如对牛顿第一定律深信不疑一样。未来学的所有工作只不过是将一个个抽象的数据收集起来,将其转化成不同的数学模型,并像先知一样预测未来的趋势与动向。未来是可预测的(predictable),人们需要做的仅仅是在历史的浪潮中,顺应潮流而动。然而到了20世纪70年代中期,这种基于历史与当下的外推式未来遭受到越来越多的

批判。一方面,世界并没有按照预期的趋势向前发展,预测本身变得不可信;另一方面,在法国未来学者柏格(Gaston Berger)的引领下,主体与未来的关系越来越受到重视。正如柏格所言,"未来成为个体能动主体的结果;反过来,未来很大程度上依赖于人的梦想、愿意和渴望"。

《我们的未来》报告当中虽然并没有用过多的笔墨来阐释,其所谓的未来基于何种立场,但我们却可以清晰地看到主体在未来构建中的积极作用。为了更好地深挖报告中的未来逻辑,我们可以基于四个关键词来展开论述:未来的性质、未来的起点、未来的路径以及未来的利益相关者。它们分别对应的是报告当中的如下方面:复数的或替代性未来(alternative futures)、偏爱性未来(preferred futures)、未来场景(future scenarios)和利益相关者(stakeholder)。其间将涉及极为复杂的未来中的时间、未来图景与可行性等问题。

(一) 未来的"复数"属性

《我们的未来》报告中最醒目的便是其对"未来"这一词汇的复数使用。在世界交互关联、人与人之间的关系越来越紧密的今天,不同的文化、生活方式、经济条件、社会价值观等的差异,的确呼吁着一个复数形式的未来。在此,我们至少可以从以下两方面来理解这里的"复数未来"的内涵:1)"未来"自身的复数性;2)某一未来具体场景的内容的复数性。前者可以从认识论上进行理解,后者则体现了教育本身的特殊性。

首先,未来自身是具有复数性的。从词源上看,英语的"未来"(future)一词可以回溯到拉丁文中的"futura/futurus",意为"将要到达,但还未到达",常常以单数的形式出现。到了20世纪中叶,"未来"日益成为科学技术领域的专有术语,并被"预报"或"预测"(forecast)所代替。随着科学预测的破产,以及人的主体性在未来构建当中的作用被认识到,人们对于未来的确定性本身产生了质疑和批判。因此,复数的未来意味着,对未来的基本假设是,并非只有一个未来,而是有多种可能的未来。更确切地说,没有一种先天决定的、可以用某种模型测算的可预测未来,但有可能衍生出不同的、多种的、具有相互替代性意义的未来。正如《我们的未来》报告所言,我们既可以走向一个充满了科学算法的可预测性未来(predicted future),也有可能通向一个充满了叙事和想象的可能性未来(possible future),但也有机会去构建一个建立在批判规范性基础上的偏爱性未来。教育的作用在于为我们提供一种理性与合作,使我们理解当代社会运行的主要力量或者某一领域的结构性动态,以在不同的未来当中选择并创造一个最好的替代性未来。

其次,某一种未来的具体内容也应当是复数的。这就意味着,以西方现代化模式作为唯一的话语体系其本身需要被批判,而应当将未来建立在尊重文化多样性的基础之上。正如该报告的起草者之一阿帕杜莱所说(UCL,2021),2050年的未来不应当只成为西方任意涂画的画板,而应当成为大多数人畅想、设计和选择的自由天地。一个典型的例子是:早期西方框架下以发展为目标又尤其以经济发展为目标的做法无法被直接复制到一些仍在遭受着恶劣生存环境困扰的非洲国家。在此,教育也应当以培养人的社会情感能力为核心,帮助学生"学会共情、合作、应对歧视和偏见,以及驾驭冲突"的能力(UNESCO,2021)。另一个值得注意的问题是,复数的未来也不意味着自由的滥用,而意味着当人与人在相互关联中对话时,一种关于未来的界限也因此而形成。因此,一种以个人为中心的纯粹的乌托邦式的未来是不存在的。这里的复数的未来,也必定是相互妥协、相互让步的结果。

(二) 以"未来"为起点走向未来

如果我们承认未来具有复数性,又尤其承认摆在人类面前的其实有好几种未来的可能性,那么同样,一个确定的事实是:仅有一种未来的场景最终可能被具有共同属性的社会团体所实现。因此,一个需要直面的问题在于,我们如何在三种甚至更多的未来中做出抉择与判断,从而开展相关行动呢?要解决这个问题,单单规划一个明确的未来是不够的,且一旦未按照原计划开展,便易使人陷入恐慌。重要的是,明晰每一种未来的图景并且对其潜在的未来假设进行批判性的反思。简而言之,以未来为起点,把走向未来本身看成一场学习之旅。

索海尔(Sohail Inayatullahe)曾将这一批判性的学习之旅划分为以下六个步骤,也是为人熟知的六大支柱(Inayatullah,2020):1)对未来尽量清晰地进行可视化的描述;2)结合未来景象,剔除过去的、二手的未来;3)对新兴问题保持敏感性,并预测其可能带来的变化与发展趋势;4)构建一个替代性的未来;5)聚集于同一个未来景象或偏爱性未来,并采取相应的措施去实现它;6)运用综合的方法或多元视角,将未来景象与可测量的系统性变化进行关联,以保证新的变革不会被固有的文化吞噬。正如吉德利在(Gidley,2017)其文中所言,我们应当跳出未来是被规划的、确定的和从过去的事实走向未来的思维方式。这是因为,如果未来是先天决定的,那我们便可以由此而提前得知未来的样子。但是如果我们可以提前预知,那我们就可以改变它,这也就意味着未来不是可以提前预知的。将未来本身视为一场不确定的学习之旅,教育者培养的不仅是有关未来的知识,更是对未来的批判性思维。

这也是当我们回到《我们的未来》时,总会发现未来总是与想象(image)或重构(re-imagine)相伴相随的原因,而构建偏爱性未来也时常被提及。建立在"以未来为起点"基础上的未来景象,重构了时间在未来学当中的意义,也重新设计了未来的路线。这也不难理解,为什么在报告的一次准备会议上,策划者对参会的老师与学生提出以下问题(Cristina & Ayala, 2021):

1. 当你想到 2050 年时,你最关心的是什么?又是什么最能给你带来希望?
2. 想到 2050 年的景象,2050 年的集体教育目标是什么?
3. 在未来,我们应当如何改变以下状况:"我们学什么,如何学,在哪里学?"

(三) 谁是未来的主人:主体成为未来的变量

一个复数的未来,以未来为起点的未来,在认识论上已使未来不再局限于时间意义上的未到来状态,而是将更复杂的变量——主体——引入对于未来的考察的范围。报告导论提及,"一切对于可替代性未来的讨论都会引起这样一些有关伦理、平等和公正的综合性问题——一句话,希冀怎样的未来?又是为了谁的未来?"(UNESCO, 2021)在此,未来与其说是一个现实,还不如说是"一种知识",一种"基于其生活、社会以及语言之间的张力互争"情境中的知识(福柯,1973)。不同的未来意味着不同的视角、主体声音与利益相关者之间的相互对抗/对话与争论。是否能有效地平衡、综合甚至是共同创生一种新的未来,取决于各方的对话在何种程度上是成功的。

报告指出,当我们试图去构建一个合作的、团结的共同体的未来时,首先要变革教育的整体文化。要摒弃学习是指向个人中心的、以竞争为前提的教育思想。相反,我们应当使学生们都确信,无论是个体的整体性成长,还是社会的变革,都基于相互关联、互相支撑的团结(UNESCO, 2021),教育的内容要指向培养学生的同理心与共情能力。索海尔认为,在这一建构过程中,重要的不是冲突应当以何种方法被解决;而是不同主体关于未来的故事如何被听见,这些故事后面的元叙事是什么。在一份提交给联合国教科文组织的背景性报告中,他举了一所大洋洲学校的不同利益主体在构建未来学校时的争议与共建过程的例子(Inayatullah, 2020),以此说明,主体间的相互碰撞不但没有产生冲突,而且带来了预料外的通向未来的新路径。

四、未来教育的图景与留白:未来三角的分析

在2021年由伦敦大学教育学院发起的围绕《我们的未来》展开的"教育何以形塑未来"(UCL, 2021)讨论中,著名人类学家阿帕杜莱曾如此比喻道:"这是一份没有'赘肉'、只剩肌肉与蛋白质的报告。尽管(与前两份报告相比)这份只有150余页,但它却最广泛地听取了来自世界多边、不同主体的想法与建议。因此,我可以保证说,这是一份严肃的报告。"那么,在理解了报告背后的未来逻辑之后,我们到底应当如何来理解这份简练而庞杂的报告的内容呢?进一步讲,《我们的未来》到底向我们描绘了一幅怎样的未来图景?我们又应当如何去解读这一图景中的"作画"的线条、结构、色彩和意义呢?

为了更好地欣赏这幅图景,我们暂且可以采用未来学者索海尔建构的"未来三角"法。索海尔是当代著名的未来学者,也是联合国教科文组织的未来学讲席教授,曾经为《我们的未来》撰写过《共建教育的未来:新兴未来与封闭过往的矛盾》(Inayatullah, 2020)。在索海尔看来,走向未来的第一步应当是绘制一个清晰的未来,其中三角未来便是一个很好的呈现工具。在他看来,我们可以将引起某一事物变化的因素分为三个方面来思考:推力、拉力和阻力(Inayatullah, 2008)。所谓的推力是指那些当下推着我们不得不向前的驱使力。它常常以量化的、可见的方式呈现在我们眼前,比如人口变化、技术发展、经济水平等。拉力牵引着我们不断向前,是为我们的行动赋能的内在动力,它往往与将来可能出现的未来愿景相关。这种愿景最好是以隐喻的或可视化的方式出现。阻力是指可能对我们的行为不断造成困扰的后推力,是历史顽疾,它往往指向过去,极易为未来制造思维陷阱,使变革难以持续。而这三者之间的张力程度便决定了,未来可以在哪一个层次上得以实现。下图以图形和表格的方式呈现了三者之间的关系,以及每一种力所涉及的内容。

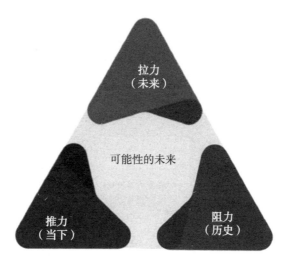

图 1　未来三角（关系图）

表 1　未来三角（内容）

变化因素	主要维度	数据来源	目的
过去的阻力	是什么让我们止步不前？ 什么是变化的阻碍？ 阻挡变化的深层结构是什么？	传统的变革	承认并理解历史，以更好地处理不确定的未来
现在的动力	是什么驱使着变化的力量推动着我们朝向某种未来？ 有什么量化的变量正在改变着未来？ 现在正在发生着什么？现在流行的是什么？	量化的实证数据	会影响我们对当前的判断
未来的拉力	是什么驱使着变化的力量拉动着我们向前？ 未来的图景是什么，我们最不可以忽视？ 是否有相互对抗的未来图景？	想法 原型 创新性产品	使未来清晰图像化，提升前进的动力

使用未来三角框架，回归到报告的内容，我们可以对报告中描绘的未来教育图景勾勒与分析如下。从该图中，我们可以清晰地看到，在未来图景推进的过程当中，每一种因素在何种程度上推动或阻碍其发展，而未来教育图景中的留白在何种意义上被认

识与解读。

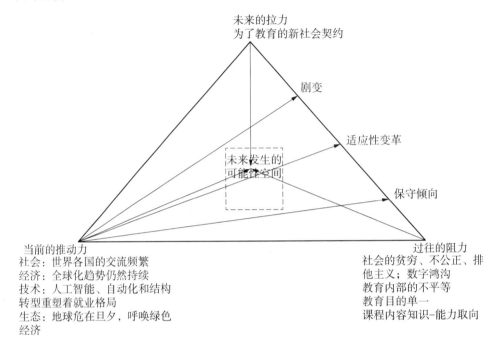

图 2 《我们的未来》中的未来教育图景与留白

(一) 未来教育图景中的"负重"

当下的人类正在经历着历史的各种转型，而对于教育而言，一个严重的且具有全球性的问题就是教育内部的不均衡现象，即教育仍然没有如愿按照《学会生存》《学习：财富蕴藏其中》所预设的那样，通过终身教育、可持续发展促使社会走向和平与公正。尤其当报告将"确保终身接受优质教育的权利"和"加强作为一项公共事业和共同利益的教育"两点作为整体行动的基本原则时，其实质是在无形中提醒着我们当前教育在何种程度上存在着内部的分化、结构性的不平等。报告中曾多次提及由于贫穷而引起的社会不公平、性别的差异化对待等问题。同时，尽管我们曾经寄希望于科学技术来解决不平等的问题，但实际上，技术确实改变了人类生活，但是这些创新却没有"被引导到促进公平、包容和民主参与的方向"（UNESCO，2021）。数字鸿沟正在加剧，"非洲学生的数字设备持有率和使用率普遍较低，特别是在撒哈拉以南的非洲地区，学生很难拥有属于自己的电脑,82%的学生无法上网……这些正是教育不平等的现象存续的证明"(林可,王默 & 杨亚雯,2022)。

另一个值得我们关注的问题是,整个 20 世纪的公共教育在本质上是支持和服务于国家公民,旨在培养本土公民的教育。虽然义务教育在此期间得到了迅猛的发展,但同时也滋生了极端的民族主义者。如今的世界正在面临着许多共同的问题,如何将"必须将关于教育公共目的之共同愿景作为出发点"与历史沉积之间的张力,就不得不正面地回应。

(二)未来教育图景中的推力

报告开篇便对整体的大环境进行了深入的分析,其中包括社会(S)、经济发展(E)、生态变化(E)、政治环境治理(P)。在这一 SEEP 模式中,因生态遭受破坏而引起的人类社会的脆弱性尤其得到了强调。这里的脆弱性所指的,当然不仅是类似于因新冠疫情而引起的身体健康的破坏、人类生命的威胁,也指向处于互相关联中的世界整体。因此,任何一方的矛盾或问题都极易变成整个人类世界的问题。而这恰恰成为一个具有公共性的社会契约所需要的前提:"为了追求增长和发展,我们人类让自然环境不堪重荷,现已危及我们自身的生存。今天,高水准的生活与触目惊心的不公在当今社会并存。越来越多的人参与公共生活,但在世界的许多地方,公民社会和民主的结构正在遭受侵蚀。"(UNESCO,2021)

在此,生态的破坏俨然成为人类合作的动因。正如报告所言,我们必须团结起来为共同的事业去奋斗,并提供必要的知识和创新,以备在社会、经济和环境正义的基础上开创面向所有人的可持续与和平的未来。新的社会契约必须像这份报告指出的一样,突出教育、教师的作用(UNESCO,2021)。

(三)作为隐喻的"新社会契约"拉力

报告的副标题"为教育打造新的社会契约"中提及的"社会契约"一词曾被一些学者视为理解该报告的"文眼"。如林可等学者主张,应当将社会契约看成一种"线索",并从"社会契约"概念、教育的属性以及社会契约的内容等层面进行深入的分析。这一说法可以帮助读者理性、多维地走进社会契约本身,但却没办法解释为什么报告在强调人类共同体、生态观的同时,又要引入一个与"国家"概念如此紧密相关的"社会契约"概念呢？因此，本文主张，对"社会契约"的隐喻理解可以帮我们走出这一困境。同时，我们认为，一种隐喻式的未来可以使未来教育的可能性更为多元。

只要回顾西方的近代史，尤其是16至18世纪的历史，我们就可以清晰地看到欧洲国家之合法性丧失的现实。为了重建国家话语的权力，一种基于世俗理性的社会契约论便应运而生了。霍布斯的《利维坦》、洛克的《政府论》、卢梭的《论人类不平等的起源》和《社会契约论》都以此为背景，试图利用自然法重新为国家的合法性论证。这些思想不可避免地带上了"空想"的特点。当然，随着时代的发展，这种国家源于社会契约的思想已被摒弃，但社会契约作为一种精神已融入西方的政治、法律的实践生活当中。所以，一种隐喻的社会契约至少包含以下两层含义：1）建立在完善社会福利基础上的自然法则；2）建立在相互尊重基础上的全球公正。这也就是报告开篇将社会契约视为默会协议的原因："教育可以从社会契约的角度来审视。所谓社会契约，是社会成员之间为谋求共同利益而合作的一种默会协议。社会契约可以反映那些已正式载入法律且内嵌于文化之中的规范、承诺和原则。它不仅是一种交易，且必须将'公共性'作为教育的目标和人类共同愿景的出发点。这一契约包含建构教育系统的根本性组织原则，以及为建立、维护和完善教育系统所做的各类分散性工作。"

在这样的社会契约隐喻下，教育的五个方面的未来图景得到进一步的描绘。

其一，教学法应围绕合作、协作和团结等原则加以组织。在联合国教科文组织的体系当中，教学一直被放在十分重要的位置上。这也就意味着，在实践上，要改变服务于个人发展的教师引领的教学方式，而强调关注合作、协同和稳定。在此，教学的目标不再指向个体的智力或大脑思维活动，而是旨在变革社会的整体面貌。因此，如何去发展和提升同理心和同情心成为教学的重点。

其二，课程应注重生态、跨文化和跨学科学习，以帮助学生获取和创造知识，同时培养其批判和应用知识的能力。这里涉及两个层面的问题：内容上，我们需要的是一种整合去学科化的知识；路径方式上，则需要培养其能力，获取知识的整个过程，从而创新生成新的知识。

其三，教师作为一种职业，需要从原来的以个人实践的行为，转变成为旨在未来专业化的协同努力。在此，教师在教育中的关键地位再次被提升和认识，赋予教师以自由和自主成为主要的诉求。

其四，学校应当成为一个安全之所，可以"承载着支持包容、公平以及个人和集体健康的职责,应成为受保护的教育场所,同时还应重新规划学校(包括空间、建筑、时间、作息表和学生合作的方式),以便更好地推动世界向更加公正、公平和可持续的未来转变"。这也就意味着,学校应当为儿童提供开发梦想的自由,是儿童自我成长、共同合作的重要空间。学校在空间设计上也应当注重营造更为包容、平等和合作的空间。

其五,学校外的终身学习构建。报告提倡,我们终身享有并扩大在不同文化和社会空间中接受教育的机会。这就要求学校成为一个有趣的空间,让学生对学习本身充满兴趣,对知识充满好奇,从而在离开学校环境后仍能自觉地参与到学习活动中。

通过未来三角的方式,我们不仅理解了报告中的未来教育图景及各种因素的张力,同时也看到了未来的开放性及留白。这种留白往往需要被放置于不同的文化实践中,在具体情境的对话中方能被补全。这也使报告本身更具包容性与推广性。

五、余论

在2050年乃至更远的未来,教育到底将是怎样的一幅图景,我们不得而知。教育是否能为改变人们的生活境遇、消除贫困与不公、促进人类和平发展起到关键的作用,没有任何人可以担保。然而,不可否认的是,在日益复杂、充满不确定性又脆弱的世界中,人类需要去重构知识、教育与学习,才能慢慢走出当前的僵局。联合国教科文组织试图构建一个建立在社会契约隐喻基础上、具有公共性的未来教育。在这样的一幅教育图景中,人们应当承认未来的复数属性,以未来为起点,将不确定的主体纳入讨论框架。

曾任夏威夷大学未来研究中心主任的未来学教授达托(Dator, 2019)如此说道,"任何关于未来的有用说法,在一开始听起来都是荒谬的"。以未来为起点,意味着我们需要去反思教育在多大程度上是对过去的一种延续,抑或应当是对未来的一种畅想。当我们谈论教育应当面向未来时,我们对于未来这一起点是否足够清晰且笃定?另外,在将未来作为起点视为一种学习之旅时,我们需要不断地区分四种未来教育的样态:教育的未来(Future of Education,关注的是教育内部的发展变化与趋向),复数的教育未来(Futures of Education,关注可替代性未来及其张力),为了未来的教育(Education for Future,教育被视为服务于社会其他子系统的工具),教育中的未来

(Future in Education,强调教育的变革功能,以及对未来的批判性思考)。

最后,正如文中所言,《我们的未来》以社会契约为隐喻绘制了一个关于 2050 年的人类大图景。但是在图景中,因为文化、社会环境的不同,所以未来三角中的阻力、推力和拉力之间所产生的张力也不同。因此,报告的内容本身需要进行"文化的转译"。这种转译不仅涉及报告的内容,还包括报告本身的隐喻。就此而言,正如《我们的未来》本身所传达的信息那样,报告本身并不是一本蓝皮书,而是一份邀请函,邀请教育各界人士共同参与到构建未来教育的图景中。因此,当我们阅读这份报告时,要摆脱传统的"上行下效"式的、纲领性文件的思维,而应当将其看成飞行过程当中的信号,如此方能远航。

■ 参考文献

[1] 林可,王默,& 杨亚雯.(2022).教育何以建构一种新的社会契约——联合国教科文组织《一起重新构想我们的未来》报告述评.开放教育研究,28(01),4-16.

[2] Fernando M. Reimers, Tanya A. Budler, Idia F. Irele and Charles R. Kenyon et al. (2022). *Advancing a new social contract for education: Collaborations to reimagine our futures together*.

[3] 联合国教科文组织国际教育发展委员会等.(1996).学会生存.教育科学出版社.

[4] UNESCO. (2021). *Reimagining our futures together: A new social contract for education*. Paris: UNESCO.

[5] UCL. (2021). Can education shape our futures? UNESCO's futures of education report. https://www.ucl.ac.uk/ioe/events/2021/dec/can-education-shape-our-futures-unescos-futures-education-report (2021). https://www.ucl.ac.uk/ioe/events/2021/dec/can-education-shape-our-futures-unescos-futures-education-report.

[6] Inayatullah, S. (2020). *Co-creating educational futures: Contradictions between the emerging future and the walled past*.

[7] Gidley, J.M. (2017). *The future: A very short introduction*. Oxford University Press.

[8] Jessica Cristina & Jasso Ayala. (2021). UNESCO's "Futures of education: Learning to become". https://observatory.tec.mx/.

[9] Inayatullah, S. (2020). Co-creating educational futures: Contradictions between the emerging future and the walled past.

[10] Inayatullah, S. (2008). Six pillars: futures thinking for transforming. *foresight*, 10(1), 4-21.

［11］UNESCO. (2021). 一起重新构想我们的未来：为教育打造新的社会契约（执行摘要）.

［12］Jim Dator. (2019). What futures studies is, and is not. In Jim Dator, *A noticer in time: Selected work* (pp.3 - 5). Springer.

第四章

教育与生态文明:基于经合组织教育功能的视角变迁

沈 伟　陈莞月

一、导言

生态文明虽在价值论、内涵、建构路径上存在多种声音,但可以确定的是,生态文明作为新的文明形态,涉及经济、政治、文化、社会等方方面面的转型,旨在让人类过上"美好生活"(王凤才,2020)。这种美好生活并非持人类中心主义立场,而是强调人类汲取智慧,化解生态危机,与自然和谐共生,走可持续发展的道路。人类目前对环境正义、生态正义的追求,均可被视为对生态文明的建设。

与自然和谐共生意味着,人类不仅要处理好人与自然的关系,还需要处理好人与人、人与社会的关系。正如经济合作与发展组织(OECD,简称"经合组织")在其报告中所说:所有可持续发展目标都是相互关联的,为了确保长期繁荣,经济框架还需考虑自然资源效率,水、能源与陆地和海洋生物多样性之间的关系(OECD,2022b)。换言之,生态文明的建设需处理好社会系统与生态系统的关系。其中,环境通常被视为一种生态系统,包含了微生物、植物、动物、水、土壤等(马尔滕,2012);而与经济、社会相关的知识、技术、人口、资金、学校等形成的系统被称为社会系统。

教育与社会系统的关系在持功能论与冲突论的学者中一直有不同的阐释。作为当下影响全球教育治理的国际组织之一,经合组织与联合国教科文组织(UNESCO)成立时的使命有所不同。脱胎于欧洲经济与合作组织(OEEC)的经合组织,一开始致力于欧洲经济的复苏,随后将"经济持续增长、促进就业、促进世界贸易"作为首要目标。1968年经合组织成立教育研究与创新中心,标志着经合组织正式进入全球教育治理的队伍。起初,经合组织的教育部门由美国资助建立,在成员国内研发科技课程、培养科学家和科学教师,以应对苏联的科学优势。随着经合组织在20世纪70年代思考"引导政府决策的教育指标体系",经合组织开始将人力资本理论作为其教育治理的依据,形成了教育与经济发展的完整逻辑,教育成为提升劳动力技能、促进就业、发展经济的前提性功能。就经合组织教育治理的渊源和依据而言,教育的任务是提供在这个现代世界中运作所需的技能和能力,它们是减少不平等的有力工具(OECD,2018b),而"学校敢于建立一种新的秩序吗?"不是其所关心的。如今,当"生态危机"成为国际高频词时,经合组织在教育、经济、环境诸多领域倡导绿色发展、生物多样性等。那么,在这一新的背景下,经合组织是如何看待教育与自然系统、社会系统的关系的呢?需要培养什么样的人来协调各系统的关系?这需要系统审视。

经合组织当下的教育工作主要分为5个领域:教育成果测量,教学和学习,发展和使用技能,政策发展与实施,教育的创新与未来。其中,"教育的创新与未来"这一领域的工作包含了趋势分析、教育和技能的未来、21世纪的儿童、数字教育展望以及教育研究与创新中心所开展的相关研究,这些集中反映了经合组织对未来的想象。如"塑造教育的趋势"对影响教育的关键因素(如经济、社会、地理、技术等)进行回顾和分析,为教育的未来提供战略性思考;"未来教育和技能2030"旨在帮助教育系统决定学生在未来茁壮成长且塑造未来的知识、技能、态度和价值。本研究将聚焦于"教育的创新与未来"这一领域的工作,结合未来素养框架对经合组织指向未来的技能进行系统反思,澄清在生态文明建设中,教育可为空间(培养什么样的人)及其工作提供的思路转变。

二、分析视角:预期学下的未来素养

(一)预期理论重塑时空关系

未来学家阿尔文·托夫勒在其20世纪70年代的代表作《未来的冲击》中表明,

"对未来的合理探索也可为现在提供许多有价值的借鉴""运用适当的想象力和洞察力远比预测百分之百'确定'的事更为重要"(托夫勒,2018)。这一想法被同时代及其后致力于未来研究的各类组织、协会、会议所倡导。成立于 1973 年的世界未来研究联合会(World Futures Studies Federation, WFSF)是一个由联合国资助,集合了多国、多学科,致力于未来研究的非官方学术型组织。该组织长期与联合国教科文组织保持合作,为联合国教科文组织"预判未来"提供意见,与之合作撰写相关领域的前瞻性报告等。例如世界未来研究联合会的成员吉德利(Gidley)在 2017 年的《未来通识读本》中指出了时间意识的转变,即从预测未来转向"通过我们的思想、感受和行动"形塑可能的未来(Gidley, 2017)。预测是通过数据对未来的组织动力、政治发展、经济需求等做出判断(Amsler & Facer, 2017)。预期改变了从过去到未来的单线叙述,其对未来的定位有别于预测(predict)。预期理论下的未来不是时间序列上未曾发生、不可触碰的"存在",而是一种崭新的时间知觉和心智预期练习。这些思想直接影响了联合国教科文组织、经合组织的价值理念和行动思路。此外,类似于国际预期会议(International Conference on Anticipation)的国际化论坛也从"未来影响当下"的视角探索文化、生态、经济、认知、政治、社会结果的预期过程如何形塑当下的行动(Poli, 2019),由此推动了预期理论与预期系统在各行各业的应用。

(二) 未来素养创造教育的多种未来

在教育领域,思考未来诸多可能性的方式在米勒(Miller)主编的《转变未来:21 世纪的预期》一书中有了系统论证。供职于联合国教科文组织的米勒在 2011 年借鉴了柏格森的创造进化论,以及奥格尔维(Ogilvy)的"脚本立场",对"未来的道路不止一条"进行了本体论的考察(Miller, 2011)。柏格森主张,进化如同艺术家的作品,是真正创造性的。一种行动冲动、一种不明确的要求是预先存在的(罗素,2009)。以柏格森的哲学为基础的预期理论一反传统的理性主义对确定性的追求,拥抱了不确定性,这一立场为未来学家提供了灵感。其中,米勒引进了预期理论,论证了未来素养框架(详见图 1)。他强调,未来素养就是理解、应用、生成预期系统的能力,要培养人类与"使用未来"有关的知识和技能,使之熟悉预期的流程和系统,对未来做出假设,以用于当下的理解和行动(Miller, 2018)。值得一提的是,米勒多次参加经合组织的研讨会,促进了预期理论与未来素养在国际组织间的流动。

本体论	预期学（预期系统）			知识创造过程（如何知道）	
	系统	目标	类型	普遍-可量化的	特定-唯一的
	意识关闭	为未来的预期	AS1 准备 & AS2 计划	AA1 预测	AA2 命运
	意识半关闭	为未来的预期		AA3 创造性改革	AA4 自我完善
		为创生的预期	AS3 创新	AA5 战略思维	AA6 道（智慧-存在）
	无意识流动			生物学、物理学、数学、社会学等领域中的预期假设	

图 1　未来素养框架(Miller, 2018)

注：预期系统(Anticipation System,简称 AS)；预期假设(Anticipation Assumption,简称 AA)

首先，未来素养以预期学为理论基础，从系统、目标、类型来判断预期系统的本质。当人类的意识系统关闭，大脑更多地接受既定经验的反馈，且表现出较强的目标性时，其预期系统表现为准备系统(AS1)、计划系统(AS2)；而当人类在尚未界定的范式里探索，在未曾存在的模型里建构意义，让意识挣脱既定经验的束缚，意识表现出准关闭/半关闭状态时，其预期系统呈现为创新系统(AS3)，在这个过程中既可能表现为"为未来的预期"，也可能表现为"为创生的预期"。在日常生活中，"为创生的预期"经常被"为未来的预期"所遮蔽。但前者更具想象力，更加包容不确定性。"为创生的预期"在其知识加工过程中，更易于为"存在"但不可见的、涌现的新奇之物建构意义，更易于创造与发明(Miller, 2018)。

其次，未来素养将不确定视作资源，并不意味着其把计划性当作敌人。未来素养作为素养的一种，旨在让人运用未来改变当下。但是，运用未来并不意味着对当下或过往知识的舍弃。人之所以能对自己的意识形成"监控"，对已有的知识做出反思，与人的元认知能力有关。故以此为出发点业已证明，有效的元认知技能、基础技能、非认知技能、通用技能以及 21 世纪的复合技能都是人类感知未来、运用未来的基础。所以，这一套知识基础在未来素养中依然不可或缺。

再次,未来素养讨论的主体虽然是"人",但素养的组成和养成需避免人类中心论的"陷阱"。所以,图1在本体论层面不仅标识出人的意识,还凸显出无意识的流动。尤其是当机器学会学习、学会思考时,人类如何与机器共处,人类如何在不同意识流里学会善用力量、思考未来,都是不可回避的问题。

最后,未来素养作为一种颠覆时空观的心智模型,引导人们通过预期假设链接现在与未来。预期假设也是知识创造过程。根据对构成世界的知识的认知,又可以将其进一步分为"普遍—可量化"的现实和"特定—唯一"的现实。在准备、计划系统中,未来的想象处于封闭的模型中。在形成"普遍—可量化"的未来脚本时,通常表现为利用过去推导未来,被视作过去"对明天的殖民化""明天的保障";在形成"特定—唯一"的未来脚本时,则被视作"想象力的萎缩""宿命论"。这两者分属于预期假设中的"预测(AA1)""命运(AA2)"类型,具有"决定论"的特征。而其他4个类型"创造性改革(AA3)""自我完善(AA4)""战略思维(AA5)""道(AA6)"均表现出不同程度的开放性与创造性。其中,创造性改革和自我完善表现为"有所不同";而战略思维和道则表现为"自我觉醒",突破了"有为"(doing)的范畴,将不以目标为指向的、意识自由驰骋的"不作为"(not-doing)纳入进来(Miller,2018),对崭新世界展开探索。

未来素养框架不仅展示了各类知识的基础,还基于预期系统对知识的创造过程进行了阐释。经合组织素来有重视技能的传统(沈伟,2019),在进入21世纪时,就启动了国际未来项目(International Futures Programme),涉及技术、经济与社会等领域,为政策制定者、研究者、教育者提供未来的方向。故结合未来素养框架,能够澄清经合组织在构建教育未来时的视角变迁,并为当下生态文明建设提供思路。

三、经合组织预测视角下的能力变迁

(一) 教育为经济、社会发展做好准备

经合组织自2008年开始发布《塑造教育的趋势》报告(简称《趋势报告》),对形塑教育的人口结构、全球经济发展、劳动力市场、政治环境等社会变革进行追踪,对教育的未来走向及其能力发展进行预测。截至2022年,经合组织共出版了6份《塑造教育的趋势》报告。虽然2019年的《趋势报告》已经表现出形塑教育的因素融合的趋势,但

其在报告体例上还是遵循了与以往较为一致的范式,故本研究根据 2008—2019 的 5 份《趋势报告》的基本结构及其相关主题的呈现(详见表 1),通过 Nvivo 软件对其进行关键词统计,提炼外部环境的变迁及其对教育的要求。而因 2022 年的《趋势报告》的立场转变,则对其做单独的分析和解读。研究发现,全球化在近 10 年来一直是显著议题。全球化已从初期的经济全球化迈向全球一体化和全球治理的格局,巴西、中国、印度和俄罗斯联邦等新兴经济体成为关注的重点。

表 1 经合组织《塑造教育的趋势》关键词查询结果

塑造教育的 趋势关键词	关键词数量					
	总数量	2008 版	2010 版	2013 版	2016 版	2019 版
全球化	585	81	89	99	149	167
经济	567	84	112	135	109	127
社会	560	136	118	104	92	110
工作性质	438	90	98	89	65	96
技术	267	21	42	57	91	56
环境	166	34	35	37	31	29
政治	74	25	3	7	23	16

与此同时,经合组织对经济、社会、工作、技术等领域的关注逐渐加强。经济领域,1990 至 2016 年间,中国在全球 GDP 中的份额翻了两番,而美国的份额则从 21% 下降到 15%。预计到 2030 年,中国在世界产出中的份额将达到顶峰,约为 27% (Guillemette & Turner, 2018)。全球经济市场、知识经济以及经济权力的转移成为近期趋势,全球经济市场已从 1995 年的经合组织国家占额 80% 转为经合组织国家、中国、亚洲经济体以及其他国家均占一席之地的局面(OECD, 2020a),世界贸易走向了互联的图景。社会领域,人口老龄化已成为不争的事实。2019 年的最新数据显示,预计至 2030 年,经合组织国家中超过 65 岁的人口将约占总人口的 35% 以上(United Nations, 2019)。工作领域,女性不断参与其中、逐渐发挥职能始终是经合组织的关注重心。除此以外,工作性质更加灵活、知识密集型经济体成为这些年的趋势转向。近

年来,信息与通信技术飞速发展,其在当今世界中的地位和影响成为经合组织的分析重点。《塑造教育的趋势》2019版一反前几年将技术列为独立章节的做法,将技术对教育的影响穿插到各章节里,足以说明技术的影响已无处不在。网络联结、网络参与成为该领域的趋势所向,但随之引发了对网络安全和技术风险的关注,2019年的报告显示,2018年全球最大的数据泄露近40亿(Information is Beautiful, 2021),更加凸显了技术安全的重要性。

各领域的变化对教育提出了新要求。表2呈现了各领域在不同年代对人的能力的需求。例如2008年的全球化背景强调,未来教育要培养人的"全球理解力,跨文化理解力和长远思考能力";到了2019年,日益复杂的全球化对未来教育提出的能力清单则进一步拉长。部分能力在不同领域、不同年份被频繁提及,如信息使用能力、劳动力技能、公民意识;随着时间的推移和趋势的变化,不同能力也得以进一步整合。高水平人才必备技能、自主创业技能、21世纪技能和数字素养等复合能力倾向于替代创造力、决策力、解决问题能力和信息使用能力等单个技能,成为经合组织重点关注、亟待培养的能力。

表2　各领域提出的教育相关能力变迁

领域	年份				
	2008	2010	2013	2016	2019
全球化	全球理解力 跨文化理解力 长远思考能力	全球理解力 跨文化理解力 文化融入力	跨文化理解力 可迁移技能 社区参与能力 国际合作能力 创造力 国际竞争力 跨文化敏感性	全球理解力 文化融入力 跨文化敏感性 国际合作能力 可迁移技能	全球理解力 文化融入力 跨文化敏感性 终身学习能力 国际合作能力 可迁移技能 公民意识 创造力
社会	社会参与能力 跨文化理解力	社会融合能力 社区参与能力 终身学习能力 创造力	非认知技能 社区意识 安全意识 创造力 高水平人才必	劳动力技能 终身学习能力 自主创业技能 (决策力、冒险力、创造力)	安全意识 终身学习能力 批判性思维

续 表

领域	年份				
	2008	2010	2013	2016	2019
			备技能（信息通信技能、解决问题能力、批判性思维）	公民意识 国际合作能力 社区参与能力 21世纪技能（创造力、批判性思维、协作和领导能力等） 长远思考能力	
工作性质	劳动力技能	终身学习能力 劳动力技能 可迁移技能	批判性思维 非认知技能 终身学习能力 自主创业技能 信息搜集能力 知识产权意识	劳动力技能 批判性思维 非认知技能	劳动力技能
技术	信息使用能力 自主学习能力 信息处理能力	信息使用能力 自主学习能力 信息处理能力 网络参与能力	信息使用能力 自主学习能力 信息处理能力 信息保护能力	信息使用能力 自主学习能力 信息处理能力 信息保护能力 终身学习能力	数字技能 数字素养 高水平人才必备技能
政治	公民意识 政治参与能力 政治决策能力		公民意识 政治参与能力 政治决策能力 国际合作能力	创造力 公民意识 高水平人才必备技能	公民意识 媒体数字技能
经济	创造力 国际敏感性 非认知技能 国际合作能力	创造力 国际合作能力 决策力 信息搜集能力		可迁移技能 创造力 终身学习能力	财务管理能力 自主创业技能 审慎决策能力
环境		公民意识 国际合作能力	环境保护意识 长远思考能力 国际合作能力 公民意识	公民意识 国际合作能力	环境保护意识 长远思考能力 国际合作能力

上述指向未来的技能的提出，进一步巩固了教育在促进社会发展中的地位。从领域的分布及其对教育（技能）的要求可见，经合组织的重心放在人类社会的发展上。其"环境"领域是一个泛指概念，既包括国际社会环境，也包括自然环境。

（二）教育回应社会环境、自然环境的变化

综合来看，终身学习、国际合作、公民意识、创造力、可迁移技能、劳动力技能、长远思考能力成为经合组织20世纪第二个十年的关注重点（详见图2）。且不同的外部环境指向同一能力时，能力通常表现出"情境相关性"。如公民意识这一能力在政治、社会、环境、全球化领域中均被提及，但针对不同情境有其内涵上的侧重点。在政治和社会领域所要培养的是负责任、积极的公民意识；而在环境领域旨在培养公民价值观、关键技能和具有可持续消费习惯的负责任公民；至于在全球化领域，突出的是"全球公民"概念，意在培养全球公民意识。

新冠疫情暴发之后，经合组织加强了对环境素养的关注。虽然在之前的国际学生评估项目（PISA）评估中，经合组织已经在科学素养中渗透了有关环境知识与能力的评估题项（如自然资源、环境质量、灾害等），在全球胜任力中设置了有关"环境可持续发展"的内容维度，但是2020年之后，经合组织进一步凸显了环境素养的重要性。2020年3月颁布的《PISA 2024战略愿景和科学方向》增加了3类新的知识领域，"社会—环境系统与可持续发展"即为其中之一。2021年，经合组织教育与技能司司长施莱谢尔（Schleicher，2021）在《十五岁的环境素养——学校可以为气候提供什么样的支持》一文中指出，"可持续性是国际学生评估项目的核心，有关环境的科学知识是学生生活于未来的关键所在"。

综上，经合组织前5份《趋势报告》从预测的视角提出，在全球化、经济、政治、社会、环境等领域发生变革时，教育应积极做好准备，强调若干能力的重要性，并将在新一轮的国际学生评估项目中强化人类社会发展必备的新知识与技能——"社会—环境系统与可持续发展"。然而，这些均并未超越教育"准备说"的范畴。即便这些知识与能力维度多样，回应社会系统、生态系统发展所需，但知识与技能的产生表现出"决定论"的特征，构建这类知识的预期系统处于意识关闭与半关闭的状态，依靠过往的数据和经验推断未来所需的能力，这导致其对未来的不确定性应对不足。

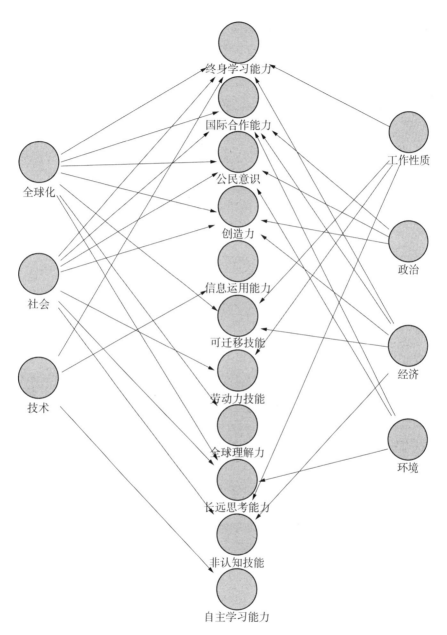

图 2　各领域指向的教育相关能力节点关系图

四、经合组织预期视角下的关键能力与未来建构

(一) 以变革能力应对不确定性

2015 年,经合组织开启了"未来教育和技能 2030"项目,帮助各国反思和探索教育面临的长期挑战,并于 2018 年发布了首个成果"OECD 2030 学习框架"(又称"2030 学习指南针"),以实现个人、社区和地球可持续发展的共同愿景。在这个学习框架中,经合组织拓展了原先的教育目标,对适应未来社会的技能有了新的展望。除了肯定原先的知识与能力的基础性作用外,经合组织还特别强调了"变革能力"(transformative competency)与"预期—行动—反思环"(The Anticipation-Action-Reflection Cycle,简称"AAR 环")(OECD, 2018a)。其中,变革能力以基础能力为前提,意指变革社会和塑造未来的能力,包含了创造新价值、协调矛盾困境、承担责任这 3 种能力;且变革能力可通过 AAR 环习得。AAR 环意味着,学习者在迭代的学习过程中,不断改进他们的思维并有意识和负责任地采取行动,朝着有助于集体福祉的长期目标迈进。这一框架体现了学生作为能动者的重要意涵,相信学生有能力和意愿积极影响自己的生活及其所生活的世界(OECD, 2018b)。学生是行动者而不是被行动者,是塑造者而不是被塑造者,其做出负责任的决策,而非接受他人的决定和选择。

经合组织在对 AAR 环进行解释时,强调通过"预期"思考当下的行为可能对未来造成的结果。在预期中,学习者利用其理解问题、处理紧张局势和困境的能力,并考虑其行为所产生的短期和长期影响。此外,学习者还要思考如何解决议题、创造新价值以预见未来的需求。显然,经合组织在 AAR 环中引用了未来学学者吉尔伯特(Gilbert)和威尔逊(Wilson)的观点,认为预期的关键要素是"展望"(prospection)——通过在头脑中模拟未来以预先体现未来的能力(OECD, 2019)。作为锤炼学生能动性的 AAR 环已然体现了经合组织对过去、现在、未来关系的新思考。如经合组织在《教育与技能的未来:我们需要的未来》报告里提到:"他们需要在各种不确定的情境中航行:穿梭于过去、现在、未来的时间维度里,行走于家庭、社区、地域、国家和世界的多维空间及数字空间,深入自然世界领会其脆弱、复杂和价值。"(OECD, 2018b)

(二) 以脚本练习拥抱多种未来,改进当下

如果说 2018 年发布的"OECD 2030 学习框架"已经汲取了预期理论,那么经合组织 2020 年出台的报告《回到教育的未来:经合组织关于学校教育的四个脚本》(简称《回到教育的未来》)则体现了对预期理论的系统应用。《回到教育的未来》巧妙借用了美国导演罗伯特·泽米吉斯执导的《回到未来》系列电影的时空观和未来学研究的"脚本立场"(scenaric stance),描绘了未来学校的多种可能。经合组织指出,"脚本"(Scenario)是多种未来方案的集合,是对可能发生事件的想法的生成、测试与重构。脚本之所以在社会建构论和未来学研究中均占有一席之地,且被广泛地运用于战略预见,皆因脚本具有如下特征:(1)探索:脚本对未来不做定向假设和价值判断,开放了诸多的可能性,为持不同意见与想象的专家提供了讨论未来的安全空间。(2)情境关联:脚本提供了一种新的思维方式,不仅鼓励人们想象未来,还促使人们思考如果支配我们的思维方式的范式发生改变,未来会如何?(3)叙事(故事性/情节性):脚本中蕴含着观点、与观点相关的事件、事件的序列、逻辑关系等,这些结构完整的叙事将未来放置于当下进行对话,有利于不同主体在行动层面进行磋商,建立共识(OECD,2020b)。由此,经合组织提供的未来学校的 4 个脚本是虚构的、想象的,但也是谨慎的、反思的;它包含了对当前的心智模式与情境依赖的审思、对未来的积极探索,并蕴含着运用未来改变当下的希冀。在这里,4 个脚本是 4 种可能性,未来如何发生,还有赖于不同主体的积极参与和持续对话。

随后,经合组织在 2022 年的《趋势报告》中延续了这一预期视角。外部环境的变迁在 2022 年的《趋势报告》中有所延续,如经济增长、快速的技术变革、更加灵活的工作、老龄化人口均是变革社会的组成部分。但是,2022 年的《趋势报告》开篇即指出:"这个世界正目睹着越来越多的断裂,如经济增长的重要性脱离地球资源的有限性、一部分人的富足与大多数人的福祉脱钩;快速的技术变革无利于熨平社会需求……"(OECD,2022a)故 2022 年的《趋势报告》在检视新冠疫情对全球趋势的"扰乱"以及对教育的影响后,提炼了"增长""生活与工作""知识与权力""身份与归属感""变化的自然"5 个主题,重申了技术能力、批判性思维、终身学习等的重要性,并进一步强调了处理不确定的信息与知识,用以进行持续学习和实现福祉的积极身份和能动性,在身心、自我与他者、自然之间建立和谐的关系。与之前的《趋势报告》相比,2022 年的《趋势

报告》更为关注各类变化对环境的影响，指出"到2050年要实现净零排放的全球目标，需采取大胆的行动"（OECD，2022），改变我们当下以不可持续的速度燃烧煤炭、石油、天然气等燃料的方式；而教育应在其中发挥积极的作用，促使"人类思考新出现的社会伦理挑战，考虑个人、集体以及地球的福祉"（OECD，2022a）。它还运用了预期视角，在每一章节的主题下设置了小型脚本（mini-scenario）练习，激发读者思考未来如何因当下的期待不同而相异。如"变化的自然"部分设置了两个脚本。第一个脚本描绘了在越来越热的地球上，教师成为学习活动的组织者，需因应气候变化重新规划教学活动。即便如此，该脚本反映了"即便世界在变化，但学校需要保持下去"（OECD，2022a）。第二个脚本描绘了在生物医药的促进下人体机能的不断提升，由此引发的问题是，虚拟现实道德裁判如何与社群准则一致，判定人在竞技时的机能。该脚本反映了，世界变化，伦理、规则、标准也会发生相应的变化。

总体而言，2022年的《趋势报告》持更为开放的立场，在思考教育的未来时，与《回到教育的未来》保持了相同的预期立场，并邀请读者一起参与到对未来脚本的想象与撰写中，重申人类要为不可预料性做好准备。由此，经合组织开始尝试超越教育"准备说"，在未来素养方面强调教育要走在社会系统、生态系统前面，在赋予人能动性的前提下，以"预期"的心智模式设计、改良未来的多种方案。在各种流动的意识中，积极对话，塑造新型的伦理关系，在畅想未来的多种可能性中保持开放性，不局限于确定的目标，以为当下的行动赋能。

五、教育与生态文明：经合组织的折中路线

（一）"环境正义"与"生态正义"

经合组织在思考教育与社会的关系时，虽然自2018年开始逐渐脱离了原来的功能论，应用预期理论构想教育的未来，但在构建新的社会契约时，经合组织所做出的回应表现出了折中取向。在"新的社会契约"中，经合组织的落脚点更多的是教育要为新的社会契约做什么，依然留存着功能论的痕迹，且以西方国家的社会契约论为原型。如经合组织指出："大多数民众似乎认为，以公共教育为重要组成部分的20世纪福利国家的社会契约要么已经结束，要么不再符合他们的利益。通过教育、才能和努力，过

上比父辈更好生活的精英主义理想是 20 世纪下半叶教育体系扩张的关键因素。然而，当社会流动的引擎开始出现故障时，对学校系统的信任就会动摇，来自弱势群体的年轻人可能不再将时间和经历投入到学校教育中。当人们对社会契约失去信任、抵制现有系统、拥抱民粹主义、偏离民主时，这种后果已然超出了教育的范围。"（OECD,2021a）

由此，经合组织寻求新的方案来应对教育中的不公平，将改革的焦点落在学校教育系统上，强调科技进步在人的能力重构中的作用，故理解和预测技术（特别是人工智能领域）的进步变得重要，以便积极塑造教育的未来。"数字技术不会迫使我们与机器进行一场不可能的战争，而是让我们重新思考'人'的意义以及我们如何想象繁荣的生活。"（OECD, 2021a）在构建人与社会、生态的关系时，经合组织把重点放在了教育与技能上，强调通过学习为个体与社会赋能，使其获得能动性，为共同利益而行动。《建构教育的未来》沿袭了"OECD 2030 学习框架"中的知识、能力、态度与价值观，认为诸如"能动性、开放心态、勇气"等可以调动认知、非认知能力，是抵御"愚昧、仇恨、恐惧"的最好武器，也是走向未来的必备能力（OECD, 2021a）。然而，新社会契约能为教育带来什么？经合组织并没有发挥"预期"的力量，而是重申了以国际合作促进"效率、效能、质量和平等"，并将教育系统的创新寄希望于技术的力量。由此可见，经合组织持"生态现代化"（ecological modernization）的观点，即生态问题可以在不阻碍经济增长的情况下得到管理，每一种环境风险都会有合适的处理技术。这种观点又被称为"浅绿"，与把地球利益放在首位的、被称为"深绿"的深层生态学（deep ecology）的主张有所不同。

"深绿"把人类放在与其他物种同等的位置上，对物质主义、人类中心主义做出了抵制。在此视角下，生态意识、生态正义较之于人本主义，社会正义更为适合于未来所需，服务于可持续发展。而联合国教科文组织主张的"学会融入世界"对西方的人类中心主义、理性主义价值观发起了挑战，消弭了人与物、主体与客体的界限，是曾经风靡一时的"深绿"视角的回潮。作为"教育的未来"倡议的背景文件，《学会与世界共同生成：为了未来生存的教育》揭开了倡议背后的理据与思维进路，提出了新的世界观和新的教育方式，对联合国教科文组织长期以来秉持的以人为中心的视角做了拓展（UNESCO & Common Worlds Research Collective, 2020）。在联合国教科文组织呼吁的未来里，人是万物互联中的平等一员，人所掌握的未来素养不以控制、管理这个世界为目的,而是要学会融入这个世界,与这个星球和谐共生。

以此观之,经合组织的侧重点在于"环境正义",而非"生态正义"。环境正义与生态正义常被置于一起混用,两者实则拥有不同的哲学基础。环境正义的哲学基础来自人类中心主义思潮,认为非人存在物并不存在"内在价值"。环境正义就是社会正义的一种形式,实现环境正义就是实现"以自然为中介的人与人之间的正义"。而生态正义则把人类看作整个生态系统中的一员,认为所有生命都拥有作为道德主体的自然权利,其探讨的是人与自然的正义关系(穆艳杰 & 韩哲,2021)。经合组织虽然提到了物种多样性、可持续发展、环境保护等,但其治理重点依旧在社会正义上。

(二)"以技能培养为核心"与"以改变思维方式为核心"

经合组织 2012 年将"教育司"更名为"教育与技能司"即凸显了,教育与技能在经合组织战略性目标达成中发挥着举足轻重的作用。2021 年的报告也不例外,其认为,"若不建构未来一代应具备的知识、能力、态度与价值观,设想经济长期且持续地包容性增长、维持技术进步、应对气候变化或者建立一个公正融合的社会是不可能的"(OECD, 2021a)。换言之,一开始以经济发展为首要目标的经合组织,在看待教育与社会系统、生态系统的关系时,就把教育放在为后两者服务的位置上。纵览经合组织的技能清单,其已从原先建立在瓦格纳(Wagner, 2008)基础上的生存技能转变为积极应对参与未来建设的变革能力。但经合组织的大部分能力还是保留了"教育准备说"的痕迹,且伴随着经合组织的大规模国际测评的开展,其中渗透着"技能"的诊断与竞争。如 2020 年的《教育概览》在陈述新冠疫情对教育及经济的影响时,还是亮出了"丧失学习机会 = 丧失技能 = 降低生产率 = 降低国内生产总值"的潜在逻辑(Schleicher, 2020),这一逻辑被联合国教科文组织所质疑。

联合国教科文组织指出,"教育系统错误地灌输了一种观念……这种观念侧重于强调个人成功、国家竞争和经济发展的价值观,这不利于团结,不利于理解我们之间的相互依存关系,不利于我们去关怀他人和关怀地方"(UNESCO, 2021)。相较于经合组织对技能的重视,联合国教科文组织更为重视关系,后者 2019 年的"教育的未来"倡议对以人为中心的价值观做出了重大调整,提出了"学会成长"(Learn to become)主张(UNESCO, 2019)。教育不再以个体发展实现资本积累抑或现代化,而是培育群体性情,让相互缠绕的"人"与"物"成为地球生态群体的一部分。这也意味着,教育实践以

"敞开"为特征,对人类、其他物种、土地、祖先、半机械人、机器敞开,欢迎惊奇,怀抱希望,建立联结,包容共存,关照新事物(UNESCO & Common Worlds Research Collective, 2020)。

以此观之,经合组织希望赋能于个体,通过技能解决社会问题与环境问题。在经合组织看来,绿色增长意味着,在确保自然继续提供我们的福祉所依赖的资源和环境服务的同时,促进经济的增长和发展(OECD, 2011; OECD, 2021b)。故针对全球气候变暖、日益脆弱的地球生态以及不确定的未来,经合组织提出了环境素养、变革能力、脚本练习。这既包含顺应时代发展的新技能,也包含改变当下与未来状态的思维方式。然而,仅有这些是不够的。重要的是人类在生态文明建设中、在与万物的相处中处于何种位置。柯布(2021)指出,现代教育虽然做了很多有益的探索,但总的来说,它们更多地增进了人类破坏地球、维持生命的能力,进而对人类自我毁灭的作用远大于为使人类摆脱这种命运而做出的贡献。参与《学会与世界共同生成:为了未来生存的教育》报告撰写的林逸梅(Iveta Silova)等人也指出,若是持续坚持与幻想以人为中心或例外主义,那么教育就将成为问题的一部分,而不能提供有关世界问题的解决方案(Silova, Komatsu, & Rappleye, 2018)。故为人赋予新的能力、转变人的思维固然重要,但不改变人类中心主义、不对人类的理性做系统反思,人类社会就不足以进入生态文明这一新形态。

(三)"教育适应社会"与"教育塑造未来"

新冠疫情之后,预期理论同时被经合组织、联合国教科文组织所运用,体现在其最新的教育报告中,如《一起重新构想我们的未来:为教育打造新的社会契约》《回到教育的未来》等。事实上,联合国教科文组织对于教育的功能在2017年已有完整论述,其指出,教育除了"促进适应","还可以帮助我们完成更为艰巨的任务——改变思维方式和世界观"(UNESCO, 2017)。联合国教科文组织在构建新社会契约时,强调未来的多种可能性,携未来以改进当下(沈伟,2020)。也就是说,教育既可以适应社会,又可以重塑未来。经合组织也作如是观。在思考未来教育时,经合组织意识到,当下表现卓越者不能全然代表未来努力之方向,未将表现卓越的系统(high-performing system)的成就作为预测未来的唯一依据,而是开启了未来教育准备度指数的研究;并在其工作方案中多次引荐海恩斯(Hines)等人在《思考未来:战略预见的指南》中提出的"似然性锥"(The Cone of Plausibility-Probablility),这个似然性锥将未来视作过去、现在的绵延,透过现在与过去,通往未来的路不止一条。在"偏好的""可能的"空间里出现了多种未来的备选方案(Hines & Bishop, 2007)。这超越了以往的功能论,凸显了教育在社会系统和生态系统方面的可为性与引领性。故当下经合组织在教育未来的视角中掺杂了"预测"与"预期"两种视角,一方面强调为了适应未来,为了人类与地球的可持续发展,人类的技能应外部趋势之要求而革新;另一方面强调超越当下的趋势判断,以开放心态应对不确定性,以崭新的思维模式引领当下的行动。

六、结语

经历了新冠疫情的全球大流行、气候变暖、经济波动等一系列冲击后,人类如何应对不确定性?教育何去何从,在生态文明的建设中发挥何种作用?经合组织给出了一条折中的路线——既从以往的经验中汲取教训,又在超前的心智训练中构建多重未来,并作用于当下的行动。从教育视角观之,生态文明的建设有赖于人类技能的更新与发展,如环境保护意识、长远思考能力、可持续消费习惯等显得尤其重要;然而相较于这些能力,以基础能力为前提的变革能力显得更为重要。但在意识关闭前提下构建出的"为未来而做准备"的知识与能力还不够。这就需要"为创生的预期"。预期理论重构了时序关系,将未来视作影响当下的重要条件。故人们研究未来、控制未来,或用今天的思想"殖民"未来是行不通的。将不确定性视为资源,形成群体智慧,方可创造当下,胜任未来。

预期理论视角下的未来素养框架展示了一个理性与非理性相容并存、互相激发的"世界"。虽然经合组织走的是一条折中的路线,对预期理论的运用并不彻底,在构建新的社会契约时也未对生态文明的多样性予以展望,但它还是在未来教育领域尝试构建了多个脚本,并直接回应了环境变化问题。正如经合组织在2021年的报告《建构教育的未来》中委婉地指出的:"经合组织最为显著的比较优势在于研发具有创意和前瞻性的理念和方法,以激发国际讨论、启发政策、形塑教育的未来。"(OECD, 2021a)

从人类生态学的视角来看,社会系统与生态系统互相作用,生态可持续性与社会正义互为条件。"被破坏的生态系统一旦失去满足人类基本需求的能力,就很难有机会去实现经济发展和社会公正。一个健康的社会同样需要关注生态可持续性、经济发展和社会正义,因为它们是相辅相成的。"(马尔滕,2012)在此辩证关系中,我们不可能也无法忽视人在社会正义和生态可持续发展中扮演的变革能动者的角色。我们在强调"非理性""物种多样性"的同时,并非要一味消弭人的理性和主动性,而是要发挥人的想象力和创造力,敢于迎接新的挑战,建立新的伦理关系。故克服当代生态危机、建设生态文明,既要放弃非人类中心主义,也要走出个体本位和群体本位的人类中心主义,但并非回到人类本位的人类中心主义(王凤才,2020)。当人类具备有关"使用未来"的知识和技能,熟悉预期的流程和系统,对社会系统、生态系统的未来做出假设,以作用于人类当下的理解和行动时,生态文明的建设道路也就具备了多种可能性,而人的能动性和教育的可为性不仅得以凸显,还有望通过教育重塑美好的生态系统。

■ 参考文献

[1] 阿尔文·托夫勒.(2018).*未来的冲击*.黄明坚,译.北京:中信出版社.

[2] 伯特兰·罗素.(2009).*西方哲学史(精华本)*.程舒伟,吴秦风,译.北京:中国商业出版社.

[3] 杰拉尔德·马尔滕.(2012).*人类生态学——可持续发展的基本概念*.顾朝林,译校.北京:商务印书馆.

[4] 联合国教科文组织.(2017).*反思教育:"向全球共同利益"的理念转变?* 北京:教育科学出版社.

[5] 穆艳杰,韩哲.(2021).环境正义与生态正义之辨.*中国地质大学学报(社会科学版)*,21(4),6-15.

[6] 沈伟.(2019).人文主义与工具理性的张力:国际组织在全球教育治理中的价值导向和政策实践.*华东师范大学学报(教育科学版)*,37(1),95-102.

[7] 沈伟.(2020).通过未来世界的素养:以教育满足社会进步对人的新需求.*光明日报*.2020-10-29(14).

[8] 小约翰·柯布.(2021).*生态文明与第二次启蒙*.王俊峰,译.山东社会科学.(12),31-38.

[9] 王凤才.(2020).生态文明:人类文明4.0,而非"工业文明的生态化"——兼评汪信砚《生态文明建设的价值论审思》.*东岳论丛*,41(8),6-15.

[10] Amsler, S., & Facer, K. (2017). Introduction to 'Learning the future otherwise: Emerging approaches to critical anticipation in education'. *Futures: The Journal of Policy, Planning and Future Studies*, 94.

[11] Gidley, J.M. (2017). *The future: A very short introduction*. Oxford University Press.

[12] Guillemette, Y., & Turner, D. (2018). *The long view: Scenarios for the world economy to*

2060. https://www.oecd.org/en/publications/the-long-view-b4f4e03e-en.html.

[13] Hines, A. & Bishop, P. (2007). *Thinking About the Future: Guidelines for Strategic Foresight*. DC: Social Technologies.

[14] Information is Beautiful. (2021). *World's Biggest Data Breaches & Hacks: Selected events over 30,000 records*. https://informationisbeautiful.net/visualizations/worlds-biggest-data-breaches-static/.

[15] Schleicher, A. (2020). *The impact of COVID-19 on education: Insights from education at a glance 2020*. https://www.oecd.org/education/the-impact-of-covid-19-on-education-insights-education-at-a-glance-2020.pdf.

[16] Miller, R. (2011). Being without existing: The Futures community at a turning point? A comment on Jay Ogilvy's "Facing the fold". *Foresight*.

[17] Miller, R. (2018). *Transforming the future: Anticipation in the 21st century* (p. 300). Taylor & Francis.

[18] OECD. (2011). *Towards green growth*. https://read.oecd-ilibrary.org/environment/towards-green-growth_9789264111318-en.

[19] OECD. (2018a). *The OECD Learning Compass 2030*. https://www.oecd.org/education/2030-project/teaching-and-learning/learning/.

[20] OECD. (2018b). *The Future of Education and Skills: Education 2030*. http://www.oecd.org/education/2030/E2030%20Position%20Paper%20(05.04.2018).pdf.

[21] OECD. (2019). *Conceptual learning framework: Anticipation-Action-Reflection Cycle for 2030*. https://www.oecd.org/education/2030-project/teaching-and-learning/learning/aar-cycle/AAR_Cycle_concept_note.pdf.

[22] OECD. (2020a). *Global trade, policies, and populism*. www.oecd.org/tad/policynotes/Global-Trade-Policies-and-Populism.pdf.

[23] OECD. (2020b). *Back to the future of education: Four OECD scenarios for schooling*. Paris: OECD Publishing.

[24] OECD. (2021a). *Building the future of education*. https://www.oecd.org/education/future-of-education-brochure.pdf.

[25] OECD. (2021b). *Green growth and sustainable development*. https://www.oecd.org/greengrowth/.

[26] OECD. (2022a). *Trends shaping education 2022*. https://www.oecd-ilibrary.org/docserver/6ae8771a-en.pdf?expires=1652021094&id=id&accname=ocid49026773&checksum=3F772CE2182C5D049C6555FF5316C49B.

[27] OECD. (2022b). The short and winding road to 2030: Measuring distance to the SDG targets. https://www.oecd-ilibrary.org/social-issues-migration-health/the-short-and-winding-road-to-2030_af4b630d-en.

[28] Poli, R. (2019). Handbook of anticipation: Theoretical and applied aspects of the use of future in decision making. Switzerland AG: Springer Nature.

[29] Schleicher, A. (2021). Green at fifteen-what schools can do to support the climate. https://oecdedutoday.com/green-at-fifteen-schools-support-climate/.

[30] Silova, I., Komatsu, H., & Rappleye, J. (2018). Facing the climate change catastrophe: Education as solution or cause. https://www.norrag.org/facing-the-climate-changecatastrophe-education-as-solution-or-cause-by-iveta-silova-hikaru-komatsu-and-jeremy-rappleye/.

[31] UNESCO. (2019). Futures of education: Learning to become. http://.unesco.org/futureofeducation.

[32] UNESCO & Common Worlds Research Collective. (2020). Learning to become with the world: Education for future survival. https://unesdoc.unesco.org/ark:/48223/pf0000374032?posInSet=1&queryId=4d1f2ad0-ad18-4a3c-b664-3937145f2483.

[33] UNESCO. (2021). Reimaging a new social contract for our futures: A new social contract for education. Paris: UNESCO.

[34] United Nations. (2019). World Population Prospects 2019. https://esa.un.org/unpd/wpp/.

[35] Wagner, T. (2008). The Global Achievement Gap: Why Even Our Best Schools Don't Teach the New Survival Skill Our Children Need, and What We Can Do about It. New York: Basic Books.

第五章

巫师与先知:国际环境教育的两种理念、倡议与教学模式的比较

伍绍杨 彭正梅

保罗·艾里奇(Paul Ehrlich)夫妇在其著作《人口爆炸》中预言,未来20年地球将面临无法满足人类需求的境地,全球将陷入饥荒与资源枯竭(艾里奇等,1999,第1—3页)。紧随其后,德内拉·梅多斯(Donella H. Meadows)等人在《增长的极限》中阐述了相似的观点:自工业革命起,人类社会的经济系统呈指数型增长,但计算机模拟的结果预测,若继续非干预的增长策略,人类文明将在接下来的百年碰到其增长的极限,引发人口和工业产值的大幅度下降、巨大的贫富差距以及激烈的社会冲突(梅多斯,兰德斯,2013,参见第1—2章)。尽管这些预测令人担忧,但半个多世纪过去了,我们观察到的是人均寿命的增加、经济的持续增长、食物供应与人口增长相匹配以及持续充足的能源供应。这是因为,环境变化的"大加速"(麦克尼尔,2021,第12页)伴随着技术的突破性发展,计算机与通信、医疗、基因工程、石油钻探和核能等关键技术的发展无限期地推迟了审判日的到来。

如同"狼来了"的故事,当预言屡不成真时,环境议题也随之陷入争议的旋涡。此争论涉及两种截然不同的环境科学观:一方强调自然界的脆弱性与追求生态正义的重要性,主张减缓消费、控制人口增长并采取更多的生态保护措施;另一方则深信科技创新和人类智慧才是解决生态问题的关键,提倡通过技术进步达成可持续的发展。查尔

斯·曼恩(Charles Mann)将这两种观点分别称为"先知派"与"巫师派"(曼恩,2023,第1—27页)。

先知与巫师的分歧催生了两种截然不同的环境教育理念,影响了环境教育的出发点和根本立场,如果不加以澄清,可能会造成深刻的分裂和持续的政治僵局,如有关气候问题的争议(萨宾,2019,第129—161页)。因此,本文旨在深入探讨先知派与巫师派的核心思想及其逻辑基础,厘清其主要分歧;将其作为一个概念透镜,分析两种理念如何反映在联合国教科文组织(UNESCO)和经济合作与发展组织(OECD)所提出的具有代表性的教育倡议中;对与两种理念相符的环境教育实践路径进行评析。结论部分将探究两种理念的互补性,为构建一个更加完善且多元化的生态教育体系提供参考和借鉴。

一、概念透镜:何谓生态保护的先知派与巫师派

传统观念中,人们对生态环境的态度和行为似乎总是沿着亲环保与反环保的二元轴线进行的。曼恩(2023,第6页)质疑了这种简单的二分法,他认为大多数人对环境保护的态度要么基于"未雨绸缪",即强调除非及时解决人口增长与气候变化等问题,否则全球将会面临崩溃;要么基于"创新行动",即通过技术工程创新避免或应对环境灾难。这两种态度被定义为"先知派"与"巫师派"。彼得·休伯(Peter Huber)将其称为"软绿"与"硬绿"的分歧,其本质是自由派与保守派的政治斗争在环境议题上的延续(休伯,2002,第1—4页)。而历史学家保罗·萨宾(Paul Sabin)则将这种分歧称为"悲观的生态学"与"乐观的经济学"之间的较量(萨宾,2019,第2页)。两者都承认并试图解决人类所面临的生存危机,但其规划的未来蓝图是矛盾的。理解这两种路线的分歧,有助于洞察众多国家及国际组织提出的环境改革倡议背后的基本逻辑。

(一)先知派的理念:环境保护主义

先知派的原型人物是美国生态学者威廉·沃格特(William Vogt),其在推动现代环境保护运动中功不可没。先知派的核心逻辑是,人类的暂时繁荣皆建立在对地球资源的无度索取之上,而如此短视之行径,只顾眼前之得失,终将招致生态颓废乃至人类的自毁。因此,先知派有时被批评宣扬"末日环境论",但这样的观点实质上是对长远

生态可持续性的深刻警觉,环境保护主义也成为20世纪最成功且持久的意识形态。

先知派借"人类世"(Anthropocene)概念来描述人类对地球生态系统的深刻影响。此概念最早由生态学家尤金·斯托默(Eugene F. Stoermer)使用,包含两层含义:其一,作为地质概念,指受人类活动影响形成的地质性质的转变;其二,指由人主宰的生态纪元(Moore, 2016, p.2)。此概念昭示了人类对自身的双重感知:深感自身改变地球生态和地质构造的力量,但也伴随一种无力感,因此力量非但没有使我们更接近乌托邦,反令生存危机逼近(南宫梅芳,2021)。"人类世"概念激发了超越人类中心主义的思考,即人不是环境变迁的旁观者,而是生态系统的有机部分,既非自然的主宰,亦非与自然隔绝的独立实体。自然世界呈现出一股不容轻易扰动的秩序。先知派追求的不是挑战或超越自然法则的限制和约束,而是与这个有序世界最为和谐地共存。

"承载能力"或"复原力"术语被用于阐释这种自然限制。"承载能力"最初描述的是船只所能容纳的货物量,但其意涵在生态学中已被拓展,用以表示自然环境对资源消耗和生态负荷的最大承受力。承载能力取决于特定地域或地球所能供给的资源总量及其本身的恢复与再生速率,因而必然存在一个由客观物理规律决定的、可量化的承载上限。地球资源是有限的,但不断增长的人口与随之上涨的物质需求必定会超越地球的承载能力,导致其赖以生存的生态系统遭受永久性的破坏。由于人类对生态问题的感知和反应往往是滞后的,或因人们易于对未加约束的公共资源实施过度开采而导致"公地悲剧",人类常常不自觉或无意地突破这一界限,这种现象被称为"过冲"(梅多斯,兰德斯,梅多斯,2013,第1—15页)。

早期生态学家大多关注人口过剩问题,但随着发达国家人口增长率减缓以及人口爆炸论的失验,焦点从人口控制转向更多维度的生态指标。例如,由瑞典斯德哥尔摩复原力科学中心(Stockholm Resilience Centre)约翰·罗克斯特伦(Johan Rockström)及其团队提出的"行星边界"(Planetary Boundaries)项目,旨在识别一系列对地球至关重要的生态过程和系统的临界点,以将其维持于一个适宜人类居住的稳定状态(Rockström et al., 2009)。这一项目持续监控九个生态关键领域,包括气候变化、海洋酸化、臭氧层损耗、生物多样性丧失、生物地球化学循环、淡水资源利用、土地系统变化、大气气溶胶负荷以及新型化学物质的污染(Rockström & Klum, 2015)。英国经济学家凯特·拉沃斯(Raworth, 2017)在此基础上提出了"甜甜圈经济学"模型(图1),强调人类社会的发展不仅应满足其基本需求(即模型的内圈),还需在"生态天花板"

(即模型的外圈)之下。

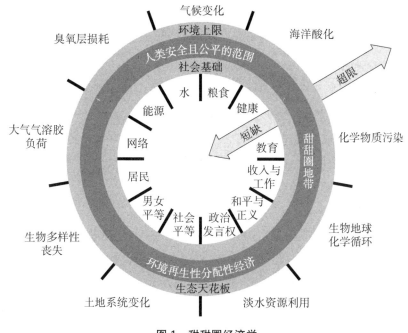

图 1　甜甜圈经济学

先知派思想的新发展与新马克思主义结合,把矛头指向主导人类近代社会运作的资本主义。生态马克思主义者乔尔·科威尔(Joel Kovel)直言资本是自然最大的敌人,将自然从资本所造成的异化状态中拯救出来的唯一途径是转向奉行节制的生态社会主义(科威尔,2015,第 13—36 页)。斋藤幸平(Kohei Saito)指出,资本主义及其永不满足的欲望、对消费社会和享乐主义的倡导,是使环境危机加剧的根本原因。他拒绝"可持续发展目标"(Sustainable Development Goals,简称 SDGs)或"绿色增长"等任何妥协性的概念,并斥之为现代版"人民的鸦片"。仅当社会转向"去增长"或"静态经济"时,可持续的未来才可能实现。先知派对人类未来展现出一种审慎、保守乃至悲观的态度,视节制为最高德行,并主张建立一个根植于生态原则的自给自足的社会。资本主义既不能达到全球公平,也无法确保生态平衡,甚至生态灾难本身都可能变成资本谋求利润的工具(比如污染治理成为一桩新生意),因此必须建立一种全新的分配制度,即"去增长的共产主义"(斋藤幸平,2023,第 1—62 页)。

(二) 巫师派的理念:技术乐观主义

巫师派代表一种技术乐观主义,将地球视为人类可自由操纵的工具箱,只需借助适当的方法与技术,自然界的一切都可被用以促进人类的进步。只有发展能够提升整个人类的福祉,而资源稀缺和环境问题是由发展带来的副作用,可以通过技术创新、市场机制和全球合作来解决。这与先知派的理念形成了鲜明的对比。诺曼·博洛格(Norman Borlaug)是20世纪60年代以来推动"绿色革命"运动的关键人物,他通过对农作物的遗传改良,成功培育出高产且抗病的小麦品种,大幅度提高了全球粮食产量,有力地抵御了饥荒的侵袭。博洛格的成就坚定了巫师派的信念:生态问题实质上源自人类尚未充分掌握必要的科学知识与生产工具。这一信念在多伊奇(David E. Deutsch)对乐观主义的论述中得到了最好的体现:"所有的失败——所有的恶——都是知识不足造成的……问题是可以解决的,而且每一种特定的恶都是一个可以解决的问题。乐观主义的文明是开放的,它不害怕创新,以批评的传统为基础。"(多伊奇,2014,第138页)

巫师派对人类的创新和适应能力表现出高度信赖,这种乐观主义立场源于对历史的审视。每当人类面临自然和社会的巨大挑战时,他们总是依靠自身的智慧化危为机。在过去几个世纪里,工业革命、绿色革命和信息技术革命等重大科技飞跃不仅为全球经济带来了指数级的增长,还显著改变了人类命运的走向。以能源问题为例,太阳向地球注入的能量是全人类所需能量的上万倍,挑战并非在于人类的发展是否会超出地球的承载极限,而是人类甚至还不知道如何更好地利用大自然赠予的这一小部分能量(乔云廷,杨长青,刘效云,2021)。正如彼得·戴曼迪斯(Peter Diamandis)在其著作《富足》中所言,面对资源短缺的威胁,我们不应争夺有限的"馅饼"使其变得日益稀薄,而应努力扩大这张"馅饼"使其更为丰盛。与其陷于自我限制,不如致力于推动经济的持续增长,世界因经济增长而富裕,这种富裕又催生了更为尖端的技术(戴曼迪斯,科特勒,2014,第9页)。试想如果人类成功地研发出了高效的碳捕捉和封存技术,那么解决气候问题将不再是遥不可及的梦想。

巫师派相信市场对解决环境问题的重要作用,市场机制不仅能激励企业进行科技创新,也能促进其采纳更加环保与高效的生产模式,从而为可持续发展注入活力。朱利安·西蒙(Simon,1996)通过实证数据分析指出,人类作为一种具有高度智慧的生物,总能通过提升资源的利用效率或是发掘替代品来摆脱资源稀缺的困境。人类的智慧与进取精神被视为"终极资源",不仅能解决资源稀缺问题,而且常常能推动社会达到一个比问题出现之前更为繁荣的新水平。从历史的角度观察,人类从未接近耗尽任何一种不可再生资源,这部分得益于市场这只"无形的手"不断推动人们探索更为经济的替代方案。通过将污染和排放转化成产权,比如提出引入碳排放税和建立排放交易体系(Emissions Trading System, ETS),市场能创造其直接替代物——减少污染的技术和清洁能源(诺德豪斯,2022,第114—162页)。巫师派也主张全球合作与技术共享,如发达国家将其科技成果以开放源代码、技术咨询、设立地方研发中心等方式转移至发展中国家。这有助于缩小全球技术鸿沟,通过知识资本的合理分配和最优利用,催生能在全球范围内解决环境问题的创新方案。

(三) 节制还是创新:巫师与先知的分歧

先知派与巫师派都察觉到了迫在眉睫的环境恶化和资源短缺问题,为实现可持续发展,人类必须对此做出某种形式的回应。先知派的方案是节制和削减,人类并非自然界的特例,必须在大自然面前保持敬畏和谦卑。他们警示,技术无法帮助人类突破自然的限制,最多只能暂缓不可避免的"生态末日"的来临,更可怕的是对技术的过度信任会导致人类陷入一种危险的自恃之中。与此相对,巫师派的口号是创造、进取和发展,他们对人类智慧的无限可能性和人类在生物圈中的独特价值有坚定的信念。他们情愿冒着不确定的风险,也要对人类的未来保持乐观,而不会像先知派那样为自己设限,走向保守和倒退。巫师派进一步批判,某些极端环保主义团体展现的去文明化和反技术倾向令人忧心,其宗教式狂热仿若中世纪教会为控制信徒而宣扬的末世论,并不真正促进人类的整体福祉。

这种分歧会影响人类未来宏观的环境政策取向,现实的政策更可能被其中一条路线所主导,但无论选择哪一种路径,都需要巨额投资和长期坚持才有可能看到成效。以色列的水资源管理提供了一个生动的例证。从20世纪60年代开始,以色列主要遵循了先知派的软路径,即通过政府规划建设大型供水和污水处理工程、采取系统性节水措施、建设滴灌系统,以及推动监管和环境教育以改变公众的用水习惯和态度。进入21世纪以后,以色列转向巫师派的硬路径,依赖于海水淡化和水循环利用技术,不仅最终摆脱了淡水危机,盈余的淡水甚至可"反哺"当地的自然水源(吕迎旭,2022)。

但新技术的引入也带来了新的忧虑,比如海水淡化过程中产生的高盐度废水若未得到妥善处理,可能会触发新的生态风险。

当然,这并非是说两种路线无法共存,巫师派和先知派也不是现实意义上真正存在的派别,它们更多地被用来描述人们对于环境保护的立场,这种立场会影响人们理解和对待特定环境保护政策或倡议的方式,并最终塑造人的环境行为(Hinsch, Tang & Lund, 2021)。先知派对于新兴技术(如转基因和核能)持有固有的疑虑,把自我定位为拥抱自然并对技术进步持批判态度的群体;巫师派认为环保主义有时过于道德说教甚至是绑架,并主张外界强加的环境准则或标准不应威胁到个体对生活方式的自由选择。这两种思路对人类行为的塑造,在很大程度上也得益于教育的推动。将其作为一个分析框架,有助于我们深入探究环境教育中的多种理念、流派与取向,更为精准地把握其中的复杂性与差异性(表1)。

表 1 先知派与巫师派的分歧

	发展观	人与自然的关系	对技术的态度	应对问题的方式	对未来的预期	治理方式
先知派	节制 去增长	人是自然的一部分 人与自然和谐相处	技术是问题制造者	通过降低消费缓解和预防问题	保守/悲观主义 衰败主义叙事	政府强制 限制市场
巫师派	绿色增长 经济逻辑	万物为人所用 人类中心主义	技术是灵丹妙药或救世主	通过技术创新解决问题	技术乐观主义 进步主义叙事	自由市场 政府引导

二、两种议程的摆荡:比较联合国教科文组织与经济合作与发展组织的环境教育倡议

在全球教育治理领域,国际组织的作用愈发显著,尤以联合国教科文组织和经济合作与发展组织最具代表性,两者在其政策和行动中展示出人文主义与工具理性的内在张力(沈伟,2019)。先知与巫师的分歧也在这两个国际组织所发布的环境教育议程中得以清晰体现:联合国教科文组织更多地代表先知派的视角,并长期在公共舆论中占据主导地位,将环境教育强调为重塑人类行为模式和培育生态正义观念的基本手段;经济合作与发展组织则更多地代表巫师派的视角,强调环境教育应该使学生掌握

深度知识和高阶能力,通过技术创新解决环境问题,这种视角因偏重工具理性而被环保主义者批判。

(一) 先知派的预言:联合国教科文组织的可持续发展目标和新社会契约

作为最早在全世界范围内倡导和推广环境教育的国际组织,联合国教科文组织对各国的环境保护政策和相关教育实践产生了深刻的影响。第一任总干事朱利安·赫胥黎(Julian Huxley)被认为是先知派的代表人物之一,正是在他的大力推动下,自然保护被纳入联合国教科文组织的职权范围,尽管这一议题并不在该组织最初宣称的教育、科学和文化的范围内。在赫胥黎的领导下,联合国教科文组织在1948年举办了第一届世界自然保护大会,并创建了一个由各国政府机构和非政府组织组成的松散的环境保护阵营,即世界自然保护联盟(International Union for Conservation of Nature, IUCN)。该组织在反对环境污染、保护自然栖息地和维持生物多样性等方面扮演着重要角色,并成立了专门的教育委员会。沃格特也是该组织的早期领导人之一。他认为,世界自然保护联盟最重要的任务是通过教育"推广人类生态学的知识",使人们意识到生态系统的承载能力是存在极限的(曼恩,2023,第618—629页)。

然而,现代意义上的环境教育更多的是环境保护运动衍生出来的一个分支。其中最著名的事件是,蕾切尔·卡逊(Rachel L. Carson)在1962年出版了《寂静的春天》,书中描述了杀虫剂对昆虫生命和生态群落产生的巨大连锁效应,并对即将到来的生态灾难发出预警,同时也使人意识到科技的进步往往伴随着意想不到的负面作用(卡逊,1997,第1—13页)。环境学家的作品唤起了人们对环境问题的关注,掀起了席卷全美的环境保护运动,并推动了环境教育的发展。《环境教育杂志》(*The Journal of Environmental Education*)早期编辑之一詹姆斯·斯旺(Swan, 2010)如此描述环境教育的来由:1969年,受"地球日"国际运动的启发,密歇根大学的一群教师和学生在研讨会上构思了一个塑造教育政策的新方向,并将其称为"环境教育"。环境教育的第一个概念框架出现在《环境教育杂志》的创刊号上,后者称环境教育应当帮助公民认识生物物理世界,使他们有能力和动机去解决相关的问题。

到了20世纪70年代,环境教育的概念和理论框架在联合国主持的多个国际会议中得到阐述和澄清。联合国1972年在斯德哥尔摩召开会议,通过了《人类环境宣言》,提出"只有一个地球"的著名口号,成为环境教育制度化的开端。此后,联合国又先后通过了《贝尔格莱德宪章》(1975)与《伯利西宣言》(1977),将环境教育的基本目标确立为"使人更清晰地认识到现代世界在经济、政治和生态方面的相互依存关系,让每个人都有机会获得保护和改善环境所需的知识、价值观、态度和技能,创造个人、集体和整个社会对待环境的新行为模式"(UN, 1977)。在联合国的倡议下,环境问题被置于全球的语境下,并且环境教育超越了了解知识和提高环保意识的基本目标,还扩展到构建环境伦理观和落实行动承诺上。

环境教育在20世纪90年代以后的新进展是引入"可持续发展"概念,这一概念最早来源于世界自然保护联盟在1980年发布的一份战略文件,后来格罗·布伦特兰(Gro Brundtland)在1987年的联合国报告《我们共同的未来》中将其界定为"既能满足当代人的需要,又不影响后代人满足自身需要的发展"(UN, 1977)。1992年的地球首脑峰会通过了《里约环境与发展宣言》(也被称为《地球宪章》)和《21世纪议程》,提出要在21世纪建设一个公正、可持续与和平的全球社会,教育被视为实现这一目标的重要工具;可持续发展教育(Education for Sustainable Development, EfS)旨在让"所有年龄段的学习者掌握知识、技能、价值观和态度,以应对世界正面临的相互关联的全球挑战"(UNESCO, 2014)。联合国发布的《2030年可持续发展议程》(*the 2030 Agenda for Sustainable Development*)对未来的全球发展框架进行了更新,提出17项可持续发展目标(SDGs)和相应的衡量指标,涵盖消除贫困与饥饿、实现健康与优质教育的普及、保护陆地和海洋生态、开发清洁能源和应对气候变迁以及负责任的消费和生产等领域(UN, 2015)。

"可持续发展"实质上糅合了多重议程。作为一种理想范式,环境、经济和社会被视为可持续发展的三大支柱,但这也使不同派别对这一概念的解读存在分歧。其一,它要求人们将对自然环境施加的压力控制在合理的范围内,这与先知派的自我节制理念是相吻合的。其二,它也把社会进步和经济增长作为关键目标,这暗含一种功利主义的逻辑;正如沃尔夫冈·萨克斯(Sachs, 1993)所言,这更多的是为了"保护发展,而非保护自然",自然被工具化。可持续发展目标也被批评是"逃避现实"的幻觉,因为在不转嫁风险的情况下,环境保护和经济发展根本无法共存(Rockström, 2019)。其三,它关注社会正义的问题,例如贫困、饥饿和社会不平等会进一步加剧环境压力。发达国家的许多环保政策实际上更多的是将环境风险转嫁给"全球南方",这种风险外部化引发了平权的诉求。尽管存在争议,但在联合国教科文组织的语境中,可持续发展目标更偏向先知派的视角,这体现在其《全球教育首要倡议》(Global Education First Initiative)的表述中:"教育必须回答当今的重大问题。仅仅依靠技术解决方案、政治监管或金融工具无法实现可持续发展。这需要改变人们的思维方式和行动方式。教育必须充分肩负起塑造一个更加公正、和平、宽容和包容的社会的核心任务。"(UN, 2012)

如果说对可持续发展目标的解读仍有争议,那么联合国教科文组织的新报告《一起重新构想我们的未来:为教育打造新的社会契约》(简称《一起重新构想未来》)则更鲜明地凸显了其先知派的视角。报告在开头就描述了一幅世界危机图景,人类和地球的未来相互依存且休戚与共,但都正面临着巨大的威胁:气候变化,生物多样性丧失,超出地球极限的资源使用,社会体系的崩溃与民主的倒退,日益加剧的社会和经济不平等,脆弱的经济系统和工作的不确定性,传染病大流行以及不断增加的压力、焦虑、抑郁和自杀(UNESCO,2021)。这种对黯淡未来的描述流露出一种强烈的危机意识和紧迫感,它如同先知般地宣告"当今世界正处于一个转折点",而人类"面临着一个事关生死存亡的选择":继续走不可持续的老路,还是彻底改弦易辙。报告呼吁,如果我们想在这个星球上确保一个可持续的未来,教育需要发生一种彻底的功能性转变:在过去,教育的基本目标是"通过对儿童和青年的强制义务教育支持培养国家公民意识和国家发展";但在危机重重的今天,我们需要重新构想教育的所有方面以应对地球与人类的共同挑战,而"新社会契约"可为教育的重构提供共同愿景和基本原则(王清涛,彭正梅,2023)。

在某种程度上,《一起重新构想未来》代表了联合国教科文组织从传统的人文主义取向转向一种由环境问题、去殖民化、非西方中心主义和反人类中心主义立场驱动的追求"生态正义"的教育新范式(Elfert,2023)。传统的人文主义取向体现在联合国教科文组织此前两个具有里程碑意义的教育报告中:1972年的《学会生存:教育世界的今天和明天》以启蒙时代的"全人"概念为基础,即一个人通过积极参与"学习型社会"而获得启蒙,成为一个在这个世界上"学会生存"的人;1996年的《学习:财富蕴藏其中》重申了终身学习的重要性,同时也肯定了教育促进经济增长,进而消除社会矛盾和改善环境的作用。这两个报告都反映了对理性主义和进步、普世价值观以及人类作为自身命运的主宰的坚定信念。相较之下,《一起重新构想未来》从一个更加地球化和非人类中心的视角构建了一种"新人文主义"(彭正梅 等,2021),更多地聚焦于人类作为一个物种在抽象意义上的生存,而弱化了个人的解放和赋权。它尤其强调从生态学角度去理解人与自然的关系:"我们不能再继续宣扬人类例外论了,也不能再把世界定位为一个'就在那里'等待我们去了解的外部对象了。与之相反,我们要鼓励关联式和集体共享式的干预和行动。"教育要促进人与自然之间的重新联结,即人类通过学习重新融入自然世界,体认到自己不仅是"社会存在",而且是"生态存在"(李兴洲,徐莉,姬冰澌,2023)。

这一报告对基于经济逻辑的教育发展模式提出质疑,引导人们朝"一种崭新的生态导向的教育方式迈进",而这种教育的基础是生态意识培育,使学生认识到地球上相互依存的系统及其局限性,以及如何重新平衡在地球上的生活方式。社会正义需要被扩展成生态正义,那些发达和富裕国家、地区的人需要因为历史缘由而承担更大的责任,确保人类"在未来拥有一个更具包容性的社会环境、更公正的经济环境和可持续的生态环境"。然而,批评者指出,《一起重新构想未来》力图打造一个"新社会契约",但缔结契约的各方并不明晰。因此,它回避了"社会契约"概念中固有的政治立场和意识形态分歧,这使它更像是一个美好的乌托邦式愿景,没有探讨如何克服阻碍这一愿景实现的任何结构性障碍(Elfert & Morris, 2022)。

(二) 巫师派的工具:经济合作与发展组织的能力倡议与测量取向

在传统上,巫师派的视角更多被认为是人类中心主义的表现,而非环境教育的一部分,在早期环境运动和生态教育中处于边缘的位置。一个典型的例子是,早期测量环保意识与行为的量表和工具对巫师派经常采取的是一种反向编码的立场,比如初版的"新环境范式"量表(New Environmental Paradigm Scale, NEP)将"人类有权利改变自然环境以适应自己的需要""人类不需要适应自然环境,因为他们能改造环境使其满足自己的需要"编码成"反环境主义",因为这反映出一种人类中心主义的思维(Dunlap & Van Liere, 1978)。但也有研究者认为,当美国在1957年遭遇"人造卫星时刻"后将教育的重点放在科学、技术、工程与数学(STEM)上时,巫师派的教育就已经确立(Smith & Watson, 2019)。例如,植物学教育的重点从分类学转向植物生长生理学和激素研究;农业教育的重点是农药、无机肥料、杂交技术和转基因作用,而非有机农业和维持土壤微生物群落——这些都体现出一种操控大自然的巫师派倾向(Massy, 2017)。

到20世纪80年代末,巫师派的环境教育视角开始更加明显地展现出来,环境学习者被定位为审慎的思考者和问题解决者。美国科学、数学与环境教育资源信息中心(ERIC Clearinghouse for Science, Mathematics and Environmental Education)的研究团队就强调,通过发展包括批判性思维和创造性思维在内的高阶能力来实现环境保护的目的——"为这些地区性和全球性的环境问题寻找可行的解决方案,需要基于对信息和意见的批判性审视做出理性的选择和决策"(Howe & Warren, 1989);"面对环境问题,问题解决者需要对广泛的学科领域有所理解,他们必须理解和尊重事物间的相互联系和互动。环境教育能够为创造性学习提供机会,让学生学会创造性地思考,寻找替代性方案,运用多种来源的信息,设计新颖的方法,识别现有解决方案带来的潜在或实际影响"(Disinger, 1990)。

这种主张的早期实践是经济合作与发展组织在1986年发起的"环境与学校倡议项目"(Environment and School Initiatives, ENSI),该项目持续到1994年,后来转化成一个去中心化的、松散的倡议网络。环境与学校倡议项目推动学校开展关于环境议题的深度研究(In-Depth Studies),包含以下三个要素:对学生生活有意义且与之密切相关的议题;跨学科探究的过程,探索该议题之下的经验、定义和价值问题;学生对环境的理解和价值观的构建(而非习得)。对于价值观问题,环境与学校倡议项目尤其强调教师的任务是尊重不同的价值立场,避免宣扬环保主义者的价值观,使用跨学科方法分析一系列立场。教师还必须在以讨论为基础的探究中维持批判性标准,比如论证必须建立在证据和合乎逻辑的推理之上(Elliott, 1994)。

作为一个主要由发达国家组成的经济组织,经济合作与发展组织的意识形态倾向于经济自由主义和拥护自由市场(Armingeon & Beyeler, 2004, pp.1-10)。尽管经济合作与发展组织的经济调查将"可持续发展"作为一个衡量发展水平的重要指标,但对其调研报告的批判性话语分析仍充分显示出其巫师派的立场:经济合作与发展组织将经济增长放在首要位置,很少阐述经济增长、环境压力和人类福祉之间的关系;更多地从成本、效益的角度出发思考问题,限制性的环保政策被认为代价太高;倡导"生态技术",暗示技术发展可以被引导到一条更可持续的道路上,从而实现环境和经济目标相融合的双赢;反对为技术创新提供补贴,因为这可能会导致不理想或代价高昂的解决方案,关键在于让个人能够在自由市场中表达偏好,这将最终产生最佳的解决方案(Lehtonen, 2009)。

在教育领域，经济合作与发展组织致力于推广基于能力的指标体系和测评，从早期的"素养的界定与遴选"项目（Defining and Selecting Key Competencies，DeSeCo）到"学习罗盘2030"（Learning Compass 2030），并通过大规模国际测量或借鉴认知心理学、神经科学和大脑研究等领域，收集关于人类如何学习的科学证据，以更好地改造教育系统。经济合作与发展组织在其发布的《学习罗盘2030》中指出，除基本的读、写、算以外，学生还需要掌握高阶能力来应对不断变化的工作需求和就业挑战——未来工作的性质更多的是非常规、分析性和人际间的（OECD，2019）。高阶的认知和态度能力在过去被认为只有少数人能够掌握，但在当今更加扁平、动态和多元的世界中，每个人都有机会掌握这些高阶能力，成为一个"变革行动者"，更积极地参与和塑造地方乃至全球事务，对自己的生活和周围世界产生积极影响。环境管理（environmental stewardship）是其中一项所有人都能在其中发挥作用的重要事务（OECD，2020）。

经济合作与发展组织对人类社会未来趋势有更乐观的预测，其对生态环境的21世纪愿景是"人类与自然共存""聚焦可持续发展和绿色增长""将自然视为一种重要的资本"（即自然资本，类似于人力资本、文化资本）。这种美好愿景的实现有赖于每个个体的"变革能力"（transformative competencies），包含以下三个方面：(1) 创造新价值，"创新是包容性增长和可持续发展的核心"，也是应对人口变化、资源短缺和气候变迁等紧迫性全球挑战的关键驱动力；(2) 调和张力和两难情境，即平衡竞争的、矛盾的和不相容的需求，在环境议题上，学习者需要考虑"经济增长、环境管理和社会凝聚力之间的张力"，需要"识别它们之间复杂和动态的相互作用，而不是将它们视为独立的、不相关的或者相互排斥的议题"；(3) 承担责任，思考行动的道德准则，很多环境行动需要个体发挥能动性，认识到自己的行为也能对周遭世界产生影响（OECD，2019）。

经济合作与发展组织在另一份报告中提出了发展"绿色技能"（greener skill，这个概念本身暗示只需比过去"更绿色"）的倡议，并将其定义为"使产品、服务和生产过程适应气候变化、符合相关环境要求和法规的技能"（OECD/Cedefop，2014）。发展绿色技能的目标主要受经济逻辑的驱动，比如气候变化问题的根源在于地球大气中释放的过量温室气体。因此，切实可行的办法是减少温室气体排放量。为实现这一目标，经济体系必须通过变得更加绿色，即使用更清洁、更可持续的可再生能源，教育和培训体系必须通过使不同的学习者具备更绿色的技能，来满足对"绿色"劳动力和产品的需求。因此，绿色技能更多的是指支持绿色转型所需的技能，尤其是与科学、技术、工程和数学(STEM)等提供具体解决方案的领域有关,比如可再生能源技术研发和应用、水资源管理、风险管理、脆弱性测绘或项目设计等方面的能力(Kwauk & Casey, 2022)。这意味着,所有相关行业都需要提升技能、调整工作,以实现绿色转型;新出现的绿色经济创造了新职业,需要相关的资质和技能认证;当经济转向绿色发展后,部分传统行业会衰退,这些行业的员工面临"绿色"再培训。

经济合作与发展组织也积极地将成就测量与跨国比较拓展到更广泛的技能领域,国际学生评估项目2018年构建了"应对环境挑战的准备性"(readiness for environmental challenges)这一表现指标来衡量学生的环境知识和技能、态度和价值观,以及负责任的环境行为(OECD, 2022)。经济合作与发展组织在报告中强调,面对紧迫的环境危机,采取行动、积极地影响自己的生活和周围世界的能力和意愿尤其重要,因此报告特别关注"学生能动性"概念。但国际学生评估项目的结果显示,那些环保意识更强的学生反而对地球的未来更加悲观,很容易导致徒劳的无助感和行动的停滞。当学生更频繁地参与科学活动和接触探究式学习时,他们会对环境问题有更深入的理解,并且对环境问题在未来20年内得到改善持乐观的态度(Echazarra, 2018)。因此,在应对环境挑战时,教育发挥作用的重要方式是培养学生的科学知识和技能。这些知识与高阶能力相结合,就更有利于推动技术创新,进而带来减轻或彻底解决问题的策略。

可以看出,经济合作与发展组织代表一种典型的技术解决主义路线:解决环境问题的关键是技术创新,而技术创新依赖于学习者掌握绿色技能和可迁移的高阶能力;能力或技能的更新则需要通过构建指标、测评与国际比较来收集科学证据,以寻找最有效的干预措施,试图将人类学习过程置于科学测量和规划之下(Elfert, 2023)。这种路线也招致了反对之声,一些人质疑"技术救世"本质上是一种"赌博"——技术创新具有偶然性,有可能在颠覆性创新出现以前,生态环境就遭受了不可逆转的破坏。技术创新也可能只是少数人(如顶级科学家)努力的成果,这是否意味着大多数人只需等待救世主的降临? 此外,尽管经济合作与发展组织的路线展现出变革潜力,但其功利主义的技能议程、产出导向的指标分析、对个体量化结果的关注,最终可能导致教育的工具化和狭隘化,使学习者陷入培训和技能习得的无尽循环之中,无法实现公正转型和更可持续未来所需的社会结构变化。

三、规训还是赋能：环境教育的两种路径

环境教育处于一个多学科重叠和动态发展的广阔图景中（Sauvé，2005），但先知派与巫师派的视角始终影响着其实践的路径，并体现在两种经典的环境教育模式中：先知派更倾向于运用规训模式，即通过塑造环境意识和价值观来影响个体对待环境的行为；巫师派则更多地运用赋能模式，使学习者掌握必要的知识与技能，鼓励所有学生发展可迁移的高阶能力和问题解决能力，以增大技术颠覆性创新的可能性。

（一）规训模式：发展亲环境的意识和价值观

规训模式更多地与先知派联系起来，通过公共舆论、政策导向和道德劝说等多种方式，亲环境的价值体系、伦理意识、社会规范和道德标准等被引导而内化在人的思想和意识中，使人认识到特定环境问题及其紧迫性，进而影响人的行为模式。在大多数学校课程中，环境保护的议题通常以专题的形式分散在不同的学科领域中，这些议题包括生物多样性的丧失、环境污染与生态退化、气候暖化与冰盖融化等。学习者更频繁地接触这些关于环境危机的叙事，就更有可能发展出亲环境的意识和价值观。

这可以使用"价值—信念—规范"（Value-Belief-Norm，VBN）的心理学模型（图2）来解释（Stern，2000）：个体价值观被假定为直接影响人的环境信念，比如生态世界观等。生态世界观通常使用新环境范式量表来进行测量，涉及对增长极限、生态平衡、人类与自然关系等主题的看法。新环境范式实质上反映了先知派的基本主张（Dunlap & Van Liere，1978）。当人们意识到特定人类行为可能会带来的负面后果以及自己有

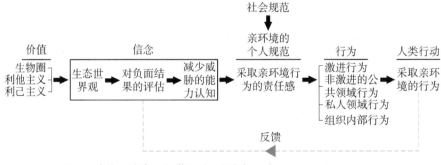

图2 价值—信念—规范理论，改编自 Roobavannan et al., 2018

能力降低这些行为的威胁时,人的环境信念会转化成一种内在的责任感(即个人规范),促使人们采取更负责任的亲环境行为。与此同时,人类的行为选择还面临着来自社会规范的压力,社会规范描绘了公众所接受的集体预期行为。当然,这也是环保主义运动引发争议的原因之一。批评者认为,这种教育模式将环境议题视为毫无争议的,实际上是在强迫人们接受某些政治正确的价值观以改造人们的行为(Wilgenbus, 2017)。

先知派的路径也体现在户外教育(Outdoor Education)和地方本位教育(Place-based Education, PBE)上。户外教育被认为是环境教育的最早形式,建立在一种自然主义的哲学观上,其预设环境教育的基本出发点在于重建人与自然的关系,并且承认自然的内在价值,而不仅是任人取用的经济价值。如果不先理解自然的价值,解决环境问题的努力将是徒劳的(Robottom, 1985)。在现代社会,大部分人生活在城市地区,受限于混凝土建筑和人造光线,人类感知到的内心世界与外部的自然世界之间存在明显的断裂感,并逐渐发展为低生态关注度和人类中心主义的文化规范,使人更容易接受和采取破坏环境的行为。相较之下,户外教育使学习者通过体验式参与,建立人与自然的情感联系(如同情、内疚和怜悯之心),乃至对自然的依恋(Balundė, Jovarauskaitė & Poškus, 2019)。这种方法首先是感性和精神性的,它探索人与自然关系的象征意义,并认识到人作为自然一部分的位置;然后,人必须通过自己的感官学会以"有知觉的存在"的身份与自然展开互动(Cooper, 2015)。户外教育能够增进人与自然的连通感(Human-Nature Connectedness),并逐渐拓展为认知和行为参与方面的体验,从而提高亲环境行为的可能性(Barragan-Jason et al., 2022)。

地方本位教育将"自然"具象为"任何通过人类经验赋予意义的地点"(比如家乡、社区或者自然区域),其目标是利用和增进学生和教师的地方感(sense of place)以及对真实"他者"(人和环境)的依恋,来促进亲环境行为(Dillon & Herman, 2023)。地方本位教育展现出以下特征:在内容上聚焦于一个地方的属性(例如生态、气候、地质和人文景观等);承认地方的文化传统、生态知识或者世界观,并将其融入环境课程;在能够唤起地方感的环境中进行真实的体验(例如体验学习、实地考察和服务学习等);促进地方性的亲环境和可持续行为、生活方式。国际环境教育基金会(Foundation for Environmental Education, FEE)发起的生态学校项目(Eco-School)便是一个结合地方或学校的特点和需求,开发定制化的环境教育的行动计划(FEE, 2018)。以其开发的

"祖先的宝藏——利用地方知识保护环境"(如表2所示)这一课程单元为例,非西方的文化传统、本体论和世界观得到承认,学生将了解世界各地的原住民如何构建他们与自然的关系。地球的环境危机不能仅依靠欧洲中心的科学技术来解决,还必须诉诸地方知识,其核心是尊重所有生命。学生从原住民及其与环境的关系中可以学到很多东西——尽管不同的氏族、部落或民族的传统知识和存在方式有所不同,但其与自然的关系展现出诸多共性:一元论(天人合一)、整体主义、神秘主义、轮回时间观等。这些都将挑战西方主导的知识与话语体系,并对现代的科学认识论质疑。

表2 单元设计:祖先的宝藏——利用地方知识保护环境

单元主题:祖先的宝藏——利用地方知识保护环境		
与SDGs之间的联系:减少不平等;和平、正义与强大的机构;可持续城市与社区		
模块	引导性问题	活动及其材料
背景与问题:文化传统与新挑战	● 原住民面临什么环境问题? ● 他们如何保护自己的文化?	● 通过影像资料,深入了解原住民(比如,俄罗斯的涅涅茨人、亚马逊的瓦奥拉尼人)的生活和他们对自然的知识 ● 完成工作表,并制作相关的宣传海报
旧识今用:原住民的智慧	● 原住民的传统文化如何有助于环境保护? ● 你所在地区有哪些有对环境友好的传统?	● 了解两个经典案例:墨西哥人利用阿兹特克的"漂浮花园"使红树林起死回生;巴拿马原住民在森林中建立"可可农业",制作出美味的巧克力 ● 通过访谈,了解你所在地区有哪些有利于环境保护的传统和习俗
以新技术发扬旧传统	● 如何利用现代手段保护古老传统?	● 角色扮演再呈现案例:巴西原住民使用手机程序保护栖息地 ● 为"生物多样性:保护南非的可食昆虫"这一主题设计广告宣传
环境保护在行动	● 我能够做哪些力所能及的事情?	● 批判性阅读:《弓箭与智能手机之间的文化战争》,理解原住民文化与社交媒体之间的互动 ● 观看影片《哥伦比亚:原住民年轻人为保护自己的家园而战》之后,开展创意写作,介绍保护环境的创造性方法

(二) 赋能模式：发展环境科学素养和高阶能力

巫师派主张积极地使用科技改造自然以实现绿色增长，其环境教育路径也更注重发展学生的环境科学素养(environmental science literacy)，通常表现为掌握和理解与生态环境相关的知识和理论，这些内容通常出现在科学课程中；同时，它也鼓励培养所有学生的可迁移的高阶思维和绿色技能，使学习者具备通过探究解决环境问题的能力(Ichsan, Sigit & Miarsyah, 2019)。整体而言，这一路径通过开发高阶的人力资本，增大颠覆性技术创新的可能性，因而可被视为"赋能模式"。

赋能模式将发展高阶能力作为重要目标和活动设计嵌入环境教育(Heong et al., 2016)。环境问题通常涉及复杂的生物化学过程、生态系统的循环和稳态，往往没有显而易见的确切答案，而高阶能力（如批判性思维、元认知等）的特征是非线性、可迁移和自我调节的，对于环境问题的解决是不可或缺的。环境课程所教的全部事实和概念无法长久地留在学生的记忆中，但思维习惯将持久地存在。环境教育的重点在于培养一种高阶的思维习惯，不论环境问题发生何种变化，也不论我们对人类与环境的相互作用有什么新的认知，未来的公民都需要展现出这样的思维倾向，即认真地、深入细致地反复分析新的证据和新的关切，以做出知情的决定和采取明智的行动，维持和提高我们这个星球上的生活质量。这涉及从不同维度对环境问题进行定义和澄清，对相关事实和想法进行归纳、综合和可视化，提出假说、解释、论证和预测，评估各方意见和权衡利弊得失，以及从多种解决方案中做出最佳决策等。例如，以色列的魏茨曼科学研究所(Weizmann Institute)开发了一个系统思维多层等级模型(Systems Thinking Hierarchic Multilayered Model)（图3），用于促进学生对作为一个动态系统的地球的深层理解(Assaraf & Orion, 2010)。

赋能模式的一个典型案例是由环境教育与STEM、探究式学习结合而成的E-STEM，聚焦特定环境议题中的科学原理和工程解决方案(Helvaci & Helvaci, 2019)。E-STEM项目有以下两个重要特征：(1)借助生物学、化学、地理学等领域的科学原理，揭示环境问题的成因与演变机制，进一步构建数学模型进行仿真与预测，并深刻理解科技在打造可持续未来中的重要角色及其无穷潜力；(2)依照问题解决过程制定学习活动的框架，通常借鉴约翰·杜威的探究模式，包括识别和分析问题、提出可能的解决方案、评估和选择最佳方案、检验与改进等环节(Alkair et al., 2023)。为进一步明晰

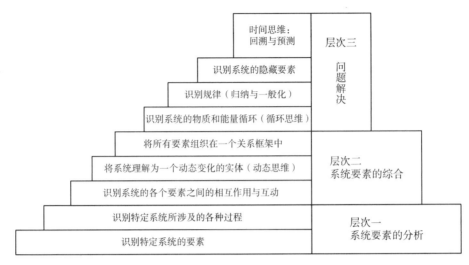

图 3　系统思维多层等级模型

此模式,表3呈现了一个围绕水资源短缺问题的E-STEM项目设计实例。该设计意在打破学科的隔阂,模拟真实情境下的问题解决路径,旨在培养学生的高阶能力,包括创造性思维、团队协作、沟通和表达以及使用数字化工具和前沿技术的能力。课程的每个部分均着重强调科技和创新在环境问题解决中的中心地位,并始终保持从用户和人类需求的视角进行思考的方法论。

表 3　E-STEM 课程设计:水资源短缺

E-STEM 环境议题:水资源短缺
一、识别与分析问题
1. 议题引入:观看全球水资源危机的纪录片,再配合以地理信息系统(GIS)的地图工具,使学生对世界各地的水资源分布有更深入的了解。
2. 实地考察:组织学生前往当地河流、水库或湖泊,进行现场观察和数据收集。结合所学的化学知识,测试水质和水量。
3. 小组探讨:针对所收集的数据,分析当地(或某个面临缺水危机的城市)的水资源短缺原因,并研究其背后的科学机制。
知识强化:地理学与信息科学:利用GIS工具进行水资源的可视化。 　　　　　环境化学:动手实验,测试水质和分析各种污染物来源。 　　　　　生态系统学:通过模拟实验,展示水短缺对特定生态系统的影响。

续 表

二、提出解决方案
1. 技术研究：结合在线资源、实验室访问和专家讲座，让学生了解不同的水资源管理技术的原理以及适用条件。
2. 创意工坊：针对特定问题情境，引导学生结合 STEM 知识，利用设计思考方法，开展小组头脑风暴，设计初步解决方案，并制作简易模型或草图。
知识强化：工程学——认识高效灌溉系统、雨水收集技术和建设储水设施等水资源管理技术。 环境化学——海水淡化和污水处理技术，如反渗透、蒸馏等。
三、评估和选择最优方案
1. 方案展示：每组学生采用多媒体工具，展示他们的设计思路、方案原理和预期效果。
2. 方案评估：全班进行评审，提出问题并讨论各种方案的可行性、经济性、技术难度和潜在影响。
3. 数学模拟：利用专业软件，如 MATLAB 或 Python，为各个方案建立数学模型，模拟效果并分析成本效益。
知识强化：工程学——设计水资源管理方案，考虑实施的可行性和影响。 数学——使用复杂的数学工具进行真实世界的模拟和预测。
四、测试与改进
1. 原型制作：学生使用 3D 打印、材料科学和简单工具，制作他们方案的实际原型或模型。
2. 实验室测试：利用先进的传感器和数据记录工具，在实验室环境下测试原型，记录关键数据，如水流速度、水质等，观察其实际效果和可能的问题。
3. 迭代改进：根据测试数据，分析原型存在的问题，并进行必要的修改和优化。
知识强化：工程学——通过动手实践，了解如何将设计思路转化为真实世界的应用。应用 3D 打印和智能传感器技术。 数学——利用统计学方法，对原型测试数据进行深入分析。

四、结论：超越先知与巫师

（一）理论融合的可能性：构建环境价值观的连续谱系

观点的极端化常常导致社会的深度撕裂，环境问题（尤其是气候变迁问题）已经成为两极分化最严重且容易造成分歧的政治议题之一。整合先知派与巫师派的观点有助于缓解这种社会分歧，以在环境政策和行动上形成一种更强的合力。图4构建了一个环境价值观的连续谱系。尽管先知派与巫师派在应对环境问题的方法上各有侧重，但并非水火不容的对立面。其核心目标均致力于构建一个可持续的、生态友好的未来——这使其与由私人利益驱动、缺乏科学基础的绿色怀疑论者或反环境主义者区分开来。先知派可能展现出三种倾向：具有浪漫色彩、归隐田园的原始主义；把自然价值放在首位（至少视之为与人类价值同等重要）的深层生态主义；抵制反环境行为和承认多元文化价值（非西方中心）的环保行动主义。巫师派主张发展绿色经济和技术创新，支持自由市场，但未必是弗里德曼式的放任自由主义。

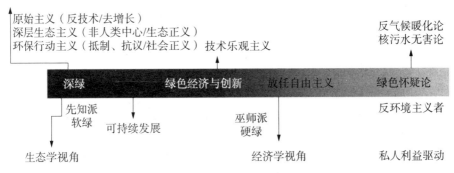

图4 环境价值观的连续谱系

在20世纪末，休伯（2002，第16页）就宣称马尔萨斯主义时代正式终结了，人口爆炸、资源枯竭的末日预言皆落空。得益于技术进步，人类总体上过上了比以往任何时代都要好的生活，并且在衡量人类福祉的所有指标上，都取得了惊人的进步，巫师派似乎大获全胜（平克，2019，第161—200页）。但这种胜利至少有一部分可归功于先知派不懈地推动全球环境法规、政策和教育体系的建立，比如禁用对环境和人体造成长期损害的杀虫剂、二噁英和氟化物，以持续的警觉和行动屡次阻止潜在的生态灾难，为巫师派赢得了宝贵的时间和条件。

这一切都表明，在应对全球性环境变化时，单一解决方案可能难以奏效，我们需要一个更加综合和多元的工具箱。整合两种视角能赋予我们更多的选择和灵活性，而这涉及在两者之间达成某种妥协，或者在适当的情境下转换策略。人类无法退回到去增长的原始状态,也不能指望技术创新和自由市场可以解决每一次生态危机,而是应当寻求一种务实的、人性化的环境保护主义——在审慎中保持乐观,寻求以最低的代价和消耗使所有人摆脱贫困和稀缺。

(二)实践融合的可能性——"巫师与先知"作为社会科学议题

规训模式的末日预言式警告和道德说教或许会让人意识到环境问题的严峻性,但很难使每个人都愿意采取违背自身利益的利他行为。况且,环境问题属于典型的公共利益博弈,人们通常期望他人做出牺牲而自己坐享其成。而赋能模式更多地关注客观事实和科学知识,很少关注到环境问题实质上暗含着人类对某些环境行动是否适当的意见分歧,并且每种意见都试图披上科学的外衣来增强自己的正当性。在这样的背景下,社会科学议题(Socio-scientific Issues, SSI)教学显得尤为重要。

社会科学议题通常在结构不良、有争议和造成广泛社会影响的领域,为学生提供机会去检视和分析各种形式的证据,基于科学证据和道德原则进行换位思考和捍卫不同立场,识别利益和价值观冲突,并且形成对科学本质的理解(Bencze et al., 2020)。这种批判性方法近年来已成为环境教育领域的重要范式之一,但大多数社会科学议题教学聚焦在零散的议题上,很少对环境争议有一个全局性的理解。作为贯穿环境史的一条重要线索,巫师与先知的分歧反映了对自然、科技和社会的不同伦理观和价值取向,这一分歧必须作为一个重要的社会科学议题在环境教育中得到澄清和阐明,成为连接规训模式和赋能模式的桥梁。

环境问题本质上是复杂的,其解决不仅需要由科学分支(生物、化学、物理等)提供的技术表征和解决方案,而且需要考虑形成概念和解决方案的特定社会背景和历史条件(历史、社会学和人类学等),以及这些议题所涉及的关于生活质量的定义和价值问题(哲学、伦理学)等(Elliott, 1995)。环境教育不仅需要形成复杂的经验性理解,而且需要提出价值问题,让学生参与对不同价值观的实质性讨论,理解这些价值观的基本观点以及在相互冲突的价值观之间做出选择时面临的困境。

前文所述"环境价值观的连续谱系"可作为社会科学议题的分析框架,以探索不同社会身份和利益取向所造成的立场和价值观差异。例如对于基因编辑的议题,先知派强调审慎和预防的原则,尊重生物的天然权利和完整性,主张在没有充分理解其长期影响之前应该限制甚至禁止这种技术的应用;巫师派则视基因编辑为解决粮食短缺、疾病和其他人类问题的有力工具,更愿意依赖风险评估和科学证据而不是道德直觉来决定技术的使用和限制。这种多视角的探讨有助于减少意识形态偏见和对科学证据的误读,为围绕环境议题的理性讨论和协商建立起温和的中间地带,从而更好地整合环境保护的努力。

■ 参考文献

[1] 艾里奇,艾里奇.(1999).人口爆炸(钱力,张建中,译).北京:新华出版社.

[2] 戴曼迪斯,科特勒.(2014).富足:改变人类未来的4大力量(贾拥民,译).杭州:浙江人民出版社.

[3] 多伊奇.(2014).无穷的开始:世界进步的本源(王艳红,张韵,译).北京:人民邮电出版社.

[4] 卡逊.(1997).寂静的春天(品瑞兰,李长生,译).长春:吉林人民出版社.

[5] 科威尔.(2015).自然的敌人:资本主义的终结还是世界的毁灭?(杨飞燕,冯春涌,译).北京:中国人民大学出版社.

[6] 李兴洲,徐莉,姬冰澌.(2023).教育未来发展新趋势:迈向新人文主义的终身教育—基于联合国教科文组织前瞻性教育报告.清华大学教育研究,44(03),65—74+128.

[7] 吕迎旭.(2022).以色列:从"北水南调"到"南水北调".环球,(10),30—32.

[8] 麦克尼尔.(2021).大加速:1945年以来人类世的环境史(施雯,译).北京:中信出版社.

[9] 曼恩.(2023).巫师与先知(栾奇,译).北京:中信出版社.

[10] 梅多斯,兰德斯,梅多斯.(2013).增长的极限(李涛,王智勇,译).北京:机械工业出版社.

[11] 南宫梅芳.(2021)."人类世"视野下西方生态批评的拓展.北京林业大学学报(社会科学版),20(01),8—12.

[12] 诺德豪斯.(2022).绿色经济学(李志青,李传轩,李瑾,译).北京:中信出版社.

[13] 彭正梅,王清涛,温辉,连爱伦,刘钗.(2021).迈向"生态正义"的新人文教育:论后疫情时代教育的范式转型.开放教育研究,27(06),4—14.

[14] 平克.(2019).当下的启蒙:为理性、科学、人文主义和进步辩护(侯新智,欧阳明亮,魏薇,译).杭州:浙江人民出版社.

[15] 乔云廷,杨长青,刘效云.(2021).太阳能是人类未来发展的终极能源之探讨.https://www.sohu.com/a/485409989_120093798.

[16] 萨宾.(2019).较量:乐观的经济学与悲观的生态学(丁育苗,译).海口:南海出版公司.

[17] 沈伟.(2019).人文主义与工具理性的张力:国际组织在全球教育治理中的价值导向和政策实

践. 华东师范大学学报(教育科学版),37(01),95—102+168-169.

[18] 王清涛,彭正梅.(2023).迈向新的社会契约:重塑未来教育何以成为全球共同议程.全球教育展望,52(06),22—37.

[19] 休伯.(2002).*硬绿——从环境主义者手中拯救环境·保守主义宣言*(戴星翼,徐立青,译).上海:上海译文出版社.

[20] 斋藤幸平.(2023).*人类世的"资本论"*(王盈,译).上海:上海译文出版社.

[21] Alkair, S., Ali, R., Abouhashem, A., Aledamat, R., Bhadra, J., Ahmad, Z., Sellami, A., & Al-Thani, N. J. (2023). A STEM model for engaging students in environmental sustainability programs through a problem-solving approach. *Applied Environmental Education & Communication*, 22(1), 13-26.

[22] Armingeon, K., & Beyeler, M. (2004). *The OECD and European welfare states*. Cheltenham: Edward Elgar Publishing.

[23] Assaraf, O. B. Z., & Orion, N. (2010). System thinking skills at the elementary school level. *Journal of Research in Science Teaching*, 47(5), 540-563.

[24] Balunde, A., Jovarauskaitė, L., & Poškus, M. S. (2019). Exploring the Relationship Between Connectedness With Nature, Environmental Identity, and Environmental Self-Identity: A Systematic Review and Meta-Analysis. *Sage Open*, 9(2), 1-12.

[25] Barragan-Jason, G., de Mazancourt, C., Parmesan, C., Singer, M. C., & Loreau, M. (2022). Human-nature connectedness as a pathway to sustainability: A global meta-analysis. *Conserv Lett*, 15(1), e12852.

[26] Bencze, L., Pouliot, C., Pedretti, E., Simonneaux, L., Simonneaux, J., & Zeidler, D. (2020). SAQ, SSI and STSE education: defending and extending "science-in-context". *Cultural Studies of Science Education*, 15(3), 825-851.

[27] Cooper, G. (2015). Outdoor education, environment and sustainability. In B. Humberstone, H. Prince, & K. A. Henderson (Eds.), *Routledge international handbook of outdoor studies*. Routledge.

[28] Dillon, J., & Herman, B. (2023). *Environmental education. In Handbook of research on science education* (pp.717-748). Routledge.

[29] Disinger, J. F. (1990). Teaching creative thinking through environmental education. In *Environmental Education Digest No.3*. Columbus, Ohio: ERIC Clearinghouse/SMEAC.

[30] Dunlap, R. E., & Van Liere, K. D. (1978). The "New Environmental Paradigm". *The Journal of Environmental Education*, 9(4), 10-19.

[31] Echazarra, A. (2018). Have 15-year-olds become "greener" over the years? OECD Publishing.

[32] Elfert, M. (2023). Humanism and democracy in comparative education. *Comparative*

Education, 59(3), 398 - 415.

[33] Elfert, M., & Morris, P. (2022). The long shadow between the vision and the reality: A review of the UNESCO report "Reimagining our futures together: A New social contract for education". *Quaderni di pedagogia della scuola*, 1(2), 37 - 44.

[34] Elliott, J. (1994). Developing community-focused environmental education through action research. In OECD (Ed.), *Evaluating innovation in environmental education* (pp. 31 - 60). OECD Publishing.

[35] Elliott, J. (1995). Reconstructing the environmental education curriculum: Teachers' perspectives. In OECD (Ed.), *Environmental learning for the 21st century* (pp. 22). OECD Publishing, Centre for Educational Research and Innovation.

[36] FEE. (2018). *Eco-Schools: Engaging the youth of today to protect the planet of tomorrow*. https://www.ecoschools.global/s/Eco-Schools_brochure-2018-compressed.pdf.

[37] Helvaci, S. C., & Helvaci, I. (2019). An Interdisciplinary Environmental Education Approach: Determining the Effects of E-STEM Activity on Environmental Awareness. *Universal Journal of Educational Research*, 7(2), 337 - 346.

[38] Heong, Y. M., Sern, L. C., Kiong, T. T., & Mohamad, M. M. B. (2016). *The role of higher order thinking skills in green skill development*. MATEC Web of Conferences,

[39] Hinsch, C., Tang, Y., & Lund, D. J. (2021). Compulsion and reactance: Why do some green consumers fail to follow through with planned environmental behaviors?. *Psychology & Marketing*, 38(12), 2209 - 2226.

[40] Howe, R. W., & Warren, C. R. (1989). Teaching Critical Thinking through Environmental Education. *In Environmental Education Digest No. 2*. Columbus: ERIC Clearinghouse/SMEAC.

[41] Ichsan, I. Z., Sigit, D. V., & Miarsyah, M. (2019). Students Higher Order Thinking Skills: Analyze, Evaluate, Create Green Consumerism Solution in Environmental Learning. *International Journal for Educational and Vocational Studies*, 1(4). https://doi.org/10.29103/ijevs.v1i4.1434.

[42] Kwauk, C. T., & Casey, O. M. (2022). A green skills framework for climate action, gender empowerment, and climate justice. *Development Policy Review*, 40(S2). https://doi.org/10.1111/dpr.12624.

[43] Lehtonen, M. (2009). OECD organisational discourse, peer reviews and sustainable development: An ecological-institutionalist perspective. *Ecological Economics*, 69(2), 389 - 397.

[44] Massy, C. (2017). Call of the Reed Warbler: A New Agriculture, A New Earth. St Lucia: University of Queensland Press.

[45] Moore, J. W. (2016). *Anthropocene or capitalocene?: Nature, history, and the crisis of capitalism*. Oakland: Pm Press.

[46] OECD. (2019). *Learning Compass 2030* (A Series of Concept Notes). OECD Publishing.

[47] OECD. (2020). *Back to the Future of Education*. Paris: OECD Publishing.

[48] OECD. (2022). *Are Students Ready to Take on Environmental Challenges?* OECD Publishing.

[49] OECD/Cedefop. (2014). *Greener Skills and Jobs*. OECD Publishing.

[50] Raworth, K. (2017). *Doughnut economics: seven ways to think like a 21st-century economist*. White River Junction: Chelsea Green Publishing.

[51] Robottom, I. M. (1985). *Contestation and continuity in educational reform: a critical study of innovations in environmental education* [Ph. D., Deakin University]. Geelong.

[52] Rockström, J. (2019). Önsketänkande med grön tillväxt-vi måste agera. Svenska Dagbladet. https://www.svd.se/a/kJbnQa/onsketankande-med-gron-tillvaxt-vi-maste-agera.

[53] Rockström, J., & Klum, M. (2015). *Big world, small planet: Abundance within planetary boundaries*. New Haven: Yale University Press.

[54] Rockström, J., Steffen, W., Noone, K., Persson, Å., Chapin III, F. S., Lambin, E., Lenton, T. M., Scheffer, M., Folke, C., & Schellnhuber, H. J. (2009). Planetary boundaries: exploring the safe operating space for humanity. *Ecology and society*, 14(2).

[55] Roobavannan, M., Van Emmerik, T. H., Elshafei, Y., Kandasamy, J., Sanderson, M. R., Vigneswaran, S., Pande, S., & Sivapalan, M. (2018). Norms and values in sociohydrological models. *Hydrology and Earth System Sciences*, 22(2), 1337–1349.

[56] Sachs, W. (1993). Global ecology and the shadow of development. *Global ecology: A new arena of political conflict*, 3, 22.

[57] Sauvé, L. (2005). Currents in Environmental Education: Mapping a Complex and Evolving Pedagogical Field. *Canadian Journal of Environmental Education*, 10, 11–37.

[58] Simon, J. L. (1996). *The Ultimate resource 2*. Princeton: Princeton University Press.

[59] Smith, C., & Watson, J. (2019). Does the rise of STEM education mean the demise of sustainability education? *Australian Journal of Environmental Education*, 35(1), 1–11.

[60] Stern, P. C. (2000). New environmental theories: toward a coherent theory of environmentally significant behavior. *Journal of social issues*, 56(3), 407–424.

[61] Swan, J. A. (2010). Transpersonal psychology and the ecological conscience. *Journal of Transpersonal Psychology*, 42(1), 2–25.

[62] UN. (1977). *Tbilisi Declaration*. http://www.gdrc.org/uem/ee/tbilisi.html.

[63] UN. (2012). *Global education first initiative*. https://gcedclearinghouse.org/resources/global-

education-first-initiative-initiative-united-nations-secretary-general? language = zh-hans.

[64] UN. (2015). *Transforming our world: the 2030 Agenda for Sustainable Development*. https://sdgs.un.org/2030agenda.

[65] UNESCO. (2014). 可持续发展教育. https://zh.unesco.org/themes/education-sustainable-development.

[66] UNESCO. (2021). 一起重新构想我们的未来：为教育打造新的社会契约. https://unesdoc.unesco.org/notice?id = p::usmarcdef_0000379381_chi.

[67] Wilgenbus, D. (2017). Educating Students to Sustainability: The Experience of "La main à la pâte". In A. M. Battro, P. Léna, M. Sánchez Sorondo, & J. von Braun (Eds.), *Children and sustainable development: Ecological education in a globalized world* (pp. 67–84). Springer.

第三部分

生态教育的环球实践

第一章

从项目到结构:作为典范的德国可持续发展教育

吴卫东　傅唯佳　袁翊嘉

对于如何使我们的地球能够可持续地发展,联合国早在1992年就已经提出了一系列要求。这些要求在2015年提出的全球"可持续发展目标"(Sustainable Development Goals,简称SDGs)中得到了加强,并被所有193个成员国采纳——社会的可持续性只能由人们共同实现。为此,人们需要以可持续发展为导向的教育。可持续发展教育(Education for Sustainable Development,ESD)以培养未来导向的思维与行动能力为宗旨,致力于塑造兼具批判性思考、同理心及全局视野的公民。为了实现这一目标,各国需要调整自己的教育系统,使儿童、青年和成年人获得有关可持续发展的意识与能力。为了使可持续发展成为全球的教育目标,联合国教科文组织于2015年发布了《全球可持续发展教育行动计划(2015—2019)》(UNESCO, 2015),并于2021年正式启动了后续方案《可持续发展教育:努力实现可持续发展目标》(又名《2030年可持续发展教育》)(UNESCO, 2021),希望通过可持续发展教育"从项目到结构"的发展支持这一目标的实现。

一个可持续发展的社会是更开放、更有韧性和更公正的。这一理念是德国可持续发展战略与联邦政府2030年气候保护计划的核心,也反映在2020年下半年德国作为欧盟理事会轮值主席国的工作计划中(Auswärtiges Amt. Gemeinsam, 2020)。德国作为全球范围内促进可持续发展教育的高参与度国家,经历了从参与联合国教科文组织的"气候行动项目"到建构具有德国特色的结构化可持续发展教育治理体系的过程。德国通过支持可持续发展教育的国际进程、设计与实施可持续发展教育国家行动计划、颁布立法期可持续发展教育国家报告等一系列行动，使德国成为了世界公认的倡导与践行可持续发展教育的典范国家。

一、德国支持可持续发展教育的国际进程

（一）全面参与可持续发展教育优先行动领域

教科文组织与来自130多个国家的主要合作伙伴网络密切合作，促进全球可持续发展教育行动计划五个优先行动领域的活动：政策支持、学习和教学环境的整体转型（全机构方法）、教育工作者的能力建设、青年的授权和动员、促进地方社区的可持续发展。来自德国的五个机构深度参与了教科文组织的以上五个优先行动领域：德国联邦教育与研究部也参与协调了德国合作伙伴在政治领域的工作。"全球行动"组织的"可持续发展教育专家网络"贡献了其在青年赋权和动员领域的专业知识；汉堡市作为该网络的联席主席，在促进地方层面的可持续发展方面发挥了关键作用；生根能力（Root Ability）公司和吕讷堡大学（Universität Lüneburg）的联合国教科文组织"高等教育促进可持续发展"教席，与他们的国际合作伙伴一起，促进了教学环境的整体转型。通过这种全面的参与，德国能够在国际层面上为塑造可持续发展教育发挥重要作用。

（二）主办联合国教科文组织"2030年可持续发展教育"启动大会

自2020年起，联合国教科文组织持续力推教育促进可持续发展的工作，其新计划是《可持续发展教育：努力实现可持续发展目标》，德国主动承办了新计划的全球启动会议（UNESCO, 2020）。联合国教科文组织同德国联邦教育与研究部和教科文组织德国委员会合作，通过组织在线系列研讨会，讨论可持续发展教育在新冠疫情时期及未来的变革力量，重点聚焦新冠疫情对可持续发展教育的影响以及教科文组织新计划的重点。作为会议的核心成果，大会通过了关于未来十年可持续发展教育重要性的《柏林宣言》。宣言强调了可持续发展教育因其能力导向在加强个人和社会复原力方面的作用。

(三)促进各种形式的可持续发展教育国际行动

1. 参与联合国大学的 RCEs 网络

德国为联合国大学实施可持续发展教育做出了重大贡献。联合国大学于 2003 年在日本建立了区域网络"可持续发展教育专业区域中心"(Regional Centres of Expertise on ESD,简称 RCE)(RCE, 2022)。这些区域网络的目的是通过来自不同教育部门、科学、商业和非政府组织的团体、机构和个人,在正规和非正规教育中确立可持续发展教育。每个区域网络都针对区域挑战制定了具体的目标和愿景。它们由设在东京的联合国大学高级研究所负责协调并每两年接受一次评估。该网络在全球有 190 个可持续发展教育专业区域中心,其中有 8 个位于德国(截至 2025 年 3 月):汉堡、慕尼黑、纽伦堡、奥尔登堡明斯特兰、东符腾堡、南部黑森林、施泰特纳哈夫和鲁尔(RCE, 2025)。

2. 持续参与联合国欧洲经济委员会的可持续发展教育活动

联合国欧洲经济委员会可持续发展教育指导委员会与联合国教科文组织协调,在欧洲地区推动可持续发展教育。指导委员会的年度会议有助于交流经验和促进对可持续发展教育的政治宣传。在德国的支持下,该委员会制定了一个新的"执行框架",以使其工作持续至 2030 年(UNECE, 2018)。

3. 在实施《巴黎气候协定》中加强可持续发展教育

这一目标在 2017 年于波恩举行的第 23 届联合国气候变化大会上得到了明确(UNFCCC, 2017)。德国承担了技术主办方的角色,在大会教育日等各种活动的框架内,提高了可持续发展教育的知名度。在 2020 和 2021 年,德国积极支持制定《多哈工作方案》的后续方案《格拉斯哥气候赋权行动工作方案》,并倡导在《联合国气候变化框架公约》未来的教育计划中与可持续发展教育密切协同。

二、德国结构化的可持续发展教育国家行动计划

德国可持续发展教育治理体系以结构化的顶层设计为逻辑起点,以机构、立法、项目、经费等作为实施保障机制,以国家监测形成治理体系闭环,持续推进可持续发展教育在德国的实践,以达成可持续发展目标 4——优质教育。

德国于 2017 年发布的《可持续发展教育国家行动计划》由联邦教育与研究部主持编写,内容共分 3 个部分:(1)六大领域(学前教育、中小学教育、职业教育、高等教育、非正规和非正式教育、市镇当局)的可持续发展教育行动计划,包含行动领域、目标及建议措施;(2)可持续发展教育的政策框架;(3)《全球可持续发展教育行动计划》在德国落实的组织及安排。附件包括德国各部委、教育机构、非政府组织、基金会等在上述六大领域中的现有政策支持及促进项目,以及各领域所对应的专家委员会成员名单。以下从四个方面具体展示该计划的核心内容。

(一) 可持续发展教育国家平台

可持续发展教育国家平台(见图 1)是德国实施《全球可持续发展教育行动计划》的核心决策机构。该平台会议于 2015 年 9 月 29 日由时任联邦教育与研究部部长约翰娜·万卡(Johanna Wanka)教授召集,在时任国务秘书科内莉亚·昆尼蒂伦(Cornelia Quennet Thielen)的主持下,37 名来自政治、科学、商业和民间社会的决策者在 5 次会议上就国家行动计划进行了讨论(Bundesministerium für Bildung und Forschung,2021)。会议决定,通过学前教育专业论坛、中小学教育专业论坛、职业教

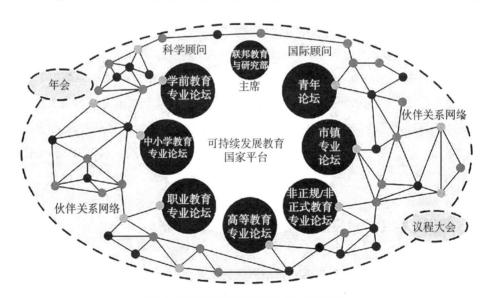

图 1 德国可持续发展教育平台示意图

育专业论坛、高等教育专业论坛、非正规和非正式教育专业论坛、市镇专业论坛等六大专业论坛和一个青年论坛作为德国推行可持续发展教育的核心工作机构和专家机构。

国家平台在科学问题上由柏林自由大学的格哈德·德·哈恩（Gerhard de Haan）教授担任顾问，在国际问题上由教科文组织德国委员会前主席沃尔特·希尔切（Walter Hirche）担任顾问。由国家平台任命的专业论坛成员为《可持续发展教育国家行动计划》编写了相关草案。此外，他们还将在国家实施联合国教科文组织全球行动计划的第二阶段伴随行动计划的实施，例如监测实施进展或编写专家报告。各个专业论坛平均每年召开五到六次专题会议和一次联合峰会。各个专业论坛都有来自政界、商界、科学界和民间社会的教育领域的专家代表。

（二）可持续发展教育的网络系统

德国可持续发展教育的网络系统由伙伴网络和门户网站组成。校外教育、市镇、媒体、学校教育、高等教育、经济和消费、生物多样性、职业教育和培训、早期儿童教育、文化教育和文化政策等十个合作伙伴网络为教育实践中的参与者联网做出了贡献，是实施可持续发展教育的重要动力来源。这些网络也履行了重要的任务，发起了众多具有示范价值的实践案例。他们在联合国可持续发展教育十年的工作小组中为联合国教科文组织全球行动纲领的进程贡献了广泛的专业知识。

由联合国教科文组织德国委员会建立并由联邦教育与研究部资助的可持续发展教育门户网站（www.bne-portal.de）已经成为德国关于可持续发展教育的核心信息网站。该门户网站提供了关于可持续发展教育的介绍性文本、有关可持续发展教育奖项的相关信息，以及实施可持续发展教育的教学材料。该平台旨在促进可持续发展教育行动者之间的联系。机构和组织可以在门户网站上注册，并交流活动信息。针对《可持续发展教育国家行动计划》的各项举措会在该网站向公众公布，并不断补充。

（三）可持续发展教育的目标与举措

德国《可持续发展教育国家行动计划》是可持续发展教育在德国实施的参考框架。它显示了可持续发展教育如何能够以结构上可持续的方式在德国扎根，如何能够在质量上进一步发展。因此，计划本身需要对不同实施主体提出可持续发展教育的目标和举措的具体建议。

大学是推动可持续发展教育的核心。德国通过《可持续发展教育国家行动计划》中高等教育专题的五大行动领域所涵盖的 24 个目标和相关措施建议,推进高校中的可持续发展教育以及可持续发展的高等教育。以"行动领域二:在质量标准基础上将研究和可持续发展教育结合起来"为例,该行动领域共有五大行动目标:(1)使高等教育机构成为可持续发展的组织;(2)大学教师有责任解决可持续性和可持续发展教育问题;(3)创新可持续发展教育的跨学科和跨领域教学和学习的范例;(4)提供资金推进可持续发展教育研究;(5)将新的可持续发展教育研究结果迅速纳入教学,加速可持续性知识对教育系统的渗透。

为达成五大行动目标,可采取以下相应措施:(1)在高等教育机构的现状和需求分析的基础上,启动制定一项将可持续性纳入高等教育机构的咨询和培训计划;(2)高等教育机构、各州和联邦政府应不断协调和扩大适当的咨询和继续教育服务的长期保障和质量保证的结构,以便通过适当的组织和参与者,定期提供不同的咨询和继续教育服务;(3)利用可持续发展教育领域的大学网络提供必要的专业知识,以构想和实施指导和培训计划并促进其传播;(4)德国大学校长联席会议(Hochschulrektorenkonerenz,简称HRK)应该就如何将对可持续发展的承诺纳入大学的招聘广告和任命协议,以及如何为所有大学工作人员建立相应的激励机制提供建议;(5)高等教育专业论坛在相关利益方的参与下,制定在研究、教学、治理、运营和转型方面实施可持续发展教育/可持续发展的质量标准;(6)资助机构应当为所有与可持续性有关的研究项目制定基本程序,检查是否可以在其中融入可持续发展教育活动和实施;(7)大学教授和学术活跃人士应研究如何能够越来越多地让学生和民间社会团体参与到研究项目中来;(8)联邦和州政府应研究如何促进大学开展可持续发展教育的研究以及制定可持续发展教育的指标;(9)国家可持续发展教育平台应与专业论坛合作,收集并区分各项可持续发展教育研究需求的优先次序;(10)大学应制定战略,将与可持续性相关的研究成果转移到社会应用领域(Bundesministerium für Bildung und Forschung, 2021)。

(四) 可持续发展教育的监测行动

为了更好地评估教育系统的可持续发展教育状况、提高教育部门的可持续发展教育活动的质量,全球行动计划的科学顾问定期记录监测的结果和进展,并以进度报告的形式呈现给德国全球行动计划委员会。

德国《可持续发展教育国家行动计划》指出,在2019年联合国教科文组织的全球行动计划到期时,将提交一份对国家行动计划的执行情况和迄今为止的进程的评估。该评估报告重点考虑以下几点:(1)考察目标的实现情况;(2)必要时调整和进一步发展目标;(3)必要时增加有关"可持续发展目标4.7"的新目标。由此,可持续发展教育实现从"计划"转向"行动"的重要一步。

三、德国立法期的可持续发展教育国家报告

(一) 可持续发展教育国家报告是系列作品

早在1997年,德国联邦政府便发表了第一份《环境教育报告》。根据德国联邦议院2000年6月29日的决议,联邦政府在每个立法期都应提交一份可持续发展教育国家报告。如果说2002年第一份《可持续发展教育报告》问世时,德国仍处于初步将可持续发展教育与环境教育区分开来,并在学前教育、中小学教育、职业教育、高等教育四个主要教育领域做探索性尝试且项目尚不成熟的阶段,那么到了2021年,德国已将可持续发展教育结构化、系统化地拓展到教育领域的方方面面,并设立了国家层面的支持性组织机构及专家智库,成为国际公认的落实可持续发展教育的表率。近20年间,先后七份《可持续发展教育报告》见证了可持续发展教育在德国的发展,也反映了国际政策框架的演变:从《21世纪议程》《联合国可持续发展教育十年(2005—2014年)》《全球可持续发展教育行动计划(2015—2019年)》,到最新的《可持续发展教育:努力实现可持续发展目标(2020—2030年)》,德国在可持续发展教育领域所开展的工作始终紧贴联合国相关计划,在顺应国际潮流的同时制定适合本国的方案,促进了全球性框架项目在本土的落地。因此,《可持续发展教育报告》的主要内容均涵盖可持续发展教育在国际层面、德国联邦层面、联邦州层面、地方层面的主要政策、框架项目、具体措施的优秀案例(Die Bundesregierung, 2002)(Die Bundesregierung, 2005)(Die Bundesregierung, 2009)(Die Bundesregierung, 2011)(Die Bundesregierung, 2013)(Die Bundesregierung, 2002)(Die Bundesregierung, 2017)(Die Bundesregierung, 2021)。

(二) 可持续发展教育国家报告以学术研究为基础

德国未来研究所从学校法律、教学计划以及教师教育三个维度对德国学校中的可持续发展教育现状进行了文本分析,分析对象包括2017—2019年的1 605份文本,分析样本涉及以下4类:(1)所有联邦州的学校法;(2)文教部长会议通过的决议和建议;(3)所有联邦州的教学计划;(4)被部分联邦州选用的教师培训手册以及考试规定。

对16个联邦州的381份教学计划的分析表明,各州对可持续发展教育在学校课程中的落实存在一定的差异。部分联邦州,如巴登符腾堡州和萨克森州,已经在教学计划中将可持续发展教育纳入所有学校科目,但其他联邦州仍然主要通过与可持续发展相关的科目开展教学活动。各州教学计划中出现可持续发展核心概念的情况也存在明显差异(见表1)。

德国各联邦州的学校法律、教学计划以及教师教育文本中可持续发展教育的基本情况以及各州的差异性研究成果作为一种量化依据,从学术研究的视角支撑了德国可持续发展教育的国家报告。

(三) 2021年可持续发展教育国家报告的变化

德国联邦政府的《2021年可持续发展教育报告》是该领域的第七份报告,涉及2017年中期至2021年中期德国可持续发展教育的现状和发展,涵盖了联合国教科文组织全球可持续发展教育行动计划的最后两年和后续方案"可持续发展教育:努力实现2030可持续发展目标"的开始阶段。该报告介绍了联邦政府、各州以及各市镇在第19个立法期的可持续发展教育活动,列出了可持续发展领域的其他社会行动者的可持续发展教育活动(Die Bundesregierung, 2021)。

德国联邦政府的《2021年可持续发展教育报告》介绍的重点是框架方案、措施、筹资优先事项以及实施战略,其结构也根据自身发展情况发生了变化。前六份《可持续发展教育报告》是按照各部委等行动主体类型来编排的,而第七份报告是按照不同教育领域来分类编排的,在结构上与2017年所制定的《可持续发展教育国家行动计划》相呼应,具体包括学前教育、中小学教育、职业教育、高等教育、非正规和非正式教育和市镇六大领域。这样一来,联邦政府、各州、各市镇和其他社会行为者的活动就以一种主题一致的方式呈现出来。

表 1 德国联邦州教学计划中可持续发展核心概念引用次数（Holst & Brock, 2022）

	BW	BY	BB	BE	HB	HE	HH	MV	NI	NW	RP	SH	SL	SN	ST	TH	合计
可持续发展教育	667	34	2	2	1	0	1	84	34	11	7	9	5	456	3	5	1321
	BW	BY	BB	BE	HB	HE	HH	MV	NI	NW	RP	SH	SL	SN	ST	TH	合计
可持续性/可持续发展																	
可持续性（Nachhaltigkeit）	12	32	65	65	8	4	17	19	20	7	38	70	22	21	49	49	498
可持续性（Nachhalt）	212	56	41	41	22	1	10	24	87	116	23	40	7	23	46	21	772
可持续发展	265	21	41	41	2	2	26	36	37	50	8	11	13	40	12	17	622
可持续性（Sustain）	11	0	0	0	0	0	0	1	0	2	0	0	0	0	0	1	15
可持续发展教育观点																	
世界行动计划——可持续发展教育	0	0	0	0	0	0	0	0	0	0	0	0	0	0	0	0	0
整体构建方法	0	0	0	0	0	0	0	0	0	0	0	0	0	0	0	0	0

续 表

	BW	BY	BB	BE	HB	HE	HH	MV	NI	NW	RP	SH	SL	SN	ST	TH	合计
可持续发展目标/2030议程	4	1	0	0	0	0	0	0	0	2	0	1	2	0	0	0	10
代际的	4	2	2	2	1	6	2	0	1	4	6	1	1	19	0	1	52
地球界限	0	0	0	0	0	0	0	0	0	0	0	0	0	0	0	0	0
全球发展	0	0	0	0	0	0	0	5	4	3	3	1	5	21	5	2	49
可持续发展教育—教育理念																	
构建能力	2	0	0	0	0	0	0	0	4	0	11	3	0	0	1	0	21
变革性学习/教育	0	0	0	0	0	0	0	0	0	0	0	0	0	0	0	0	0
全球公民教育	0	0	0	0	0	0	0	0	0	0	0	0	0	0	0	0	0
气候教育	0	0	0	0	0	0	0	0	0	0	0	0	0	0	0	0	0
全球学习	0	17	1	1	0	0	1	2	3	0	0	2	0	0	5	1	33
全球化背景下的学习	0	0	22	22	0	0	0	0	0	0	0	0	0	0	0	0	44
发展性教育	0	0	1	1	0	0	0	0	0	0	0	0	0	0	0	0	2

续　表

	BW	BY	BB	BE	HB	HE	HH	MV	NI	NW	RP	SH	SL	SN	ST	TH	合计
环境教育 (Umweltbildung)	0	23	1	1	0	1	0	2	5	0	7	4	0	1	0	2	47
环境教育 (Umwelterziehung)	1	0	0	0	0	138	3	10	0	0	6	0	4	0	0	2	164
环境教育 (Umweltpädagogik)	0	0	0	0	0	0	0	0	0	0	0	0	0	0	0	0	0
自然教育 (Naturpädagogik)	0	0	0	0	0	0	0	0	0	0	0	0	0	0	0	0	0
生态教育 (Ökologische Bildung)	0	0	0	0	0	99	0	0	0	0	3	0	0	0	1	0	103
总计	511	186	176	176	34	251	60	183	195	195	112	142	59	581	124	101	3 753
文件数	19	62	15	15	16	25	24	23	29	32	10	13	30	20	25	24	381
页数	1 124	589	527	537	479	1 045	706	835	1 408	1 684	1 116	713	771	949	740	899	14 122

续表

	BW	BY	BB	BE	HB	HE	HH	MV	NI	NW	RP	SH	SL	SN	ST	TH	合计
可持续发展教育引用处/100页	59.34	5.77	0.38	0.38	0.21	0	0.14	10.06	2.41	0.65	0.63	1.26	0.65	48.05	0.41	0.56	9.36
总引用/100页	104.8	31.58	33.4	33.4	7.1	24.02	8.5	21.92	13.85	11.58	10.04	19.92	7.65	61.22	16.76	11.23	26.59

注:BW,巴符州;BY,拜仁州;BB,勃兰登堡州;BE,柏林;HB,不来梅州;HE,黑森州;HH,汉堡市;MV,梅前州;NI,下萨克森州;NW,北威州;RP,莱茵兰-普法尔茨州;SH,石荷州;SL,萨尔州;SN,萨克森州;ST,萨克森-安哈尔特州;TH,图林根州。

四、德国可持续发展教育的趋势及启示

作为推进可持续发展教育的典范国家,近年来德国可持续发展教育呈现出以下趋势。

第一,官方重视程度不断提升,社会各界参与度较高。德国近年来进一步强调,对可持续发展教育政治上的支持也必须向课外教育机构倾斜,如注册协会、联盟等,因为它们同样代表了教育领域的一个重要支柱。对这些机构的支持手段包括提供财政支持以解决因新冠疫情等原因出现的问题,开发并实施申请门槛较低的长期国家支持方案。此外,诸如西门子、大众等大量德国企业也从自身企业社会责任的角度出发,支持提供可持续发展教育项目的环境中心、非政府组织和校外教育机构等。

第二,将可持续发展教育作为应对教育危机的解决方案。德国可持续发展教育国家平台提出,可持续发展教育能促进社会参与、团结和面向未来的思考和行动,使人们以可持续的方式有意识地塑造他们的生活,从而更好地应对经济、社会和环境方面的全球问题,预防未来的危机。此外,新冠疫情加剧了德国教育系统所面临的挑战,机会不平等、教育贫困等问题凸显。可持续发展教育是终身学习过程,而非线性教育项目,它倡导更多的教育公平,使教育摆脱个人和结构性歧视,包容文化多样性,为所有人建立一个面向未来的、有韧性的教育系统。

第三,将可持续发展教育作为实现联合国17个可持续发展目标的关键动力。联合国教科文组织新的框架计划强调,可持续发展教育在成功实现17项可持续发展目标、应对紧迫的可持续性挑战所需的个体和社会重大变革中起到重要作用。德国联邦政府明确赞成这一主张,并提出在国家进程中推动可持续发展教育与其他可持续发展目标的链接,在实施工作中致力于五个优先行动领域,让所有利益相关方参与其中,宣传和调动资源,响应联合国教科文组织所建议的上述举措。

第四,将可持续发展教育逐步覆盖德国教育系统。通过联邦政府的各项活动和措施,可持续发展教育正不断深入德国教育系统的各个层面、各个部门。近年来,各联邦州纷纷出台可持续发展教育战略,新的课程指导观点得到开发,教材陆续出版。在此过程中,德国联邦教育与研究部还提出,面向未来的可持续发展教育不能没有相应的数字化支持。为此,应扩充可持续发展教育的项目形式,发展在线课程,确保教师们的

媒体能力,并为教育机构提供适当的信息技术装备。

第五,不断重视对教育者的赋能。教育工作者是促进学习者向可持续生活方式转变的关键行动者,为引导并赋能于学习者,他们本身也需要增强能力,掌握这一转变所需的知识、技能、价值观和行为方式。因此,德国可持续发展教育国家报告中强调,应进一步加强对教育工作者的在职培训,增强职业技术教育与培训机构和私营公司中教育工作者的能力,高等教育领域应重视对青年教职工的可持续发展教育培训。联合国教科文组织《可持续发展教育路线图》更是提出,师范院校的领导和教职工应将系统和全面的可持续发展教育能力发展纳入学前、初等、中等和高等教育(包括成人教育)教师的职前和在职培训与评估。

德国作为世界公认的可持续发展教育的典范国家,从项目到结构、从计划到行动、从监测到报告都为我国推进可持续发展教育提供了可资借鉴的他山之石,也引发我们对推进可持续发展教育的价值、系统与路径的深度思考。

其一,可持续发展教育不仅具有社会、经济和环境价值,更具有重塑教育未来的个体价值。可持续发展教育不仅传授有关环境、经济和社会的知识,还注重技能培养、思维方式塑造和价值观引导,帮助人们以面向未来的方式思考和行动。它鼓励人们在保持批判性的同时具备同理心,形成全面的视角,并掌握终身学习的能力,从而推动个人成长和教育的可持续发展。这是未来社会对个体从理智到情感的作为完整的人的根本要求和素养期待,可持续发展教育是达成这一教育目标的重要载体。

其二,推进可持续发展教育是从项目到结构、从计划到行动的系统工程。一项变革行动往往从一些项目开始尝试,从计划开始切入。在教育系统中加入一种变革元素首先需要以行动为试点,然后通过系统思维,寻找变革过程中的关键要素,以结构化的方式从顶层设计到项目行动,再通过榜样示范加以强化和推进,最后以监测和评估把理念转化为行动,这无疑是一项系统工程。2020年,我国将可持续发展教育写入《国家中长期教育改革和发展规划纲要(2010—2020年)》,明确将"重视可持续发展教育"定义为战略主题之一。《中国教育现代化2035》和《加快推进教育现代化实施方案(2018—2022年)》更是将可持续发展教育内核与我国教育实践相结合,为可持续发展教育的落地提供了良好的顶层设计。

其三,教师教育是推进可持续发展教育的关键路径。德国在高等教育中实践可持续发展教育有不断强化的趋势。近年来,一些德国高校陆续开设可持续发展专业

（Okoprojekt Mobil Spiel e. V. Gemeinsam in die Zukunf, 2020），同时在高校的教师教育中心成立了可持续发展教育办公室（Universität Passau, 2023），推动在师范生培养过程中落实可持续发展教育理念，提升教学能力。中国的可持续发展教育仍停留在项目推进阶段，教育者的培养和培训远未引起人们的重视。为了推进可持续发展教育在中国的系统化和结构化，教师的培养和培训应与中小学可持续发展教育行动并肩而行，通过在校师范生培养、各级教师培训等方式形成教师职前职后相衔接的一体化教师教育体系。

其四，应积极参与到可持续发展教育的国际进程中。可持续发展教育作为全球命题，在国际上的影响力不断提升。在推进过程中，中国已参加了一系列国际可持续发展教育会议和论坛，在国内开展国家讲习班，进行专题培训并在项目学校展开试点。但总体来看，我国在该领域内的话语权仍不强。中国应进一步深化国际网络合作，利用诸如可持续发展专业区域中心等合作平台与国际伙伴取长补短、交流借鉴，在联合国教科文组织计划框架内的优先行动领域提供专业知识，推动可持续发展教育融入各级各类教育中。

■ 参考文献

［1］ UNESCO. (2015). *Global action programme on education for sustainable development*. https://unesdoc.unesco.org/ark:/48223/pf0000246270.

［2］ UNESCO. (2021). *ESD for 2030: What's next for education for sustainable development?* https://en.unesco.org/news/esd-2030-whats-next-education-sustainable-development.

［3］ UNESCO. (2021). *Education for sustainable development: A roadmap*. https://unesdoc.unesco.org/ark:/48223/pf0000374802.

［4］ Auswärtiges Amt. (2020, January 7). *Europa wieder stark machen: Programm der deutschen EU-Ratspräsidentschaft*. https://www.eu2020.de/eu2020-de/programm.

［5］ UNESCO. (2021, May 17). *UNESCO World Conference on Education for Sustainable Development*. https://events.unesco.org/event?id=275743948&lang=1033.

［6］ RCE. (2022, Febrary 26). *Global RCE network: Education for sustainable development*. https://www.rcenetwork.org/portal/rce-vision-and-mission.

［7］ RCE. (2023, Janurary 24). *RCE global network*. https://www.rcenetwork.org/portal/sites/default/files/RCE_world_mapposter%20December%202022%20%28179%29.pdf.

[8] UNECE. (2018, July 2). *The UNECE steering committee on education for sustainable development*. https://unece.org/steeringcommitteeesd.

[9] UNFCCC. (2017, November 16). *ACE day at COP 23*. https://cop23.unfccc.int/fr/node/16529.

[10] Bundesministerium für Bildung und Forschung. (2021, July 15). *Nationaler Aktionsplan: Bildung für nachhaltige Entwicklung*. https://www.bmbf.de/bmbf/shareddocs/downloads/files/nationaler_aktionsplan_bildung_fuer_nachhaltige_entwicklung.pdf.

[11] Die Bundesregierung. (2002, January 3). *Bericht der Bundesregierung zur Bildung für nachhaltige Entwicklung: 14. Legislaturperiode*. https://dserver.bundestag.de/btd/14/079/1407971.pdf.

[12] Die Bundesregierung. (2005, October 4). *Bericht der Bundesregierung zur Bildung für nachhaltige Entwicklung: 15. Legislaturperiode*. https://dserver.bundestag.de/btd/15/060/1506012.pdf.

[13] Die Bundesregierung. (2009, July 24). *Bericht der Bundesregierung zur Bildung für nachhaltige Entwicklung: 16. Legislaturperiode*. https://dserver.bundestag.de/btd/16/138/1613800.pdf.

[14] Die Bundesregierung. (2011, December 1). *Bericht der Bundesregierung zur Bildung für nachhaltige Entwicklung: 17. Legislaturperiode*. https://dserver.bundestag.de/btd/17/080/1708099.pdf.

[15] Die Bundesregierung. (2013, July 3). *Bericht der Bundesregierung zur Bildung für nachhaltige Entwicklung: 17. Legislaturperiode*. https://dserver.bundestag.de/btd/17/143/1714325.pdf.

[16] Die Bundesregierung. (2017, September 22). *Bericht der Bundesregierung zur Bildung für nachhaltige Entwicklung: 18. Legislaturperiode*. https://dserver.bundestag.de/btd/18/136/1813665.pdf.

[17] Die Bundesregierung. (2021, April 26). *Bericht der Bundesregierung zur Bildung für nachhaltige Entwicklung: 19. Legislaturperiode*. https://dserver.bundestag.de/btd/19/289/1928940.pdf.

[18] Holst, J., & Brock, A. (2022, Febrary 26). *Bildung für nachhaltige Entwicklung (BNE) in der Schule: Strukturelle Verankerung in Schulgesetzen, Lehrplänen und der Lehrerbildung*. https://refubium.fu-berlin.de/handle/fub188/35967.

[19] Ökoprojekt MobilSpiel e. V. (2020, November 12). *Gemeinsam in die Zukunft*. http://www.oekoprojekt-mobilspiel.de/service/weiterbildungen-und-studiengaengenatur-paedagogik-umweltbildung-bne.

[20] Universität Passau. (2023, January 27). *Abteilung: Bildung für nachhaltige Entwicklung*. https://www. zlf. imipassau. de/organisation/dieabteilungen-des-zlf/bildung-fuer-nachhaltige-entwicklung/.

第二章

美国佛蒙特州 K-12 可持续发展教育初探

张 静 徐 辉

当今人类社会的存续和发展面临着极端天气频发、生物多样性丧失、全球流行病肆虐、局部地区冲突不断、贫富差距加大等多重危机,以更彻底、更迅速的行动向可持续的未来转变成为全球共识。教育需要应对可持续发展日益加剧的挑战,可持续发展教育应运而生。可持续发展教育赋予学习者以知识、技能、价值观和态度,使他们能够在尊重文化多样性的同时,为了让今世后代拥有完好的环境、有活力的经济以及赋权所有性别的公正社会,而做出知情决定并采取负责任的行动(UNESCO,2020)。2022年9月召开的联合国教育变革峰会提出,可持续发展教育应被纳入主流教育体系(卞翠,宋佳,张民选,2022)。作为教育可持续发展目标(SDG4)优质教育的重要组成部分,可持续发展教育已然成为当前各国教育理论和实践研究的热点话题。

国内外学者围绕可持续发展教育的有效性、目标指向、组织实施、特点等方面展开了系列研究。基于实证研究的分析认为,可持续发展教育在影响学生可持续发展意识、解决可持续发展问题方面起关键作用(Pauw J B, Gericke N, Olsson D, et al, 2015)。在学校发展领域,有学者认为,可持续发展教育是学校变革的起点,可以促进教育创新,触发具体的可持续社会发展进程(Rauch, 2002)。在可持续发展教育的目标指向方面,从个人本位的价值取向出发,美国可持续发展总统咨询委员会提出,"确保所有美国人平等地享有做自己感兴趣的工作、享受高质量的生活、了解与可持续发展相关的概念、终身学习的权利等",强调人的可持续发展(Huckle & Sterling, 2002,第289页)。从社会本位的价值取向出发,有学者认为,可持续发展的目的是使受教育者有效参与到当地、国家及全球的可持续发展中(Palmer, 2002,第35页)。在可持续发展教育的实践方面,为了实现可持续发展的跨领域能力,强调跨课程协作与跨课程学习(王咸娟,2020),开发校本课程与整合现行课程(刘晓楠,2003),建立生态学校计划认证框架等(常甜,马早明,2022)。在可持续发展教育的特点方面,联合国教科文组织在《可持续发展教育十年国际实施计划》中将其总结为跨学科性、整体性、价值驱动性、方法多样性、实用性和地方性等(钱丽霞,2005)。整体来看,已有的研究成果大多聚焦在可持续发展教育的内涵架构与具体实践路径和项目上,对以州为单位研究可持续发展教育的宏观培养规划与整合运行实践的梳理相对匮乏。

  美国佛蒙特州被认为是环境保护和可持续发展实践方面的典范,其最大的城市伯林顿是美国第一个100%使用可再生能源动力的清洁城市。"Vermont"源自法语"MontsVerts",意为"绿色山岭",因此佛蒙特州又名为"绿岭之州"。2000年,佛蒙特州教育局发布的《佛蒙特州标准和学习机会框架》(*Vermont's Framework of Standards and Learning Opportunities*,以下简称《框架》)使得佛蒙特州成为美国第一个明确采用可持续标准的州,是美国可持续发展教育的政策和实践的创新者。威斯康星大学提交给国际领先教育机构联盟(International Alliance of Leading Education Institutes)的《美国的可持续发展教育》(*Education for Sustainable Development in the United States of America*)报告,也充分肯定了佛蒙特州在开展可持续发展教育方面的经验,认为佛蒙特州较早关注培养学生的可持续发展意识,目前已经形成了较系统的可持续发展教育规划,配套建设了教育资源,构建了多方参与的实践主体。鉴于此,本研究基于佛蒙特州教育局发布的相关文件,国际领先教育机构联盟、美国教育促进可持续发展伙伴关系、佛蒙特州可持续学校项目等研究机构发布的进展报告以及学者的相关成果,通过对相关文献的文本细读,从目标、组织和特色等方面研究佛蒙特州K-12可持续发展教育体系。其中,目标指向为可持续发展教育引领方向,组织实施指导、落实并保障了可持续发展教育的实践,体现出了因地制宜、因时制宜的特点。需要特别说明的是,美国佛蒙特州的可持续发展教育常被表述为可持续性教育(Education For Sustainability, EFS),这与部分可持续发展教育实践者和研究人员的"传统的发展不可持续"的观点有关。

一、佛蒙特州可持续发展教育的目标

佛蒙特州 K-12 可持续发展教育以促进个体发展、实现社区共治和推动教育变革为目标。其中，在个体发展层面，重视学生的主体性、整体思维和自我效能感的培养；在社区共治层面，通过启动社区学习项目，培养可持续发展教育人才；在教育变革层面，致力于重新定位教育，探索可持续发展教育的新方向。

（一）促进个体发展：重视学生的主体性、整体思维和自我效能感的培养

掌握可持续发展的知识和技能、形成可持续发展的态度和价值观、促进个人的可持续发展是可持续发展教育最基础的目标。在可持续发展教育目的的众多构成要素中，佛蒙特州的可持续发展教育主要聚焦于学生主体性、整体思维和自我效能感的培养。佛蒙特州可持续学校项目（Sustainable School Project）基于与全球学校和教育工作者的合作经验，提出并践行着可持续发展教育框架的三个关键要素，即使学生了解人类社会和自然界，使学生理解世界是相互关联的，使学生相信个人能力是有所作为的。教育工作者认为，只有达成这三个关键目标，学生才能成长为创造可持续发展社会的积极参与者。

在学生的培养方面，佛蒙特州还通过将可持续性纳入地方学习标准和采用兼容可持续发展教育的国家标准来实现其培养目标。佛蒙特州教育局 2000 年发布的《框架》强调了教育标准对可持续性的关注，要求中小学实现"可持续性"和"了解地点"两个目标。"可持续性"要求学生做出的决定能够展现出他们对自然环境、人类社区、生态、经济、政治或社会系统的理解，以及学生能够意识到个人和集体行动对这些相互关联的系统产生的影响。"了解地点"则要求学生了解当地环境和社区遗产，以及他们如何塑造自己的生活。截至 2013 年，佛蒙特州采用了《共同核心州立标准》（*Common Core States Standards*）和《下一代科学标准》（*Next Generation Science Standards*）。根据美国教育促进可持续发展伙伴关系（USPESD）对共同核心州立标准的一项未公开的比较研究认为，可持续性概念与《共同核心州立标准》兼容，同时可持续性可以作为一个综合主题帮助实现这些 K-12 标准。《下一代科学标准》也包含着许多可持续发展教育的成分和学习机会（Rowe D, Gentile S J, Clevey L, 2015）。

(二) 推动社区共治：启动社区学习项目与开设州内培训课程

社区是自然生态系统和社会生态系统的统一，既能够提供开展可持续发展教育需要的内容、资金、人力和场地资源，又是可持续发展教育推动构建可持续发展社会目标的重要组成部分。因此，学校不能孤立地推行可持续发展计划，而是要与更广泛的社区其他利益者建立联系。《框架》明确地将深入社区开展合作性的服务学习作为评价学习项目的八个重要标准之一。佛蒙特州可持续发展教育课程通常以本地或社区的实践为基础，指向本地或社区实际问题的解决。2003 年，佛蒙特州自然资源委员会启动了"健康社区、健康儿童"（Happy Neighborhood Happy Kids）项目，将其作为可持续发展社区项目的一部分。该项目以学生兴趣和社区需求为基础，旨在向学生介绍与社区设计、公共安全、公民参与和个人健康相关的概念，致力于让学生参与对社区有意义的探索，并为教师、学生和社区提供学生主导的社区变革的机会（Morra R，Brough H，Cirillo J，2005）。该项目与伯林顿学区进行合作，先后在尚普兰小学（Champlain Elementary School）、劳伦斯·巴恩斯小学（Lawrence Barnes Elementary School）等学校进行了试点，现在已发展成为服务学习、学生领导力、公民参与和社区协作的框架，已应用于 K-12 年级和社区环境，并在国内和国际上实施。

同时，佛蒙特州的可持续发展教育还为州内所有的学习者开设可持续发展教育的培训课程，致力培养更多的可持续发展教育人才。谢尔伯恩农场（Shelburne Farm）可持续学校研究所和佛蒙特大学（Vermont University）建立了合作伙伴关系，提供两种可持续发展教育研究生证书。每个证书课程都是专门为学前教育、非正式教育的一线工作者以及那些在博物馆教育、户外教育、公园和娱乐活动、自然和建筑环境等其他领域工作的人而设计的。课程安排主要包括可持续发展教育基础、可持续发展教育方法、可持续发展教育调查与行动和可持续发展教育变革型领导四门必修课程以及智能弹性社区、农业生态等方面的选修课程。

(三) 引领教育变革：重新定位教育，探索可持续发展教育的新方向

教育能够培养人们符合可持续发展和积极有效参与社会的知识、技能、态度、价值观和行为，是促进可持续发展的关键。基础教育是可持续发展教育的支柱，自然科学、社会科学和人文科学的基本知识以及阅读能力、计算能力等基本技能是理解应用可持

续发展原则、解决不可持续发展问题的基础。然而,基础教育并不能直接促进可持续社会发展,鼓励和支持公众参与和社区决策。为了实现这一目标,必须调整基础教育的方向,使教育包含更多与可持续相关的原则、技能、观点和价值观。

可持续性已经成为教育教学实践的新标准和新视角。佛蒙特州使用的可持续发展教育工具包重点强调了重塑学校教育需要调整的以下五个方面:在知识方面,可持续性要求选择能够支持全球可持续发展目标的相关知识进行学习,删减掉已经过时并且不相关的信息;在议题方面,可持续性要求教育关注威胁地球可持续性的议题,例如消除贫困、改变消费模式、治理歧视和民族主义、防治森林砍伐等,并且这些议题应当与本地有相关性;在技能方面,要求学生在离开学校之后,具有可持续生活和工作的实用技能,包括有效沟通、系统思考、批判性反思、预测计划、团结合作、实践等能力;在视角方面,可持续性视角联结着问题的过去、现在和将来,要求学生能够审视问题的历史根源,预测不同情境下未来可能发生的情况,从不同利益相关者的角度考虑问题;在价值观层面,要求学生了解自己的价值观、所处社会的价值观以及世界各地其他人的价值观(Mckeown, Hopkins, Rizi R, et al, 2002)。

二、佛蒙特州可持续发展教育的组织

佛蒙特州基于可持续发展的美国愿景,以联邦环境监管机构、州和地方政府以及非政府组织作为行动主体发起并领导着佛蒙特州的可持续发展教育,通过开发标准与课程、开展计划与项目、建立与改造学校等实践方式给学生提供专业的学习资源和充足的实践机会,同时构建了包括技术、场地、资金、教育资源支持在内的保障体系,从计划组织、实践落地和运行保障三方面共同推进教育活动的开展。

(一)多元的行动主体:协同推进可持续发展教育实施

佛蒙特州可持续发展教育的实施主要是在联邦一级的环境监管机构、州与地方一级的教育监管机构和各种非政府机构的联合影响下推动的。基本路线是由联邦政府支持授权一个非政府组织提出政策变更,然后由州实施。2000年,佛蒙特州教育局将"可持续性"概念加入《框架》,就是由全州环境计划(State-Wide Environment Education Plan)作为变更政策的请求方发起的(Agne, 2006)。联邦环境机构经常资助并支持非政府组织的活动,非政府组织领导人经常担任指导和评估这些机构的咨询委员会成员,这三者对可持续发展教育的影响紧密交织在一起。

首先,联邦机构通常扮演背景角色,建立和支持与可持续发展教育相关的从业人员网络,并为新的与可持续发展相关的项目提供适度的资源。例如,谢尔伯恩农场获得了联邦政府(通过环境保护局)的资助,用以开发课程材料并且建设当地的可持续发展教育。其次,地方和学校一级领导通常通过放松对可持续发展教育的行政限制来促进其发展。这一方面表现为,佛蒙特州教育局接受并采取了与可持续发展教育直接相关的课程内容学习标准。另一方面,通过特许学校(州政府或地方当局颁发特殊经营许可的公立学校)的方式,给予当地学校更大的办学自主权和更多的创新空间。特许学校往往会采用一个中心主题提高教育的连贯性,越来越多的特许学校都选择了与环境和可持续性相关的主题。2009年9月,劳伦斯·巴恩斯小学成功转变为美国第一所以可持续发展为主题的磁铁学校,并且设置了一名专职的可持续发展教育教练,至今仍在发展中(Cirillo, Tewksbury-frye, 2013)。雷丁小学(Reading Primary School)也立志成为可持续发展学校的农村典范。最后,非政府组织是推动佛蒙特州可持续发展教育的最直接的力量。非政府组织创建、完善和实施了可持续发展教育课程,传播了学术标准,并促进在地区、学校和教师采用可持续发展教育方法。

(二) 优化的实践设计:提供专业的学习与实践机会

佛蒙特州通过开发符合可持续发展教育学习标准的课程、开展可持续发展教育的专业学习计划与项目活动、建造节能减排的绿色学校等方式,提供了专业的学习资源和充足的实践机会,有效地满足了K-12阶段学生的学习和实践需求。

一是开发符合可持续发展教育学习标准的课程。佛蒙特州可持续发展教育的课程主要由两方推拉而成,其中教学内容由州或地方政府的立法推动,然后以独立课程开发者的资源形式拉动。教师则通过选择和调整现有的课程和教学资源进行可持续发展教育教学。美国教育促进可持续发展伙伴关系在2009年出台了《国家可持续发展教育K-12学生学习标准》(*National Education for Sustainability K-12 Student Learning Standards*),明确了各年级阶段在代际责任、相互联系性、生态系统、经济系统、社会和文化系统、个人行动以及集体行动等七个方面的学习目标(US Partnership, 2014)。大学研究小组、营利组织和非政府组织基于此制作了丰富的课程资源。面向未来(Facing the Future)组织多年来致力于帮助美国教育工作者将可持续发展教育纳入课堂,并在其网站上提供大量的可供免费使用或购买的课程与教学资源。根据其在2009年的调查表明,1 500名教育者(762名是K-12阶段的教师)中超过59%的受访者表示,他们已经将可持续发展教育纳入课堂。教师们利用面向未来的课程资源,通过1至2天的主题活动、1至2周的主题课程单元、单元或者课程的补充阅读等方式将可持续发展教育融入教学。

二是开展可持续发展教育的专业学习计划与项目活动。早在2000年之前,佛蒙特州就有至少十个支持"可持续性"和"了解地点"学习标准的专业计划和项目活动。近年来,佛蒙特州更是打造出了一大批屡获殊荣的可持续发展教育优质项目。如2020年,伯林顿市的"市与湖区学期计划:基于地点的可持续发展教育"(City & Lake Semester)获得了联合国大学可持续发展教育区域研究中心颁发的RCE杰出旗舰项目奖(Global RCE Network, 2020)。同年,佛蒙特州的"培育可持续发展之路"(Cultivating Pathways to Sustainability)也成为庆祝可持续发展教育创新项目5周年(2015—2019年)中,被联合国大学认可的可持续发展教育的创新典范项目。该项目将佛蒙特州的个性化学习倡议Act 77的目标与联合国可持续发展目标(SDGs)相结合,形成了一个学习计划。来自不同学校的学生团队聚集在一起,选择他们认为对创造可持续未来最关键的目标,在其中创建为期一年的项目来解决其中一个不可持续发展问题。这些由学生团队自主创建的项目基本侧重于建立社会、经济和生态公正社会的途径。一年后,团队再次聚集在一起,互相报告他们的年度工作(Vaughter P, Pham N, 2023)。

三是建造节能减排的绿色学校。绿色学校建筑能够帮助学校减少环境足迹和运营成本,提高可持续性,帮助学生发展更具挑战性和更复杂的环境未来所需的知识和技能,以及帮助教职员工和学生保持身心健康(Coyle, 2020)。佛蒙特州的学校通过多种多样的方式开展绿色学校改造,使校园自身成为节能减排的场所。自2012年起,佛蒙特州绿色建筑网络(Vermont Green Building Network)倡导实施社区学校的绿色改造,建造节约能源、资源和金钱以及能够创造有利于学习的健康环境的"绿色学校"。位于伯林顿学区的劳伦斯·巴恩斯可持续发展学校在2009年完成了绿色学校的改造,改造后的建筑将年供暖成本从每年4万美元降至1.5万美元,节约了63%(Ceraldi, 2012)。除了参与由非政府组织开展的绿色学校改造、美国生态学校计划

(Eco Schools USA)等项目，州政府也发起了具有影响力的相关倡议。绿色学校倡议就是2021年由佛蒙特州环境保护局和绿印伙伴(Greenprint Partners)联合发起的，通过为尚普兰湖和孟弗雷戈马湖流域拥有三英亩以上不透水表面(例如停车场、屋顶)的佛蒙特公立学校的改造提供资金和技术援助，减少学校场地进入两湖流域的雨水路径和污染(Greenprint Partner, 2023)。

(三) 坚实的保障体系：搭建可持续发展教育战略伙伴关系网

佛蒙特州构建了一个以本州为主、覆盖国内国际的庞大且多样的可持续发展教育战略伙伴关系网(见表1)，除了与伯林顿学区、佛蒙特大学等学校的合作，还囊括了非营利组织、基金会、研究所和网站等(Sustainable School Project, 2023)。这些组织各有其不同的关注领域，但共同致力于可持续发展教育的发展。在可持续发展教育的实施中，除了教师之外，家长、社区志愿者、大学生、非营利组织的工作人员、研究人员等都工作在学校可持续发展教育的一线。

表1 佛蒙特州可持续教育战略伙伴关系网(部分)

类型	名　称	定位
学校	劳伦斯·巴恩斯可持续发展小学、尚普兰小学、塔特尔中学(Tuttle top School)、佛蒙特大学	试点学校、研究与培训
非营利组织	佛蒙特州每日食品教育(VT-FEED)、佛蒙特州东北有机农业协会(NOFA-VT)、谢尔伯恩农场、粮食军团(Food Crops)、城市市场(City Market)、间隔中心(The Intervale Center)、同行协会(Peer Associates)	食品、农业
	社区工作组织(Community Works)、可持续社区研究所(Institute for Sustainable Communities)、组织学习教育伙伴关系协会(Society for Organizational Learning Education Partnership)	社区服务
基金会	儿童环境素养基金会(Children's Environmental Literacy Foundation)、儿童学习与生态活动基金会(Learning and Ecological Activities Foundation for Children)	能源、运输、食品、农业、社会正义

续　表

类型	名　　称	定位
研究所	生态学习研究所（Ecological Learning Institute）、美国民主教育研究所（Institute for Democratic Education in America）、佛蒙特加勒比研究所（Vermont Institute on the Caribbean）、佛蒙特州自然科学研究所（The Vermont Institute of Natural Sciences）	环境、社会正义
网站	我们的课程很重要（Our Curriculum Matters）、面向未来（Facing the Future）	教学资源网站

可持续发展教育战略伙伴关系网对佛蒙特州可持续发展教育的开展进行了深度的合作与支持，主要发挥以下四项作用：其一，提供技术支持，开展教师专业培训。2012 年，儿童环境素养基金会（CELF）及其合作伙伴谢尔伯恩农场承诺实施一项新计划，以作为克林顿全球倡议（CGI）承诺项目的一部分。儿童环境素养基金会将"为 K-12 教师提供培训，通过可持续发展课程和评估项目中的领导力培训，将可持续发展作为加强 STEM（科学、技术、工程和数学）教学和学习的背景"。其二，提供资金支持，落实教育活动所需经费。佛蒙特州内可持续发展教育开展的资金来源方式多样，主要包括政府拨款、基金会资助和社会个人捐款三种途径，其中基金会提供的资金占主导地位。在佛蒙特州实施的可持续学校项目的资助清单中，除美国环境保护署之外，其余九个组织均为基金会（Sustainable School Project，2023）。其三，提供场地支持，支持学生的基于地点的探究式、体验式学习。其四，提供教育资源支持，辅助 K-12 教师的可持续性教学。"我们的课程很重要"是由艾米·德马莱斯特（Amy Demarest）创建的本地网站，网站提供大量基于地点的教育的课程资源。

三、佛蒙特州可持续发展教育的特色

得益于佛蒙特州环境保护的文化传统，佛蒙特州可持续发展教育以多种教育理论为指导创新教育教学方式，依托当地的特色自然资源和产业资源进行项目开发，这些项目以多样化的内容、方法、途径和载体在各个学区和学校中得到了广泛开展。

(一) 根植于传统历史文化

佛蒙特州的可持续发展教育根植于该州环境保护的历史、文化、政治和经济传统当中。佛蒙特州作为美国大陆最早的殖民地之一,在过去的两个世纪中生态环境遭到了严重破坏,过度砍伐造成了其林木的减少和人口的流失。因此近代以来,佛蒙特政府在环境保护方面始终坚持激进的态度,出台了严格的环境保护政策和资源政策。佛蒙特州的可持续发展教育建立在环境教育发展的基础之上。佛蒙特州环境保护的传统悠久,在可持续发展教育出现之前,其教育项目很少使用可持续发展教育作为标签,大部分集中于环境教育标题下实施的教育项目和研究,反映了美国环境教育与可持续发展教育之间实质性的重叠(Agne,2006)。

佛蒙特州的可持续发展教育与当地经济也有着密切的联系。林业、农业和旅游业是佛蒙特州经济的重要支柱,因此如何在保护生态的基础上产生可持续经济效益成为佛蒙特州可持续发展教育的重要内容。从佛蒙特州建立的可持续发展伙伴关系网中可以得知,食品和农业相关的组织占很大比例。大部分学校都同当地农场建立了合作,学校通过在农场采购有机的农产品来保障师生健康,构建更加持续的绿色学校,学生则通过在农场中的体验学习建立对可持续发展的科学认识。

(二) 立足于多种教育理论

佛蒙特州可持续发展教育主要建立在杜威和皮亚杰的教育理论基础之上,要以儿童的现实生活和自然环境为出发点,激发学生的内在动机,教学的开展往往与体验式学习、服务性学习、跨学科课程和综合实践活动等密切相关。佛蒙特州可持续发展教育强调,在解决社区实际问题的实践过程中进行"可持续性"的学习,这充分体现了杜威"以活动为中心""做中学"等教育思想。皮亚杰的理论则十分强调学生学习的"内在动机"的重要性,这种内在动机来自学生的内心。他指出,"孩子必须积极学习"。通过将可持续发展教育扎根于当地社区,学生可以直接看到他们所学内容与现实的相关性,从而更加积极地参与学习过程。

佛蒙特州还十分重视将基于地点的教育(Place-based Education)作为实施可持续发展教育教学的重要途径。基于地点的教育评估合作组织(The Place-Based Education Evaluation Collaborative)在对佛蒙特州的可持续学校项目、社区测绘项目、

"每间教室都有一片森林"(A Forest for Each Class)等项目的评估过程中提出了基于地点的教育的变革理论(Change Theory for Place-based Education),认为变革理论揭示了其项目背后的运行逻辑。该理论认为,当个体对某地产生了依恋感并同时具有行动能力时,他就能够转变为更积极的社区参与者和管理者,由此拓宽和深化社会资本,长期累积进而形成一个更健康的人类社会和自然环境(Powers,2004)。

(三) 取材于当地特色资源

尽管可持续发展的挑战和可持续发展教育的呼吁都是全球性的,但人们普遍认为,不同地区的现实情况和不可持续性的表现往往截然不同,因此每个国家和地区都应该制定当地的可持续发展战略和计划。学校应该在由学区领导、家庭、社区合作伙伴以及学校工作人员组成的协作团队的指导下,将可持续发展教育的思想与概念与教师自己对可持续发展教育的理解相结合,依托当地的自然资源或产业资源,设计自己的课程,定制专业发展计划。如伯林顿政府通过在尚普兰湖畔设立 ECHO 区域环境中心,为学校和公众提供教育支持,教师可以利用 ECHO 网站提供的丰富的教育资源进行可持续发展教育的教学。其中,"在湖上动手"(Hands on the Lake)这个 45 分钟的课程就取材于尚普兰湖盆地,让学生观察盆地随着时间的推移所发生的变化(Agne,2006)。

佛蒙特州属于内陆州,拥有大约 452 万英亩的森林土地,森林覆盖率高达 74%(U.S. Department of Agriculture,2023)。基于这个事实,佛蒙特州面向所有学科的 K-12 教师开展森林教育方面的专业培训,助力教师将森林的可持续发展有机融入课堂。如由谢尔伯恩农场、马什比林斯洛克菲勒国家历史公园、绿山国家森林、国家野生动物基金会联合发起的"每间教室都有一片森林"专业发展计划。该计划通过研讨会和暑期学院的形式为 K-12 教育工作者提供为期一年的专业发展培训,不同年级的教师可以围绕土壤(1 年级)、昆虫(3 年级)、林业数学(7 年级)和森林管理(7 年级)等主题开发课程(Agne,2006)。目前,该计划已经在佛蒙特州开展了超过 20 年,培养了大量的可持续发展教育教师。

四、结论与反思

美国佛蒙特州为了应对可持续发展社会的新诉求，由州及地方教育部门和教育工作者协同规划可持续发展教育战略、统筹教育资源并积极开展教育实践活动，产生了积极的社会效应。但与此同时，也面临着一些挑战。一是由于国家没有出台统一的可持续发展教育规划，各州层面的教育政策不一致，正规教育对可持续发展教育的开展缺乏承诺，导致可持续发展教育的增长规模受到制约（Feinstein, 2009）。二是在美国加强教育问责与严格执行学校绩效评级的发展趋向下，公立学校中创新性的教学方法和可持续性的教学内容由于不集中于提高标准化考试成绩、影响学校评级等原因更难被纳入课堂，减少了可持续发展教育的空间。三是虽然可持续发展教育项目得到了一些资助，但是这些项目仍然不能够完全免费，组织者需要不断引入资金来维持项目的运营，并且还要依靠家长教师组织（PTO）、社区志愿者和附近大学实习生的志愿服务（Feinstein, 2009）。

面对社会、经济和环境领域不可持续的严峻挑战，我国政府在积极参与联合国2030可持续发展教育议程的同时，也对生态文明教育做出了重大部署。党的十七大提出了建设生态文明的理念，十八大提出"五位一体"的建设目标，十九大将生态文明写入党章。政府已经做出"以生态文明教育为重点，将可持续发展教育纳入国家教育事业发展规划"的明确宣示，并且采取了积极而富有成效的战略举措推进可持续发展教育。但从总体上看，我国可持续发展教育理论与实践处于起步发展阶段，存在若干薄弱环节。无论是生态文明教育还是可持续发展教育，都存在着规模小、边缘化、教学方法简单粗放、理论说教多、情感体验少等问题。

借鉴美国佛蒙特州K-12可持续发展教育的相关实践经验，可以从以下四个方面优化我国中小学的可持续发展教育：一是明确国家以及地方层面可持续发展教育发展的规划，加强对生态文明及可持续发展教育的重视与支持，引导社会形成可持续发展教育的价值共识。二是编制开发优质的可持续发展教育课程和项目，可以将可持续发展教育提倡的环境保护和基于地点的体验式、探究式、服务性学习，与中小学所必需的劳动教育课程和社区服务等社会实践活动有机结合，增加学生参与可持续实践活动的机会。三是构建完善的中小学可持续发展教育战略伙伴关系网，从资金、技术、项目和场地等维度统筹可持续发展教育资源,通过非正式教育提升教育主体的责任意识,使高校、社区、企业等自觉担负起可持续发展教育的责任。四是加强可持续发展教育的理论研究以支撑可持续发展教育实践的开展,针对地方性问题和地区特色创新可持续发展教育的本地化模式。

参考文献

[1] UNESCO. (2020). *Education for sustainable development: A roadmap*. https://unesdoc.unesco.org/ark:/48223/pf0000374802.

[2] 卞翠,宋佳,& 张民选.(2022).共同承诺与集体行动:变革教育实现可持续发展——写在联合国教育变革峰会召开之际. *教育研究*, 11,136-148.

[3] Boeve-de Pauw, J., Gericke, N., Olsson, D., & Berglund, T. (2015). The effectiveness of education for sustainable development. *Sustainability*, 7(11),15693-15717.

[4] Rauch, F. (2002). The potential of education for sustainable development for reform in schools. *Environmental Education Research*, 8(1),43-51.

[5] Huckle, J., & Sterling, S. (2002).可持续发展教育(王民,译).北京:中国轻工业出版社.

[6] Palmer, J. A. (2002). *21世纪的环境教育*(田青,刘丰,译).北京:中国轻工业出版社.

[7] 王咸娟.(2020).可持续发展教育在芬兰基础教育中的实施途径. *环境教育*,(09),48-51.

[8] 刘晓楠.(2003).可持续发展教育:全球教育发展的新取向. *全球教育展望*,(06),13-16.

[9] 常甜,& 马早明.(2022).加拿大"生态学校计划":理念、框架与实践特色——以安大略省为例. *比较教育研究*,(10),30-38.

[10] 钱丽霞.(2005).联合国可持续发展教育十年的推进战略与实施建议. *全球教育展望*,(11),11-16.

[11] Rowe, D., Gentile, S. J., & Clevey, L. (2015). The US partnership for education for sustainable development: Progress and challenges ahead. *Applied Environmental Education & Communication*, 14(2),112-120.

[12] Morra, R., Brough, H., & Cirillo, J. (2005). *Healthy neighborhoods healthy kids guide*. Vermont: Shelburne Farms' Sustainable Schools Project.

[13] McKeown, R., Hopkins, C. A., Rizi, R., et al. (2002). *Education for sustainable development toolkit*. Knoxville: Energy, Environment and Resources Center, University of Tennessee.

[14] Agne, R. M. (2006). Sustainability in Vermont's K-12 standards-based curriculum framework. *International Journal of Environmental, Cultural, Economic, & Social Sustainability*, 1(1),

3-9.

[15] Cirillo, J., & Tewksbury-Frye, A. (2013). Teaching and learning toward a sustainable future: The sustainability academy at Lawrence Barnes. In R. McKeown & V. Nolet (Eds.), *Schooling for sustainable development in Canada and the United States* (pp. 123-136). Dordrecht: Springer Netherlands.

[16] McKeown, R., & Nolet, V. (Eds.). (2012). *Schooling for sustainable development in Canada and the United States* (Vol. 4). Springer Science & Business Media.

[17] US Partnership. (2014, Febrary 15). *National education for sustainability K-12 student learning standards version 3*. http://s3.amazonaws.com/usp_site_uploads/resources/152/USP_EFS_standards_V3_11_10.pdf.

[18] Global RCE Network. (2020, December 22). *2020 RCE Awards for innovative projects on education for sustainable development*. https://www.rcenetwork.org/portal/2020-rce-awards-innovative-projects-education-sustainable-development.

[19] Vaughter, P., & Pham, N. (2015). *RCE contributions to a more sustainable world: Celebrating five years of innovative projects on education for sustainable development (2015-2019)*. https://collections.unu.edu/view/UNU:7672#stats.

[20] Coyle, K. J. (2020). Green schools in the United States. In A. Gough, J. C.-K. Lee, & E. P. K. Tsang (Eds.), *Green schools globally: Stories of impact on education for sustainable development* (pp. 385-401). Cham: Springer International Publishing.

[21] Ceraldi, T. (2012). *Vermont schools green renovation guide: Save energy—Save money—Improve performance*. Vermont: Vermont Green Building Network.

[22] Greenprint Partner. (2023). *Vermont green schools initiatives program information*. https://www.greenprintpartners.com/vtgreenschools-general.

[23] Sustainable School Project. (2023). *View our partnership*. http://www.sustainableschoolproject.org/partners.

[24] Sustainable School Project. (2023). *Founders*. http://www.sustainableschoolproject.org/about-us/funders.

[25] Powers, A. L. (2004). An evaluation of four place-based education programs. *The Journal of Environmental Education*, 35(4), 17-32.

[26] U. S. Department of Agriculture. (2023). *Forest Service, Northern Research Station. Forest of Vermont*. https://www.fs.usda.gov/nrs/pubs/ru/ru_fs337.pdf.

[27] Feinstein, N. (2009). Education for sustainable development in the United States of America. *Climate change and sustainable development: The response from education*. Danish School of Education, University of Aarhus, Aarhus, 309-355.

第三章

可持续发展教育融入中小学课程：芬兰的经验

王超男　郭　莉　邓　莉

一、引言

近年来,人类对气候变化加剧和第六次物种灭绝浪潮的关注度增加。在人类世时代,我们所面临的各种复杂而棘手的问题本质上既是技术问题,也是社会问题。而教育是解决这些问题的关键,其价值观和目标应该得到重新思考(University of Jyväskylä,2022)。联合国教科文组织2021年发布《一起重新构想我们的未来：为教育打造新的社会契约》报告,呼吁在人类面临众多全球性挑战、社会亟须转型的关键时期,重新审思教育的作用;主张通过教育本身的变革来打造一种新教育社会契约,创造休戚与共、相互依存且可持续发展的未来(UNESCO,2021)。2022年9月,联合国召开教育变革峰会,提倡在日益加剧的全球性危机中将教育置于全球政治议程的中心,以达成2030年教育可持续发展目标(彭婵娟,刘宝存,2023)。在后疫情时代,教育亟须转向,以往西方以个人为中心的人文主义教育已不再适应当今时代的需求,更无法良好地回应与解决当下人类面临的多重困境,可持续社会的建构这一深远持久的目标迫切需要对教育范式进行革命性调整,使其迈向观照世界万物的"生态正义"式的新人文主义教育(彭正梅等,2021)。

中国的生态文明建设在各代领导集体和人民群众的努力下,在战略思想层面和政策层面均取得了显著成就(刘静,2011);生态文明教育也由"最初无意识和碎片化的样态,逐渐演变为有意识的、专门化的教育形态,在本土自觉的基础上另辟蹊径,走出了一条生态文明教育的中国特色之路",但同时也面临不少难题与挑战,表现为生态文明教育体系构建缺乏系统性、公众对生态文明及教育的认识流于粗浅化与表层化、全民生态文明理念尚不成型等(岳伟,陈俊源,2022)。2022年10月,教育部发布《绿色低碳发展国民教育体系建设实施方案》,建设性地做出将绿色低碳发展理念全面融入国民教育体系的决定,其途径之一就是把绿色低碳要求融入各学段课程教材(教育部,2022)。但在实践层面具体如何操作,还有待探索。

2021年,联合国对全球160多个国家实施《2030年可持续发展议程》及其可持续发展目标的进程进行了比较,芬兰位列全球第一,芬兰已经或即将实现联合国17个可持续发展目标,后者涉及减贫、卫生、教育等领域(Sachs, et al., 2021)。具体到教育领域,芬兰创造性实施可持续发展教育,并将其整合进K-12国家课程标准,将其作为国家核心课程的重要价值观之一。

课程标准是规定某一学科的课程性质、课程目标、内容目标、实施建议的纲领性文件,是"教材编写、教师教学和学生学业成绩评价的依据"(崔允漷,夏雪梅,2007),可被看作对国家层面的教育意志的一种文本呈现。本文采用文本分析法,对芬兰小学和初中阶段课程标准《2014年基础教育国家核心课程》(*National Core Curriculum for Basic Education 2014*)和高中阶段课程标准《2019年普通高中国家核心课程》(*National Core Curriculum for General Upper Secondary Schools 2019*)进行分析,探索芬兰将可持续性教育融入中小学课程的内容与方式,为我国将绿色低碳要求融入中小学国民教育课程、推进生态文明建设提供启示。

二、可持续性教育的概念内涵

"可持续性"(sustainability)有众多相关的概念,其中含义最相近的是"可持续发展"。1980年,世界自然保护联盟与联合国环境规划署和世界野生动物基金会合作编写的《世界保护战略》(*World Conservation Strategy*)中明确提及可持续发展;1987年,世界环境与发展委员会发布的《我们共同的未来》(*Our Common Future*)(又名《布伦特兰报告》)对它做了进一步阐释:"可持续发展是一个变革过程,在这一过程中,资源的开发、投资方向、技术发展方向和体制变革都是协调一致的,它增强了当前和未来满足人类需求和志向的潜力。"(WCED,1987)简言之,可持续发展指在不损害人类共同的未来潜力的情况下优化当前的社会经济利益,使发展成为可持续的(Emelie,2020)。可持续发展一时被广泛运用于各种政策和研究中。然而,由于它潜在的过度谋求经济增长的理念与20世纪70年代后期开始流行的以"扩大市场力量,促进公开竞争,提高大规模生产,减少国家的反贫困项目,吸引外国投资,促进最大化消费"为优先事项的新自由主义思潮"不谋而合"(Haque,1999)而遭到诟病,越来越多的研究倾向于使用"可持续性"概念。

"可持续性"是一个复杂的概念。虽然不同学者对它有不同的理解,但"自然环境""社会"和"经济"是各种不同界定中排名前三的关键词(White,2013)。也就是说,这相互联系的三者几乎构成了"可持续性"这一概念的本质(Walshe,2008)。以此为前提进行概念溯源可以发现,"可持续性"最初的定义立足于人类学视角,是为了将"对地球福祉的关注与经济的持续增长和人类自身的发展相结合"而引入的概念(McDonough & Braungart,1992)。其含义是:人类的生活对现在或未来的任何生命都不会造成任何伤害,它包含保护生态多样性以及在人与人之间公平地分配资源两层含义(Furu & Valkonen,2021)。这是一种通过平衡环境、社会和经济来提高人类生活质量的思维模式(Jeronen,2015),可持续性与可持续发展之间构成了目标与手段的关系。具体而言,可持续性涵盖生态、社会和文化、经济三个维度,每个维度又包含相互内在联系的五个要素(见表1)。在生态可持续性方面,它的主要目标是减少不可再生资源的使用,保护自然的生产能力和生态价值,并全面改善环境状况;在社会和文化可持续性方面,其目标是确保将提升福祉的各种前提条件从一代人转移到另一代人,使整个社会具备应对可持续发展挑战所需的技能和知识,从而改善社会福祉;经济可持续性意味着内容与质量两方面的"增长"均保持平衡,从长远来看,这种增长不会建立在负债或资源破坏的基础之上(McDonough & Braungart,1992)。根据系统思维,人类福祉所涉及的生态、社会和文化、经济因素之间具有等级关系,生态系统的可行性和自然资源的可持续利用在很大程度上决定了后两者的成功和可能性(Salonen & Konkka,1992)。因此,三个维度从外表来看也呈现出相互交叉与影响的关系。

表 1 可持续性的构成要素（Furu & Heilala, 2021）

维度	具 体 内 容
生态可持续性	了解自身也是生态系统的一部分； 尊重大自然； 在大自然中享受、玩耍和学习； 对环境负责； 预防和缓解环境问题。
社会和文化可持续性	发展社会情感能力，防止欺凌； 促进平等，解决个人需求； 尊重多元文化； 促进性别平等，开展性别敏感教育； 解决家庭的多样性问题。
经济可持续性	学会谦虚和节约； 对自身消费负责，以可持续的方式使用各种原材料和资源； 以可持续的方式使用能源与水资源； 培养起对食物的自觉态度； 养成健康的生活方式并保持身心健康。

为应对可持续性面临的各种挑战，可持续性教育这一概念逐渐出现在大众视野中，其适用范畴也从最初的生态角度扩展到社会、伦理和变革方面（Furu & Valkonen, 2021）。可持续性教育通常被理解为符合可持续性价值观并专注于"可持续性"概念的一种教育，它不仅需要向学生展示如何与自然环境相联系并对其产生积极影响，而且需要帮助学生发展必要的技能，以使学生在未来实现并保持可持续性（Watson, 2017）。可持续性教育创造了一个与可持续发展的价值观和目标相关的探究、对话、反思和行动的空间，具有跨学科性、合作性、体验性和潜在变革性等特征（Moore, 2005）。

三、芬兰可持续性教育融入课程的内容与路径

芬兰于 2012 年启动基于核心素养的课程改革。2014 年 12 月，芬兰教育与文化部颁布《2014 年基础教育国家核心课程》，自 2016 年秋季开始正式实施；2015 年颁布

《2015年普通高中国家核心课程》(National Core Curriculum For General Upper Secondary Schools 2015),并于2019年对该课程标准进行了修订,《2019年普通高中国家核心课程》自2021年8月起在芬兰普通高中开始实施(邓莉,詹森云,2022)。芬兰中小学国家课程标准中融合了核心素养框架,可持续性教育理念也被系统深刻地融入其中。

(一) 课程理念:将可持续性理念纳入课程的基本目标和价值观

课程理念涉及对某一课程的认知和理解,蕴含着教育主体对课程做出的前瞻性思考与期望,通常涵盖课程的基本目标和任务、价值观等内容。芬兰《2014年基础教育国家核心课程》明确:学校教育的任务之一就是要重视社会成员的成长,主张支持学生成长为个体的人以及负道德责任的社会成员,提出要促进人通用的知识和能力的增长,包括合作和承担责任、促进健康和福祉、养成良好的习惯和礼仪,以及促进可持续发展(National Board of Education, 2014)。《2019年普通高中国家核心课程》则明确:学校教育的使命是加强学生横向的、通用的知识与能力,包括价值观、知识、技能、态度和意志,让具备批判性思考和独立思考能力的个体以负责任和富有同理心的方式采取各种行动,并参与到自我发展之中。在接受普通高中教育的三年里,学生通过与他人、文化、环境和社会的相处逐渐掌握并形成相关的基本知识与能力,知晓在生活和世界中普遍存在的各种复杂的相互依赖关系,能够分析各种现象与问题,逐渐积累可持续性知识和能力(National Board of Education, 2019)。

课程的基本价值观对于其实施有直接指引作用。综观芬兰中小学国家课程价值观中与可持续性相关的内容,可以发现,课程标准主要强调通过课程使学生形成对于可持续生活的正确认识和理解,掌握通向可持续发展的未来所必备的知识与能力,并最终成长为合格的、具有责任和担当的生态公民。例如,《2014年基础教育国家核心课程》的基本价值观部分"一种可持续的生活方式的必要性"提到:"人类是自然的一部分,并且完全依赖于生态系统的活力而存在,理解这一重要前提对人的成长至关重要。芬兰基础教育承认可持续发展以及生态社会知识和能力的必要性,并始终遵循这一原则,意在指引学生养成可持续的生活方式。其中,生态社会知识和能力的主导思想是创造一种生活方式和文化,以确保人类尊严的不可侵犯性,并提升生态系统的多样性和更新能力,为以对自然资源的可持续利用为基础的循环经济奠定能力基础。掌握生态社会知识和能力意味着,学生了解气候变化,尤其是对努力实现'可持续'的重要性有深刻认识。在小学和初中教育阶段,学生立足'可持续发展的未来'这一视角审视和改进自身的消费和生产生活方式,不断寻求并实践能够改善人类长期生活方式的方案。"(National Board of Education, 2014)总体而言,小学和初中教育意在拓宽学生的视野,让他们深刻认识到自身肩负的全球责任,以朝着可持续社会的目标迈进。在高中阶段,教育的目的之一在于帮助学生理解可持续生活方式的必要性,并为促进环境和公民福祉的经济构建相应的能力基础;希望学生能够理解自身在促进自然资源可持续利用、减缓气候变化和保护生物多样性方面的行动和全球责任的意义;同时,高中教育也将对有责任心的、参与国际合作和全球公民身份塑造的机构或组织给予支持,以不断跟进和实现联合国《2030年可持续发展议程》(National Board of Education, 2019)。

(二) 课程目标:将可持续性素养纳入中小学核心素养框架

发展核心素养、培养"完整的人"是芬兰国家课程标准总的课程目标,而发展学生的可持续性素养是其中的重要一环(Deng et al., 2023)。芬兰小学和初中阶段的核心素养框架中包含了"参与、影响和建构可持续的未来"素养,在高中阶段则以"伦理和环境"素养来推行可持续性教育。

1. 小学和初中课程标准融入"参与、影响和建构可持续的未来"素养

芬兰在《2014年基础教育国家核心课程》中整合了核心素养框架,提出七大素养:思考与学会学习;文化素养、互动与表达;多元识读能力;信息通信技术能力;关心自我、管理日常生活;职场生活能力和企业家精神;参与、影响和建构可持续的未来(邓莉,彭正梅,2018)。与可持续性教育联系最为紧密的是"参与、影响和建构可持续的未来"素养。其含义是,在小学和初中阶段,学生参与到策划、落实、评估自身学习成效、工作及学习环境的过程之中(National Board of Education, 2014)。学生不断收集知识和经验以参与公民社会和校外社区工作;通过人与自然的关系,学生能进一步理解保护环境的重要性,学会评估各类媒体带来的影响并尝试充分利用它们的潜能;基于已有经验,学生学会参与、做出决定和承担责任,也逐渐意识到各种规则、共识和信任的重要性;通过参与校内外活动,学生学会建设性地表达意见并与他人开展合作,能充分

利用机会练习沟通和谈判的技能,学会解决冲突以及批判性地审视问题。此外,还要鼓励学生从平等、公正和可持续生活方式的角度考虑各种提议。在小学和初中阶段,学生会讨论过去、现在和未来三者之间的关系,并思考未来的多样性;了解自身选择、生活方式和行动对自己以及周边环境、社会和大自然的重要性;广泛发展自己的能力,以评估自身所在社区和社会的运作方式和结构,并设法改变它们,为可持续的未来做贡献。

"参与、影响和建构可持续的未来"素养在不同学段有不同阐释,并呈现出随着学段提升不断递进和深入的趋势。

一至二年级,学生参与反思并规划自身的学习和小组的目标及工作实践等事项,与教师一起思考:在芬兰及整个世界,公平且可持续的未来到底意味着什么?如何为建设这样一个未来做贡献?

三至六年级,学生通过教学活动逐渐对学校、社区和社会产生兴趣。他们被鼓励参加学生会和俱乐部的活动,在这些活动中可以学习到相关技能,学会承担责任,并通过与大自然的相处,对环境保护形成更为深刻的认知和理解。

七至九年级,学生通过媒体等多种途径获得不同社会参与方式的相关信息和经验,在参与中了解自身的选择及行动对自己和当地社区、社会和自然的意义。在这一阶段,学生会思考过去、现在和未来之间的联系,以及可选择的未来,寻找增进可持续福祉的方法。

2. 高中课程标准融入"伦理和环境"素养

芬兰《2019年普通高中国家核心课程》整合了针对高中阶段的核心素养框架,将其融入各学科之中。高中核心素养框架由相辅相成、相互关联的六大素养构成:"全球和文化"素养,幸福能力,沟通交流能力,"伦理和环境"素养,社会能力,多学科素养和创新能力。其中,"伦理和环境"素养与可持续的未来这一愿景密切相关,其目标包括:学生从道德和责任的角度评估和规划自身的行动;熟知与减缓气候变化和保护生物多样性相关的研究和实践;了解全球化的基本原理,以及全球化如何影响生活在不同条件下的人们追求可持续生活方式的可能性;等等(National Board of Education, 2019)。

（三）课程设置：可持续性教育的三种课程融合路径

在课程理念和素养目标的统领和支撑下，芬兰可持续性教育理念通过独立、融合和混合三种路径融入课程中，通过发挥课程的关键作用来将学生培养为具有责任与担当的生态公民，进而促进素养目标的达成。

1. 独立路径：在小学阶段开设环境研究学科

环境研究是芬兰小学阶段的一门综合性学科，包括生物学、地理学、物理学、化学、健康教育等知识领域，将可持续发展的视角、自然科学和人文科学的观点进行了整合（National Board of Education, 2014）。在这一学科中，学生是其生活环境的一部分，尊重自然、尊重人权、过有尊严的生活构成了教与学的基本原则。它关注可持续的生态、社会与文化以及经济，主要目标之一是引导学生了解人类所做出的选择对现在和未来的生活和环境的影响。

环境研究以单元教学的形式开展，在教学过程中，学生所处的环境、学生本身及他们作为社区成员的行为都会受到审查。通过解决问题和基于游戏的研究任务，学生对周围环境中各种现象的好奇心和兴趣被充分激发；尝试分析和命名周围环境中的各种元素，并思考与自身的幸福和安全相关的问题。环境研究作为芬兰小学阶段独有的一门课程，适应该学段学生发展的心理特征和需求，有助于学生形成对自然环境的整体感知与理解，并为中学阶段的学习奠定基础。

2. 融合路径：融入各学段具体学科中

除了开设专门的环境研究课程之外，芬兰国家课程强调每门具体学科在提升可持续性素养、推进可持续性教育方面所发挥的作用，并且不同学段、学科各有侧重。芬兰国家课程标准以学科教学目标作为中间节点，将学科教学内容和核心素养进行串联，实现三者的融合（周佳伟，王祖浩，2018）。以《2019 年普通高中国家核心课程》为例，其中有关学科的模块，均围绕课程任务、课程中的核心素养、课程总体目标、课程评价和课程具体模块五个维度展开，清晰地呈现了"伦理和环境"素养是如何与每一学科相衔接的，以及可持续性教育理念是如何渗透到课程的具体设置中的，对教学实践具有很强的参考和指导价值。表 2 呈现了芬兰高中部分学科教学模块及其与"伦理和环境"素养的联系。

表 2　芬兰高中部分学科教学模块及其与"伦理和环境"素养的联系(National Board of Education, 2014)

学科	学科教学模块	与"伦理和环境"素养的联系
英语	必修:学习技能和建立语言认同,英语作为一门全球语言,英语语言和文化作为创造性表达的工具,英语作为一种发挥影响力的工具,**可持续的未来和科学**,未来学习和工作世界中的英语 选修:**环境和可持续生活方式**,话语和影响	使学生能够理解超出母语限制的问题,使他们具备参与全球环境问题(包括气候变化、生物多样性的丧失、不可持续的消费习惯等)讨论所需的知识和技能,帮助学生成长为全球公民。在学习过程中,引导学生重新思考态度和价值观的重要性,培养责任感与在不同情况下采取建设性行动的能力。
生物	必修:生命与进化,生态学基础,**人类对生态系统的影响** 选修:细胞和遗传,人类生物学,生物技术及其应用	培养学生的环境能力和保护生物多样性的意愿。强调了解大自然的独特性和内在价值,教学内容涉及与可持续未来相关的应用和生态系统服务所提供的各种机遇,探索人类活动引起的生态系统变化和环境问题的解决方案,帮助学生在日常生活中做出可持续的选择。
地理	必修:**变化中的世界** 选修:**蓝色的星球,共同的世界,地理媒介:研究、参与和影响**	为学生提供知识库,帮助他们在许多社会问题上确定立场;帮助学生将可持续发展作为区域规划的出发点,并向他们提供参与性规划的技能。通过教学,学生能够了解可持续生活方式的必要性,并将其掌握的地理相关知识应用到实际生活中。
物理	必修:物理作为一门自然科学,**物理、环境和社会** 选修:**能量和热量**,力与运动,周期运动与波,电,电磁和光,物质、辐射和量子化	指导学生对自己的行为和环境负责,利用他们在物理方面的能力建设可持续的未来,评估学生在可持续使用自然资源方面的选择及该选择对环境和健康的影响。
化学	必修:化学与我,**化学和可持续的未来** 选修:分子和模型,化学反应,**化学能与循环经济**,化学平衡	使学生评估他们在可持续利用自然资源和循环经济方面的选择,帮助学生确定能应对各种环境挑战的化学方案,如日常生活中的气候变化、自然资源保护等。
社会研究	必修:芬兰社会,经济,**芬兰、欧洲和不断变化的世界** 选修:法律知识	强调个人的价值驱动以及为了公共利益的道德行为,包括社会责任;充分促进学生对日常环境、全球循环经济原则以及可持续消费的理解。

3. 混合路径：设置跨课程主题

为实现可持续的未来，联合国教科文组织2017年提出了一种学生发展的重要能力——跨领域能力。它是系统思维能力、预期能力、规范能力、战略能力、协作能力、批判思维能力、自我意识、问题解决能力八种能力的统称（UNESCO，2017）。芬兰国家课程标准构建的核心素养框架可以被看作对联合国教科文组织界定的八种跨领域能力的呼应，彰显了达成可持续愿景的芬兰教育智慧。在这一背景下，为全面落实核心素养目标、回应跨领域能力的重要国际关切，芬兰在可持续性教育领域提出跨课程主题，意在通过系统性思维提供一种整体视野，即认识到周围世界各层面（从个体到全球）、各种要素之间纷繁复杂又互为关联的关系（Feng，2012）。在教学层面，跨课程主题需要教师在考察各个主题的实际教学需要的基础之上打通学科之间的壁垒，建立起若干联系，采用跨学科式的横向或纵向整合方式在课堂上落实它们（王咸娟，2020）。

自1985年芬兰将可持续性理念纳入小学和初中阶段课程标准中的跨课程主题以来，这一传统延续至今（Brias-guinart et al.，2023）。《2014年基础教育国家核心课程》中包含七个跨课程主题（张晓露，2015）：作为人的成长，文化认同与国际主义，媒体技能与交流，公民参与意识与创业精神，对环境、健康和持续发展的未来的责任，安全与交通，科技与个人。其中，对环境、健康和持续发展的未来的责任这一主题课程的内容包括：学生所在的学校环境以及生活环境的生态性、环境性、文化性以及社会可持续性的发展；个人以及团体对人类身体健康以及生活环境的状态所负有的责任；环境价值观与可持续的生活方式；产品、社会以及日常行动方式的生态效率、产品的生命周期；消费者行为及对家庭的管理；理想的未来以及实现这种未来所需采取的选择和行动。这一课程的目标是：学生能充分理解人类健康的前提条件以及保护环境的重要意义，并学会分析二者之间的联系；学生能观察周边环境以及人类自身健康状况，掌握引起各种改变的原因，从而采取有效行动来提高生活质量以及人类的健康水平；学生能评价自身日常的消费和行为，并为实现可持续发展采取相关行动；学生能尝试改善自身所处地区的卫生条件与状况，认识到它对人类健康所产生的各种影响；学生能意识到自身的决定与行动将会给自己和全人类的未来带来何种影响，学会在可持续的社会中担当积极的角色。

《2019年普通高中国家核心课程》基本延续了《2015年普通高中国家核心课程》的内容，设置了6个跨课程主题（National Board of Education，2015）：积极公民、企业家精神和工作世界，福祉与安全，可持续的生活方式和全球责任，文化知识和国际化，多元文化和媒体，技术和社会。其中，可持续的生活方式和全球责任与可持续性教育紧密相关：为成为可持续发展的积极推动者，学生必须意识到自身的选择和行动十分重要；通过在高中的各种活动中纳入全球责任的内容，进一步促进学生学习并逐步形成可持续的生活方式。这一跨课程主题的目标为：让学生熟悉与可持续生活方式相关的生态、社会和文化、经济三方面的关键要素，并认识到只有通过协调这些要素才能形成可持续的生活方式；能分析和评价自然和社会环境中发生的变化，并有信心和能力积极采取行动进行解决；能了解引起气候改变和生物多样性减少的各种因素，并认识到它们对于大自然和人类生产生活的影响；能分析全球化及其对可持续生活方式所产生的影响；熟知减少贫穷和不平等的方法；能分析可持续的生活方式、生产活动、消费习惯、政治决策之间的联系；能与他人合作，为促进可持续和公平的发展承担起共同责任。

（四）课程实施：将现象式学习引入可持续性教育实践

为充分落实学生核心素养的培养目标，芬兰新课程标准提出，中小学阶段要采用整合教学的方式，以促进学生了解所学知识和他们周围的生活现象之间纷繁复杂的联系，意识到所掌握的知识对自身生活、社区、社会乃至全人类的影响（詹森云，邓莉，2021）。整合教学指一种超越单个学科分散化的教学边界，以综合的形式教授多门学科的教学方法，根据整合程度的高低，它可以进一步被概括为多学科整合、学科间整合和跨学科整合三种样态（Drake & Burns, 2004）。在整合教学理念的指引下，芬兰教育与文化部于 2014 年在改革传统分科教学、引入多学科学习模块的基础上正式推出了现象式学习（phenomenon-based learning）的具体教学方法。芬兰国家课程改革者认为，全球化背景下提出的现象式学习是一种适合 21 世纪学习者的方式，它代表着学习方式朝一种新的跨学科方向转变（李艳，李家成，2022）。在开展可持续性教育、把学生培养为具有责任和担当的全球公民方面，现象式学习的实践具有举足轻重的作用。

现象式学习以建构主义理论、情境认知理论等作为理论基础，以从不同角度观察学生生活中的某种"现象"作为起点展开学习，主要涵盖气候变化、欧盟、媒体和技术、水或能源等主题，具有整体性、真实性、情境性、问题导向性等特征（Mattila &

Silander，2015）。在现象式学习的实践中，学习者是"为自己设定目标，独立或与他人合作一起解决问题"的积极行动者和自我调节者，教师则主要充当向导和促进者的角色（Opertti et al.，2018）。在这一过程中，学生始终处于课堂的中心，其主动性较传统课堂得到更充分的发挥，教学目标由师生协商确定。以"数学学习中的可再生能源：数学课上的风车和水车"为例（Fenyvesi et al.，2018），能源问题是来源于学生生活的一个主题，激发学生的生态兴趣是帮助他们成长为生态公民的重要前提（商庆义，严从根，2019）。在学习如何制造风车和水车之前，教师需要对可再生能源中的风能和水能进行简短的多学科知识介绍，向学生展示不同文化背景和年龄的人们利用风能和水能的传统，以及现代风车和水轮，以增进学生对可再生能源使用的认识。这一环节的目的在于，通过头脑风暴激活学生已有的认知图式，激起他们的学习兴趣并使其萌生主动学习的想法。学生在初步了解风车和水车的工作原理之后，选择各种工具着手对风车和水车的各个部分进行测量，并根据课程目标与自身实际需求设计制作流程和整体项目进度表。在这一过程中，形成了一种回应型的师生关系，即学习的重心在于学生积极主动地探索，教师则主要依据学生的情况，及时了解他们的需求并辅助解答各种问题，在学生自主学习的过程中共享责任，以为其提供学习支持。现象式学习的一个重要组成部分是最后的学习产品。传统上，学习产品是由每个学生单独书写的文本、学生合作完成的集体海报或其他形式的汇报等组成。而在现象式学习中，学生可以自由设计各种学习产品，如视频、网页、博客等（也可以生成书面文本）。学习产品不仅面向学习小组，更需要面向公众广泛传播（Cook，2019）。在这一环节中，各学习小组将他们设计的作品进行展示，介绍并分析制作的风车和水车对于促进能源可再生及环境保护方面的作用；教师也会组织研讨会，为讨论和收集更多学生的想法提供平台。之后，学生和教师一起分析最初的问题以及学生在制作风车和水车的过程中引发的关于可再生能源和环境保护意识等相关问题的答案。最后，教师和学生评估在整个现象式学习过程中学到的知识并进行反思，如：目前的风车和水车还有哪些值得改进之处，其他小组是如何开展学习的，等等。

该案例中，学生在现象式学习过程中充当主人的角色，其主动性得到充分发挥。在教师的引领下，学生通过自身的探索以及与学习小组成员之间的合作，对可再生能源及其与环境的关系形成更为深入的认知与了解，最终内化为对可再生能源问题的理解，并外化为促进生态、社会和文化与经济可持续发展的系列行动。在现象式学习相互连贯的各个环节中,学生的可持续性素养一步步得到强化与提升,素养目标逐步达成。

(五) 课程评价:纳入课程标准总体评价与学科评价,彰显可持续性教育的发展性

芬兰中小学课程标准引入了针对可持续教育的相关评价机制,它与前四个主题紧密相连,构成了可持续性教育的最后一个环节。总体来看,芬兰中小学的课程评价淡化了教师的评价权限,强化了学生作为评价主体的自我意识。就作用而言,课程评价对于课程目标或愿景是否实现、课程体系或结构设置是否合理、教学和学习方法成效究竟如何具有相当程度的检验力,其结果也具备引导性、诊断性等功能。在全面落实可持续性教育上,课程评价的重要性逐渐显现。

芬兰中小学针对可持续性教育的课程评价和反馈总体呈现出多样性和多元化的特征。从评价形式来看,口头评价、书面评价是最重要的两种方式;从评价时间来看,形成性评价和总结性评价贯穿于两个不同的阶段;从评价内容来看,除了对学生的学业情况给予关注之外,对学生的各种可持续行动及其工作能力发展方面的评估也得到极大重视。以小学和初中阶段的《2014年基础教育国家核心课程》为例。该文件明确提出,评价内容除了包括学生的学习,还包括学生的工作技能和行动。其中,学生的工作技能包括:组织、规范和评估自己的工作,负责任地行动并尽力行事,以及进行建设性的互动。学生的行动也是评价的重要对象,评价标准包括:在行动时考虑他人以及身边的环境,遵循共同商定的工作方式和规则,将个体所做出的各种行动与后果相关联,教导学生对自身行动和环境负责,逐步孕育可持续发展的理念(National Board of Education, 2014)。

值得注意的是,可持续发展理念不仅蕴含在课程评价的总体内容当中,在学科层面,所有学科的评价都从教学目标、内容领域和核心素养三个层面进行概述。以中学阶段的健康教育课程为例,针对"健康、社区、社会和文化"这一内容模块,期末评价标准明确:必须评价学生对环境对于健康的影响的认知程度,以实现指引学生理解环境、社会、信息和交流技术对健康和人类福祉的影响的教学目标。也就是说,可持续性理念在学科评价中也与具体教学内容和对应的核心素养进行了深层次融合,总体评价与具体学科的评价之间互相"对话",构建起了紧密的联系,这也是芬兰核心课程标准在

处理课程评价时的巧妙之处。

四、结论与启示

芬兰在实施可持续性教育方面成效显著,出色地回答了"如何将可持续性教育融入课程?"这一问题,为其他国家实现可持续发展目标树立了典范。如图1所示,芬兰首先立足于可持续性相互联系与影响的三个维度生态、社会和文化、经济,将实现可持续的未来这一宏伟愿景进一步凝聚,选择可持续性教育作为切入点,通过修订的国家课程标准进行落实;其次将目光聚焦于课程标准,将可持续性教育融入课程的内容与路径再次细化,具体包含逻辑上相互承接的五个部分:在课程理念方面,通过将可持续性教育理念纳入课程任务和目标、基本价值观,概述了可持续生活方式的必要性,明确

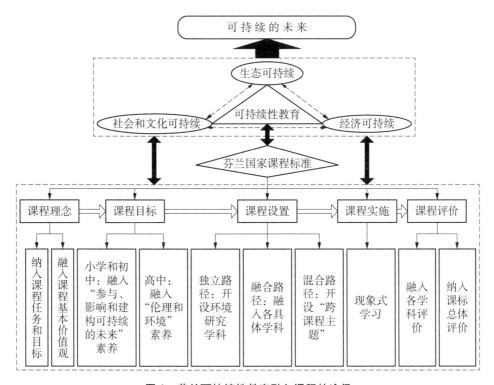

图1 芬兰可持续性教育融入课程的途径

人本身就是以人权和民主为基础的自然的一部分,为后续课程的展开构建了牢固的认识论基础;在课程目标上,将"参与、影响和建构可持续的未来"素养以及"伦理和环境"素养分别纳入小学和初中阶段以及高中阶段的核心素养框架中;在素养目标的指引下,可持续性教育的课程设置分化为三条路径,既包含小学阶段开设的环境研究学科这一独立路径,又有将可持续性教育融入各学段具体学科的融合路径,还开辟了一条混合路径,即开设跨课程主题培养学生的跨领域能力与可持续性素养;在课程实施方面,芬兰革新了学习范式和师生关系,推行以学生探究为主的现象式学习,通过结合具体的现象与问题来帮助学生形成对世界的整体感知与理解,丰富他们对可持续性教育的认知与实践;最后在课程评价上,对于可持续性教育的评价既有融入各个学科评价的部分,也在课程标准的总体评价中得以强调。

芬兰可持续性教育融入中小学课程的路径呈现出三个鲜明特点:其一,重视国家课程标准的统领作用,始终将课程标准置于核心位置;其二,从课程理念、课程目标、课程设置、课程实施再到课程评价,芬兰可持续性教育在中小学课程中的融合呈现出全过程性与紧密性的特点;其三,注重可持续性教育理念与课程的延伸性及纵深性融合,表现为该理念在横向层面与不同学科课程的多元整合,以及在纵向层面与不同学段的连贯式承接。

通过教育实现可持续的未来愿景已逐渐成为全球共识。在可持续性价值观得到重申的当下,我国可以从芬兰可持续性教育融入课程的政策与实践中汲取若干经验,以为生态文明教育在中小学的深入实施明晰进路,丰富并传播具有本国特色的生态文明教育及其理论内涵与实践路向。

■ 参考文献

[1] University of Jyväskylä. (2022). *Eco-social sustainability and education.* https://ktl.jyu.fi/en/research/esse.

[2] UNESCO. (2021). *Reimagining our futures together: a new social contract for education.* Paris: UNESCO.

[3] 彭婵娟,刘宝存.(2023).如何通过教育变革避免全球教育危机?——联合国教育变革峰会愿景述评. *中国远程教育*,43(4),68-76.

[4] 彭正梅,王清涛,温辉,等.(2021).迈向"生态正义"的新人文教育:论后疫情时代教育的范式转

型.开放教育研究,27(6),4-14.

[5] 刘静.(2011).中国特色社会主义生态文明建设研究.北京:中共中央党校.

[6] 岳伟,陈俊源.(2022).环境与生态文明教育的中国实践与未来展望.湖南师范大学教育科学学报,21(2),1-9.

[7] 教育部.(2022).教育部关于印发《绿色低碳发展国民教育体系建设实施方案》的通知.http://www.gov.cn/zhengce/zhengceku/2022-11/09/content_5725566.htm.

[8] Sachs, J., Kroll, C., Lafortune, G., et al. (2021). *Sustainable development report* 2021. Cambridge: Cambridge University Press, 9-19.

[9] 崔允漷,夏雪梅.(2007).试论基于课程标准的学生学业成就评价.课程·教材·教法,(1),13-18.

[10] World Commission on Environment and Development (WCED). (1987). *Our common future*. Oxford: Oxford University Press, 43.

[11] Emelie, C. (2020). *Sustainable development within Finland's teacher education—an analysis of university level teacher education*. Helsinki: Helsinki University.

[12] Haque, M. S. (1999). The fate of sustainable development under neo-liberal regimes in developing countries. *International political science review*, 20(2), 197-218.

[13] White, M. A. (2013). Sustainability: I know it when I see it. *Ecological economics*, 86, 213-217.

[14] Walshe, N. (2008). Understanding students' conceptions of sustainability. *Environmental education research*, 14(5), 537-558.

[15] McDonough, W., & Braungart, M. (1992). The Hannover principles. New York, NY: William McDonough Architects, 640.

[16] Furu A. C., Valkonen S. (2021). Gearing up for sustainability education in Finnish early childhood education and care: exploring practices and pedagogies by means of collegial reflection and discussion. *International journal of early childhood environmental education*, 2021, 8(2): 30-42.

[17] Jeronen E. (2015). *"Sustainability and sustainable development" in encyclopedia of corporate social responsibility*. Berlin: Springer, 2013:2370-2378.

[19] Salonen A. O., Konkka J. (1992). An ecosocial approach to well-being: a solution to the wicked problems in the era of Anthropocene. *Foro de educación*, 2015,13(19):19-34.

[20] Watson A. (2017). *Sustainability education in primary and secondary schools: great needs and possible solutions*. Knoxville: University of Tennessee, 2017.

[21] Furu, A. C., & Heilala, C. (2021). Sustainability Education in Progress: Practices and

Pedagogies in Finnish Early Childhood Education and Care Teaching Practice Settings. *International journal of early childhood environmental education*, 8(2),16 - 29.

[22] Moore J. (2005). Is higher education ready for transformative learning? A question explored in the study of sustainability. *Journal of transformative education*, 2005,3(1):76 - 91.

[23] 邓莉,詹森云. (2022). 谁更可能成功? 中国、美国和芬兰基于核心素养的教育改革比较. *华东师范大学学报(教育科学版)*,40(12),38 - 49.

[24] National Board of Education (2014). *National core curriculum for basic education 2014*. http://www.oph.fi/english/education-system/basic-education.

[25] National Board of Education (2019). *National core curriculum for general upper secondary education 2019*. http://www.oph.fi/english/education-system/general-upper-secondary-education.

[26] Deng L., Wu S. Y., Chen Y. M., et al. (2023). A comparative study of twenty-first century competencies in high school mother tongue curriculum standards in China, the United States and Finland. Language, *culture and curriculum*, 36(2),142 - 160.

[27] 邓莉,彭正梅. (2018). 迈向2030年的课程变革:以美国和芬兰为例. *湖南师范大学教育科学学报*,17(1),99 - 108.

[28] 周佳伟,王祖浩. (2018). 基于核心素养的课程体系建构——芬兰《国家基础教育核心课程2014》评述. *比较教育研究*,40(11),91 - 97.

[29] 联合国教科文组织. (2017). *教育促进实现可持续发展目标:学习目标*. 巴黎:联合国教科文组织,2017:10.

[30] Feng L. (2012). Teacher and student responses to interdisciplinary aspects of sustainability education: what do we really know. *Environmental education research*, 18(1),31 - 43.

[31] 王咸娟. (2020). 可持续发展教育在芬兰基础教育中的实施途径. 环境教育,(9),48 - 51.

[32] Brias-Guinart A., Aivelo T., Hogmander M., et al. (2023). A better place for whom? Practitioners' perspectives on the purpose of environmental education in Finland and Madagascar. *The journal of environmental education*, 54(3). 163 - 180.

[33] 张晓露. (2015). 芬兰基础教育阶段的跨学科主题课程. *中国教师*,2015(3):81 - 83.

[41] National Board of Education. (2015). *National core curriculum for general upper secondary schools 2015*. http://www.oph.fi/english/education-system/general-upper-secondary-education.

[34] 詹森云,邓莉. (2021). 培养核心素养:芬兰多学科学习模块的实施途径与启示. *福建教育*,(31),21 - 24.

[35] Drake S. M., Burns R. C. (2004). Meeting standards through integrated curriculum. Alexandria, VA: American Society of Curriculum Development, 2004.

[36] 李艳,李家成.(2022).芬兰现象教学的外在特征与内在机理. *比较教育研究*,44(12),62-70.

[37] Mattila, P., & Silander, P. (2015). *How to create the school of the future: Revolutionary thinking and design from Finland. Oulu: Multprint*, 2015, 9-26.

[38] Opertti R., Kang H., Magni G. (2018). Comparative analysis of the national curriculum frameworks of five countries: Brazil, Cambodia, Finland, Kenya and Peru. *Current and critical issues in curriculum, learning and assessment*, (18):1-48.

[39] Fenyvesi, K., Park, H. G., Song, K. C., Lavicza, Z., & Back, M. (2018). Renewable Energy Resources for Mathematics Learning: Windmills and Water Wheels at the Math Class. In *Bridges Conference Proceedings*. Tessellations Publishing.

[40] 商庆义,严从根.(2019).生态文明建设:教育的探索——中国教育学会中青年教育理论工作者分会第27届学术年会综述. *基础教育*,16(2),108-112.

[41] Cook, J. W. (2019). *Sustainability, human well-being, and the future of education*. Springer Nature.

第四章

英格兰"再野化教育"师训课程：教育者的自我反思与行为重建

周　睿　沈　伟

2020年9月，英格兰"再野化教育"机构（Rewilding Education CIC）成立。这一机构不仅仅倡导把后人类世语境下的人与自然关系的新理念教给学生，它更多地旨在以"再野化"为视角，深入反思传统教育实践的问题和困境，并尝试为教育教学激发新的活力。但是，"再野化"并没有为教育提供一张具体可实操的蓝图，那么，未来教育应该走向何方？如何变革？为回答此问题，英格兰"再野化教育"机构创造性地提出了一套工具：再野化教育罗盘（Rewilding Education Compass）。这一工具被用来说明再野化教育所应具备的特性，希望在其指引下，促进个人或组织的教育实践更健康、更公平、更野化。再野化教育罗盘采用了四个维度作为导航点（如图1），每个维度有一个引导性问题，分别是：它有多野化？（How wild is it?）它有多自由？（How free is it?）依据何在？（How grounded is it?）达成了多大程度的共识？（How consensual is it?）

"再野化教育"机构指出，"再野化"是一种让我们的生活世界蓬勃生长的开拓性方式。通过将狼和海狸重新引入它们的自然栖息地，生态系统可以由此得到改变，那么将某一"消失的物种"重新引入到教育实践中，是否可以带来教育实践的转变？为尝试解答以上问题，并促进教育实践的反思和重建，"再野化教育"机构以再野化教育罗盘为指引，推出了四大课程，主要面向教育工作者开设，同时也欢迎其他领域的参与者的加入。

野化
(How wild is it?)
未驯化的、鲜活的、完整的、有自
我意志的、与生活世界密切联系的

自由
(How free is it?)
自主的、自发的、自我导向
的、与生活世界密切联系的

依据
(How grounded is it?)
有道德的、有边界的、包容
性的、社会公正的、与生活
世界密切联系的

共识
(How consensual is it?)
与自我能动性强烈一致的、真诚的、
尊重边界的、关心自己和他人的、
与生活世界密切联系的

图 1　再野化教育罗盘

一、与狼共舞：野化隐喻引发的教育之思

"与狼共舞"(Playing with wolves)课程旨在通过使用自然界的隐喻和故事，以一种有趣的方式探索教育实践中的严肃问题和难题。课程由英格兰再野化教育公司主管麦克斯·霍普(Max Hope)负责，并邀请了再野化、自然界和教育等诸多领域的多位

专家共同探讨与交流。"隐喻"（Metaphor）以及"野化隐喻"（Wild metaphor）是贯穿该课程的中心线索词。"野化隐喻"表现为以自然界的隐喻来描述人类世界的事物。在诸多领域中，来自自然界的隐喻都非常频繁地被用来描述或者探索在人类社会语境下发生的事情。比如，"菌丝网络"常被用来比喻现代人的沟通和交流方式；"蜂巢思维"被作为一种描述社会中的群体意识的形象的方式……但是，这些野化隐喻的价值和意义是什么？这些隐喻能否帮助我们了解自己，促使我们与野性世界相联系，并成为其一部分？如何利用它们来反思教育，甚至革新教育系统？以上问题是"与狼共舞"课程抛出并旨在重点探讨的核心问题。为了回答以上问题，该课程分四节层层推进，而四节课分别探讨不同的野化隐喻（如表1所示）。这一课程以讨论、对话为主，目前以在线的方式进行。

表1 "与狼共舞"课程内容及其聚焦问题

课程内容	聚焦问题
教育生态系统的再平衡、再恢复、再改变	实现人、学校和教育的再野化意味着什么？
儿童内在野性的学习、成长和保护	主流教育是否可以被视为一种圈养教育？一个在圈养中长大的孩子能否再次获得野性的回归？
教育环境中的沟通、团队合作和社区建设	一个由教师、学生和家长组成的学校社区能像森林和菌丝网络一样运作吗？
学校中的权力、领导力和群体动力学	如何变更学校的权力结构？

如"阿尔法、贝塔和自然界的社会组织：学校中的权力、领导力和群体动力学"课程以阿尔法、贝塔为野化隐喻。在自然界的语境下，阿尔法指的是位于权力结构顶层的动物，比如领袖狮和领袖狼，贝塔则指位于权力结构底层的那些动物，这往往是被人们认可的自然界的权力结构。但实际上，野生生物的领导风格和方式远远比这种"二元结构"丰富多样。研究表明，自然界有相当多的物种所依赖的是整个群体系统内在的协同机制。比如，在蚁群中，没有一只蚂蚁掌控整个群体，担任不同角色的蚂蚁通过合作与协同，形成一个具有复杂功能的、有序的蚁群系统。同样，鱼群、鸟群甚至细菌菌落都拥有一套复杂的、均衡的、协同式的权力结构，这样的组织方式使得它们的群体能

完成单个个体无法完成的更复杂的、更具功能性的目标或任务。而这一课程就是要透过森林群体动力学的视角来审视学校教育,并思考学校教育的权力结构及其变革问题,希望通过讨论、对话引发更广泛的影响和启迪。

由此可见,"与狼共舞"课程是对人类与自然、再野化与教育的关系的思考,其内容从教育再野化的总论题到多种野化隐喻视角下引发的教育之思,探讨层层深入,提供了再野化视角下的初步教育反思。

二、内心之旅:人类自身的再野化

"内心之旅"(Journeying within)面向教育工作者开设,尤其是那些需要新的时间和空间来交谈、思考、回忆并重建与自然、他人的联系的教育工作者。其课程旨在为教育者们提供一个远离日常生活的自然空间,在与自然的联系和启迪之中,展开一段对自我的深刻反思和认识之旅。"内心之旅"采用的是为期四天的沉浸式户外野营的形式,其授课地点位于英格兰德文郡的一座风景优美的工作农场,附近是一个自然保护区,拥有池塘、草地、林地、鹿、狐狸、两栖动物、爬行动物、真菌和地衣等丰富的生态景观和物种。"内心之旅"为参与者提供了一系列的丰富活动,如黎明合唱、野外烹饪、夜间探索等。这些活动不仅仅帮助参与者与外在自然和他人重建联系,也帮助每个个体重建与自己内在的自然本性的联系。课程开发者认为,这一课程最主要的价值同时也是其最大的变革潜力在于,参与者拥有一次长时间的野外独行的机会。野外独行是一次与自然单独相处的机会,每个个体归来以后分享所获得的启发与感受。参与者可以选择白天进行野外独行,而更勇敢者可能会将这段时间延长到晚上。野外独行可以让参与者以一种崭新的方式和自然接触,这样可以与自然建立起更密切的联系,同时与内在自我建立起更深切的联系。为更好地促进参与者的思考,"内心之旅"为参与者提供了一系列的引导性问题,包括:作为一名教育工作者,我有什么样的故事?我的灵魂正在说些什么?独自的野外探险经历如何帮助我适应自我、重塑自我以及与生命世界建立联系?我对未来怀有什么期望,同时需要什么支持?在以上问题的指引下,参与者在思考、讨论以及认识自我上有了更加清晰的方向。

三、看向外界：教育实践与环境的再野化

"看向外界"（Looking out）的授课地点同样是位于英格兰德文郡的工作农场，授课形式是为期三天的沉浸式户外野营。实际上，"看向外界"和"内心之旅"是一体化的课程，其课程逻辑一脉相承，参与者往往被邀请同时参加这两种课程。就课程目标而言，如果说"内心之旅"旨在为教育者提供一个野外自然空间、促进教育者思考和认识内在自我的话，那么"看向外界"则是在同样的环境中、在再野化教育罗盘的引导下，促进教育者对外在教育实践进行深入的交流和探索。参与者进一步分享和反思自己在教育实践中的角色以及各自所处的环境的特征，在多元的探讨与切磋之下，追寻这一核心问题的答案——我的教育实践中有哪些可以进行调整和改变的空间？此为"看向外界"课程的核心引导问题。除此之外，根据再野化教育罗盘，该课程还提供了另外几个引导性问题：野化的、自由的、有据可依的、达成一致共识的教育实践是什么样的？它给人什么样的感觉？再野化教育罗盘如何帮助我找到自己的方向？使用罗盘的比喻可能会带来什么样的局限性？我的计划是什么以及需要什么支持？

由此可见，"看向外界"是对"内心之旅"的深化与递进式发展。当参与者与自然建立起深切联系、带着完整的自我遇见他者时，大家才能开始汇聚共识，并产生行动力，以群体的智慧推进再野化教育的实施。

四、野化的权力、傲慢和偏见

"野化的权力、傲慢和偏见"是关于团体组织和领导的课程，其在前几种课程的基础上有所超越，旨在从自然界中获取启迪和思考，通过深入交流和讨论，进而尝试回答如何促使教育中的组织和领导更具包容性与解放力。课程为期一天，采用核心问题导入的形式展开，即如何为一个团队或群体中的每个个体保留空间？这里的"空间"指的是一个自由的、包容的、没有压力的、不受到偏见和忽视的、能感受到自我存在价值的空间。对这一问题的探讨往往不能把眼光局限在教育实践领域，若要深入其根本，就需要放眼于整个人类社会。人是社会的存在，人的自然本能中包含了对联系和归属的渴望。正如马斯洛（Maslow）把对归属与爱的需要界定为人的第一成长型需要。正是

这样一种对联系和归属的渴望把人类相互联系在一起。但是,无论是小到教育实践,还是大到整个人类社会,占主流的人类群体的自我组织和领导风格都裹挟着权力、等级、公平、父权制等问题。在这些问题背景下,一个群体中部分个体的自由空间常常在无意之中受到挤压,个体与个体的联系与团结遭到损坏。然而问题在于,人类群体天然便是如此吗？能否认定人类的组织方式是固有的？抑或说人类的父权制、等级制、竞争文化其实是一种自然产物？酷儿理论(Queer theory)在这里的回答是否定的。酷儿理论是"野化的权力、傲慢和偏见"这一课程的关键理论视角。该理论使用解构主义、后结构主义等视角来分析和解构性别认同、权力形式和常规。因此,酷儿理论代表的是一种"非常态"的立场。酷儿理论认为,那些"常态"的人类社会规范并非与生俱来,而是在长期的社会和文化进程中形成的,并且其中充满着偏见。那么,在人类社会中饱受偏见的"非常态"在自然界中是什么样子？我们的目光看向自然,就会发现如企鹅、海马、小丑鱼、甲虫、鹿和蝙蝠等这些动物都曾表现出不合乎性别的行为。实际上,自然界中有1000多个物种都拥有同性行为或是父母共育的证据。印度生态女性主义者范达娜·席瓦(Vandana Shiva)指出,"自然不是统一和一致的,多样化才是自然的特性"。当下的人类社会和自然并不一致。以上这些多样化的和非规范性的例子不仅丰富了参与者理解世界的方式,也再一次提供了有关人类社会的野化隐喻以及再野化路径的启迪。由此可见,"野化的权力、傲慢和偏见"这一课程以自然为背景来思考人类自己,同时借助酷儿理论的视角,促进参与者反思自身的教育实践,进而探索一种更具解放性和包容性的教育实践团体组织和领导的方式。

第五章

加拿大枫树岭环境学校：促进生态正义的在地化教育

陈玉婷　沈　伟

溯溪而行，穿越热带雨林，在野外搭帐篷，在森林里近距离观察野生动物……这就是加拿大枫树岭环境学校（Maple Ridge Environmental School）学生学习的日常。2011年，枫树岭环境学校正式成立，旨在探求文化转型过程中教育的角色，以实现生态正义和繁荣。学校以基于生态与想象力的在地化教育为理念开展办学实践。

一、挖掘在地化教育资源

枫树岭环境学校是由大学发起,多方利益主体参与共建的。学校定期与高校研究人员、社区、学区负责人开会,协调工作,改进教学。其中,大学主要为在地化教育的持续发展提供智力支持;学区不仅为学校提供财政支持,还为学校协调各类资源;当地社区则丰富学校资源的供给。学校与西门菲莎大学一起开发了教师教育项目"基于地方和自然的体验式教育的研究生学位项目",并在学区的支持下,为所在社区提供教师硕士学位课程,以培养适合该校的教师。

受季节、课程等因素的影响,学校需要与相关组织协调。比如,要到附近的公园、林地、湖泊开展教学活动,学区在此过程中会提供许多帮助。再比如,枫树岭的奥尔科公园被茂密的森林和原始湿地环绕,是野生动物包括鸟类、鹿和其他林地生物的家园,能为师生提供开展户外活动或自然教育的资源,但公园也对游客开放,教学活动的开展因此需要得到当地的协调与配合。

此外,枫树岭社区的各类组织和成员为在地化教育的实施提供了资源与协助。例如,请当地的原住民为学生讲解原住民传统文化相关知识;位于两河流域的鱼类孵化场为学生提供调研、实验、项目实施的场所和技术支持;BCIT 林地不仅拥有丰富的自然资源,还有供学生研习的课程和设施,让学生参与林区规划、植树造林、生物统计等森林管理活动。

二、配备能力相当的"生态教师"

在地化教育的实施不仅需要挖掘地方资源,还需要志同道合的教师。枫树岭环境学校将这样的教师称为"生态教师",并对其能力提出了特定的要求。

1. 横向思维(Lateral Thinking)

横向思维包括好奇心和灵活性两个方面。好奇心与灵活性促使教师将知识整合成相互联系的网络,在教学中将多个单元或学科整合为综合单元,将课程与自然世界联系起来,从而扩展学生的思维、发展学生的想象力。

2. 应变能力(Anticipating the Unexpected)

在自然界中,突发意外时有发生。因此,生态教师需要适应不断变化的自然环境,利用自身的教育智慧和丰富经验对意外情况做出反应。在这种不可预测但充满教学机遇的环境中,教师必须熟悉所教的课程内容和目标,了解整个社区的学习需求,不断提高对周围环境的敏感性。同时,教师需要根据学生的能力和需求,提供适合的挑战任务,以促进学生的学习成长。

3. 反思评估能力(Reflection: Evaluating as an Eco-Teacher)

教师应反思自我,评估自己对教学内容、所处环境的了解程度等;教师还应关注学情,包括学生的学习方式、学习基础等;教师应与家长、研究小组展开讨论,听取各方意见;教师还应进行生态反思,如反思课程知识与自然界的融合程度;教师还需对社区目标、文化变革实现情况进行反思。通过全方位反思,教师不断扩展知识并完善自我,提高教学效果。

4. 教学设计能力(Rhythm, Shape, and Structure)

虽然野外教学为学生提供了自由的空间和表达自我的机会,但缺乏明确的物理边界和监管支持,对教学秩序造成了挑战。因此,教师需要考虑课程内容、学生能力差异、天气、地形等多种因素,精心设计教学计划,以便在有限的时间内完成预定的教学任务,并确保学生的学习效果。

5. 保持高度注意力(Attention)

教师在教学过程中要开放感官、保持敏锐。教师需要全面参与学生活动,全面观察学生并尽可能了解学情,抓住教育时机采取行动。教师还要深入了解课程内容和学生需求,设计出更加贴近学生生活和兴趣的教学活动,尝试新的教学方法并不断探索学习领域。

6. 文化和生态意识(Mediating Decolonization and Re-Inhabitation)

学校秉持生态正义观,提倡人类应以去殖民化(decolonization)的视角看待自然世界并重新栖息(re-inhabitation)于大自然,这就要求教师应具有文化和生态意识。教师应以新的视角重新审视地方、课程和社区,并帮助学生认识到人类与自然的紧密依存关系,培养学生的生态意识。

三、提供灵活多样的课程教学

枫树岭环境学校作为一所公立学校,除了落实加拿大 BC 省规定的课程,还要就地取材开设基于生态的学校特色课程,其中大部分校本课程围绕着动植物展开,此外还涉及原住民文化、生活等课程。这类课程灵活性较高,教师可根据环境的变化、学生的需求灵活调整课程内容,从而激发学生的学习热情并提高他们的参与度。例如,在野外考察时发现学生对水流速度产生好奇,教师便就地开展有关速率的教学,让学生将树枝或松果扔进河流,现场测量速率,加深其对数学概念的理解,激发其探索未知世界的兴趣。

在基于生态的学校特色课程的影响下,学生们开展很多有意义的社会实践活动。当地建造的云雀大坝阻塞了鲑鱼定期洄游产卵的自然通道,导致当地鲑鱼的数量急剧下降,于是学生们成立了一个社团——鱼梯警觉团队(The Fish Ladder Awareness Team),帮助鲑鱼重回云雀湖。学生在项目研究的基础上发现,鱼梯不仅有利于鲑鱼洄游,还有助于改善支流和周围环境的生态状况。学生们还为此制作了海报,张贴于各个公交站,向当地居民宣传生态保护知识。

>> 学生制作的海报张贴于镇上的公交站的广告牌上

四、合力保障教学条件

在地化教育既对场所、师资、课程有新要求,也对教学条件的保障提出了特殊需求。由于经常开展户外教育活动,学校要根据活动场地的具体情况提供相应的教学条件,保障学生的安全。

枫树岭市全年降水超过1400毫米,雨天很常见。为此,学校设法为每个学生提供户外服装和用品,教师向学生教授野外生存和自我保护的基本知识和技能,并开展实地考察,现场手把手教授户外活动相关工具的使用方法,增强学生的安全意识和自我保护能力。

第六章

日本上越市地球环境学校：在"原始村落"中为学生提供体验式学习

朱士丽　沈　伟

在日本新潟县上越市的中之俣村庄，坐落着一所与众不同的环境学校——上越市地球环境学校。与通常意义上的以大自然为教育场所的环境学校不同，上越市地球环境学校设立在了介于现代都市和自然荒野之间的人烟稀少、地理位置偏僻的"原始村落"——中之俣，并由NPO法人上越山里粉丝俱乐部管理运营。

中之俣隶属于桑取谷，而桑取谷由大小不一的25个村落聚集而成，属于中山间地区。日本国土面积的约70%都是中山间地区，桑取谷则是距离城区最远、位于最深处的宛如秘境的地区。如果想要去桑取谷的中之俣这个村落，则需要从上越市的市区翻越4个山岭。可以说，正是因为其在位置上孤立于市区，它才保留了这个地区千年以来培养起来的"与自然共生的智慧"。中之俣不仅拥有森林、河流等丰富的自然风光，还有梯田、茅草屋、烧炭屋、牛舍等令人怀念的与自然和谐共处的村民生活风貌。而地球环境学校坐落于此，在每年的4—12月为上越市内各个学段的学生提供接触中之俣村落多样的自然环境，以及生活在那里的人们"与自然共生的智慧和心灵"的季节性体验项目，使其在不同于城市的环境与生存方式之中重新思考人与自然的关系，同时也以此提升地域活力，使"原始村落"重新焕发活力。

中之俣被群山环绕，与外面的世界之间存在着天然的阻隔，时间在这里仿佛流淌得格外缓慢。因而,这里的人们还过着远离现代都市的、与自然共生的生活。人们一边面对自然的严酷,一边最大限度地利用它的恩惠,这样的智慧和技术延续了千年以上。这是一种可持续的循环型生活方式。这种生活,依靠的是贴近自然的心灵,以及最大限度地利用地区现有事物的智慧和技术。当地的人们将这些智慧、技术、心灵称为"生存技能"。一方面,在现代化的进程中,人们离自然越来越遥远,生活和生存技能面临着消失的危机;另一方面,现代的生活方式也引发了各种各样的环境问题。人们认为,为了解决这些问题,确立能够可持续的新生活方式,关键就在于生存技能。但是,我们不能照搬古老村落的生存技能,而是要学习过去生活的优点和现在生活的优点,并与现代化的生活方式结合。因此,地球环境学校就是要带领学生踏入这片神秘的土地,与孩子们想象之外的生存方式相遇,一方面探寻那逐渐消失在现代人视野中的自然是如何滋养着人类的,另一方面思考人与自然以何种方式共存,而后能够将古老的生存技能融入现代化的生活方式,以迈向共学共存。

一、学习内容:贯穿村庄的生活

地球环境学校就地取材,以村庄内的河流、森林和梯田为情境组织学生开展体验式的学习。课程内容则主要包括两方面:一方面为中之俣村民的生存技能,将其分为了日月、火、水、木、金和土六类,如表 1 所示;另一方面则主要探究中之俣的生物及生态环境。这两方面的学习会因特定的项目而相互交叉。

表 1　中之俣生存技能

分类	内　　容
日和月	代表太阳和月亮,对太阳和月亮的观察主要是为了了解当地的天气和气候,是其他技能的基础。
火	火在村落生活中是必不可少的,可以用来做饭、烧水、取暖等。学习内容包括:如何生火?如何使用火?
水	水是生命之源,而中之俣村庄就是以中之俣河为中心形成了村落。学习内容包括:如何引水灌溉梯田?如何使用水进行日常生活?如何处理生活用废水?

续表

分类	内 容
木	木在这里主要指的是木材,树木可以作为燃料和工具,是可再生资源。学习内容包括:如何种树？如何砍树？如何利用树木制造工具？
金	金指的是刀具、锅具等金属制品。有了这些,村民们能更好地利用火和水。学习内容包括:如何制作、使用和修理工具？
土	土则代表着土地以及生长于土地中的农作物和植物。有了这些,村民们的生活才更加富足。学习内容包括:如何确认土壤的状态？如何打理土地？如何使用土地(种植农作物及其他植物)？

以"土"为例,学生们的学习是在中之俣的梯田上进行的。六月,学生们会在当地村民的指导下,用一种叫作"竹耙子"的工具在稻田里划出一条线,然后在那里种上秧苗。到了九月,学生将回到中之俣,采用村民教授的方法收割六月种下的水稻,并用绳子捆好运到空地上,为晒干的稻子脱粒。孩子们两度来到田埂,参与了水稻种植、收割和脱粒的全部环节,对于粮食的了解不限于被烹饪好后盛在面前的香喷喷的米饭,而是在劳动中明白土地孕育了水稻,也孕育了人类,人类与自然的关系得以展现在学生眼前。

此外,物种的多样性也可以在梯田和中之俣河中窥见。在梯田中,有时还能见到现在已经很少见的负蝽、源五郎、蝼蛄等生物;在河流中,则有很多以干净水质为需求的水生昆虫,如游隼、旗鱼、岛泥鳅等鱼类,以及蛇蜻蜓、河虱等水生昆虫。在教师的带领下,学生们通过使用放大镜和显微镜对事先捕捉到的河中生物进行观察,调查河流的上游和中游分别有哪些生物,了解这些水生物是如何生活和流动的,以及什么样的环境适宜它们的生存。例如,在一次对河流生物的观察中,学生们发现一些小的蟹类通常生活在河流中游的浅滩,因为这里河流的流速较缓,较容易堆积出滩涂,也更利于蟹类的活动;同时,他们还发现了之前只在书本上看到的一些水生物,老师询问他们是否在自己生活的地区看到过这些生物,并引导他们思考河流的污染及清洁问题。

二、学习路径：提问—体验—回答—再提问

为了达成共学共存的目标，上越市地球环境学校希望通过提高学生的"提问能力"，培养能够独立思考、做出明智选择并付诸行动的人。"提问能力"通过体验来提升，如果没有一定程度的经验和知识，就不会对事物产生疑问。而且比起只停留在纸面上的知识，以亲身体验为基础的知识更能让人深刻理解。同时，由体验而产生的疑问，可以通过新的体验来解决。体验可以在提高"提出问题的能力"的同时，培养"寻找问题答案的能力"。因而，学校不是主动提供问题或问题的答案，而是让学生自己提出问题。为了培养学生找出问题的答案的能力，学校通过各种活动提供"体验的场所"，具体流程如下图所示。

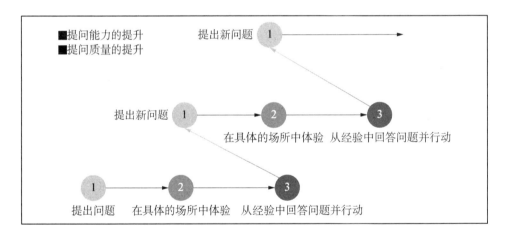

具体而言，为了在活动中发现问题，学校首先在组织野外活动之前让学生去寻找问题。例如，如果是关于河流的活动，可以让孩子回想家附近的河流是如何参与城市生活的运转、是否有污染存在以及是如何处理的，让孩子想起日常生活中身边的事物，一边与自己的生活进行比较一边参加体验活动。其次，为了找出问题的答案和提出新的疑问，学校会组织各种各样的体验活动，包括观察森林、农田和河流生物，打理森林、梯田作业、制作乡土料理，以及草编工艺等。学生在接触中之俣的自然和人文环境的过程中，会有各种各样的发现。而教师在带领学生进行活动的时候，则

引导学生将着眼点放在对当地环境、生物及人们的生存方式的体验与思考之上。最后，通过回顾活动，引导孩子们从体验中获得发现，帮助他们自行推导出自己提出的问题的答案，让他们带着得出的答案和新的问题回到城市生活之中。而学生在经历了这样一轮体验式的活动之后，会开始反思他们所习以为常的日常生活方式，同时也更有可能促进他们采取积极的行动。以下是围绕"森林"主题多次进行体验的教育案例。

STEP1：接触、享受大自然

学生们会在三月时首次来到中之俣的森林，在各种各样的玩耍活动中亲近森林。他们会在森林中使用吊床、秋千等游乐设施，还会爬树、建造秘密基地等。与此同时，通过寻找动物的踪迹、进行简单的实验，他们还能了解森林的生物多样性保护、水源涵养等多方面功能。另外，通过观察杂木林、杉树林、竹林等不同的树木，他们可以学习中之俣森林与其他森林的环境差异。

STEP2：感受生活，发现问题点

在九、十月，学生们将再次到访中之俣森林。他们说："我们在春天玩耍过的森林的同一个地方玩吊床、荡秋千、爬树，感受到了春天和秋天森林的不同。"秋天的森林，落叶和杂草铺满了林地，一些光秃秃的枝干横亘在行路途中，学生们在老师的带领下进行了森林的修整，第一次学会了锯子和割草镰刀等工具的使用方法，通过砍树和割草来清理森林。并且，使用被砍下的树枝和杂草制作简单的工具，学生们注意到了中之俣的生活和森林的密切关系，重新思考了与自然的共生关系。此外，通过比较修剪整齐的森林和没有修剪整齐的森林、参观被废弃的森林引发的山体滑坡的现场等，发现目前森林可能面临的问题与困境。

STEP3：面向未来行动

学生们通过体验感受到了森林的优点是什么，森林存在的问题是什么。教师组织大家一起讨论整理活动的感悟和体会，思考森林应该是什么样，而人类又需要什么样的森林。最后，一边比较自己的生活和中之俣的生活，一边思考怎样做才能保护森林，思考自己在生活中能做的事情，并付诸实际行动。比如，学生们为了应对森林的过度砍伐而提出了"当地产当地销"的想法，并表示在之后的生活中会尽量购买本地产品。

>> 学生围绕"森林"主题进行多次体验学习

第七章

日本瑞浪市立瑞浪北中学：与自然共生的零能耗学校建筑

朱士丽　沈　伟

瑞浪市立瑞浪北中学是日本国内第一所实现零能耗（ZEB）的超级生态学校。瑞浪北中学是为了应对少子、老龄化带来的学生数量锐减问题，由瑞陵中学、日吉中学和釜户中学这三所公立中学合并而成，并于2014年向日本文部科学省申请参加"超级生态学校实证事业"（スーパーエコスクール実証事業）。学校位于日本最炎热的区域之一——岐阜县东南部的瑞浪市，一直以来都深受通风不足导致的空气质量恶化和不均匀的光热环境所困扰。而为了解决"能源消费的削减"和"健康舒适的学习环境"的对立问题，瑞浪市政府和日建设计股份有限公司在2016年达成合作意向，以温室气体的净零排放为目标重新设计和建造了瑞浪北中学。

一、建筑、环境、设备与技术相融合，实现零能耗

充分利用地形和位置：学校北面为耸起的山群，南面为平坦的城区。为了与周围的景观融为一体，教学楼沿着从山群到城市的方向被搭建为三层和两层的斜向屋顶。侧面观之，山、校和城构成了一个平滑的弧线。而学生身处楼内，既可仰观山，也可俯瞰城。学校建筑则由教学楼和室内运动场组成，围庭院而建。其中，室内运动场位于

西面，三栋教学楼呈东西向排列于庭院三面。考虑到通风的需求，南面的教学楼未与另两栋平行而建，而是偏南倾斜约 10 度，为中庭院打开一个开口，便于沿山坡吹来的风进入庭院，而院内种植的树木（名为"微风森林"）则将凉爽的轻风引入教学楼。三栋教学楼彼此独立又相互连接。每个年级的学生均有自己的教学楼，专用教室则分布在每栋教学楼中；公共空间（如学习共享空间和多功能空间）则位于教学楼的中央，形成了一个平缓穿越每个年级的分区，使学生既能集中学习，又能协作讨论。

以日本历史遗产"登窑"为灵感的自然通风系统：以连接各教学楼的南北向中央台阶为中心的共享交流空间是以日本历史文化遗产"登窑"为灵感设计而成的，可以通过高度差和温度差的浮力作用实现自然通风。经过升降口和中庭进入校舍的空气，在教学楼内循环，从"登窑"最顶端设置的排气塔向外排出进行自然通风。而除了初夏和盛夏的自然通风外，"登窑"式交流空间还能在夜间的空气净化中发挥作用。为了评估连接各教学楼的中央楼梯间的自然通风效果，建造人员们对通风频率进行计算，证明了自然通风的显著效果。

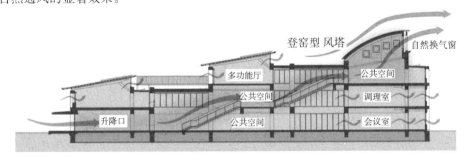

通过太阳能集热墙储存热能：学校在普通教室的外墙墙腰处安装了太阳能集热墙。为了提高太阳辐射的吸收率，墙壁采用混凝土骨架加黑色涂装的镀锌钢板，形成双层墙体，以实现集热。而教室内部，则在教室后方储物柜内安装太阳集热风扇，将教室内的空气引入双壁内。因此，教室内的冷空气被回收的太阳能热量逐渐加热后，将经过冷热沟槽从储物柜上部的狭缝吹出，返回教室内，从而有效减轻了供暖负荷。

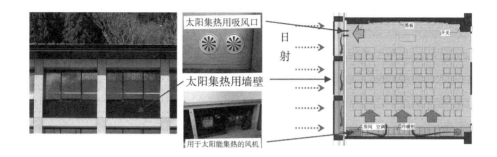

二、舒适、健康和环保的学习空间

冷暖柜实现冷热均衡：瑞浪市的很多学校都面临着室内通风不足导致的空气质量恶化问题。为了解决这一难点，瑞浪北中学除了建造能将新鲜空气带入教室的冷热沟槽外，还开发了"冷暖柜"以改善室内冷热不均的问题。冷暖柜融合了建筑家具和设备的概念，既可以用于学生储物，也可以释放外部气流。冷热沟槽内的管道向上弯曲在储物柜两侧开口，经由储物柜后部和顶部下方吹入教室。另外，不仅是来自冷热沟槽的气流，冬季通过太阳集热器加热而成的热空气也经由冷暖柜排向室内。而为了控制风速使得新鲜空气均匀地流向教室内以及灵活地调控室内所需要的冷暖风，在冷暖柜的通风处配有变频器，可以打开或关上，同时配有调节变频器频率的风量开关，学生可以根据室内环境条件自行调节风量。

利用光板和北面采光降低照明功耗：一方面，在学校设施的各项耗能中，照明消耗的占比名列前茅；另一方面，为学生打造明亮的学习环境迫在眉睫。因此在建筑师的设计过程中，采光计划必不可少。位于顶层的普通教室由于屋顶倾斜，可以在北面高处设置面积较大的北高窗，从而实现更积极和高效的自然采光，降低照明能耗。而位于没有斜坡屋顶的中间层和低层的特殊教室，则在南面窗户的外层顶部安装导光板，通过贴有散光膜的栏杆将自然光引入教室,以形成均匀的照明环境。并且,所有教室的天花板上均安装了可连续调光的 LED 照明设备和亮度传感器,以确保通过连续自动调光来维持所需的亮度水平。同时,师生也可以采用按键切换模式进行手动控制调光。另外,教室内的照明区分为南侧、中央和北侧,并且可以进行任意调整,实现了更加细致的调光功能。

使用本地材料打造学习空间:瑞浪北中学在建筑选材方面也积极地"就地取材",减少运输和施工过程中的消耗。例如,中央学习空间和普通教室的地板、墙壁和天花板均使用岐阜县生产的雪松和柏树,并且设计者特意使其树木的原形裸露出来,便于学生进行观察和感受。与此同时,校方还制作了各地使用材料的标示牌和小册子,向学生传达使用材料的重要性和艺术效果。除此之外,厕所等地的地面铺设也为当地烧制的瓷砖。

三、以"可感化"校园推动学生环境行动

为了实现可持续发展的目标,学校作为社会的重要主体之一应实施可持续发展教育,为学生提供体验环境的场所。因此,瑞浪北中学不再采用自动化系统来优化能耗,而是通过学生的环境体验引导其行动,助力零能耗校园。换言之,学生们在观察、感知

周围环境的基础上进行思考,进而通过控制学校安装的环境设备进行环境学习。学生不再是环境保护的旁观者,而变为了节能活动的行动者。在此过程中,沉浸式的环境体验会在学生心中埋下爱护环境和节能减排的意识之种,而这粒种子又将在家庭、社区甚至更广大的世界内长成一棵参天大树。

其一,学校在设计和建设时设置了诸多调动学生"五感"的装置。例如,在视觉方面,部分教室的地板上设置了观察窗,学生可以直观地看到冷沟槽内部的空气流动。在触觉方面,理科教室的通风管道使用4种材料(瓦楞纸、玻璃棉、不锈钢、钢),学生能够接触到建筑设备的材质和结构。不仅如此,墙面上设置了隔热观察门,学生可以触摸感受因隔热材料的有无、种类不同而产生的不同效果。在听觉方面,学生使用频率高的教室多置于庭院旁,以便他们聆听微风拂过庭院植被的沙沙声响,感受所身处的美妙环境。

其二,普通教室内会安装生态监视器,显示室内外的环境状况。在生态监测器上显示的项目包括温度、湿度、二氧化碳浓度和电力消耗量(以按周、月、年度数据的统计图表显示)等多个方面,特别是首页集中显示了教室的所有环境信息,并且会实时更新教室内的数据(温度和湿度,CO_2 浓度,照明功耗和插座功耗)。而为了方便学生的使用,学校采用了类似平板电脑的触屏式屏幕,并且以学生兴趣导向的一望而知的平面设计为目标,以好看、好用的画面为标准,对生态监视器进行了多番改造。因此,学生能够一目了然地了解教室内外的情况,而后根据生态监视器的信息思考如何节省用电。

其三,《超级生态学校瑞浪北中学的使用方法》作为学校的详细使用说明,被分发给了新老师生,以便作为环境行动的参考加以利用。手册除了对环境保护方法的结构和各设备的操作方法进行说明外,还记载了有关环境学习的提示,成为环境学习的必备教材。而这本教材也将持续记录并传播校园内师生各种各样的保护环境的创新经验。

据建校半年后实施的问卷调查显示,超过 80% 的学生表示通过生态监测仪提高了自己的环境意识。此外,在开放问答中,一些学生表示能够从生态监测仪中获取信息,并思考与自己的行为有关的事情。通过体验式的环境学习,学生们可以自己思考并采取相应措施,环境意识得到明显提高。

第八章

荷兰学校花园项目：一年四季，双手在土地里

孟 宇

学校花园(Schooltuin)是一项在荷兰全国范围内广泛开展的"自然活动"(natural activity)，师生共同在学校中照料作物，并以尊重自然与环境的方式生产健康、安全的食物，推动荷兰可持续食物生产，并在2050年前实现可循环经济体的国家战略目标。

荷兰学校花园项目拥有100多年的发展历史，在发展历程中逐步与课程内容、学校活动深度融合。项目通过打造花园重建学生、学校与自然的连接，实现六大目标——园丁技能、生态与生物多样性、关注可持续性气候、健康饮食、学习环境相关课

程,以及个人成长。项目不仅为学校带来了以作物照料为中心的课程,同样将可持续发展理念融入种植课程及学生生活习惯培养,将环保意识融入课堂、校园生活乃至社区生活之中。目前,荷兰 200 余所学校都开展了学校花园项目。据报道,全国约 1/5 的教师会在教育中利用花园,政府、社区及第三方组织等多方合作,持续推广学校花园项目,致力于将其应用于更多中小学的校园与课堂。

一、以照料作物为中心的学科课程

不同于学习花园(Garden Based Learning)的理念,学校花园的学科课程设计以照料作物、理解自然为核心,通过实践活动赋予学生包容感与归属感。以 IVN 自然教育组织(IVN Natuur Educatie)设计的计算手册为例(见表1),课程分为两个部分——"自己的花园"和"天气"。"自己的花园"的相关实践活动包括修建花园篱笆、绘制花园比例图、制定种植计划以及估算花园数量等。这些实践活动旨在帮助学生明确自己所种植花园的面积,规划建设花园所需的材料与成本,设计并交流种植作物的具体方案。其中,计算活动帮助学生理解抽象的面积、金钱、数量等数学概念;而规划与打造花园的实践则帮助学生理解并应用数学概念和方法,有助于更好地开展花园规划、种植等后续工作。

表 1 学校花园计算手册涉及的课程主题与内容

主题	目标	授课材料	建议时间
自己的花园			
计算自己花园的面积	使用材料(如帆布或防水油布)进行估算,洞察面积的概念,理解单位"平方米",将简单分数相加。		15 分钟
计算自己花园的周长	深入了解周长的概念,解释周长和表面积的区别,用卷尺计算自己花园的周长。	为花园建设网状护栏的作业纸、材料长度与价格的比率表	10 分钟

续 表

主题	目标	授课材料	建议时间
按比例绘制花园地图	用卷尺测量花园的长度和宽度,了解如何使用比例尺,按比例绘制花园地图。	绘画作业纸、真实长度与地图长度比率表	20 分钟
制定种植计划/绘制庄稼种植示意图	在比例图上按比例(数格子)标注庄稼,理解标注与花园播种的关系,理解如何使用种植计划示意图,引导学生仔细观察地图细节。	A3 或 A4 纸打印栽培计划(格纹纸)	10 分钟
制作班级花园草图	按比例精确绘制花园的情况,合作绘制所有同学的花园情况并标注名字,依据地图寻找相应同学的花园。		10 分钟
估算学校花园中学生花园的数量	根据学校花园地图估算所容纳学生花园个数,已知每个班级大致人数的情况下,使用比率表估算可同时参与种植的班级数量。	估算作业纸、学校花园地图、比率表(班级数×人数)	10 分钟
天气			
介绍温度计、读取温度计(零上和零下)	了解温度,理解"冻结""解冻";理解温度和雨水的关系。		10 分钟
雨量计简介,理解雨量计概念,读取雨量计	了解降雨量,解释降雨量与种植的关系,理解"毫升"的概念,学会计算降雨量。	通过一升的牛奶盒将一天或一周雨量形象化	10 分钟
读取、记录和呈现温度和降水	阅读气象仪器,向小组展示调查结果,理解测量对学校种植的意义及与浇水的关系。	本周天气观测表(包括日历记录、温度、雨量、风向、天气)	5 分钟
使用天气登记表进行计算和图表绘制	制作温度和降水图表,用测量值计算降水数据。	温度及降水量条形图	15 分钟
风向	使用指南针,洞察风向,理解风从哪里来(海洋/陆地),风对天气的影响,使用风向图。		5 分钟
其他可能的天气主题	气压计、风力计、日晷;理解日照对于植物的作用;通过影子长度洞察季节。		

与"天气"相关的实践活动推动学生理解种植作物所需的天气知识,掌握观察及测量天气所需的技能。学生在相应的课时中,需要观察不同天气条件下的作物状态,以此了解天气对作物以及种植活动的影响,理解特定天气的成因,学会判断天气与花园种植活动乃至个人生活的关系。在测量花园的温度、雨量及风向的过程中,学生习得测量仪器的使用技能,并通过将温度、降雨量等气候指标做可视化处理,来理解抽象计量单位的含义及其应用。

融入可持续发展理念的种植课程荷兰学校花园项目还重视通过花园一年四季的种植,推动以生态为中心的环保意识在学生观念及生活习惯中生根发芽。为了推动学生形成自然意识及可持续发展理念,IVN自然教育组织设计教师手册,开发以自我发现、探索和体验为中心的互动式自然课程——"一年四季,双手在土地里"。教师手册为教师课堂教学或者课后托管活动提供参考,课程内容涉及自然、生物多样性、循环、可持续性和食品加工等,旨在增进学生与植物、动物相关的体验与互动,并将低碳环保的出行方式、可持续饮食习惯、能源再生的理念融入其中。课程具体内容如表2所示。

表2 学校花园教师手册涉及的主题及内容

课时	主题	内容	课程目标	课程时长	活动	课程材料
1	在菜园里猜种子	种子是如何到达菜园里的?	学生能够说出种子的概念、形状以及传播方式。	60	学习不同类型的种子的传播方式	种子、传播方式卡片
2	菜园:成长的乐园	种子什么时候长得最好?	知道植物生长需要什么,以及每种植物需要的东西不同。	60	种植水芹	植物图鉴与生长图表
3	虫:对菜园的影响	认识土壤和土壤里的动物对菜园的重要性。	了解堆肥对花园的重要性,堆肥如何产生,蚯蚓和其他土壤动物对菜园的重要性。	90	制作"蠕虫旅馆"	故事、视频

续 表

课时	主题	内容	课程目标	课程时长	活动	课程材料
4	菜园里的小动物:菜园里生活着许多动物	菜园里有哪些动物?它们在菜园里做什么?	识别至少五种不同动物种类,说出它们喜欢住在哪里、吃什么以及喜欢藏在哪里。	60	地面粉笔绘画	动物卡片、视频
5	作为菜园伙伴一起工作	菜园里植物与动物为什么对彼此重要?它们为花园和大自然做了什么?	了解菜园里的小伙伴以及它们如何合作。	55/90	制作"昆虫旅馆"	菜园伙伴合作卡、互动试题
6	菜园盛宴	植物的可食用部分是什么?	识别植物的不同可食用部分。	60	纸牌游戏Kwartet,准备沙拉	游戏纸牌、视频、互动试题

以一年四季种植蔬菜、水果和花卉的完整过程为基础,学生将习得园丁技能,并增进对动物、植物、生态多样性及生态系统运作方式的理解。学生会在种植过程中学会使用工具、照料花园等劳动技能。同时,学生将身处花园之中开展对植物、动物的观察,增进人与自然之间的对话,理解生态系统中动植物的生长规律和相互依存关系。而与采摘、烹饪、食用相关的课时,则围绕如何辨别植物的可食用部分展开,帮助学生理解日常食物从何而来,以及自然如何哺育人类,在人类活动与自然产物之间搭建桥梁。

在不同的季节,学生将在花园中收获不同的果实。教师会开展烹饪教育,引导学生制作食品。在阿珀尔多伦基督教中学,学生或社区志愿者会将自己收获的果实带回家烹饪及享用。学生通过种植、采摘与烹饪,理解作物生长历程以及食物来源,珍视自然产物并健康饮食,减少食物浪费。

在收获及烹饪的课程结束后,阿珀尔多伦基督教中学学生将与教师携手清除土地上残余的作物,为来年的花园做准备。学生也会将多余的食物捐赠给食物银行(food bank),将不可食用的作物放置于政府专设的食物发酵垃圾桶(food composting bin),由此"绿色垃圾"得以转化为绿色能源。学校亦会聘请专业人士为学生讲解食物发酵及能源转化的相关知识，帮助学生理解生物能源转化何以减少堆填垃圾，强调"绿色能源"之于生态循环的重要性。

二、三方合力打造学校花园

在学校花园的建设过程中，第三方组织提供课程设计与活动方案支持，政府提供资金与土地支持，社区则为花园的打造与维护提供人力支持，并培养学生的社会公平意识及社会责任感。

第三方组织 IVN 自然教育组织成立于 1960 年，其子部门遍布荷兰全国各地，机构使命是成为人类与自然的连接者。IVN 自然教育组织期望通过自然活动、课程、项目以及竞选活动，让人们体验自然的趣味、健康及重要性，推动人们形成理解并保护自然的意识，塑造以保护自然为中心的行为方式变革。在打造课程手册前，该组织与 EMS 电影公司（EMS FILM）合作，跟踪记录 5 所学校花园的全年实践，并拍摄自然电影《学校花园》（*De Schooltuin*）。此电影也激发了更多的学校参与到花园学校项目中。IVN 自然教育组织以电影中的学校花园实践为蓝本，编制了一系列课程手册，并为各个课时配套教学方案、视频资料及授课材料包，助力更多学校加入到重建学生、学校与自然的连接的进程之中。该组织不仅为学校提供课程内容方面的帮助，也拥有庞大的专业人员支持体系，可提供国家公园内的教育项目，也可为有需要的学校或组织提供本地支持与指导。IVN 自然教育组织亦与其他四个伙伴组织形成"学校花园联盟"（The Alliantie Schooltuinen），希望形成支持网络，提供课程资源和经济资助，为每一位荷兰小学生提供接触学校花园的途径。

花园学校的建成，也离不开政府和企业的支持。阿珀尔多伦基督教中学的学校花园占地 2 000 平方米，原本是政府荒废的工业用地。为支持学校开设基于花园的生物课程，政府发起并与学校签订免费的土地借用契约。当地企业亦会参与花园打造，捐赠篱笆、遮阳棚等必要工具，或者为学校提供花园设计方案，并与校方共同承担花园建造与维护工作。由此，在多方合作下，原本用于工业的土地得以重建与自然的连接，成为学生与自然开放对话的场所。

花园还成为学生与邻里、社区合作沟通的平台。阿珀尔多伦基督教中学学校花园不仅邀请学生家长及附近邻居加入花园维护的志愿者队伍，也会与为残障人士提供工作机会的公益餐厅合作打理花园。学生得以见证并理解社会公益的运作方式,塑造社会公平意识并增强社会责任感。

第九章

西班牙马德里：挖掘学校户外空间潜力，重新野化教育环境

陆　怡　沈　伟

学校户外空间蕴含着巨大的教育价值，可以通过精心的设计重新建立学生与周围社区、土地、大自然的联结。西班牙马德里市政府不仅出版了有关幼儿园户外空间设计的建议手册，也推广诸如学校菜园等项目，并与课程相结合，让学生在更加野化的环境中进行探索与成长。

一、幼儿园里"野化的庭院"

马德里市政府环境和交通管理单位通过环境教育署出版手册《野化的庭院：幼儿园户外空间设计》(*Patios Silvestres. Recomendaciones parael diseno de espacios exteriores en escuelas infantiles*)，旨在使学校庭院更加自然化，成为更宜居的学习场所。这是一本兼具理论性和实操性的指南，是马德里可持续教育中公共空间和城市干预模块的一部分，总计40位学校工作人员、技术人员和教育、环境、建筑和法律等领域的专家历时约一年完成该手册的撰写。学校以此为咨询工具来更广泛地了解庭院的教学价值，并在设计中加入这些元素。

手册将庭院（patios）定义为"学校的露天空间，无论有无屋顶；是对儿童的发展至

关重要的具有教学性的空间,也是保障他们玩耍、利用公共空间和社会关系进行平等互动以及与自然接触的权利的基础"。手册取名为"野化的庭院",与庭院的象征含义有关。在设计人员的理念中,庭院是自由的场所,可以通过居住者的干预而改变,成为更加多样化的地方,有更大的植被面积——无论是野生的还是栽培的植物,并且一年四季都应是温馨宜居的。户外空间的设计应当是整个学校设计的核心,而非留到最后的一项工作;庭院设计应让将来会使用它的人积极参与其中,且与学校的教育项目相联系。为了实现这一目标,教育部门、政府技术人员和学校管理人员必须相互协作,设计应确保包容性、公平性和儿童权利,包括适当比例的绿色植物、阳光直射、荫蔽处和水。这一倡议提出为学校打造更加接近自然、更加自由的学习环境,在教育的再野化过程中,既要创设孩子接触自然的条件,同时也要保证幼儿时期孩子的自由玩耍与探索,以帮助他们形成自己的天然个性,发现自己与大自然的联结。

二、两百余所中小学建有学校菜园

学校菜园是西班牙中小学利用户外空间的流行做法。城市菜园的建设在西班牙已经兴起了十数年,据统计,其数量从 2000 年的 1 000 个增长至 2017 年的 15 000 个,其中学校菜园的发展尤为突出。它们中的大多数把废弃的土地改造成可持续发展的生态绿洲,不仅能促进已退化土地的修复,而且将儿童与周边环境联系起来。以马德里为例,在市政府的推动下,学校菜园与其他项目一起构成了马德里环境教育工作计划的一部分。目前大区共有 221 所学校拥有学校菜园。

为了信息流通和经验交流,"可持续学校菜园网络"网站汇集了马德里各个学校菜园的网站或博客链接,提供开发和打理学校菜园的指导以及相关教学材料,例如如何开展有关土壤和施肥的课程、如何让学校菜园成为蝴蝶的栖息地等等。

以"土壤和施肥"这一课程为例,"可持续学校菜园网络"提供了一些具有实操性的活动手册。具体做法例如,首先引导学生通过观察和使用感官(触觉、视觉和嗅觉)来调查学校菜园和其他空间的土壤,用简单的实验方法来探索学校菜园的土壤是否适合种植植物。此过程帮助学生和他们生活的土地之间建立联系,只有对土壤性质、植物生长条件等与自然相关的事物形成基本认知,才有可能进一步开展再野化的教育实践。其次,要改善学校菜园土壤的肥力和结构,堆肥或利用蚯蚓腐殖质是最佳选择之一。教师可以和学生一起制作一个纳米堆肥箱,即一个用重复使用的瓶子制成的小型堆肥箱,让学生研究材料的质量或属性——颜色、大小、质地、气味等等,并知道如何为他们的植物制作肥料。

种植植物不是一次性行为,学生要持续参与到植物的养护过程中,让孩子陪伴植物经历播种、施肥到开花结果的生长过程,这对他们来说是城市生活中少有的奇妙体验。与菜园结合的课程要符合每个教育阶段孩子的不同特点,遵循他们的认知发展规律。自然界的生灵伴随着孩子共同成长,就像这世界最本初的样子。"可持续学校菜园网络"网站上提供了更多的资源,为学校和教师充分利用菜园进行教学提供了指引。

三、马德里学校空间的再野化实践

马德里黎明托儿所(Escuela Infantil El Alba)是马德里学校户外空间设计的优秀实践者。该托儿所认为,孩子应该通过学校准备的资源与自发的活动尽早学会自己发现事物。室外区域是孩子在城市里进行户外玩耍、运动和探索的独有空间,促进孩子之间的互动以及由此带来的社会化过程,希望孩子们能共享这个空间,一起游戏,成为朋友,培养对环境的关心和尊重。通过马德里可持续教育项目中一整年时间的实践与培训,户外空间被赋予了新的期望,建筑设计师奥辛和帕斯夸莱与学校人员一起合作改造了托儿所的空间。托儿所为三个年龄段的孩子都设置了活动片区,彼此之间没有明显隔断,大量绿植、沙地穿插其中代替了水泥地,对孩子培养感官能力、做实验、进行符号游戏的区域也做了划分。在这样一个更加自然化的学校空间里,孩子从小就学会与自然共存。教室是向户外开放、与户外相连的,不再是孤立于大自然的城市化存在,室外空间成为生活化和真实的场景,能让学前阶段的孩子在自我探索中形成对自然界的感知,感受自己作为大自然的一部分的存在。

位于马德里的波多黎各教育中心(CEIP Puerto Rico)是一所包含幼儿园和小学两个学段的学校,也是2022年西班牙第三届"向我们展示您的菜园"竞赛的一等奖获得者。学校菜园中有九块菜地,有温室、蝴蝶园、小蜥蜴园、昆虫室,菜园中种植了不同品种的果树和一个葡萄藤架,配备了工具屋和堆肥机,还有收集蚯蚓粪便的容器。学校中可以包容多个物种共存,菜园逐渐被建设为一个多样化的生态系统,一个不止于人类生存的生命栖息地。此外,学校还倡导物品回收与再利用的理念,将附近社区中捡

第九章　西班牙马德里：挖掘学校户外空间潜力，重新野化教育环境 | 301

>> 马德里黎明托儿所透过教室落地窗可以看到室外

>> 马德里黎明托儿所院子中的沙地、绿植、木梯

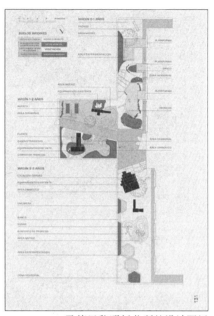

>> 马德里黎明托儿所的设计图纸

到的垃圾改造为可用之物。例如，将鸡蛋壳与纸板包装改造成花盆，将废旧轮胎、树桩等摆放在菜园边上作为集会时的凳子，把可持续发展的理念渗透于日常实践中，并在潜移默化中培养孩子的环保意识。

>> 将鸡蛋壳与纸板包装改造为花盆

>> 将废旧轮胎、树桩等摆放在菜园边上作为集会时的凳子

>> 孩子与家长、老师一起参与菜园的日常维护

家庭与学校合力参与到再野化实践中,他们在菜园边上开展研讨会,讨论火、秋天、蚯蚓、传播花粉的动物等等。此外,周二和周四的下午已经成为家庭参与学校菜园维护工作的常规日,孩子与家长、老师一起参与到诸多工作中,例如修剪树木和藤蔓、打扫田地、播种、浇水以及手工艺活动,特别是研究和照顾菜园里的蔬菜和动物。家庭的参与是重要的,当家长也开始关心自然时,孩子就容易建立学校教育与日常生活之间的连续性。

孩子们喜欢对他们发现的一切东西进行研究与实验。为了激发学生的好奇心,学校的努里亚老师设计了"收养一条蚯蚓"活动,让孩子们在成人的帮助下用回收材料制作小型蚯蚓堆肥。他们用泥土填满废旧瓶子，用自制的诱饵找到蚯蚓，将它们从花园搬到"新家"。孩子与蚯蚓的接触过程以彩绘故事的形式被保存了下来。活动让孩子们了解了蚯蚓的价值，学会尊重各种生物，以平等的视角看待自己与其他物种的关系。

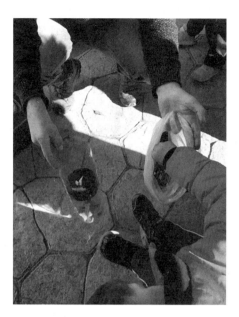

>> 孩子们用回收材料制作小型蚯蚓堆肥桶

四、链接

《野化的庭院：幼儿园户外空间设计》基于让学校环境更加自然化的愿景和对儿童身心发展规律的认知，对幼儿园户外空间的再野化设计与改造提出以下建议。

幼儿园户外空间设计的技术建议

幼儿园的户外空间优先考虑简单、舒适和安全的目标。一般来说，不推荐使用坚硬的混凝土地面、用栅栏或围栏分割空间、幼稚的颜色、合成材料（如橡胶路面）不健康且会变质的塑料玩具和器具等等。下面是不同类别的具体建议：

1. 地面。如果可能的话，建议将50%的地块用于室外空间，优先考虑非碎片化的连续空间；最好不要设计一个完全平坦的庭院，要有多种层次和起伏，不平坦的地形对孩子的心理运动（psychomotor）至关重要，能让他们锻炼肢体活动能力和协调性。露天空间最多有30%的面积铺设混凝土,优先考虑更加自然的地面材料;在设计之初,尽可能多地保留天然土壤地块。要设计好灌溉和排水系统以便维护庭院中的绿植;土壤必须保证排水和适合种植。可以考虑将道路和小径放置在比自然化区域略高的位置,这样雨水就会渗入这些区域。最大限度地减少防水路面,并用其他排水系统代替。通过提高保水能力来提高和维持种植土地的有机质水平。在倾斜的地形上,更好地使用梯田系统来减缓水流速度,避免径流并促进其渗透。

2. 地面材料。优先使用原木、沙子、石头等天然材料,其次是使用可回收、可再利用的材料;可以用大石头分隔空间,但切勿使用可以放入口中的非常小的石头(直径小于10厘米);要重视在离教室最近的区域建立与教室内的连接,可以使用木地板、天然土壤或致密沙子,最好有不平整的地形以及包含游戏的元素。至少20厘米深的压实的沙子是自由游戏和跑步的最佳选择与安全基础,优先选择压实效果更好的沙子。

3. 用途。考虑男孩和女孩发展阶段的不同需求,比如做实验、运动、感官、情感和社交,可以建立功能不一的区域。安静区用于坐着的活动和符号游戏(symbolicplay);活动区用于体育运动,如跑步、跳跃、跳舞、攀爬;中间区用于自发游戏和实验。

4. 建立与街道的联系。设置舒适宽敞的入口,可以接待家庭,并为人们组织一个聚会和接待的空间。在建造新学校时,建议研究将其纳入公共公园或花园的可行性。学校的所有边界都要保证能够看到外面,重要的是不要让孩子感觉是被孤立或被关在笼子里的,同时尊重孩子的隐私。注意研究建筑物和庭院的设计与外部噪音的关系,尽量减少外部噪音,主要是汽车的噪音;并在必要时采取隔音措施,优先考虑植物屏障。

5. 建立与教室的联系。将室外空间直接与教室联系起来,促进内部和外部空间之间的连接,建议在过渡区域使用木地板,避免存在台阶或障碍物。根据朝向设计防晒和防雨的顶棚。

6. 空间分区。建议不要将室外空间严格按照年龄界限划分片区,这有利于让所有男孩和女孩都参与进来,他们可以选择自认为最舒服的游乐区域,并随着年龄的增长而更换游玩地点。不过,可以将0至1岁儿童的游玩空间与其他部分区分开来,因为他们在心理运动发育方面存在明显差异。其他区域之间建立一片过渡区,而不是用围栏将区域间完全分隔开来。作为优先事项,这些过渡区应该使用自然材料,甚至让其设计具有可玩性。最好在不同类型的活动区域之间用植物做划分;如果需要围栏,也最好使用木头。

7. 游戏。保证庭院至少有50%的自由玩耍空间，有可以进行集体性和创造性游戏的场所。安全性方面，参考相关国家标准。

8. 气候。根据庭院的朝向确定日照时间有多长，至少50%的游戏区域必须暴露在阳光下。在炎热的月份有大面积的阴凉处是非常重要的，为此，可以使用门廊凉亭、遮阳篷、遮蔽物、垂直花园和生态屋顶支撑攀缘植物的棚架、落叶乔木。还要保证有30%的防雨空间。

关于设备与设施的建议

1. 游戏设施。冒险是游戏的基本特征，让孩子暴露于一定程度的风险中是有利的。最好使用简单抽象的构造来促进不同类型的游戏，这使得每个孩子都能为同一元素赋予不同的感知，并以他们想要的方式开发孩子拥有无限的可能性的创造力。空间设计中使用的元素越开放，游戏就越有创造力和多样性，能够适应他们的发展需求。可以设置符号游戏的元素——实验台面和悬挂器具的设备，建筑工具区，小屋或藏身之处，利于探索视觉、触觉和听觉的元素，滑轮和天平，等等。

2. 家具。桌子和长凳可以用于就餐和交流，在集体聚会时，孩子们也能有舒适的位置。种植植物的花盆可以是带轮子可移动的或固定的；还要有存放玩具和物品的柜子。

3. 围栏。围栏不仅是一种保护元素，也是孩子们与外界沟通的中介。最好是安装一个围栏，并用绿植覆盖。在围栏下方可以放置沟渠和花盆，让常春藤或攀缘植物在此生长。在孩子能及的高度设置能朝外看的"窗户"，可以用植物（例如欧石楠）作为围栏以便视线可以透过。

4. 沙坑。在孩子玩耍的区域必须有沙坑。它们可以有多种形状，如果可能的话可以用石头或木材来划定界限。沙坑的边界必须是圆形的。使用洗过的河沙，这是一种不会产生细粉的天然沙子，还十分经济。确保至少30厘米的深度，以便能够进行挖掘，造地下隧道、水井等。理想的深度约为40—50厘米。建议在铺沙子之前先铺上防草网，也要建立维护和清洁制度。靠近取水点，这样孩子就可以捏泥巴、挖水坑，增加了游戏的可能性。

5. 垃圾桶和堆肥机。在庭院中为孩子配备垃圾桶，让他们学习关心自己所处的空间并懂得垃圾分类。有可能的话，在院子里设置一个堆肥机，把学校自己的蔬菜残渣变成肥料,也可以利用它进行一些教学活动。

6. 取水点和灌溉系统。在户外至少有一个水源或供水点用于日常使用和游戏。设计一个自动化的灌溉系统,并把具有相同灌溉需求的植物聚集在同一个区域。灌溉系统将采用局部系统、集成滴头设计。

关于学校植物的建议

建造一个花园般的户外空间,基本建议就是要尽可能地适应当地的气候和土壤,促进生物多样性。选择最能适应当地环境并能更好生长的本地或外来适应植物物种,在对灌溉用水需求较少的同时,对当地病虫害的抵抗力更强。在要种植的土地上进行必要的开荒和施肥。设计排水和径流系统以保持土壤湿度。设计自动灌溉网络,使庭院中的所有地方都能实现自动灌溉。植物除了使学校的庭院更加自然化,还能与教育结合提供教学工具。建议在种植之前对盛行风、庭院中不同地点的日照、土壤地质和可能的污染元素进行初步研究。

必须要了解使用的植物和它在四季中的变化,避免选择有毒、有尖刺或锋利纹理的物种,注意植物开的花和结的果是否会导致过敏或窒息。使用各种大小的植物物种有利于创造更具生物多样性的生态系统,比如树木、灌木、攀缘植物,甚至园艺植物。种类繁多的植物使得设计不同的空间成为可能,例如将植物用作围栏和区域边界,除了增加生物多样性外,不同颜色、高度、纹理的植物也形成了视觉上的丰富效果。

第十章

西班牙瑞吉欧学校:生命、探究与环境的交叉地

陆 怡 沈 伟

在西班牙首都马德里,有一所沿袭瑞吉欧教育理念的非传统学校——瑞吉欧学校(Reggio School)。该学校由国际知名的建筑师、策展人安德烈斯·雅克(Andrés Jaque)设计。雅克曾获艺术与空间交叉实践领域最重要的奖项"德里克·基斯勒奖",他的作品专注于探索作为生命、身体、技术和环境交互域的空间,旨在将包容性带入建筑环境中。其设计的西班牙瑞吉欧学校也承袭了雅克的一贯风格。雅克在接受西班牙《国家报》采访时强调,"建筑在瑞吉欧教育中是与教师和学生本身一样重要的角色"。基于瑞吉欧教育哲学,他和学校的教育团队合作长达一年多的时间来共同探讨一所21世纪的现代学校应该是如何运作的。雅克提到,"19世纪以来的传统学校设计特点是整齐排列的走廊和教室,更多地考虑实用性而没有很好地服务于教学目的"。学校占地约5 500平方米,以建筑环境可以激发儿童探索和探究的兴趣为理念,雅克将瑞吉欧学校设计成一个复杂的垂直生态系统,包含截然不同的开放式楼层,使学生发展他们自己的方式来接触和理解社会、环境、物质和文化的多重复杂性,赋能学生,助其应对未来不可预测的挑战。

一、瑞吉欧学校的空间布局:垂直发展的生态系统

雅克致力于将瑞吉欧学校打造为一个多元宇宙。学校是一个集不同气候、生态系统、建筑传统和教学理念于一体的集合体,雅克的设计使得环境的分层复杂性变得可读和可体验,避免了传统学校的同质化与统一标准。他指出,"这是一个多元宇宙,在这里度过一天相当于踏上了一段充满惊喜的长途旅行"。

建筑最低层与地形相接,低年级学生的教室被安置于此。二楼的中央部分高于地面4米,层高8米,建筑面积460平方米,通过一条倾斜的人行天桥与学校的行人通道相连接。这个空间是一个集市和多功能厅,也是一个社交聚会场所。在二层,中年级的学生与再生水和土壤罐共存,再生水和土壤罐滋养着一个延伸到上层的室内花园。高年级学生的教室则像一个小村庄一样围绕着这个室内花园。在这样一种垂直的空间布局中,展示了一种逐渐成熟的生命样态,也意味着学生探索学校生态系统的能力在不断增强。生态系统完美融入了建筑,为应用于日常学习过程的对话创造了机会。

垂直发展的整体空间布局

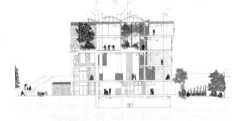
建筑横截面示意图

(图片来源:ArchDaily 网站)

二、瑞吉欧学校的建筑策略:将生态作为方法

瑞吉欧学校建筑设计、建造和使用还旨在超越传统的可持续发展的范式,将生态作为一种方法,通过建筑将环境影响、超越人类的对象联盟、物质的流动、集体治理和教学法交织在一起。

瑞吉欧学校的建筑秉持绿色、可负担的环境战略,在建筑策略上表现为:变薄,减少外立面,蓬松化。在南欧,高科技的可持续解决方案只适用于高预算的、企业或国家推广的建筑,设计团队根据以下原则制定了一个低预算的战略来减少学校的人为环境足迹:一是增加垂直性来减少占地面积。项目建筑没有像90%的学校设计那样选择横向扩展,而是一座紧凑的垂直建筑。这一设计决策最大限度地减少了建筑的占地面积,优化了其对地基的整体需求,从根本上降低了建筑的立面率。二是大幅减少建筑施工。在这栋建筑中没有使用覆层、吊顶,没有架高地板和墙体衬里,也没有通风的外墙。以简单的隔热和机械系统取代大部分的建筑材料,该建筑外墙、屋顶和内部隔断的材料总量就减少了48%。与传统的钢筋混凝土结构相比,其承重墙的厚度平均可以减少150毫米。这意味着,建筑结构的内嵌能量减少了33%。最终,它呈现为一个裸露的建筑,映入眼帘的未被精心修饰的内部构件定义了这一建筑美学。

使用厚厚包裹的隔离层也是该建筑的特点之一。软木包裹既可以隔热,又可以支持人类以外的生命体。建筑物80%的围护结构外部覆盖着14.2厘米厚、预计重达9700千克/立方米的致密软木。这种自然主义取向的解决方案由政治创新办公室专门为该项目开发,用于建筑物外部的垂直和倾斜部分,可以提供R-23.52等级的隔热——马德里法规所要求的两倍。这样可以使得学校在内部供暖时减少50%的能耗。除此之外,软木突出物的不规则表面可以让有机物质积聚,建筑物的围护结构最终将成为多种微生物真菌以及动植物生命的栖息地。

三、瑞吉欧学校的建筑环境:人与景观互动的集会空间

瑞吉欧·埃米利亚是一个意大利小镇。"二战"后,在心理学家洛里斯·马拉古兹(Loris Malaguzzi)的带领下,通过瑞吉欧政府和民众的共同努力,形成了一种具有开创意义的学前教育模式——瑞吉欧教育。这是一种以学生为中心的、建构主义的教育学,让孩子在关系驱动的环境中通过自我引导和体验来学习。它的核心假设是,儿童通过早期的发展形成自己的个性,被赋予"百种语言",通过这些语言来表达自己的想法。因此,根据瑞吉欧理念,学校作为儿童成长的重要环境,需要创设条件为儿童提供资源以促进其社会互动、自我探索与学习,让孩子与周围的世界建立联系。环境是需要精心设计的,它也被称为第三位教育者(瑞吉欧幼儿园的班上一般有两位教师)。正

如瑞吉欧学校的官方网站强调:"环境与教师、家庭一样,是第三位教育者。它必须是一个友好的空间,能够激发和创造适合学习的条件。"

瑞吉欧学校为孩子与周围景观的互动创造了条件。二楼通过巨大的拱门向周围的生态系统开放,空气中弥漫着来自邻近乡村的圣栎树气味;上层的花园由生态学家和土壤学家组成的团队设计,专门用来容纳和培育昆虫、蝴蝶、鸟类和蝙蝠群落。这是一个人类与其他物种(more-than-human)的集会,联结了学生与室内、室外的景观。在设想中,这层楼可以作为一个人类与其他物种共存的屋顶空间运作,学生和教师可以在这里感知和适应他们所处的生态系统。

二楼的巨型拱门视野开阔,学生可以接触和感知周围的生态环境

(图片来源:ArchDaily 网站)

同时,二楼也是促进社会融合的场所、学校主要的集会空间和社交场地,是一个世界性的政治广场,联结了孩子与他人、家庭与学校。瑞吉欧学校校长伊娃·马丁(Eva Martín)女士说:"狭窄的走廊阻碍人们相遇,我想要开放和灵活的空间来促进集会,在那里人们可以好好思考,因为学校是思考和学习的地方。"因此,二楼的构造包含充分的讨论空间,包括体育馆、礼堂、艺术空间和儿童、家长与教师的教育社区的集会空间,鼓励教师和学生参与学校管理。学生可以在这些空间中参加讨论、锻炼身体等日常活动,讨论如何与邻近的溪流和田地建立联系、学校如何作为一个社区运行等。雅克对每一个角落都进行了精心的设计,他设想"高年级的学生可以在这些小型空间中开始讨论他们对公民社会的参与"。

瑞吉欧学校使得儿童自主探索世界成为可能。儿童既是问题的提出者，也是问题的解决者。例如，在这栋建筑中，可见的机械系统可以成为学习的机会。与一般建筑中努力隐藏机械系统的做法相反，在这栋建筑中，所有的服务都是可见的。因此，使建筑保持活跃的物质流动成为一个契机，促使学生审视他们的身体和社会互动如何依赖于水、能源和空气的交换和循环。该建筑毫不掩饰地呈现管道、导管、电线和格栅，使其成为视觉和物质生态系统的一部分，孩子也能接触到学校设施、废物管理和储存。因此，孩子和学校、社区在对他们的生活所依赖的物质的共同讨论中成长和发展。

二楼的半开放空间可以用于讨论和集会

（图片来源：ArchDaily 网站）

裸露的管道和未经修饰的线路

（图片来源：ArchDaily 网站）

在雅克的设计理念中，建筑不仅是居住和生活的房屋，也能够促进社会变革。他十分关注学校中的不平等现象，希望他的建筑方案能够拥抱儿童中存在的广泛多样性，消除在学校中常见的等级化倾向，比如年长学生对年幼学生、强者对弱者的霸凌。教室外的院子或操场经常是实施校园霸凌和其他形式暴力的地方，雅克相信他的设计通过改变院子的形状可以避免这类暴力的发生,"我们选择了一种更广泛、更复杂的方法。例如,图书馆通过一些大拱门打开,这些拱门延伸到花园中,就像凉廊①一样。因此,除了在这里踢足球,还可以在这里阅读、绘画或玩棋盘游戏"。庭院是瑞吉欧学校项目的重要组成部分,雅克以一种全新的视角设计庭院,让其不仅是进行体育活动的场所,也能促进其他社交方式。

"我们需要能够激发儿童提问的教育。学校必须思考生命的意义,必须打开世界的窗户,激发求知欲,鼓励儿童走向知识的道路。基本价值取向是要使学校与儿童和家庭的关系更加友好。儿童是这个空间的主角,他们有名有姓,有要讲述的故事,要建立自己的生活。"瑞吉欧学校如是阐述其教育原则。校长伊娃·马丁的教育理念是,"学校的任何空间都是教育资源……每个人都应该觉得在学校有自己的位置,最重要的是营造尊重的氛围。在学校就像在生活中一样,会有很多美好的事情,但也会发生冲突,这些冲突来自所有共存"。

瑞吉欧学校的建筑创意具有启发性,这里对家庭和社区开放,联结家庭、教师、学校和社区。儿童在这里学会与他人、与整个生态系统共存、互动和协同,学会生活,以应对不确定的多种未来可能道路。

---

① 凉廊(loggia)是一种起源于意大利的建筑形式,指在建筑立面的外侧修建走廊,走廊一侧有柱子。有时,凉廊也被用来代替门廊。

第十一章

苏格兰凯恩戈姆斯国家公园:三大项目实现人与自然共生共荣

陈莞月

作为英国最大的国家公园,位于苏格兰的凯恩戈姆斯国家公园发起了"遗产视野:凯恩戈姆斯2030"(Heritage Horizons: Cairngorms 2030)计划,旨在激励苏格兰和其他地区的乡村及城市社区采取行动,应对气候变化,改善自然环境,加深人与自然的联系,共建一个积极、可持续、更加绿色的未来。

凯恩戈姆斯国家公园不仅囊括了英国四分之一的珍稀和濒危物种，同时也是苏格兰最大、最野生的栖息地和景观规模的自然保护行动的所在地。独特的野生动物、栖息地和壮丽的自然风景，使得凯恩戈姆斯国家公园成为体验自然和户外学习的绝佳场所，以及实施再野化教育的重要阵地。更重要的是，凯恩戈姆斯国家公园将青少年视为实现绿色未来目标的关键行动者，为学生、教师、志愿团体等群体提供了一系列丰富的教育资源，以帮助其了解、关心、维护和分享当地的文化和自然遗产。

具体而言，凯恩戈姆斯国家公园主要通过三种路径推进再野化教育：1.通过志愿服务、"少年护林员计划"（Junior Ranger Programmes）和其他基于课程的教育资源及俱乐部，为青少年创造机会了解当地的自然和文化；2.开发有关当地自然遗产的教育资源，以帮助教师开展户外教学；3.在当地学校和保护区之间建立联系，包括教师培训、护林员造访和教育旅行等活动。本文将通过三个具有代表性的项目计划，对凯恩戈姆斯国家公园的再野化教育实践展开论述。

一、以课程为依托——"少年护林员"计划

隶属于"欧洲公园"联合会（The EUROPARC Federation，致力于欧洲生物多样性的自然保护和可持续发展组织，也即可持续发展组织），凯恩戈姆斯国家公园"少年护林员"计划面向11—18岁的青少年，引导他们与护林员和公园的其他合作伙伴一起工作，参与保护区内有趣的实践活动，并为他们提供学习新技能和担任国家公园大使的机会。"少年护林员"项目的运作分为月度项目和学校项目两种形式，均不收取任何费用。在月度项目中，青少年可以通过报名参加每月在国家公园的不同地点举行的护林员课程，例如社区林地项目、树木苗圃工作、反思性自然工作坊等，从课程中发展与再野化相关的技能、知识和理解，并在真实的自然情景中使用新技能。此外，青少年也有机会担任凯恩戈姆斯国家公园的青年大使，参加国家和国际营地的交流活动，赢得相应奖项（约翰·缪尔探险家奖：该奖项以出生于苏格兰的国家公园之父和现代保护运动创始人约翰·缪尔的名字命名，旨在鼓励后继者守山护林，践行环保的生活方式）。在课程内容和激励举措的共同推动下，青少年将在探索和学习的过程中增进对保护区的自然、文化、社会和经济价值的认识，与自然建立联

系,并发展对未来有益的技能。

　　除了提供个人参与的再野化教育,该项目还与凯恩戈姆斯国家公园及其周围的中学和伙伴护林员服务机构达成合作,提供为期5天的教育活动。通过实地参观、讲座、保护任务、户外活动、与朋友和家人分享经验等活动,青少年护林员有机会进一步了解并探索凯恩戈姆斯国家公园,与成年护林员一起完成具体的实际任务,同时与同龄人一起学习新技能。同样,在5天的教育活动结束后,表现突出的青少年也有机会获得约翰·缪尔发现奖,或成为凯恩戈姆斯国家公园的初级护林员,持续加深其与自然和环境的联结。通过聚焦该项目中个人途径和团体途径的再野化教育实践可见,"少年护林员"项目以保护区内的体验性、实践性、趣味性和启发性的课程、活动为基础,始终秉持着"做中学"和绿色健康的理念。"少年护林员"项目在实施再野化教育的同时,也致力于促进人与自然的相互联系与共同繁荣,并为青少年的健康和福祉带来益处。

二、开发基于当地的教育资源——"文学景观"活动

　　凯恩戈姆斯国家公园拥有丰富的自然和文化遗产,因而在推行再野化教育的过程中,也倾向于利用当地的自然文化环境开发适切的教育资源,以游戏或活动的形式拓展青少年对当地环境的认识与了解,同时助力教师开展户外教学。其中,"文学景观"(Literary Landscapes)活动就是教育资源开发的一个生动实例,为学习者提供了从不同角度了解当地环境的机会,并有助于加深其对苏格兰自然、文化、社会的理解。鉴于苏格兰的地名来源于多种不同的语言,"文学景观"活动旨在帮助学习者通过了解特定地区的历史、过去的生活和工作方式、地方生态和有关地方的歌曲、故事、诗歌等,解开这些土地的语言,以新的方式看待这些景观。

　　"文学景观"提供了一幅由凯恩戈姆斯国家公园、洛蒙德湖和特罗萨奇国家公园(Loch Lomond & the Trossachs National Park)合作开发的交互式线上地图,共分为五个地名主题:文化遗产和历史;野生动物和生物多样性;景观特征和栖息地;民间传说和故事;传统路线。每个地名主题中又包含了与其相关的话题(如表1所示)。例如,"文化遗产和历史"主题就分为了石岭、旧乡镇、牛的袭击、猎鹿四个子话题,每个子话题下还设计了丰富的活动内容,帮助学习者从文化、历史和社会的角度建构对

>> 学生参加"少年护林员"计划

该地的感知与了解。具体而言,学习者可以通过搜索地图、点击图标来查看地名条目,并阅读相关的故事、图片和读音,了解地名背后的含义及其蕴藏的自然遗产。此外,"文学景观"的用户(多为学校团体和个人)也可以在地图上分享自己对该地的调查,甚至提供并记录新的地名条目。该教育资源也能够用于支持学校教师开展班级项目、户外教学和跨学科教学,并与识字教育、多语言课程、表现艺术、技术、科学和社会研究等领域相联系,内化于课程教学中,帮助学习者深入了解当地的自然与文化。

表 1 "文学景观"地名主题与话题设计

主题	话题设计	内容
文化遗产和历史	石岭	查找地图；开展活动（例如参观游览、制作小比例模型）；延伸阅读
	旧乡镇	
	牛的袭击	
	猎鹿	
野生动物和生物多样性	野生动物	开展活动（例如保护濒危动物、探索苏格兰的凯尔特雨林）
	家畜	
	植物	
景观特征和栖息地	山	开展活动（例如山水写生、使用可循环的物品和材料创建自己的国家公园）
	水	
	栖息地、树林	
民间传说、歌曲和故事	芬恩·麦克康海尔和菲亚娜（爱尔兰和苏格兰英雄）	查找地图；开展活动（例如聆听传统歌曲）
传统路线	中世纪路线	开展活动（例如使用当地的绿地来创建一条贸易路线）；延伸资源
	运输路线	
	贸易路线	

三、联系学校与保护区——约翰·缪尔环境奖励计划

在提供依托课程的再野化教育活动和资源之余，凯恩戈姆斯国家公园也发起了约翰·缪尔环境奖励计划，以鼓励人们联系和爱护野生场所。约翰·缪尔环境奖励计划分为三个奖项等级——发现者、探索者、保护者，旨在引导参与者从发现荒野之地（可以是凯恩戈姆斯地区内或周边的任何地方，如当地的池塘、野生动物园、学校场地、偏远的荒野或山顶荒野地区），到探索荒野之地，再到承担保护荒野自然的责任，并最终分享自己的经验。该计划鼓励人们以团体（适合小学高年级以上的学生）、家庭或个人的形式参与，尤其适合于访问国家公园的学校（小学高年级和中学）、志愿者和社区团体。

以位于苏格兰的阿伯内希小学为例,该学校的七年级学生参与到了约翰·缪尔环境奖励计划中,并选择研究和学习内希河的走向。通过与"探索阿伯内希"的工作人员展开有计划的每周访问,学生们首先了解了内希河的河流系统和特征,而后借助地图和测量站图表,找到了凯恩戈姆斯地区内希河的源头和一年中不同时期的河流量。在斯佩伊河渔业委员会的帮助下,学生们了解了生物多样性、不同的栖息地、食物网及其相互依存关系。完成实地调查研究并回到教室后,学生们通过报告、故事、诗歌、传单和海报等形式在村落周围进行展示,劝说其他人尊重、保护当地的河流。正如参与学生所说:"在河流研究期间,我们学到了很多东西,但目前为止最美妙的经历是置身户外并分享有关河流的经验。"可见,当地的自然河流不仅为学生提供了有意义的户外学习场景,也为相关课程领域的学习和研究提供了合适的机会。约翰·缪尔环境奖励计划借助自然情境实施再野化教育,鼓励学生欣赏他们的当地环境,深切意识到自己在关爱、保护环境上的责任,并通过经验分享进一步推进再野化进程。

凯恩戈姆斯国家公园因地制宜,充分利用了其独特的景观、多样的生物性和丰富的自然资源,为学习者、教师、学校提供了一系列的教育资源、课程与活动,并辅之以技能培训、实地工作和研究,多层级、多维度地开展再野化教育。经由此类再野化教育实践,当地的自然遗产得到了很好的保护,并焕发出新的生机,物种衰退现象获得改善,生物多样性也得以持续繁荣,人与自然在良性的交互中以一种可持续的方式共生共荣。

第十二章

论碳中和时代的学生自然责任伦理教育

苏 娜 韩晓颖

正如生态系统中的其他成员一样,人类原本只是地球上的一个普通物种,其活动不足以撼动生态环境的平衡发展。然而随着人类活动力量的增强,尤其是现代科学技术的跳跃式发展,人类力量变得空前强大,不仅改变了自身的生存发展模式,也重塑了整个星球的气候格局和生物多样性发展。为此,诺贝尔奖得主、荷兰科学家克鲁岑(Paul Jozef Crutzen)提出了"人类世"(Anthropocene)概念。这一概念的提出,表明人类活动对地球的影响足以开创一个新的地质时代,其中尤以全球变暖、生物多样性的迅速减少为甚,这不仅使得生态系统超负荷运转,而且威胁到全人类社会的持续发展。

在严峻的生态危机下,呼吁可持续发展的"碳中和时代"应运而生,它要求人类社会必须注重自然界和未来社会的长远发展。在全世界共同应对生存危机的种种方案中,教育是解决人类世以来全球性生态危机的关键途径,而主张对自然和未来社会负责的责任伦理是应对挑战所应遵循的基本伦理方法。因此,加强自然责任伦理教育就成为应对生态危机和可持续发展的必然趋势。

一、碳中和下的发展之困与道德异化

（一）发展之困

旨在实现可持续发展的"碳中和时代"的到来，意味着人类再也无法忽略日益严重的生态危机。碳中和是指，在计划时间内，将原先人为排放的二氧化碳进行人为移除。其中，碳排放主要是指工业化发展导致的二氧化碳排放，人为移除即人类从大气中移除二氧化碳，比如说通过植树造林增加碳吸收及碳捕集与封存等。当前，有越来越多的国家已经承诺要在 21 世纪中叶实现净零排放，而"要想在 21 世纪中叶实现净零排放并把升温幅度严格控制在两度以内，就需要迅速部署所有可用的减排技术，提前淘汰一些排放密集型设施，并利用 CCS(Carbon Capture and Storage)等技术改造某些设施……需要大规模移除二氧化碳（CDR）"（全球碳捕集与封存研究院，2020）。

1971 年，联合国教科文组织第 16 届会议首次提出"生态城市"，呼吁从生态学视角进行城市建设。2008 年 4 月 9 日，联合国发布了《千年发展目标与环境全球检测报告》，强调社会发展离不开环境的可持续性，我们既要实现社会各项发展目标又要保护我们赖以生存的环境、应对各种环境和气候变化。2021 年 11 月 18 日，联合国环境规划署（UNEP）与联合国人居署（UN-Habitat）联合发布了《全球环境展望（城市版）》。该报告认为，环境恶化影响了城市居民的身心健康与日常生活，未来城市建设需实现可持续绿色发展。

2020 年 9 月，中国明确提出了 2030 年"碳达峰"与 2060 年"碳中和"目标。2021 年 10 月 24 日，中共中央、国务院印发了《关于完整准确全面贯彻新发展理念做好碳达峰碳中和工作的意见》，提出"到 2060 年，绿色低碳循环发展的经济体系和清洁低碳安全高效的能源体系全面建立……碳中和目标顺利实现，生态文明建设取得丰硕成果，开创人与自然和谐共生新境界"。2022 年 10 月，党的二十大报告明确提出，中国政府要如期实现碳达峰碳中和的目标。刘鹤副总理在 2023 年世界经济论坛上表示："碳中和不仅是中国的国际义务，也是中国发展的内生性要求。"党和国家的上述举措，都体现了我们坚定不移构建人类命运共同体、为全人类社会的长远发展负责任的态度。

与此同时，中外学术界不仅觉察到了生态系统发出的灾难预警，并且对已经发生的和即将面临的生存困境进行了深刻反思,倡导敬畏自然的"生态正义""环境正义"随之也成为学术界关注的新热点。英国学者格伦德曼指出,人类不可能无视自然规律,对自然进行任意的开采和掠夺,而应在尊重生命、尊重生态规律的前提下,按照人类能够在自然界中长久生存和发展的要求来处理人和自然的关系,将自然合情合理地为人类所用(孙爽,2019)。秉持环境协同论的彼得·温茨认为,要在肯定人类固有价值与非人类自在价值的合理性的同时,尊重和平等对待人类周围的生态环境与物种,并呼吁保护生物多样性(贾向桐,刘琬舒,2022);也有学者认为,动物在人类社会中的处境与法国社会学家福柯笔下的边缘人群相似,人类和动物等都应作为生态系统中的一部分而共存(汤明洁,2021),人类要像尊重同类那般爱护非人类群体。

戴维·佩珀把生态危机的出路与社会主义前景相结合,深度反思生态问题的关切点,坚持人的需要和对正义的追求相统一,通过构建绿色的、正义的生态社会主义来化解生态危机的困境(杨玉强,郝淑芹,2020)。生态主义的核心是超越人类中心主义,这种防范式的理论观念是为了约束日益强大的人类力量对外部自然的破坏(王峰,2020)。

与传统的人类中心论不同的"后人类主义"反对人类理性至上,排斥对其他物种的崇拜,它主张并要求人类关注并爱护"他者"(不只是科技,也包括弱势及少数族群、动物、自然及生态等)(陈玉珍,方永泉,2021)。后人类主义认为,自然界具有本己的价值,自然甚至就是权利的载体,这些权利使我们有义务善待自然(张荣,2015,第271页)。

碳中和时代已至,人类需要前所未有地承担起相应的生态和发展责任。有生命的自然界与人类拥有同样的地位、价值与尊严,要给自然和人类一样的待遇和地位,"要以对待人的态度对待自然……而不是贬低人"(张荣,2015,第271页)。在约纳斯看来,"弥合人与自然的裂痕的恰当方式不是贬低人,而是抬高动物与植物的地位"(布罗伊尔等,2003,第137页),因为"人在技术上怎样损害了生命,人就有义务怎样保护生命"(布罗伊尔等,2003,第138页),这意味着人对自然负有不可推卸的责任。约纳斯坚信,自然的生命与有机体都有独特的价值和尊严。正是基于这种认识,他坚信,人类和自然界都是有目的的存在,这种有目的的存在都是有价值的。有价值的存在向作为大自然守护者的人发出了"应该"的呼唤,呼唤我们保护比我们弱小的生命物种以及整个自然的完整性。因此,我们既要对同时代人负责,也要对后代和大自然负责。

(二) 道德困境

我们的行为自觉或不自觉地影响着我们赖以生存的自然环境,而这又是我们通常所谓的"自然道德冲动"(natural moral impulse)所难以估量的。在传统社会背景下,人们在有限的时空范围内进行着面对面交往,这是一种从前车马慢的"浓情厚谊"。人与人之间的伦理行为规范符合交往越频繁责任越浓厚的视觉法则,而人与自然之间也是主宰与被主宰的关系。

进入现代社会以来,在经历数次工业革命后,科学技术前所未有地改变了人类的生存和生活方式,超越时空的技术给人类带来了无可比拟的便捷性,也让人类活动透明到无处遁形,但此时的伦理道德原则并没有得到同步的发展。这是由于我们自现代以来所继承的道德一直是"一种接近的道德"(a morality of proximity),它适用于传统社会中人与人之间在有限时空距离内的交往,它规范的是熟人社会中的实体交往。而这种道德在当今社会中是明显不合适的,因为在如今的社会中,真正重要的不再是那些我们可观察到的近距离的人的影响,而是在大的时间和空间距离上有重大且可能是破坏性的影响的人(Van Niekerk, 2020)。正如约纳斯所说,在传统上,"前现代人类行动关注的善恶是近距离的,要么在实践本身,要么在其直接影响范围内,而不是一个遥远的计划问题……伦理世界是由同时代人和邻居组成的……这一切都发生了决定性的变化。现代技术引入了规模、对象和后果如此新颖的行动,以至于以前的伦理学框架再也无法容纳它们"(Jonas, 1984, pp. 7 - 8)。

当前社会在评判人们行为的善恶时,依然凭借的是经典伦理或规范伦理所讲的功利主义(效益论)或义务论(动机论)。但这两种伦理原则都有鲜明的理论缺陷。单纯地以行为结果或行为动机的好坏来评价人类行为的善恶都是不理智,也是不明智的。多年来,不论是功利主义伦理还是义务伦理,这两种道德决策方法在大量文献中都遭到了大量批评(Cf. Beauchamp, et al., 2014, pp. 1 - 32; Beauchamp & Walters 2003, pp. 1 - 38; Mappes & Degrazia, 2001, pp. 1 - 55; Van Niekerk, 2017, pp. 7 - 40)。

众所周知,功利主义的基本主张是,判断行为对错,不是根据其固有的特性,而是纯粹根据其后果的可取性。在评估后果的可取性时,唯一重要的是所创造的幸福或减少不幸福(痛苦)的数量,即"如果一项行动产生了幸福与不幸福的最大总体平衡,那么它就是正确的"(Rachels & Rachels, 2019, p. 118)。但在当今社会,社会和个体在判断何为

"创造幸福"时,一般都将其指向了是否符合社会规则与标准要求。因此,这种评价标准往往造就出了精致的利己主义者。从实施效果看,它违背了伦理初衷,因此并不可取。

功利主义对于解决日常生活中的实际问题,甚至对于政府公共政策的制定,都有极大的吸引力和影响力。但是在道德事务上,它却有其限制和缺失。譬如,我们是否可以同意牺牲一名无辜者的性命,以拯救一百个人(或一千人,甚至一万人)的性命呢?如果根据功利主义,应该是可以的。可是我们每个人都知道,这是不对的,也是绝对无法同意的。这是因为,基本上,生命的价值是无上的,也是超过幸福的;若是没有了生命,也根本没有幸福可言。因此,我们绝对不可以牺牲任何人的生命,以换取我们个人或大多数人的"最大幸福"(黄藿,1996;苏娜,2019)。

义务论以康德的伦理学为典型代表。与功利主义相反,义务论认为,行为格律的道德价值不仅在于它符合义务的要求,更在于它出于义务(Kant, 1990, p.439)。根据这种方法,在评估行为的道德地位时,后果是没有意义的。一个出于义务的行为之道德价值不在于由此会达到的目标,而在于此行为据以被决定的格律。唯有法则本身,才能是"敬畏"的对象(苏娜,2019)。也就是说,对于像康德这样的义务论者来说,道德行为之所以是正确的,不是因为它们的后果,而是因为它们坚持了我们不可剥夺的普遍责任感;即一种行为之所以是道德的,不仅仅是因为这种行为符合社会的预期结果,更是因为人们的行为动机也是善的。

在当今社会,我们不只是需要强调行为动机的善性,也迫切需要重视结果正义。我们所处的时代要求我们,不仅要为人类活动造成的现实结果负责,也要为行为所造成的潜在风险买单。如果我们还完全沿袭传统的经典伦理学,要么会造就出精致的利己主义者,要么会造就出以责任之名行不负责任之实的伪君子。旧的伦理体系已经不能适应新时代的要求,也不再能够起到恰当调试人们行为的作用了。进一步讲,不论上述哪一种伦理学原则,它们从本质上讲都是以人类为中心的伦理学说,都将人类的地位和价值天然地凌驾于自然之上。在它们看来,自然存在的价值是服务于人类社会的生存发展的,即使是倡导保护自然环境的观点也不例外。

在全球面临发展困境和道德危机时,以往的人类中心主义伦理学逐渐失去了效用,人类社会正处于危机潜伏的道德困境中,我们迫切需要一种新型的道德思维重新审视自然正义或生态正义问题。它不同于以往的以人类社会为中心的伦理学原则,而是一种认为自然与人类具有同等地位和价值的新型道德思维。这种新思维既能够泰然应对人类社会的发展之困,又能巧妙地化解以往经典伦理学的功利主义和义务论的显见弊端。换言之,这种伦理思维既主张自然界的主体性价值,也倡导人类社会在日常行动中要切实践行对自然的责任,即我们需要的是一种兼具动机善性与结果正义的新型理论作为指导人类活动的强大武器,而学界将这种兼顾行为信念与行为结果的道德思维称为"责任伦理"。

责任伦理是以责任为核心的伦理理论,它认为自然具有价值基础地位,人类要以对待人的态度对待自然,人类不能为了自身发展牺牲自然,将自然作为手段和工具。碳中和时代要求人类必须为自然永续发展负责,希冀人类在做选择时要考虑行为可能带来的后果。这体现了伦理学不再单纯强调人类理性至上,且表现出了一种兼顾信念与结果统一的"责任"转向。

在诸多挑战与压力下,为挽救生态危机和道德困境而主张"自然是目的"的责任伦理,成为新时代的伦理方法。碳中和目标的达成也需要我们以责任伦理为行为准则,通过"恐惧启迪"的方法告诫世人要关爱自然界。这预示着人类对危机的预测要优先于对幸福的预测,我们要尽可能及时而又准确地预见技术发展带给人类的福祉和灾难,尽早确定哪些是可以做的、哪些是不可以做的,因为"恰恰是技术的福祉(我们越来越依赖它)包含着变为祸端的威胁"(约纳斯,2008,第50页)。在没有使人类生存的自然环境变得更加糟糕之前,如果人类采取节制的行为而使得生存境遇回到刚刚好的程度,这都是一种符合伦理的行为。本文将这种以责任伦理为指引、保护自然界的系列伦理活动称为"自然责任伦理"。

二、碳中和下实施自然责任伦理教育势在必行

面对人类世背景下提出的灵魂追问,教育是应对严峻危机的最关键途径。而兼顾信念善性和结果正义的责任伦理成为当前时代所遵循的新的伦理方法,主张尊重自然地位和价值的自然责任伦理教育也不可避免地成为必然和必要。

(一)教育是应对危机的关键途径

当人类正生活在一个环境恶劣的人类世时代中时,当国际社会正竭尽全力应对这一问题时,以可持续性发展为目的的教育对人类未来的命运具有重要的意义。于人类

而言,未来灾难性的世界是一个巨大的挑战,而可持续性发展的教育则可以为其提供答案(武尔夫,陈红燕,2019)。"近年来全球可持续发展模式已经备受民众关注。那我们还必须要加上一个条件,那就是人们已经听见了环境发出的警告。"(卡恩,2013,第2页)

现在情况危急,全世界经济发展陷入低谷,生态危机前所未有,新冠疫情则加速了全球经济衰退,不断削弱着全球化进程,也不停叩问着人类该何去何从。在社会各界共同应对诸多危机之际,人类社会必须开始承担起义务,"为了最基本的伦理准则而斗争,比如尊重人类的生命,尊重其他动物的生命以及河流和森林的生命。如果我们无法热爱这个世界,那我便不相信男人和女人之间的爱、人类之间的爱"(Freire, 2004, pp.46-47)。

社会各界都无法逃避为人类社会未来而战的命运,教育亦不例外。如果说政治追求的是权力,经济追求的是利益,社会追求的是公平,那毫不夸张地说,教育事业追求的目标是以人为本、关照人的身心发展。自教育诞生之日起,它似乎先天就被赋予了"人类应对各种危机与挑战"的天然使命与担当。进入21世纪之后,这种迹象更加明显,教育成为应对人类世以来的全球性生态危机的关键路径。

2000年6月29日,《地球宪章倡议》就已经提出要"在尊重自然、普遍人权、经济平等以及和平文化的基础上,协助建立一个可持续发展的世界",并提出了规范人与人之间、人与自然之间和谐相处的教育框架(戴其文等,2021)。联合国教科文组织2020年发布了《2050年教育愿景宣言》,提出"应在2050年前完成从人类中心主义教育学转向非人类中心教育学的教育变革",不仅提出了人与自然和谐共生的"生态正义"目标,还要在教育实践中生成人类关怀自然的他者性能力(杨道宇,2022)。联合国教科文组织2020年11月发表了《学会与世界共同生成:为了未来生存的教育》,明确提出要告别西方的人文主义,转向"生态正义"的教育。

这种"告别西方人文主义"式的教育,意味着不再推崇人类理性至上、将自然贬低为人类之下的人类中心主义,而是认为自然与人类有着同样的价值与地位,主张要为子孙万代保护自然和环境的可持续发展负责。这种转向也体现了一种对审慎的、节制的道德目的的呼唤。节制的道德品质应该成为我们的首要责任,人类需要节制地使用我们赖以生存的自然和环境。这种理论遵从的是一种"如果不怎样,就会怎么样"的语式,即如果我们不加以节制地对待自然界,人类早晚会陷入一种无可挽回的自我毁灭的境遇,而我们每个人对这种威胁都难辞其咎。

（二）自然责任伦理教育第一

教育作为解决生态危机的关键途径，天然地肩负起了教育广大青少年热爱和保护自然的责任。但是反观教育现实，不论是在认知层面还是在实践层面，自然教育离时代的要求和教育理想的要求均有较大差距。当前中国的自然教育效果仍较不理想，"自然缺失"的问题仍然比较严重。在起步阶段，自然教育主要以环境保护为背景，引导方式多为倡导和呼吁，通过唤起民众对自然的热爱以建立和大自然的和谐共处的意识（王旭，2020）。当前中国自然教育的机构多为公益组织、基金会，家庭、学校在自然教育过程中发挥的作用并不充分，社会多元主体之间还未形成合力。

另外，有研究表明，当前我国"新的低碳环保观念已经初步建立……从总体上看，以追求公平、平等、多元，强调社会责任、公共道德，遵循自然规律为特征的生态价值观已经逐渐占主导地位，正在成为我国的主流生态价值观"（刘夏蓓，张曙光，2014，第187页）。有调查显示，当前中学生在承担自然责任的认知、意愿、行为方面都有着不错的表现：超过90%的学生表示自己十分愿意亲近自然，并能够在现实中观察国家的山川地貌、古迹文物，欣赏瑰丽多姿的疆土；超过60%的中学生已经基本养成自备购物袋、餐具的习惯，从行为上可以减少塑料垃圾和木材的浪费；70%以上的中学生基本了解环境与动植物生存的关系；70%以上的同学已经开始意识到了碳排放带来的严峻环境问题，希望通过采取相关措施减少碳排放问题，也懂得国家的气候变化、自然资源的运用及环境生态保护的内涵，并积极践行保护环境的责任。

表1 "在现实中偶尔会破坏无生命自然界的美、残忍地对待动物"的情形

		频率	百分比	累积百分比
有效	完全符合	5 576	9.2	9.2
	比较符合	6 387	10.6	19.8
	基本符合	6 348	10.5	30.3
	比较不符合	12 777	21.1	51.4
	完全不符合	29 398	48.6	100.0
	合计	60 486	100.0	

数据来源：笔者主持的"中学生责任伦理教育的内容建构途径及实施途径研究"课题第三轮数据调查。

但是，调查报告也表明，仍有高达30.3%的中学生在现实中可能会破坏自然界其他生物，甚至是残忍地对待动物（见表1）；有高达47.5%的中学生在出行的时候，大都不会选择公共交通等绿色出行方式（见表2）。调查数据还显示，有近40%的同学并不认为自己可以肩负对国家可持续发展的责任，在日常生活中并不会珍惜和关注国家自然资源（见表3）。还有近30%的学生并不了解环境与动植物生存的关系，也有超过30%的中学生并没有养成使用环保购物袋和餐具的习惯，行为上存在着制造塑料垃圾和浪费木材等现象。

表2 "出行的时候，大部分时候不会选择公共交通等绿色出行方式"的情形

		频率	百分比	累积百分比
有效	完全符合	9 217	15.2	15.2
	比较符合	9 589	15.9	31.1
	基本符合	9 914	16.4	47.5
	比较不符合	16 168	26.7	74.2
	完全不符合	15 598	25.8	100.0
	合计	60 486	100.0	

数据来源：笔者主持的"中学生责任伦理教育的内容建构途径及实施途径研究"课题第三轮数据调查。

表3 "不愿意肩负对国家可持续发展的责任，日常很少会珍惜和关注国家自然资源"的情形

		频率	百分比	累积百分比
有效	完全符合	6 143	10.2	10.2
	比较符合	7 688	12.7	22.9
	基本符合	7 990	13.2	36.1
	比较不符合	15 619	25.8	61.9
	完全不符合	23 046	38.1	100.0
	合计	60 486	100.0	

数据来源：笔者主持的"中学生责任伦理教育的内容建构途径及实施途径研究"课题第三轮数据调查。

以上数据显示，虽然教育实践中培养自然责任的自然教育或环境教育是一个老

话题，也取得了一定的成绩，但现实中的自然教育效果仍不理想，不论是保护自然的信念，还是保护自然的行为，距离社会要求都还存在较大差距。教育是碳中和时代拯救全球生态危机的关键途径，一种旨在主张和保护自然和生态的新教育伦理势在必行。

结合碳中和时代的要求、责任伦理的内在精神以及自然教育的需要，"中学生责任伦理教育的内容建构及实施途径研究"课题组尝试构建的自然责任伦理教育是一种旨在培养青少年对自然与生态及社会可持续发展负责的有组织、有计划、有目的的系列教育活动，它希望人们有爱护自然的认知、情感，也能够将保护自然的行为体现到日常生活中去。

本文借鉴经济学中的"帕累托最优"(Pareto Optimality or Pareto Efficiency)概念来证明，自然责任伦理教育是进行自然教育的最优选择（苏娜，2022）。"帕累托最优"是指，做决策时在"不使一部分人利益受损"的情况下能够使"另外一部分人"变得更好，抑或是能够让所有人变得更好。本文借用这一模型是想证明，通过自然责任伦理教育既能使青少年"出于"爱护自然的责任意识又能使其"符合"保护自然责任的行为，即通过实施自然责任伦理教育既能培养学生爱护自然的责任动机又能使其表现出保护自然的责任行为。回到帕累托最优的内涵，本文认为，自然责任伦理教育不仅"不会使原来爱护自然责任水平较高的青少年变得没有那么负责"，反而可以使他们爱护自然责任的水平更高，同时还可使原来自然责任水平不理想的群体得以提升。简而言之，自然责任伦理教育会使自然责任水平较低的人群变得比之前更有责任感，使原本责任水平较高的人至少维持原有水平，或者变得更好。

综上所述，自然责任伦理教育要求责任行为既出于责任又符合责任，预期可以实现帕累托最优（苏娜，2019）。至于具体的无差异曲线移动过程，这里不再赘述。简而言之，借鉴"责任伦理教育是责任教育帕累托最优"的论证模型（苏娜，2019，第15—17页），本研究认为，自然责任伦理教育是实施自然教育或环境教育的帕累托最优状态。自然责任伦理教育是培养青少年自然责任品质的最佳方式和途径，其格外关照社会可持续发展和整体生态发展维度，因此加强自然责任伦理教育将成为未来社会可持续发展的必然和必要。

三、碳中和时代的道德教育图景素描

在明确了教育是挽救生态危机的最关键途径和自然责任伦理教育第一的基础上，我们还需要进一步明确由谁来执行自然责任伦理教育，责任主体又该如何实施其自然责任。

（一）谁来实施自然责任伦理教育

现代科技发展不仅改变了人与人之间的关系，也重新定义了人与自然之间的关系。没有一个时代像现在这样呼吁人类重新思考科技的角色、作用及意义问题，人类比以往任何时候都更需要思考自己行为的意义及后果。与此同时，人类把自己推向了前所未有的风险之中，我们赖以生存的生态系统急需得到保护和修复。因此，旨在保护生态的自然责任伦理教育势在必行。但是，谁来实施自然责任伦理教育呢？

关于自然责任伦理的行动主体是谁的问题，约纳斯认为，对自然与未来社会负责的关键是"要获得控制现代技术的力量"。可谁有这种强大的力量能够控制现代技术呢？他认为，有两种力量可以控制现代技术：一是要寻找到能够对自然和未来社会负责的政治主体或责任主体；二是通过恐惧启迪的方式对个人进行道德规劝。

首先，我们要找到能够落实责任伦理的政治实体或者责任主体。责任伦理是面向自然与未来的一种整体伦理学，它在科技代码世界中傲然挺立，犹如盛开着美好团簇的鸢尾花，让冷冰冰的科技世界有了温暖和高贵的色彩。它谱写了新的伦理体系与方法论，号召有力量的实体组织对自然与未来负责。它认为，只有人或由人组成的实体才有能力和资格对未来和自然负责。

责任伦理学派认为，传统伦理学是一种个体伦理学，这种伦理学在日益强大的现代技术面前束手无策，而技术时代的责任伦理注重的是自然和未来人类社会，"现代技术文明在伦理学上提出的重大问题中的绝大部分成了集体政治的事业"（李喜英，张荣，2008，第83—86页）。换言之，责任伦理若想付诸实践并取得成功，必须依靠社会的力量尤其是政府的力量。在责任伦理学派看来，只有政治实体才能承担对人类未来发展的重大责任，也只有政府才能有效地履行责任。

其次，当自然责任"诉诸个体"时，责任伦理学派也只是提出了一些具有启发性的建议。约纳斯认为,人们要预测和想象现代技术可能会带来的巨大危险,即用所谓的恐惧启迪术来预判技术时代可能出现的危险后果,并运用这种对未来的焦虑和恐惧来制约可能采取的行动。换言之,从个体层面看,责任伦理通过一种影响道德认知、情感和意志的方式来改变未来的道德行动。

当前,责任伦理所处理的关系范畴不再局限于人与人之间,而是扩展到了人与国家、人与社会、人与科技、人与自然、人与未来社会之间。在这些关系中,责任主体"一般是指有理性的人或人的组织",客体"一般是指工作、服务、研究、索取的对象","而工作、服务、研究、索取的对象,既可以是人、人的组织,也可以是资源、自然物和未出场的他者等"(程东峰,2010,第 155 页)。进一步讲,责任伦理的责任主体既可以是个体,又可以是组织;既可以是单个个体或单个组织,亦可以是多个个体或多个组织,更有可能是多个个体和多个组织的联合体(程东峰,2010,第 153—154 页)。

在诠释、分析责任伦理主体的基础上,本研究认为,旨在培养青少年保护生态的自然责任伦理教育的具体行动者或实施者可以是个体,也可以是社会。从个体层面来讲,作为社会公民的每一位个体都肩负着保护自然的道德责任,在公共道德领域都有责任向他人尤其是未成年人传递保护自然的价值观。从社会层面来讲,能够切实履行自然责任教育的主体主要是政府,具体执行者主要是政府举办的各级各类学校及其机构。它们不仅承担着传递知识和文化的历史任务,更肩负着"育人"的社会重任,而关爱人类赖以生存的自然界也必然是其中的重要内容。

(二) 如何实施自然责任伦理教育

近年来,世界各国都比较关注自然教育或环境教育。通过"一个世界一个地球"的倡议,人们对全球环境问题重要性的认识不断提高,各国在自然教育或环境教育方面的探索也日益多元化,而政府、社会、学校、家庭都在其中扮演着重要的角色。总体上讲,已有的教育实践充分肯定了自然教育的重要性,也从一定程度上促进了青少年的亲自然行为。例如,学校通过创新自然教育方法,将自然教育融入校园文化、环境教育项目设计、改善自然保护课程中(刘次林,朱明敏,2017),以进一步培育学生的亲自然行为;还有一些学校将植树、清理小溪、收集环境信息和采取保护环境的积极行动等经验纳入了环境教育课程(Ballantyne, et al., 2001)。此外,我们既要积极发挥家长的示范引领作用,同时也还要从法律、媒体、社会监督等方面探索进行自然教育的保障因素。

通过对相关文献分析可知,若从自然教育实施后的效果来看,现实中青少年对自然责任的认知、情感和行动水平并不高(苏娜,2018),甚至存在年龄较大的青少年表现出较低的自然责任伦理水平的现象(Krettenauer, et al., 2020)。也就是说,虽然责任实施主体一直在倡导、一直在行动,但责任实施效果依旧不佳。可见,自然教育或环境教育的未来改进道路还很长,而其中最引人关注的关键问题是如何才能让责任主体切实负责起来。

严格说来,对于这个问题,责任伦理学派也没有给出什么明确的答案,他们只是提出践行责任伦理必须依靠社会的力量。值得注意的是,他们不相信民众会为了后代和自然而做出必要的牺牲,所以他们认为西方民主制度很难解决当前的生存危机。而在以儒家文化为主导的中华文化脉络下,尤其在可以集中力量办大事的社会主义制度下,党和国家高度重视生态文明,要求如期实现碳达峰碳中和的目标,坚持不懈构建人类命运共同体,因此保护自然不仅仅是一种国家精神,还是一种具有强大实践力量的集体行动。

责任伦理强调个体责任。在一个关于责任伦理的公开访谈中,约纳斯回应拉齐姆关于"个人在责任伦理实现中有没有出路"的问题时说:"人们不应该忘记:这个利维坦是由所有我们个人组合而成的,而且,我们每一个人肯定也是以这样那样的形式再次在制度性形式中发挥其各自的作用的。我认为,在今天,仅仅做一个个人已经是罕见的了。"(约纳斯,2008,第297页)"人是唯一为我们所知的、能够有责任的存在者……责任是对自由的补充。责任就是一个自由的行为的主体的负担:我为自己的行为本身负责(正如为放弃的行为负责一样)。"(约纳斯,2008,第30页)可见,约纳斯在设计实现责任伦理的途径时,也考虑到了个人的责任。

在考虑了责任伦理的主体如何行动的前提下,本研究认为,自然责任伦理教育的实施主要有两种途径:一种是政府推动的系统的自然责任伦理教育,主要表现为各级各类学校及教育机构实施的系统性的认知、践行自然责任的教育活动;另一种是依靠个体的自然责任伦理教育,主要体现为个体层面的具有道德自律性质的单独行为,这也是一种具有道德渲染力、榜样示范性质的责任行动。在当前以人类中心主义为主要特征的世俗伦理下,能够践行责任伦理的个体实则具有一种美德伦理的性质。因此,从我做起的个体履责虽然力量相对弱小,也没有普遍约束力,但却具有重要的且不可替代的意义。

(三) 自然责任伦理教育的基本内容

我们对有价值的自然有保护的义务和责任,反对把自然当作手段和工具,"反对支配、利用和奴役自然"。"自然"概念不仅构成了约纳斯的"责任"概念的一部分,而且它本身也是责任的基础。"自然不再仅仅是责任的对象,而是责任本身。人在技术上怎样损害了生命,人就有义务怎样去保护生命,即人既不能漠然地同人以外的生命世界打交道,又不能漠然地和人自身打交道,而要肩负起对自然和未来人的责任。"(约纳斯,2008,第 15 页)

然而,"工业革命以来,一些庞大的工业区建设的代价是破坏了大面积的自然生态环境,人类对自然资源的无节制开发带来的是生态平衡的丧失,环境污染成为全世界关注的难题……人类的生存前景令人担忧"(范国睿,1999,第 1 页)。"人类对自然环境的破坏已经受到并将继续受到自然的惩罚。"(范国睿,1999,第 24 页)因此,我们的责任就是要珍惜、保护人类赖以生存的自然环境。

那自然责任伦理教育的基本内容有哪些呢?总体上讲,我们希望通过自然责任伦理教育使广大青少年掌握以下内容:(1)观察国家的山川地貌、古迹文物等,欣赏瑰丽多姿的疆土;关心国家的气候变化、自然资源的运用及环境生态的保育,培养学生珍爱自然、保护国家生态的感情;认识人类社会之外的自然界的美,能够了解环境与动植物生存的关系,保护动植物,禁止破坏无生命的自然界的美,禁止残忍地对待动物。(2)探究资源运用与国家发展的关系,了解国家于自然资源保育方面所付出的努力及取得的成就,培养关心国家未来可持续发展的方向;愿意承担个人作为国民应尽的责任,明白个人对于国家可持续发展所肩负的责任,进一步培养对国家自然资源的珍惜和关注之情。(3)在生活世界中践行知行合一,在日常行为中持续练习并坚持保护环境的良好习惯,比如说养成自备购物袋、自带餐具的习惯,从行为上减少塑料垃圾的污染和木材的浪费;出行的时候,尽量选择公共交通等绿色出行方式。(4)积极践行保护自然环境的责任,关注新时代的自然环境保护问题,理解碳排放问题的严重性并希望未来可以通过技术进步(比如说碳捕集与封存技术)来实现未来社会的可持续发展。

四、结语

在全球经济发展低迷和全面遭遇生态危机的新时代背景下,全人类必须走出人类中心主义的理性自负怪圈,担负起保护我们赖以生存的自然界的责任。在人类处理发展之困和遭遇道德危机时,我们惯用的功利主义理论和义务论等经典伦理学原则已经呈现出一种"失灵"的态势。滥用功利主义学说使我们国家培养出了大批量的精致的利己主义者,而义务论者则往往使道德教育效果难以兼顾行为的后果。我们通过溯源发现,上述理论都是以人类为中心的理论学说,都认为人类的地位高于自然界。而当今时代需要一种新的道德思维来处理上述问题,它要打破人类中心主义的惯有传统——但不是要贬低人类的地位,而是认为自然与人类同样重要。我们发现,既能够以自然本身为目的、认为行为动机具有善性,也能兼顾行为结果具有善性的这种新型道德思维,正是韦伯和约纳斯等人倡导的"责任伦理"。这种最契合也最能解决我们面临的问题的最优伦理方法,本文称之为"自然责任伦理"。

教育是应对人类世以来全球性生态危机的关键途径。不管是碳中和时代也好,还是后人类时代也罢,人类中心主义的傲慢与理性的自负已经将人类推向了是否还能可持续发展的深渊与恐惧之中。在找寻新型理论指引的过程中,选择和秉持自然责任伦理成为必然。因此,旨在培养青少年对大自然负责的良好品质的自然责任伦理教育也就成为碳中和时代拯救全球发展危机和道德困境的重要途径。本研究通过基于经济学的帕累托最优模型的分析认为,自然责任伦理教育是培养广大青少年良好的自然责任品质的最优选择,即它既能够使我们的行为符合自然责任的要求,又能够使我们的动机出于对自然责任的认同。

通过本文,我们尝试厘清自然责任伦理教育的行动主体、实施途径及基本内容框架。虽然还有待在教育实践中检验和修正,但不论如何,它是我们当下这个时代绕不过、逃不掉且需要正视的问题。当然,自然责任伦理教育也可能只是笔者的一种乌托邦式的梦想、一种自我安慰式的救赎,但转念之间,它是笔者的坚信所在,也是希望所在。

■ 参考文献

[1] 布罗伊尔,等.(2003).德国哲学家圆桌(张荣,译).北京:华夏出版社.

[2] 陈玉珍,方永泉.(2021).教育可以后人类吗—后人类时代的教育哲学.2021年台湾教育哲学年会会议论文集,182-212.

[3] 程东峰.(2010).责任伦理导论.北京:人民出版社.

[4] 戴其文,等.(2021).环境正义研究前沿及其启示.自然资源学报,(11),2938-2954.

[5] 范国睿.(1999).教育生态学.北京:人民教育出版社.

[6] 黄藿.(1996).理性、德行与幸福——亚里士多德伦理学研究.台北:学生书局.

[7] 贾向桐,刘琬舒.(2022).人类中心主义与非人类中心主义的重叠共识—析彼得·温茨的环境协同论.陕西师范大学学报(哲学社会科学版),(1),28-36.

[8] 卡恩.(2013).批判教育学、生态扫盲与全球危机:生态教育学运动(张亦默,李博,译).北京:高等教育出版社.

[9] 克里斯托夫·武尔夫.(2019).人类世背景下的主体形成:可持续发展、模仿、仪式与体态语(陈红燕,译).教育研究,(04),43-49+57.

[10] 李喜英,张荣.(2008).一种技术时代的责任伦理何以可能—试论汉斯·约纳斯的责任原理及其实践.科学·经济·社会,(1),83-86.

[11] 刘夏蓓,张曙光.(2014).中国公民价值观调查研究报告.北京:中国社会科学出版社.

[12] 刘次林,朱明敏.(2017).改善我们的环境教育课.中国德育,(08),32-34.

[13] 全球碳捕集与封存研究院.(2020).全球碳捕集与封存现状.https://cn.globalccsinstitute.com/resources/publications-reports-research/global-status-of-ccs-2020/.

[14] 苏娜,单玉平.(2018).我国中学生责任伦理教育现状调查分析.华东师范大学学报(教育科学版),(4),122-130+166.

[15] 苏娜.(2019).学生责任伦理教育研究.济南:山东人民出版社.

[16] 苏娜.(2022).责任伦理:信息化时代道德教育的后人类归途.中国远程教育,(12),18-25.

[17] 孙爽.(2019).马克思人类中心主义生态意蕴解析——兼论格伦德曼对马克思人类中心主义的辩护.齐鲁学刊,(2),70-77.

[18] 汤明洁.(2021).从权力技术反思动物伦理困境——从人类中心主义到生态中心主义.浙江学刊,(6),130-140.

[19] 王峰.(2020).后人类生态主义:生态主义的新变.河南大学学报(社会科学版),(3),39-45.

[20] 王旭.(2020).自然教育在中国的发展现状与实践案例.第二届行知生涯教育论坛论文集,7,132-138.

[21] 约纳斯.(2008).技术、医学与伦理学:责任原理的实践(张荣,译).上海:上海译文出版社.

[22] 杨道宇.(2022).与世界共生:迈向2050教育范式变革.比较教育研究,(4),3-10.

[23] 杨玉强,郝淑芹.(2020).人类中心主义的生态正义逻辑及其启示——基于戴维·佩珀生态社会主义理论考察.南昌大学学报(人文社会科学版),(3),55-62.

[24] 张荣.(2015).爱、自由与责任:中世纪哲学的道德阐释.北京:社会科学文献出版社.

[25] Ballantyne, R., et al. (2001). School Environmental Education Programme Impacts upon Student and Family Learning: A Case Study Analysis. *Environmental Education Research*, 7, 23-37.

[26] Beauchamp, T.L. & Walters, L-R. (2003). *Contemporary Issues in Bioethics (6th edition)*. Belmont: Wadsworth.

[27] Beauchamp, T.L., et al. (2014). *Contemporary Issues in Bioethics (8th edition)*. Belmont: Wadsworth.

[28] Freire, P. (2004). *Pedagpgy of Indignation*. Boulder, CO: Paradigm Publishers.

[29] Jonas, H. (1984). *The Imperative of Responsibility: In Search of an Ethics for the Technological Age*. Chicago: University of Chicago Press.

[30] Kant, I. (1990). *Foundations of the Metaphysics of Morals: and What is Enlightenment? (Trans. by L.W. Beck)*. New York and London: Macmillan.

[31] Krettenauer, T., et al. (2020). Connectedness with Nature and the Decline of Pro-environmental Behavior in Adolescence: A Comparison of Canada and China. *Journal of Environmental Psychology*, 71, 103448.

[32] Mappes, T.A. & Degrazia, D. (2001). *Biomedical Ethics*. Boston: McGraw Hill.

[33] Rachels, J. & Rachels, S. (2019). *The Elements of Moral Philosophy (9th edition)*. Boston: McGraw Hill.

[34] Van Niekerk, A.A. (2017). *Ethics Theories and the Principlist Approach in Bioethics. In: K. Moodley (ed.). Medical Ethics, Law and Human Rights*. Pretoria: Van Schaik.

[35] Van Niekerk, A.A. (2020). The Ethics of Responsibility: Fallibilism, Futurity and Phronesis. *Stellenbosch Theological Journal*, 6(1), 207-227.

第十三章

再野化教育:重新思考人与自然的关系

沈 伟

新冠疫情一方面加速了新技术在人类生活中的应用与普及,促进了传统教育系统的变革;另一方面也将日益脆弱的地球生态呈现于世人面前,敦促人们思考如何发挥教育的作用,并建立新型的伦理关系。在此背景下,国际组织频频发声,提出关于可持续发展的多个倡议,开展各类发展性活动,引导人类度过危机。其中,经济合作与发展组织(OECD)在教育、经济、环境诸多领域倡导绿色发展、生物多样性等,为人类进入未知社会做好积极准备。正如经济合作与发展组织在题为《通往2030年道阻且难:衡量实现可持续发展目标的距离》的报告中所指出的:"所有可持续发展目标都是相互关联的,为了确保长期繁荣,经济框架还需考虑自然资源效率,水、能源与陆地和海洋生物多样性之间的关系。"联合国大会于2019年3月通过了"联合国十年生态系统恢复计划",宣布2021—2030年实施该计划,以应对全球气候变化和物种加速灭绝的危机。2020年,作为"教育的未来"倡议的背景文件,《学会与世界共同生成:为了未来生存的教育》揭开了倡议背后的理论依据与思维进路,提出了新的世界观和新的教育方式,对联合国教科文组织长期以来秉持的以人为中心的视角做了拓展。参与《学会与世界共同成长:为了未来生存的教育》报告撰写的林逸梅(Iveta Silova)等人甚至指出,若是持续坚持与幻想以人为中心或例外主义,那么教育已经成为问题的一部分,而不是用于提供世界问题的解决方案。2021年,联合国教科文组织在第41届大会上发布《一起重新构想我们的未来：为教育打造新的社会契约》报告，屡屡提及岌岌可危的星球，呼吁以教育应对气候变化，其中再野化教育（rewilding education）被提上日程。再野化教育在何种语境下产生？其与环境教育的关系如何？其与风靡一时的森林学校、自然学校有何区别？回答上述问题，首先需要澄清何为再野化。

一、从荒野保护到再野化

再野化并非教育所特有。从全球范围来说，再野化是一场持久、审慎、充满挑战的环境保护之路。"再野化"概念的根源与其重要词源"野生"（wild）有关，"野生"被用来形容不受人类控制的生物或土地，如野生动物（wild animal）、野生河流（wild river）等。"二战"后，人类已经认识到野生、荒野（wildness）的重要性。如美国在20世纪40年代后期就出现了争取荒野保护立法的运动，1964年颁布的《荒野法》从法律层面建立起美国国家荒野保护体系。当时的《荒野法》虽然确立了一整套荒野保护的管理政策，划定了荒野保护区，明确了荒野保留区的禁止事项，但将荒野地限于未被人类开发和利用的土地，并未在荒野地的法律定义中强调对于本地物种的保护。直到1995年，美国黄石公园重新引入"狼修复生态系统"后，再野化替代"荒野保护"走进大众视野。由此，荒野保护与生物多样性、生态修复联系在一起，荒野地不再仅仅是未开采的孤岛，因其纳入景观尺度的规划包括了核心区域、连通性和共存性。再野化的研究与实践由此也达到一个小高峰，出现了北美模式、欧洲模式等。

再野化的开展与世界组织、区域组织的支持密不可分。欧洲再野化（Rewilding Europe）组织于2011年正式成立，并与欧盟、欧洲国家、地方层面的多个组织开展合作，致力于在欧洲范围内为野性自然、野生生物和自然过程留出更多空间，形成一个"更具野性"的欧洲。世界自然保护联盟（The International Union for Conservation of Nature, IUCN）生态系统管理委员会则于2017年成立再野化工作组，致力于在相关研究者和实践者群体中分享经验，整合相关理论与实践知识，为再野化建立概念与方法框架，从而进一步推动实践。随着联合国第26届气候变化大会在格拉斯哥举行，苏格兰再野化联盟（The Scottish Rewilding Alliance）呼吁政府支持再野化、再生泥炭地和重新引入消失物种的呼声越来越高。事实上，再野化不仅仅是重返野化状态，它还意味着在生态修复过程中重新思考人与自然的关系。

自人类诞生以来，农业、工业革命和城市化一直在改变和影响地球系统。人类世是当今的一个地质时代，被用来概括人类对地球的影响，包括地质、生态系统、气候和生物多样性。再野化的出现与后人类世的诉求相一致。后人类世拓展了生命体对地球的影响，这些生命体包括非人类的自然、动物、植物和其他精神生物。从原始社会、农业社会到工业社会、信息社会，人类与自然的关系经历了多重演变，从崇拜自然到利用自然再到驯服自然，人也完成了"万物的尺度"这一转变。理性至上的时代导致以非理性为标识的自然逐渐过渡到人的对立面，成为人改造的对象。以工业化、城市化的进程为例，人对居住空间、工作环境进行了重新设计，森林、荒野逐步减少，或变化了模样，野生动物减少或被迫迁移，这都可以被理解为"去野化"（dewilding）过程。面对日益受损的地球，提升生态系统韧性、维持生物多样性，再野化成为必要之举。

综上，再野化作为一种新兴的生态保护与修复方法，并非是重回自然的罗曼蒂克，而是基于研究的景观再造；它超越了单纯的荒野化，而是激活自然的力量，赋予人类社会更多的生机。与其他环保主义的立场一致的是，再野化也强调减少土地开发、森林开采等消耗自然的行为，但是较之于单纯的森林保护运动、河流保护运动，再野化则将自然视为一个神奇的大系统，且不断地与人类社会互动，以此形成良性的环境再生。

二、再野化教育的外延与内涵

相较于再野化，再野化教育要更为复杂。华盛顿州立大学教授鲁德（Rud）将再野化教育的理论源起追溯至德国哲学家史怀哲的"尊敬生命"与美国哲学家杜威的"虔敬自然"。学生通过"经验学习"（experiential learning）学习自然，在其学习的早期就认识到脆弱性、转瞬即逝、灭亡。但是随着各类环保组织推行的再野化实践的丰富，时至今日，"再野化"概念的内涵与外延都得以拓展。

首先，再野化所提倡的野性精神、人与自然的对话、人类与生物之间的共同栖息地和重新连接、生态系统的修复都可以成为再野化教育的内容。就这一方面而言，再野化教育的外延就超越了原来的森林学校、自然学校。美国作家理查德·洛夫曾在其《林间最后的小孩》一书序中提到了"去自然化"现象。他将儿童与大自然的断裂所导致的儿童片面发展称为"自然缺失症"。然而，再野化教育要比回归自然更加激进，它不仅相信大自然的力量，还致力于修复人与自然的关系，且持一种长期主义视角。如英国的家长在评价再野化项目时所说:"'再野化计划'所做的事情令人惊叹,我的孩子们喜欢与自然接触,感觉自己是部落的一部分。"现在有很多"森林学校",但再野化远不止于此,它真正关乎与地球和他人建立联系。换言之,再野化教育以"后人类世"为语境,将人类作为大自然的物种之一,重新踏足人类最初的栖息地。在再野化教育中,每一个参加课程以及沉浸式活动的人与自然重新建立联系并释放出他们真正的野性,并最终能付诸实践,保护我们的生态环境。

其次,"再野化教育"被作为一种视角,用以批判、重建传统的教育系统。例如,英国"再野化教育"机构通过"野化"这一隐喻重新反省人类社会关系,使教育机构与实践更加野性、健康、自由与公正。在再野化视角下,现存课程所依赖的社会结构、种族、阶层等对教育的影响均需深刻反思,以打破课程中的特权知识,唤醒课程中的沉默者。再野化教育鼓励多元价值的碰撞,希望参与者在再野化的过程中受益,激发人类与生俱来的自主性、自我意志。由此可见,再野化教育比传统的学校教育更强调与生活世界、自然世界建立深刻的联系,主张多样化的课程、灵活的方法;比以往的森林学校、自然学校更为强调人的主观能动性,调和人与自然二元对立的关系,并以生态的可持续发展为最终目的;属于环境教育的一种,但较之于传统的人类中心主义的环保立场,再野化教育秉持生态中心主义的立场,强调人与人、人与社会、人与自然主动的合作、敞开的对话,以及镶嵌在行动中的包容感与归属感。

三、再野化教育的实践

一些致力于再野化教育的机构将其行动标识为"自然引导的教育"(nature-led education);由国际环境教育基金会推行的"国际生态学校"(Eco-School)项目虽以生态教育为名,却已经触及保护物种多样性等再野化教育的内容;而加拿大、澳大利亚等这些保留了大量荒野区域的国家则略去"再"字,直接称之为"野化教育"。这些使得再野化教育在实践中保持了一种开放的视角。与再野化的实践一样,再野化教育也没有放之四海而皆准的模型,其实践因情境的变化而变化。再野化教育可以发生在学校、家庭、公园,也可以在自然保护区、森林、大学、网络等其他学习环境中进行。再野化的课程内容既可以是融入当地的自然系统,去发现、探索和享受自然世界;也可以是介绍所有生命互相关联的状态,建立人与社区、人与自然深刻的情感联系;还可以是科学的景观再造、保护物种多样性等促进可持续发展的方法与路径……而这些终将超越自然主义的浪漫遗迹,敦促学习者履行其道德责任,与他者、与自然世界和谐相处,维持生态平衡。

随着欧洲再野化运动的推进,欧洲各国的再野化教育也呈现出因地制宜的特点。农业强国荷兰是欧洲再野化的主旗手,其教育也掀起了一场全国范围的"自然活动"。在人造的自然区域中,学生从小通过照料土地和作物培养生态中心的自然意识,并内化为可持续发展意识;欧洲南部的西班牙重视庭院的教育价值,并通过学校菜园项目重新建立儿童、青少年与土地的联系。英伦三岛中的苏格兰和英格兰拥有诸多的再野化民间组织、再野化教育机构,开展了丰富多样的再野化教育实践。其中,苏格兰的凯恩戈姆斯国家公园为学生、教师、志愿者提供了一系列的教育资源,让参与者在了解、关心、维护、分享当地文化和自然遗产的过程中,成为实现绿色目标的关键行动者;英格兰的"再野化教育机构"则以再野化为视角,重新思考教育系统与实践,通过循序渐进的课程唤醒人与自然的内在联系,建构一个更加健康、公正、野性的教育系统。同样,位于加拿大西部的枫树岭环境学校和坐落于日本新潟县的上越市地球环境学校也对传统教育模式发起了挑战,它们通过在地化的学习活动促进学生身心灵的统一。学生们不仅在自然中感受自然,学习自然知识,还成为保护自然的能动者。上述实践既包含针对幼儿园、中小学的再野化项目设计,也囊括了针对教育者的项目;它们发生在公立学校、校外教育机构、国家森林公园等多个场所。这些实践虽然内容各异、场地不同,但均体现了再野化教育的三重内涵。首先,再野化教育超越人为自然服务或自然为人提供教育的单一视角,以人与自然的互相依存为出发点,通过一系列的课程与活动促进人与自然的和谐共存;其次,再野化教育存在体验学习、项目化学习、服务学习等多种方式,跨越学科的界限,培养身心协调、富有行动力的问题解决者;再次,再野化教育对学习空间进行了再野化,或赋予野化的空间以新的教育内涵,在反思传统教育不足的基础上探索更为公平、多样、包容的教育实践。

2022年12月,英国《卫报》撰文《2022:再野化成为主流——〈昆明—蒙特利尔生物多样性框架〉协议给世界带来了希望》,论及全球性的再野化运动对保护生物多样性所发挥的积极作用。事实上,再野化的益处远不止于此。再野化改变了我们的思维方式。它使人类意识到自己是众多物种中的一个,与错综复杂的生命网络捆绑在一起。人类的未来与大气层、天气、潮汐和地球上的所有其他生物息息相关。再野化给予大自然更多的自由来恢复动态的自然过程,致力于再野化是对人类赖以生存的地球的投资。推动再野化,并从再野化的行动中发展出改革现代学校教育的建设性思路,就需要再野化教育。再野化教育不是对森林学校、自然学校的取代,而是通过体验式、在地化学习重省与他者、与自然的关系,建立深切互依的情感联结,在去除"人类例外论"的同时赋予人类变革的能力,以促进可持续发展。它是自然浪漫主义取向的森林学校、自然学校的迭代版,引导人们从人类中心走向生态中心。

■ 参考文献

Rud, A. G. (2016). Schweitzer, Dewey, and a Reverent, Rewilded Education. In *The Educational Significance of Human and Non - Human Animal Interactions: Blurring the Species Line* (pp. 203 - 214). New York: Palgrave Macmillan US.